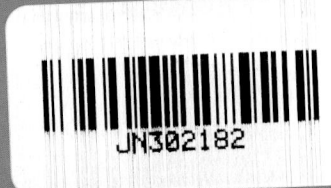

Truth In History 29

江戸大名家事典

川口素生　著

新紀元社

はじめに

江戸時代に徳川《とくがわ》将軍家に直接仕える武士のうち、石高《こくだか》が1万石以上の者を大名といい、大名が支配する領地やその支配機構のことを藩といった。

江戸時代の大名は領主として領地を支配する一方で、江戸や国元の文化振興などに深くかかわったことが知られている。

さらに、大老、老中、若年寄といった幕閣に就任し、幕政の重要事項を決定するのもまた大名であった。ところで、江戸時代中期までは幕閣に就任して幕政に参画するのは原則として譜代《ふだい》大名に限られていたが、江戸時代後期、幕末期には幕閣に就任して不朽の足跡を残した親藩《しんぱん》大名や外様《とざま》大名もいる。なお、一般に大名の概数は300と考えられていたため、江戸時代にはすべての大名のことを三百諸侯《しょこう》と呼んでいた。ただし、慶長《けいちょう》5年(1600)の関ヶ原の戦いが終わってから明治4年(1871)の廃藩置県《はいはんちけん》までの約270年間に、大名の総数が300家に達したことは一度もなかった。

さて、本書は慶応《けいおう》3年(1867)の大政奉還《たいせいほうかん》の時点に存在した藩と、徳川将軍家の家族である御三卿《ごさんきょう》の3家、そしてそれ以後、廃藩置県までのあいだに立藩《りっぱん》された大名など合計287家の大名を取り上げ、本文のほかにデータ欄や系図を挿入し、それぞれの大名の歴史を概説している。また、お取り潰しとなった大名については巻末の「廃絶大名一覧表」で触れたが、本家・分家や一門が存続した大名はその箇所でも若干触れている。

なお、執筆に際しては主要参考文献一覧に記した史料や文献のほかにも、数多くの先学の業績を参考にさせて頂いた。

また、大名や重臣、旗本の御子孫の方々、大名ゆかりの地の教育委員会、図書館、博物館、資料館の方々には大変お世話になった。わけても、津山郷土博物館の尾島治氏、桑名市博物館の大塚由良美氏(以上、順不同)からは貴重な御教示を頂いた。

そして、本書の企画立案、編集、図版の作成に関しては、新紀元社の藤原健二氏、ブルボンクリエイションの小出文彦氏に大変お世話になった。

末筆ながら、お世話になった方々に、衷心より御礼を申し上げる次第である。

平成24年晩秋

川口素生

江戸大名家事典◉目次

第一章 親藩大名の各家

第二章 譜代大名の各家

第三章 外様大名の各家

コラム

付録と索引

凡　例

・慶応《けいおう》3年(1867)の大政奉還《たいせいほうかん》の時点に存在した大名、御三卿《ごさんきょう》と、それ以後、明治4年(1871)の廃藩置県《はいはんちけん》までのあいだに立藩《りっぱん》された大名を、親藩《しんぱん》大名、譜代《ふだい》大名、外様《とざま》大名の各章にわけ、原則として50音順に概説した。

・各家の冒頭に次のようなデータ欄をもうけ、やはり慶応3年(1867)の大政奉還の時点のデータなどを中心に記した。それ以後の藩名の改称や転封(国替え)、石高《こくだか》の増減などについては、本文のなかで触れた。

　藩名／藩祖／石高／大名になった年／本拠地／親疎《しんそ》の別／家格／江戸城内の詰間／爵位《しゃくい》／家紋

・石高については諸説が多いが、『寛政重修諸家譜《かんせいちょうしゅうしょかふ》』や『平成新修旧華族家系大成』などをもとに記した。

・織豊《しょくほう》(安土桃山)時代の本拠地の移動や、沙汰止《さたや》みになった転封などについては、(　)を用いて表した。なお、城あるいは陣屋が完成する以前の仮の居所は反映していない。また、元和《げんな》元年(1615)の「一国一城令」以前に城であったものや、幕末維新期などの正式な許可を得ない城の新築、陣屋の補強も反映していない。

・親疎の別、家格、江戸城内の詰間などについては、大名本人の出世、徳川将軍家との縁組などに伴う一代限りの変更は反映していない。

・爵位の上昇を陞爵《しょうしゃく》というが、陞爵は→印を用いて表した。

・大名の家紋については、『平成新修旧華族家系大成』を参考にした。それ以外の家紋については『寛政重修諸家譜』の表記を参考にしつつ、(　)を用いて記した。

・いうまでもなく、先に触れた石高のほかにも、大名の諱《いみな》(実名)の読み方、続柄や血縁関係、立藩や大名に就任した時期、転封、お取り潰しの時期などについては、すこぶる異説が多い。ちなみに、年の後半の大名の代替わりや転封は、年をまたぐ場合もある。いずれにしても、複数の説がある場合は、一般に流布している説を参考にして記した。

第一章

親藩大名の名家

静岡藩主となった徳川宗家(旧将軍家)

徳川家《とくがわけ》

徳川葵(三つ葵)

藩名：駿河静岡藩(静岡県静岡市)
藩祖：徳川家達
石高：70万石
大名になった年：明治元年(慶応4年／1868)
本拠地：(三河岡崎城→遠江浜松城→駿河駿府城→)武蔵江戸城→駿河駿府城
親疎の別：－
家格：－
江戸城内の詰間：－
爵位：公爵

将軍家の栄光と一大名への転落

江戸時代の徳川将軍家で、第15代将軍・徳川慶喜《よしのぶ》(斉昭《なりあき》の七男)が大政奉還《たいせいほうかん》を行った後、明治元年(慶応《けいおう》4年／1868)に第16代当主となった徳川家達《いえさと》(慶頼《よしより》の三男)が駿河《するが》静岡藩主に封じられて一大名に転落した。なお、藩名は当初駿府《すんぷ》(駿河府中)藩といったが、「不忠」を連想させることから、静岡藩に改称された。

徳川家は清和源氏義家《せいわげんじよしいえ》流の新田義季《にったよしすえ》(義重《よししげ》の四男)が上野《こうずけ》新田郡世良田郷徳河《せらだごうとくがわ》(群馬県太田市)を与えられ、徳河を称したのに始まるという。

室町時代末期に子孫である僧侶・徳阿《とくあ》弥《み》が還俗《げんぞく》し、三河松平郷《みかわまつだいらごう》(愛知県豊田市)の松平太郎左衛門《たろうざえもん》の娘婿となって松平親《ちか》氏《うじ》と名乗ったため、それ以後、三河岡崎城(愛知県岡崎市)を本拠とした戦国時代までは松平家を称した。

徳川家康《いえやす》(松平元康《もとやす》／松平広忠《ひろただ》の嫡子)は織田信秀《おだのぶひで》(信長《のぶなが》の父)や今川義元《いまがわよしもと》のもとで人質生活を経験後、織田信長と清洲《きよす》同盟を結んで勢力を拡大する。次いで、慶《けい》長《ちょう》3年(1598)に天下人・豊臣秀吉《とよとみひでよし》が病没した後、慶長5年(1600)の関ヶ原の戦いに勝利して覇権を握った。そして、慶長8年(1603)に征夷大将軍《せいいたいしょうぐん》となって武蔵《むさし》江戸城(東京都千代田区)を居城、政庁とする江戸幕府を開いた。慶長10年(1605)、家康は将軍の座を徳川秀忠《ひでただ》(家康の三男)に譲って駿府へ移住している。

その後、徳川家光《いえみつ》、徳川家綱《いえつな》、徳川綱《つな》吉《よし》、徳川家宣《いえのぶ》(綱豊《つなとよ》)、徳川家継《いえつぐ》が将軍となったが、家継は世継ぎのないまま病没した。このため、第8代将軍には紀伊《きい》藩(和歌山市)主・徳川吉宗《よしむね》(光貞《みつさだ》の四男)が就任している。

幕末維新期には第14代将軍・徳川家茂《いえもち》(斉順《なりゆき》の長男)や慶喜らが将軍となって江戸幕府の建て直しに努めたが、討幕派の台頭を受け、慶喜は慶応3年(1867)、朝廷に大政奉還を行った。

さらに、明治元年(慶応4年／1868)には江戸無血開城が実現し、ここに約2世紀半続いた江戸幕府は幕を閉じる。

明治4年(1871)の廃藩置県《はいはんちけん》に伴い家達は東京へ戻ったが、以後も旧家臣(元旗本)らによる静岡県下の開墾事業を支援している。その後、家達は貴族院議長、ワシントン海軍軍縮会議全権委員などの要職を歴任した。

なお、松平家を称していた時代の徳川将軍家には、十八松平や酒井家などの庶《しょ》流《りゅう》があり、その大半は江戸時代に大名や旗本となっている。また、江戸時代の分家には御三家の徳川(尾張《おわり》)家、徳川(紀伊)家、徳川(水戸)家、御三卿《ごさんきょう》の徳川(田《た》安《やす》)家、徳川(一橋《ひとつばし》)家、徳川(清水《しみず》)家のほかに、親藩の松平(越前《えちぜん》)家などあり、御三家や松平(越前)家にはそれぞれにいくつかの分家があった。

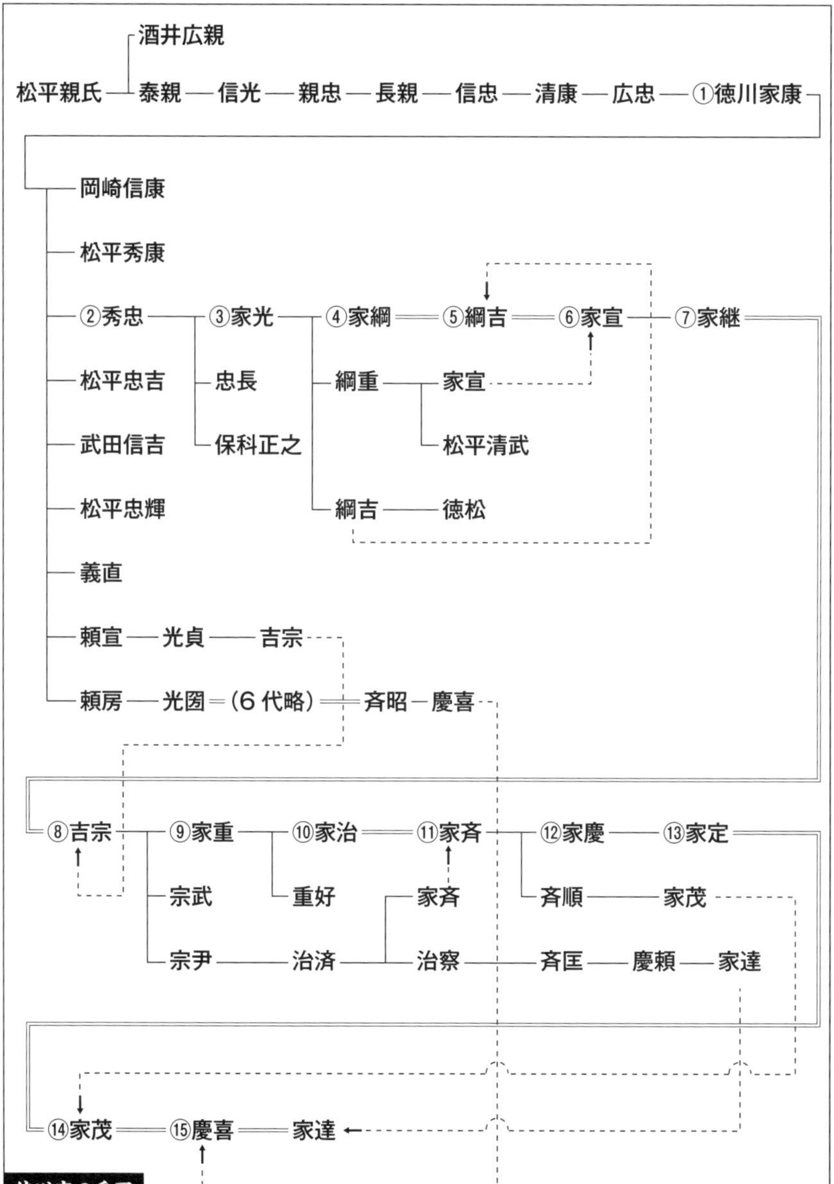

徳川家の系図

ふたりの将軍を世に送り出した家

とくがわ(ひとつばし)け

徳川(一橋)家

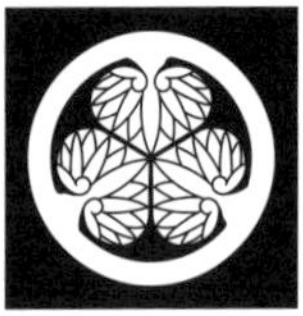

三つ葵

藩名：徳川(一橋)家
藩祖：徳川宗尹
石高：10万石
大名になった年：寛保元年(1741)
本拠地：なし(江戸城一橋門内)
親疎の別：御三卿
家格：—
江戸城内の詰間：—
爵位：伯爵

吉宗の四男が祖となった名門

徳川将軍家の血統保持を目的にもうけられた御三卿《ごさんきょう》のひとつ。家祖・徳川宗尹《むねただ》(吉宗《よしむね》の四男)が寛保《かんぽう》元年(1741)に一橋門内に邸を与えられ、徳川(一橋)家を興した。歴代の当主や世子《せいし》(次期当主)のうち、徳川家斉《いえなり》(治済《はるさだ》の長男)と第8代当主・徳川慶喜《よしのぶ》(斉昭《なりあき》の七男)が徳川将軍家へ入り、第11代将軍、第15代将軍となっている。

ふたりのうち、家斉は将軍に就任後、徳川治済(家斉の父)に徳川将軍家の大御《おおご》所《しょ》(前将軍)と同じ待遇を与えたいと公言したが、時の老中・松平定信《まつだいらさだのぶ》(徳川宗武《むねたけ》の七男、松平定邦《さだくに》の養子)が反対したため、治済の厚遇は実現していない。

ところで、同時期には第119代・光格《こうかく》天皇(典仁《すけひと》親王の皇子)が典仁親王に太上《だいじょう》天皇の尊号《そんごう》を贈りたいと公言したが、これも定信の反対で実現しなかった(「尊号一件」)。「皇統を継いでいない親王に尊号を贈るべきではない」というのが定信の主張の根拠であったが、「大御所の待遇を与えると治済が幕政に介入してくる可能性が高い」とも考えたのであろう。

ともあれ、定信は「尊号一件」や治済の処遇問題が原因で家斉の信任を失い、失脚している。

一方、慶喜は徳川(一橋)家の当主であった時代に、将軍後見職、禁裏御守衛《きんりごしゅえい》総督などの要職に就任して幕政の枢機《すうき》に参画した。なお、徳川(一橋)家をはじめとする御三卿の邸は、江戸城の火事などの緊急時、将軍の妻妾や子女らの避難所としても活用されている。

一橋徳川家屋敷跡の石碑(東京都千代田区)

徳川(一橋)家の系図

徳川吉宗 ─ 家重
　├ 宗武(徳川〔田安〕家) ─ 家斉
　└ 宗尹 ─ 治済 ─ 斉敦 ─ 斉礼 ＝ 斉位 ＝ 慶昌 ＝ 慶寿 ＝ 昌丸 ＝ 慶喜 ＝ 茂栄(茂徳)

吉宗の次男に始まる将軍の家族

とくがわ(たやす)け

徳川(田安)家

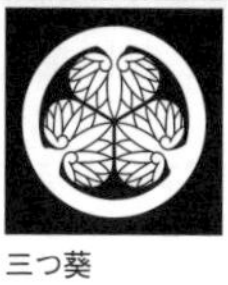

三つ葵

藩名：徳川(田安)家
藩祖：徳川宗武
石高：10万石
大名になった年：享保16年(1731)
本拠地：なし(江戸城田安門内)
親疎の別：御三卿
家格：ー
江戸城内の詰間：ー
爵位：伯爵

定信や春嶽らを輩出した御三卿のひとつ

徳川将軍家の血統保持を目的にもうけられた御三卿《ごさんきょう》のひとつ。家祖・徳川宗武《むねたけ》(吉宗《よしむね》の次男)は国学者だが、享保《きょうほう》16年(1731)に田安門内に邸を与えられ、徳川(田安)家を興した。なお、第5代当主・徳川慶頼《よしより》(斉匡《なりまさ》の九男)が将軍後見職、松《まつ》平定信《だいらさだのぶ》(宗武の七男)は老中、松平慶永《よしなが》(春嶽《しゅんがく》／斉匡の八男)は政事《せいじ》総裁職として幕政へ参画している。さらに、徳川家達《いえさと》(慶頼の三男)は徳川宗家(旧将軍家)の第16代当主に迎えられた。このため、慶頼は当主に復帰している。

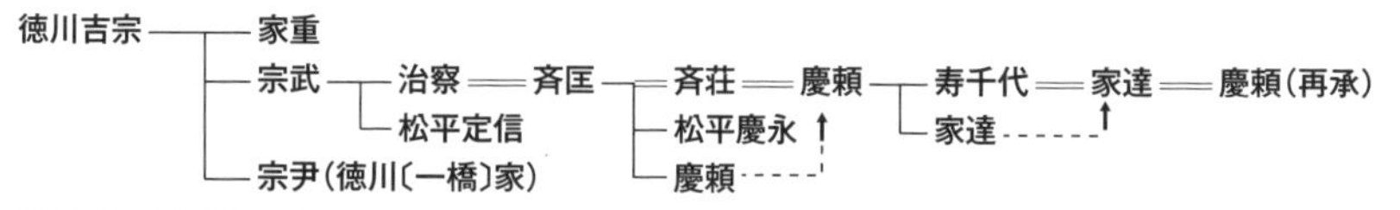

徳川(田安)家の系図

当主不在が続いたもうひとつの御三卿

とくがわ(しみず)け

徳川(清水)家

三つ葵

藩名：徳川(清水)家
藩祖：徳川重好
石高：10万石
大名になった年：宝暦8年(1758)
本拠地：なし(江戸城清水門内)
親疎の別：御三卿
家格：ー
江戸城内の詰間：ー
爵位：伯爵→男爵

吉宗の孫が家祖となった御三卿

徳川将軍家の血統保持を目的にもうけられた御三卿《ごさんきょう》のひとつ。家祖・徳川重好《しげよし》(家重《いえしげ》の次男)は宝暦《ほうれき》8年(1758)に清水門内に邸を与えられ、徳川(清水)家を興した。しかし、第2代当主以降は全員が養子で、当主不在の期間も長かった。また、歴代当主のなかに御三家の藩主に転出した者が3人もおり、第6代当主・徳川昭武《あきたけ》(斉昭《なりあき》の十八男、慶喜《よしのぶ》の弟)は慶応《けいおう》3年(1867)にパリ万博へ出席し、維新後に生家である常陸《ひたち》水戸藩(茨城県水戸市)主・徳川(水戸)家へ復帰して活躍している。なお、維新後の一時期に清水姓を名乗ったが、後に徳川姓に復姓した。

徳川(清水)家の系図

御三家筆頭の地位を誇った大藩

とくがわ(おわり)け

徳川(尾張)家

尾張(尾州)三つ葵

- **藩名**：尾張藩(尾張名古屋藩／愛知県名古屋市)
- **藩祖**：徳川義直
- **石高**：61万9500石
- **大名になった年**：慶長8年(1603)
- **本拠地**：甲斐甲府城→尾張清洲城→尾張名古屋城
- **親疎の別**：親藩
- **家格**：御三家
- **江戸城内の詰間**：大廊下
- **爵位**：侯爵

名古屋城に本拠を置いた御三家筆頭

徳川将軍家の分家のなかで最大の石高《こくだか》を有し、歴代藩主は三百諸侯《しょこう》で随一の官位、官職を賜ったという名門である。

側室・相応院《しょうおういん》(お亀《かめ》の方《かた》／志水宗清《しみずむねきよ》の娘)を母とする徳川義直《よしなお》(家康《いえやす》の九男)は、駿河駿府《するがすんぷ》城(静岡市)にいた父・徳川家康の膝下《しっか》で育てられ、慶長《けいちょう》8年(1603)に早くも25万石の甲斐《かい》甲府藩(山梨県甲府市)主に封じられる。次いで、慶長12年(1607)に松平忠吉《まつだいらただよし》(家康の四男、義直の兄)が病没して尾張清洲《おわりきよす》藩(愛知県清須《きよす》市)がお取り潰しになると、義直が47万3000石で清洲藩主へ転じた。元和《げんな》年間(1615～1624)、天下普請《ぶしん》によって構築された尾張名古屋城へ本拠地を移し、清洲城下の商人らの移住を促す「清洲越し」を断行して、尾張藩の藩政確立に努めている。

なお、入封当初の義直は若年であったため、江戸幕府は平岩親吉《ひらいわちかよし》、竹腰正信《たけのこしまさのぶ》(義直の異父兄)、成瀬正成《なるせまさなり》らを付家老《つけがろう》とし、義直の補佐を命じた。領地は尾張(愛知県西部)一国と美濃《みの》(岐阜県南部)、信濃《しなの》(長野県)の一部で、石高は後に61万9500石で確定した。また、大名が与えられる最も高い官位、官職を極官《ごっかん》というが、徳川(尾張)家の極官は従二位《じゅにい》、権大納言《ごんだいなごん》であったことから、ほかの大名や旗本などから尾張大納言と呼ばれていた。

第2代藩主・徳川光友《みつとも》(義直の嫡子)の正室は霊仙院《りょうぜんいん》(千代姫《ちよひめ》／徳川家光《いえみつ》の娘)、第10代藩主・徳川斉朝《なりとも》(治済《はるさだ》の三男)は御《ご》三卿《さんきょう》・徳川(一橋《ひとつばし》)家出身で、第11代藩主・徳川斉温《なりはる》と第12代藩主・徳川斉荘《なりたか》はともに第11代将軍・徳川家斉《いえなり》の子であるなど、歴代藩主は徳川将軍家や御三卿と縁組を重ねている。江戸時代中期には第6代藩主・徳川継友《つぐとも》(綱誠《つななり》の十一男、吉通《よしみち》と宗《むね》春《はる》の兄弟)が世子《せいし》(次期将軍)に擬《ぎ》せられたこともあるが、継友が病没したことにより将軍就任は実現していない。

その後、家督は陸奥梁川《むつやながわ》藩(福島県伊《だ》達《て》市)主となっていた松平通春《みちはる》(綱誠の二十男、吉通と継友の弟)が継ぎ、第7代藩主・徳川宗春《むねはる》となった。襲封当時、江戸幕府では徳川(紀伊《きい》)家出身の第8代将軍・徳川吉宗《よしむね》が享保《きょうほう》改革を展開していたが、宗春は吉宗の改革とは正反対の方法で藩政運営を進める。その結果、名古屋城下は未曾有の活況を呈したというが、宗春は後に些細《ささい》な落ち度を咎《とが》められて隠居に追い込まれている。

なお分家としては、宗春の本家相続に

よりお取り潰しとなった梁川藩のほかに、松平義行《よしゆき》（光友の次男）に始まる美濃高須藩（岐阜県海津《かいづ》市）という家があった。

先に触れた通り、斉温や斉荘などは徳川将軍家から入って尾張藩主となっているが、第14代藩主・徳川慶勝《よしかつ》や第15代藩主・徳川茂徳《もちなが》（茂栄《もちはる》／ともに松平義建《よしたつ》の子、松平容保《かたもり》らの兄弟）などのように、高須藩主・松平家から入って尾張藩主となった者も多い。

幕末維新期の慶勝は「安政《あんせい》の大獄《たいごく》」で隠居した後に復権し、第1次長州《ちょうしゅう》征伐では征長《せいちょう》総督の大役を務めるなど、茂徳や、陸奥会津《あいづ》藩（福島県会津若松市）主、京都守護職《しゅごしょく》となった松平容保、伊勢桑名《いせくわな》藩（三重県桑名市）主、京都所司代となった松平定敬《さだあき》らの弟たちと同様、中央政界でも足跡を残している。

ちなみに、尾張藩主・徳川（尾張）家関係の史料や美術品は、子孫が設立した徳川美術館（公益財団法人徳川黎明会《れいめいかい》）や、名古屋市蓬左《ほうさ》文庫に所蔵されている。

名古屋城復興大天守と国重要文化財の清洲櫓（西北隅櫓／愛知県名古屋市）。清洲櫓は藩祖・徳川義直が清洲城から移築したという伝承が残る

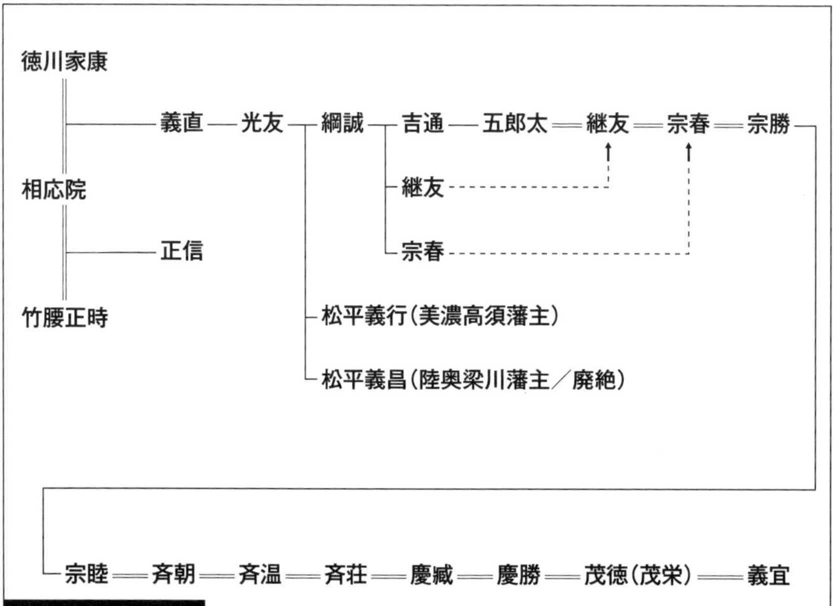

徳川（尾張）家の系図

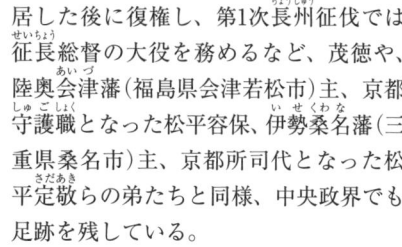

吉宗と家茂の2将軍を送り出した名門

とくがわ(きい)け

徳川(紀伊)家

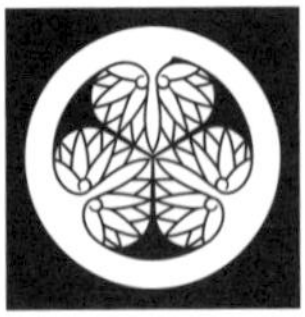

紀州三つ葵

藩名：紀伊藩(紀伊和歌山藩・紀州藩／和歌山県和歌山市)
藩祖：徳川頼宣
石高：55万5000石
大名になった年：慶長8年(1603)
本拠地：常陸水戸城→駿河駿府城→紀伊和歌山城
親疎の別：親藩(御三家)
家格：城主
江戸城内の詰間：大廊下
爵位：侯爵

家康の十男・頼宣が藩祖となった大大名

徳川将軍家の分家のなかで尾張《おわり》藩(愛知県名古屋市)主・徳川(尾張)家に次ぐ石高《こくだか》を有し、歴代藩主は同家に準じる高い官位、官職を賜った。

側室・養珠院《ようじゅいん》(お万《まん》の方《かた》／正木頼忠《まさきよりただ》の娘)を母とする徳川頼宣《よりのぶ》(家康《いえやす》の十男)は、駿河駿府《するがすんぷ》城(静岡市)にいた父・徳川家康の膝下《しっか》で育てられる。慶長《けいちょう》8年(1603)に武田信吉《たけだのぶよし》(家康の五男、頼宣の兄)が病没して常陸《ひたち》水戸藩(茨城県水戸市)がお取り潰しになると、頼宣が20万石で水戸藩主となった。

後に石高は25万石となるが、慶長14年(1609)に50万石の駿府藩主へ転じる。さらに頼宣は、元和《げんな》5年(1619)に55万5000石で紀伊《きい》藩主となり、定着した。

なお、入封当初は頼宣が若年であったため、江戸幕府は安藤直次《あんどうなおつぐ》と水野重仲《みずのしげなか》を付家老《つけがろう》とし、頼宣の補佐を命じている。

歴代藩主では、第5代藩主・徳川吉宗《よしむね》(松平頼方《まつだいらよりかた》／徳川光貞《みつさだ》の四男、頼職《よりもと》の弟)と第13代藩主・徳川家茂《いえもち》(慶福《よしとみ》／斉順《なりゆき》の長男)が紀伊藩主から徳川将軍家に迎えられ、それぞれ第8代将軍、第14代将軍に就任している。

このうち、吉宗は紀伊藩政の改革に成功した実績を買われ、徳川将軍家に迎えられた。

ちなみに、吉宗は第3代藩主・徳川綱《つな》教《のり》と第4代藩主・松平頼職(徳川頼職／ともに光貞の子、吉宗の兄)が相次いで病没したために藩主となった。したがって、もしも兄ふたりの不幸がなければ、吉宗の第8代将軍就任や享保《きょうほう》改革はなかったことになる。

前後したが、明信院《みょうしんいん》(鶴姫《つるひめ》／徳川綱吉《つなよし》の長女)を正室に迎えていた綱教が、第6代将軍に擬せられた時期もあった。しかし、宝永《ほうえい》元年(1704)に明信院が病没し、翌年に綱教も病没した。岳父《がくふ》・綱吉は大いに嘆き悲しんだという。

分家には松平頼純《よりずみ》(頼宣の次男)に始まる伊予《いよ》西条藩(愛媛県西条市)、頼職に始まる越前《えちぜん》高森藩(福井県越前市)、松平頼方(吉宗)に始まる越前葛野《かずらの》藩(福井県越前町)があったが、高森藩と葛野藩は頼職と吉宗の本家相続によりお取り潰しとなっている。

紀伊藩主・徳川(紀伊)家の歴代藩主のうち、第6代藩主・徳川宗直《むねなお》(松平頼致《よりよし》／頼純の四男)、第9代藩主・徳川治貞《はるさだ》(松平頼淳《よりあつ》／宗直の次男)、第14代・徳川茂《もち》承《つぐ》（松平頼学《よりさと》の七男）の3人は、いずれも西条藩主・松平家から本家である紀伊藩を相続した。

ただし、紀伊藩が行った西条藩への合《ごう》力米《りきまい》（補助金）の支給が、後に財政を圧迫することになる。

ちなみに、治貞は宗直の子だが、一旦松平家を相続したうえで、生家である徳川（紀伊）家に迎えられている。以上のうち、吉宗のほかにも治貞、徳川治宝《はるとみ》、茂承らが人材登用や藩政改革に実をあげて注目されている。

なかでも治宝は国学者・本居宣長《もとおりのりなが》に扶《ふ》持《ち》（扶養手当）を与えて研究を助成する一方で、医学館の創設なども手がけた。さらに、茂承は慶応《けいおう》2年（1866）の第2次長州《ちょうしゅう》征伐で先鋒総督を務めるなど、幕末維新期に中央政界でも足跡を残している。維新後、茂承は多額の私財を投じて学校を設立し、和歌山県の教育発展に貢献した。

和歌山城復興天守と国重要文化財の岡口門（和歌山市）

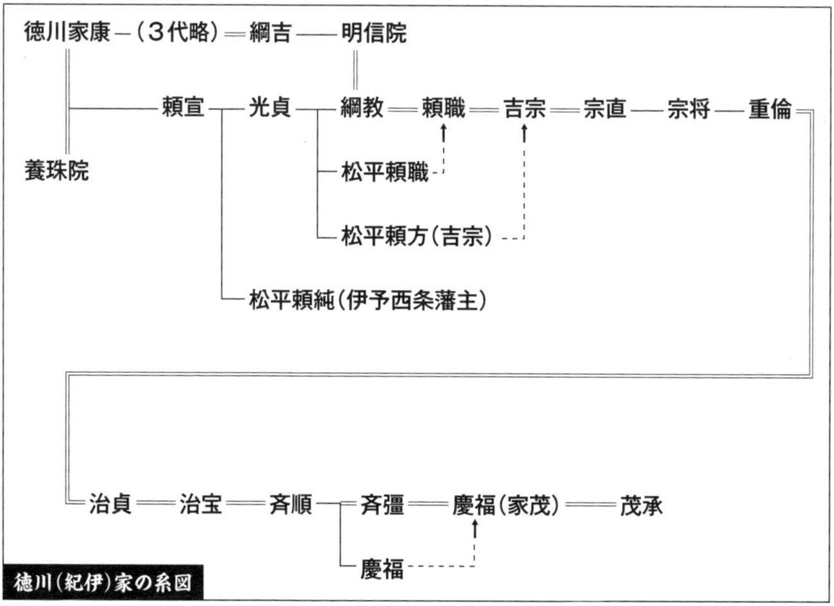

徳川（紀伊）家の系図

水戸黄門として知られる名物大名

とくがわ(みと)け

徳川(水戸)家

水戸三つ葵

藩名：常陸水戸藩(茨城県水戸市)
藩祖：徳川頼房
石高：35万石
大名になった年：慶長10年(1605)
本拠地：常陸下妻城→常陸水戸城
親疎の別：親藩(御三家)
家格：城主
江戸城内の詰間：大廊下
爵位：侯爵→公爵

学者が多く集い、研究成果をあげた雄藩

徳川将軍家の分家である御三家のなかでは石高《こくだか》が最小で、官位、官職も徳川(尾張《おわり》)家、徳川(紀伊《きい》)家に劣るが、第2代藩主・徳川光圀《みつくに》(頼房《よりふさ》の三男)、第9代藩主・徳川斉昭《なりあき》(治紀《はるとし》の三男、斉脩《なりのぶ》の養子)、第15代将軍・徳川慶喜《よしのぶ》(斉昭の七男)らを生んだ名家として名高い。なお、歴代藩主は中納言《ちゅうなごん》(権《ごん》中納言)に補任《ぶにん》されるのが通例であったが、中納言の唐名《とうみょう》(中国名)を黄門《こうもん》ということから、徳川(水戸)家は水戸黄門と呼ばれるようになった。

側室・養珠院《ようじゅいん》(お万《まん》の方《かた》／正木頼忠《まさきよりただ》の娘)を母とする徳川頼房(家康《いえやす》の十一男)は、慶長《けいちょう》10年(1605)に10万石(異説あり)の常陸下妻《ひたちしもつま》藩(茨城県下妻市)主に封じられたが、頼房自身は慶長12年(1607)に駿《する》河《が》駿府《すんぶ》城(静岡市)にいた父・徳川家康のもとへ移り住み、その膝下《しっか》で育てられた。

慶長14年(1609)、水戸藩主・徳川頼宣《よりのぶ》(家康の十男、頼房の兄)が駿府藩主に転じた後、頼房が25万石で新たな水戸藩主となる。石高は28万石を経て元禄《げんろく》14年(1701)に35万石となり、確定する。

なお、下妻藩主であった当時から付家《つけが》老《ろう》・中山信吉《なかやまのぶよし》らの家臣が頼房を補佐したが、参勤交代をしない定府《じょうふ》大名であった。

やがて、第2代藩主には松平頼重《まつだいらよりしげ》(頼房の長男、光圀の兄)を差し置いて光圀が就任したが、後年、このことを恥じた光圀は徳川綱條《つなえだ》(頼重の次男、光圀の甥《おい》で養子)を第3代藩主とし、自分の子を頼重の世子《せいし》(次期藩主)としている。

その光圀は、政治の面では上水道の整備、寺社の整理、産業の奨励などを手がけ、文教の面では明国《みんこく》(中国)の学者・朱《しゅ》舜水《しゅんすい》を招聘《しょうへい》して師と仰ぐ一方、彰考館《しょうこうかん》を創設して『大日本史』の編纂《へんさん》に着手する。

これ以後、水戸藩には安積澹泊《あさかたんぱく》(覚兵《かくべ》衛《え》)、佐々十竹《さっさじっちく》(介三郎《すけさぶろう》)、栗山潜鋒《くりやませんぽう》、安《あん》藤年山《どうねんざん》などの学者が集《つど》い、多くの研究業績をあげた。

ちなみに、隠居後の光圀を主人公とした漫遊譚《まんゆうたん》はフィクションだが、漫遊譚に登場する渥美格之進《あつみかくのしん》と佐々木助三郎《ささきすけさぶろう》のモデルは澹泊と十竹と見られている。

江戸時代中期の享保《きょうほう》元年(1716)、第7代将軍・徳川家継《いえつぐ》(家宣《いえのぶ》の嫡子)が病没したとき、江戸幕府の内部に綱條を第8代将軍に推《お》す向きもあった。しかし、綱條は自らが高齢であることを理由にこれを固辞し、紀伊藩(和歌山市)主・徳川吉宗《よしむね》の将軍就任を後押ししたという。

江戸時代後期、第9代藩主に就任した斉昭は性急な藩政改革を断行し、老中・阿部正弘《あべまさひろ》などから注目された。

嘉永《かえい》6年(1853)にペリーが来航して海《かい》防《ぼう》(国土・海岸の防衛)の重要性が叫ばれるや、斉昭は正弘によって江戸幕府海防参与に抜擢される。

しかし、正弘の没後、斉昭は将軍継嗣《けいし》問題などをめぐって大老・井伊直弼《いいなおすけ》と対立し、隠居、失脚を強いられた。第10代藩主には徳川慶篤《よしあつ》(斉昭の長男)が就任するが、元治《げんじ》元年(1864)には水戸藩内の諸《しょ》生党《せいとう》(保守派)と天狗党《てんぐとう》(急進派)との対立が激化し、慶篤もその対応に苦慮する。

なお、徳川(水戸)家は明治時代半ばに侯爵の爵位《しゃくい》を授けられたが、『大日本史』編纂などの功績を認められ、異例にも公爵へ陞爵《しょうしゃく》(爵位の上昇)している。

分家には、頼重に始まる讃岐《さぬき》高松藩(香川県高松市)、松平頼元《よりもと》に始まる陸奥《むつ》守山藩(福島県郡山市)、松平頼隆《よりたか》に始まる常陸府中藩(茨城県石岡市)、松平頼雄《よりお》(以上頼房の子、頼重と光圀の弟)に始まる常陸宍戸《ししど》藩(茨城県笠間市)があった。

水戸藩の歴代藩主のなかでは、先に触れた綱條のほかに、第4代藩主・徳川宗《むね》堯《たか》(松平頼豊《よりとよ》の長男、綱條の養子)も高松藩主・松平家の出身である。

JR水戸駅北口に建つ水戸黄門(徳川光圀)の銅像。左が助さん、右が格さん(茨城県水戸市)

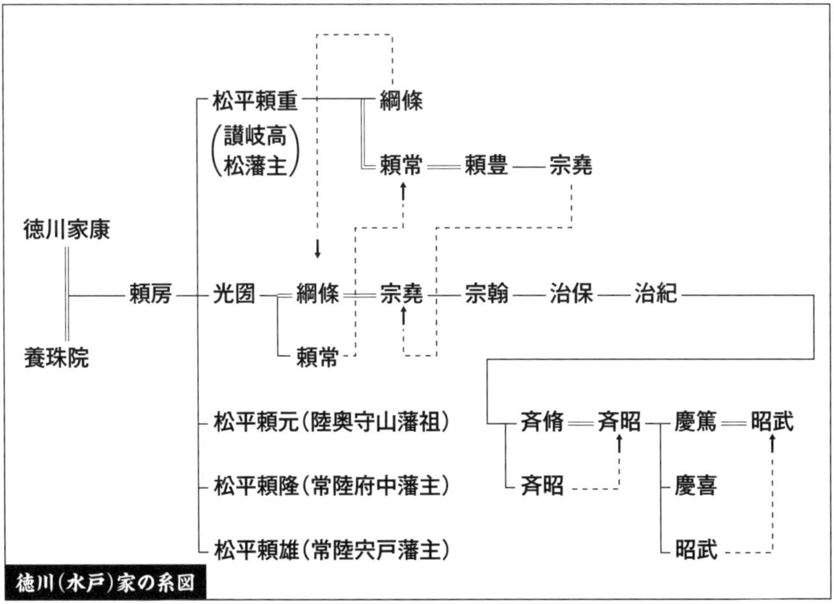

徳川(水戸)家の系図

多くの分家が生まれた家康の次男の家

まつだいら(えちぜん)け

松平(越前)家

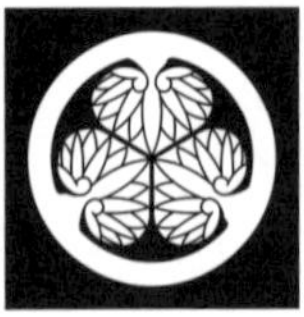

三つ葵

藩名：越前藩(越前福井藩／福井県福井市)
藩祖：松平(結城)秀康
石高：32万石
大名になった年：慶長5年(1600)以降
本拠地：下総結城城→越前北ノ庄城→越前福井城
親疎の別：親藩
家格：城主
江戸城内の詰間：大広間
爵位：伯爵→侯爵

第2代将軍の兄が藩祖となった大大名家

藩祖・松平(結城《ゆうき》)秀康《ひでやす》(徳川家康《とくがわいえやす》の次男、秀忠《ひでただ》の兄)に始まる家門の名門で、陸奥《むつ》会津《あいづ》藩(福島県会津若松市)主・松平(会津)家とともに御三家に次ぐ家格を誇った。分家が多い親藩《しんぱん》大名でもある。

なお、秀康と松平忠直《ただなお》、入封当初の松平忠昌《ただまさ》(ともに秀康の子)は越前北《えちぜんきた》ノ庄《しょう》城(福井市)を居城としていたが、忠昌がやがて福井城を構築して居城とした。ここでは秀康以降の松平(越前)家を越前藩主として扱うこととする。

さて、秀康は側室・長松院《ちょうしょういん》(お万《まん》の方《かた》／氷見吉英《ひみよしひで》の娘)を母として生まれたが、父・徳川家康は秀康を嫌い、やがて豊臣《とよとみ》秀吉《ひでよし》のもとへ人質として送る。

後に秀康は秀吉の養子、さらに下総《しもうさ》結城城(茨城県結城市)主・結城晴朝《はるとも》の養子となり、慶長《けいちょう》5年(1600)の関ヶ原の戦いでは下野《しもつけ》(栃木県)に布陣し会津城主・上《うえ》杉景勝《すぎかげかつ》に備えた。戦勝後、以上の軍功により北ノ庄藩主に封ぜられたが、同藩主としての秀康の石高《こくだか》は68万石である。

結城城主時代の石高が10万石であるから、徳川方の諸将のなかでも異例の大幅加増であった。晩年、秀康は松平姓に復姓したものの、秀吉や晴朝の養子となっていたという経歴が禍《わざわ》いしたのか、第2代将軍には徳川秀忠(家康の三男、秀康の弟)が就任している。

そんな秀康が父や秀忠よりも早く病没した後、第2代藩主には忠直が就任した。就任当初の忠直は万石の知行を有する重臣を統制することができず、江戸幕府の裁定を仰いだこともある。それでも、慶長19年(1614)と元和《げんな》元年(1615)の大坂の陣で、越前藩兵は豊臣方の真田信繁《さなだのぶしげ》(幸《ゆき》村《むら》)を討ち取るという三百諸侯《しょこう》随一の軍功をあげている。

ところが、元和9年(1623)に不行跡を理由に忠直が豊後《ぶんご》(大分県)へ配流《はいる》となり、越後《えちご》高田藩(新潟県上越《じょうえつ》市)主・忠昌が越前藩第3代藩主に就任する。

以後、越前藩主の座は忠昌の子孫が世襲したが、第6代藩主・松平綱昌《つなまさ》(昌勝《まさかつ》の長男、昌親《まさちか》の養子)の乱心を理由に、一旦廃絶となった。

間もなく再興が認められたが、分家の創設や先の出来事などにより、越前藩の石高は68万石→52万石→45万石→47万5000石→47万石→25万石→30万石→32万石と変動(異説あり)し、江戸時代後期にようやく32万石で確定している。

歴代藩主のうち、第15代藩主・松平斉《なり》善《さわ》(徳川家斉《いえなり》の二十二男)は徳川将軍家の出身で、忠直と第14代藩主・松平斉承《なりつぐ》(治好《はるよし》の嫡子)らの正室も徳川将軍家出身であった。幕末維新期の第16代藩主・松平慶永《よしなが》(春嶽《しゅんがく》/徳川斉匡《なりまさ》の八男、斉善の養子)は江戸幕府の政事《せいじ》総裁職に就任し、幕政改革に足跡を残している。

別家や分家には、松平光長《みつなが》(忠直の嫡子)に始まる美作《みまさか》津山藩(岡山県津山市)のほかに、松平直政《なおまさ》に始まる出雲《いずも》松江藩(島根県松江市)、松平直基《なおもと》に始まる上野《こうずけ》前橋藩(群馬県前橋市)、松平直良《なおよし》(以上、秀康の子)に始まる播磨《はりま》明石《あかし》藩(兵庫県明石市)、松平直堅《なおかた》(光通《みつみち》の子)に始まる越後糸魚川《いといがわ》藩(清崎《きよさき》藩/新潟県糸魚川市)などがある。

ほかに松江藩主・松平家の分家が2家あり、廃絶した分家も3家あった。

越前藩の居城・福井城跡に復元された御廊下橋(福井市/撮影:上田良治)

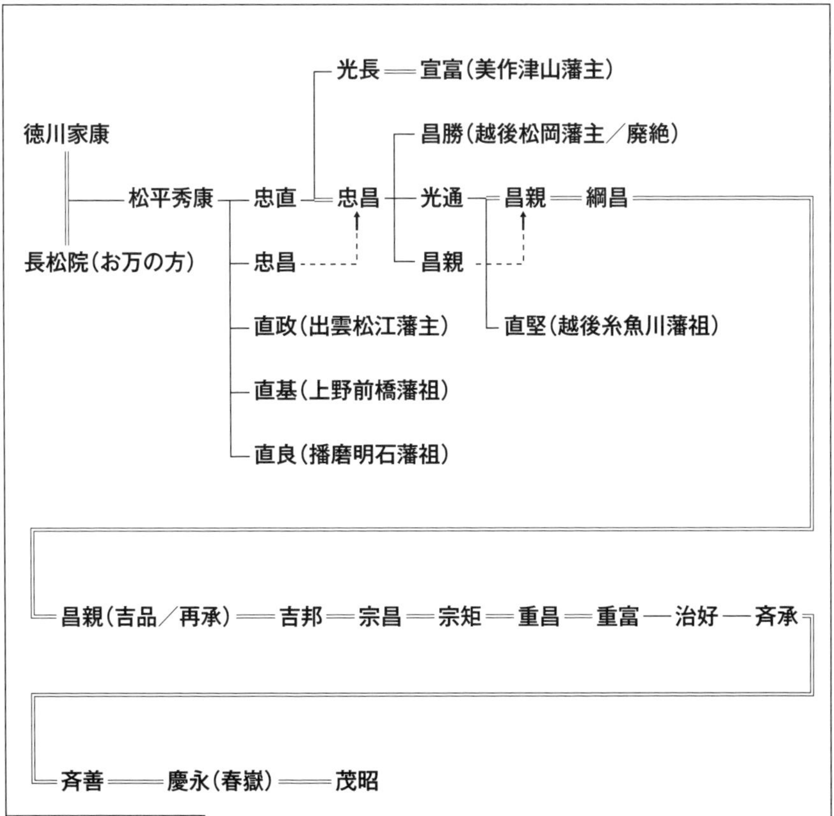

松平(越前)家の系図

連綿と続いた忠直の嫡子の系統

まつだいらけ

松平家

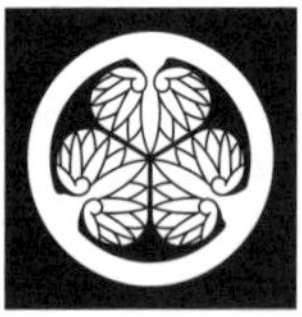

三つ葵

藩名：美作津山藩(岡山県津山市)
藩祖：松平光長(松平忠直)
石高：10万石
大名になった年：寛永元年(1624)
本拠地：(越前福井城→)越後高田城→美作津山城
親疎の別：親藩(越前別流)
家格：城主
江戸城内の詰間：大広間
爵位：子爵

維新期に宗家の金庫番を務めた斉民の出身藩

越前《えちぜん》藩(福井市)主・松平(越前)家の別家で、越前藩第2代藩主・松平忠直《ただなお》(秀康《ひでやす》の嫡子、忠昌《ただまさ》らの兄)の子孫である。

忠直が不行跡を理由に元和《げんな》9年(1623)に配流《はいる》となった後、寛永《かんえい》元年(1624)に松平光長《みつなが》(忠直の嫡子)が26万石で越後《えちご》高田藩(新潟県上越《じょうえつ》市)主となった。

ところが、藩政の運営や世子《せいし》(次期藩主)の選定をめぐる一族・氷見大蔵《ひみおおくら》(光長の弟)と家老・小栗美作《おぐりみまさか》の対立が「越後騒動」へと発展する。天和《てんな》元年(1681)、第5代将軍・徳川綱吉《とくがわつなよし》が「越後騒動」を親裁《しんさい》し、松平家はお取り潰しとなり、光長は伊予《いよ》(愛媛県)へ配流となる。

それでも光長は貞享《じょうきょう》4年(1687)に赦免《しゃめん》されて3万俵《びょう》を支給され、次いで元禄《げんろく》11年(1698)には松平宣富《のぶとみ》(直矩《なおのり》の三男、光長の養子)が10万石で美作津山藩主となり定着した。一時期、石高《こくだか》を5万石とされた時期もあるが、将軍の子である松平斉民《なりたみ》(徳川家斉《いえなり》の十四男、斉孝《なりたか》の養子)を第9代藩主に迎えて10万石に復した。

その斉民は徳川一門や大奥に人望があり、幕末期には斉民が次の将軍に擬せられたこともある。さらに、斉民は旧将軍家となった徳川宗家の財産管理を一任されるなど、幕末維新期に徳川一門の長老として活躍している。

松平(結城)秀康 ― 忠直 ― 光長 ＝ 宣富 ― 浅五郎 ＝ 長熙 ＝ 長孝 ― 康哉 ― 康乂 ＝ 斉孝 ＝ 斉民 ＝ 慶倫
忠直 ＝ 忠昌(越前藩主)
松平(結城)秀康 ― 忠昌 ‥‥→ 忠昌(越前藩主)

松平家の系図

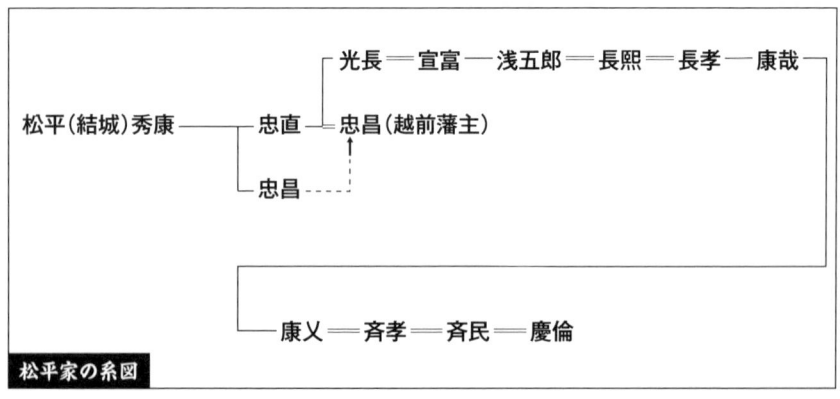

茶人大名を生んだ越前藩の分家

まつだいらけ

松平家

三つ葵(五三桐)

藩名：出雲松江藩(島根県松江市)
藩祖：松平直政
石高：18万6000石
大名になった年：元和2年(1616)
本拠地：上総姉崎陣屋→越前大野城→信濃松本城→出雲松江城
親疎の別：親藩(越前連枝)
家格：城主
江戸城内の詰間：大広間
爵位：伯爵

松江を治めた越前藩の有力な分家

松平(結城《ゆうき》)秀康《ひでやす》(徳川家康《とくがわいえやす》の次男)の子孫で、越前《えちぜん》藩(福井市)主・松平(越前)家の分家である。

分家のなかでは最も多くの石高《こくだか》を誇り、さらに出雲《いずも》広瀬藩(島根県安来《やすぎ》市)、出雲母里《もり》藩(安来市)というふたつの分家も持っていた。

藩祖・松平直政《なおまさ》(秀康の三男)は、元和《げんな》2年(1616)に1万石を与えられて上総姉崎《かずさあねがさき》藩(千葉県市原市)主となった。

その後、寛永《かんえい》元年(1624)に越前大野藩(福井県大野市)、寛永10年(1633)に信濃《しなの》松本藩(長野県松本市)と転封(国替え)を重ね、石高は5万石、7万石と加増が続く。そして、寛永15年(1638)に18万6000石で出雲松江藩主となり、定着している。

歴代藩主のなかでは、第7代藩主・松平治郷《はるさと》(不昧《ふまい》／宗衍《むねのぶ》の次男)が茶人大名として名高い。なお、治郷が茶道に耽溺《たんでき》するなか、朝日茂保《あさひしげやす》(丹波《たんば》)が藩政改革や文教政策に取り組むが、その施策には見るべきものが多かった。

分家には先に触れた広瀬藩と母里藩のほかに、松平近憲《ちかのり》(吉透《よしとお》／綱隆《つなたか》の五男、綱近《つなちか》の養子)が興した出雲松江新田《しんでん》藩(島根県松江市)もあったが、近憲が本家の松江藩第4代藩主・松平吉透となったためにお取り潰しとなっている。

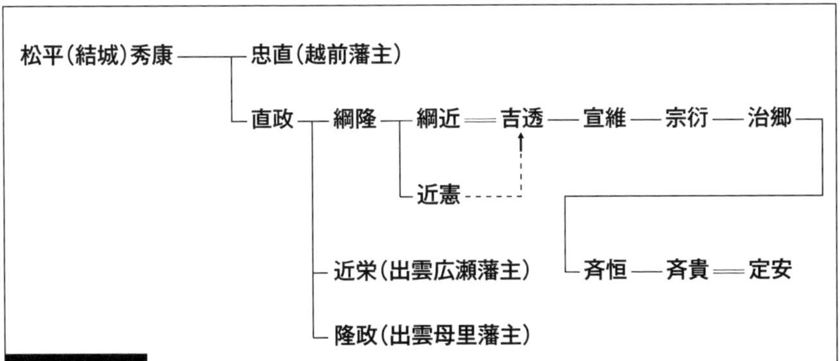

松平家の系図

越後で続いた松平(越前)家の分家

まつだいらけ

松平家

三つ葵(五三桐)

藩名:越後糸魚川藩(清崎藩/新潟県糸魚川市)
藩祖:松平直堅
石高:1万石
大名になった年:延宝5年(1677)
本拠地:越後糸魚川陣屋
親疎の別:親藩(越前連枝)
家格:陣屋
江戸城内の詰間:帝鑑間
爵位:子爵

1万俵から家を興した越後の定府大名

藩名は維新後に越後《えちご》清崎《きよさき》藩と改称している。藩祖・松平直堅《なおかた》(光通《みつみち》の子)は延宝《えんぽう》5年(1677)に1万俵《ぴょう》を与えられて大名となり、第3代当主・松平直之《なおゆき》(近時《ちかとき》の次男、直知《なおとも》の養子)が享保《きょうほう》2年(1717)に越後糸魚《いとい》川《がわ》藩初代藩主となった。子孫は参勤交代をしない定府《じょうふ》大名で、石高《こくだか》の変動もなく糸魚川の地で存続する。

松平光通 ─┬═ 昌親(越前藩主)
└ 直堅 ― 直知 ═ 直之 ═ 直好 ― 堅房 ― 直紹 ― 直益 ― 直春 ― 直廉(茂昭) ═ 直静

松平家の系図

石高半減を経験した松江藩の分家

まつだいらけ

松平家

三つ葵(五三桐)

藩名:出雲広瀬藩(島根県安来市)
藩祖:松平近栄
石高:3万石
大名になった年:寛文6年(1666)
本拠地:出雲広瀬陣屋
親疎の別:親藩(越前連枝)
家格:陣屋(城主格)
江戸城内の詰間:帝鑑間
爵位:子爵

越後騒動に連坐した親藩大名

出雲《いずも》松江藩(島根県松江市)・松平家の分家で、越前《えちぜん》藩(福井市)主・松平(越前)家の分家の分家にあたる。藩祖・松平近《ちか》栄《よし》(松江藩祖・直政《なおまさ》の次男)は寛文《かんぶん》6年(1666)に3万石を分与され、出雲広瀬藩主となった。なお「越後《えちご》騒動」では、不手際を理由に近栄が石高《こくだか》半減の処分を受けている。幸いにも、石高は貞享《じょうきょう》3年(1686)に5000石、元禄《げんろく》7年(1694)に1万石を加増され、旧に復した。幕末期の嘉《か》永《えい》3年(1850)、江戸幕府から城主格の家格を許されている。

松平直政 ─┬ 綱隆(出雲松江藩主)
├ 近栄 ― 近時 ― 近朝 ═ 近明 ― 近輝 ═ 近貞 ═ 直義 ═ 直寛 ― 直諒 ═ 直巳
└ 隆政(出雲母里藩主)

松平家の系図

17万石の石高を誇った家門の大藩

まつだいらけ

松平家

三つ葵(五三桐)

藩名:上野前橋藩(群馬県前橋市)

藩祖:松平直基

石高:17万石

大名になった年:寛永元年(1624)

本拠地:越前勝山城→越前大野城→出羽山形城→播磨姫路城→越後村上城→播磨姫路城→豊後日田陣屋→出羽山形城→陸奥白河城→播磨姫路城→上野前橋城→武蔵川越城→上野前橋城

親疎の別:親藩(越前連枝)

家格:城主

江戸城内の詰間:大広間

爵位:伯爵

前橋を治めた越前藩の分家

越前《えちぜん》藩(福井市)主・松平(越前)家の分家。藩祖・松平直基《なおもと》(秀康《ひでやす》の五男)が寛永《かんえい》元年(1624)に3万石を与えられ、越前勝山藩(福井県勝山市)主となった。

直基は一時期、結城《ゆうき》姓を名乗るが、この家は歴代が大和守《やまとのかみ》の受領《ずりょう》を与えられたため、松平大和守家と呼ばれている。

以後、直基や子孫は、越前大野藩(福井県大野市)、出羽《でわ》山形藩(山形市)、播磨姫路《はりまひめじ》藩(兵庫県姫路市)、越後《えちご》村上藩(新潟県村上市)、姫路藩、豊後日田《ぶんごひた》藩(大分県日田市)、山形藩、陸奥《むつ》白河藩(福島県白河市)、姫路藩といった具合に目まぐるしく転封(国替え)を重ね、寛延《かんえん》2年(1749)に上野《こうずけ》前橋藩主となっている。

明和《めいわ》4年(1767)、前橋城は利根川の水勢による侵食が深刻化したため、武蔵《むさし》川越藩(埼玉県川越市)主に転じた。

この間、加増があり、石高《こくだか》は天保《てんぽう》12年(1841)に17万石で確定している。慶応《けいおう》3年(1867)、松平直克《なおかつ》(有馬頼徳《ありまよりのり》の五男、直《なお》侯《よし》の養子)のとき、前橋藩主へ復帰した。

歴代では、直克が文久《ぶんきゅう》3年(1863)に江戸幕府の政事《せいじ》総裁職に抜擢され幕政に参画しているが、外交をめぐり常陸《ひたち》水戸藩(茨城県水戸市)の前藩主・徳川斉昭《とくがわなりあき》(慶《よし》喜《のぶ》の父)らと対立し、元治《げんじ》元年(1864)に辞任した。

なお、前橋城の修築等に巨費を要したため、藩財政は悪化の一途をたどった。

松平(結城)秀康 ― 忠直 ＝ 忠昌(越前藩主)
松平(結城)秀康 ― 忠昌 - - -↑ 忠昌(越前藩主)
松平(結城)秀康 ― 直政(出雲松江藩主)
松平(結城)秀康 ― 直基 ― 直矩 ― 基知 ＝ 明矩 ― 朝矩 ― 直恒 ― 直温 ＝ 斉典 ― 典則 ＝ 直侯 ＝ 直克 ＝ 直方
松平(結城)秀康 ― 直良(播磨明石藩祖)

松平家の系図

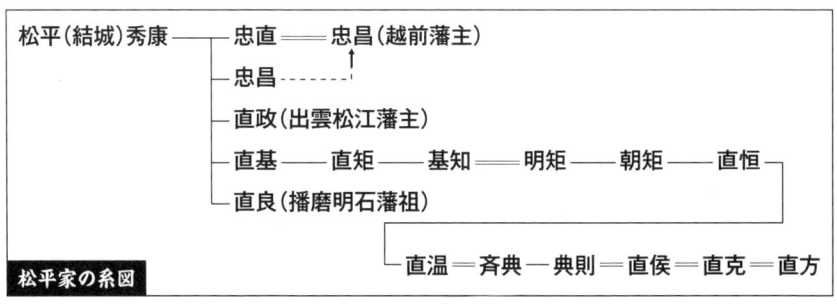

一度廃絶を経験した松江藩の分家

まつだいらけ

松平家

三つ葵（五三桐）

藩名：出雲母里藩（島根県安来市）
藩祖：松平隆政
石高：1万石
大名になった年：寛文6年（1666）
本拠地：出雲母里陣屋
親疎の別：親藩（越前連枝）
家格：陣屋
江戸城内の詰間：帝鑑間
爵位：子爵

藩祖は松江藩祖・直政の三男

出雲《いずも》松江藩（島根県松江市）・松平家の分家で、出雲広瀬藩（島根県安来《やすぎ》市）・松平家と同様、越前《えちぜん》藩（福井市）主・松平（越前）家の分家の分家にあたる。藩祖・松平隆政《たかまさ》（松江藩祖・直政《なおまさ》の三男）は寛文《かんぶん》6年（1666）に1万石を分与され、出雲母里《もり》藩主となった。ところが、延宝《えんぽう》元年（1673）、隆政が病没したため、一旦お取り潰しとなった。幸いにも、同年に松平直丘《なおたか》（直政の四男、隆政の弟）による名跡《みょうせき》の相続が認められて再興される。以後、石高《こくだか》の変動などはなかった。

松平直政 ─┬─ 綱隆（出雲松江藩主）
　　　　　├─ 近栄（出雲広瀬藩主）
　　　　　├─ 隆政 ＝ 直丘 ＝ 直員 ─ 直通 ＝ 直行 ＝ 直暠 ＝ 直方 ─ 直興 ＝ 直温 ─ 直哉
　　　　　└─ 直丘 - - - -↑

松平家の系図

10万石の格式を許された家門大名

まつだいらけ

松平家

三つ葵（五三桐）

藩名：播磨明石藩（兵庫県明石市）
藩祖：松平直良
石高：8万石（10万石格）
大名になった年：寛永元年（1624）
本拠地：越前木本陣屋→越前勝山城→越前大野城→播磨明石城
親疎の別：親藩（越前連枝）
家格：城主
江戸城内の詰間：大広間
爵位：子爵

秀康の六男が藩祖となった親藩大名

越前《えちぜん》藩（福井市）主・松平（越前）家の分家。藩祖・松平直良《なおよし》（秀康《ひでやす》の六男）は寛永《かんえい》元年（1624）に3万石で越前木本《このもと》藩（福井県大野市）主となった。子孫は各地を経て、天和《てんな》2年（1682）に6万石で播磨明石《はりまあかし》藩主となった。江戸時代後期、松平斉宣《なりこと》（徳川《とくがわ》家斉《いえなり》の二十六男、斉韶《なりつぐ》の養子《なりのぶ》）が家督を継いだ際に8万石（10万石格）となる。

松平（結城）秀康 ─┬─ 忠直 ＝ 忠昌（越前藩主）
　　　　　　　　├─ 忠昌 - - - - -↑
　　　　　　　　├─ 直政（出雲松江藩主）
　　　　　　　　├─ 直基（上野前橋藩祖）
　　　　　　　　└─ 直良 ─ 直明 ─ 直常 ─ 直純 ─ 直泰 ─ 直之 ＝ 直周 ─ 斉韶 ＝
　　　　　　　　　　＝ 斉宣 ＝ 慶憲 ＝ 直致

松平家の系図

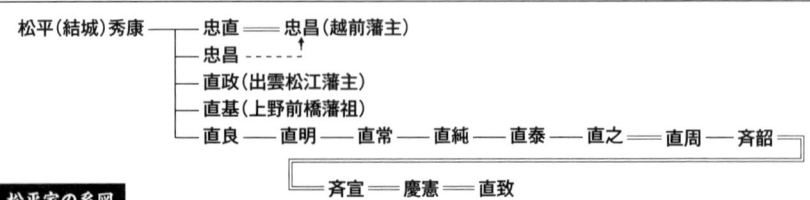

家宣の弟に始まる徳川将軍家の分家

まつだいら(おち)け

松平(越智)家

三つ葵(丸に揚羽蝶、左巴)

藩名：石見浜田藩(島根県浜田市)
藩祖：松平清武
石高：6万1000石
大名になった年：宝永3年(1706)
本拠地：上野館林城→陸奥棚倉城→上野館林城→石見浜田城→美作鶴田陣屋
親疎の別：親藩
家格：城主
江戸城内の詰間：大広間
爵位：子爵

長州征伐で居城が陥落した親藩大名

この家は江戸時代後期から石見《いわみ》浜田藩主であったが、慶応《けいおう》2年(1866)の第2次長《ちょう》州《しゅう》征伐で浜田城が陥落《かんらく》したため、飛地へ本拠地を移し美作鶴田《みまさかたづた》藩(岡山市)を立藩している。藩祖・松平清武《きよたけ》(徳川綱重《とくがわつなしげ》の次男、家宣《いえのぶ》の弟)は出生後、家臣・越智嘉清《よしきよ》の養子となった。

それでも、徳川家宣(綱重の嫡子、清武の兄)が世子《せいし》(次期将軍)に決まると清武は旗本となり、次いで宝永《ほうえい》3年(1706)に1万石の大名になった。さらに翌年には2万2000石で上野館林《こうずけたてばやし》藩(群馬県館林市)主となるが、子孫は陸奥《むつ》棚倉藩(福島県棚倉町)主、館林藩主と転封を重ね、江戸時代後期の天保《てんぽう》7年(1836)に6万1000石で浜田藩主となっている。なお、享保《きょうほう》元年(1716)に第7代将軍・徳川家継《いえつぐ》(家宣の嫡子)が病没した際、清武を第8代将軍に推《お》す声もあったというが、残念ながら清武の将軍就任は実現していない。

歴代では松平武元《たけちか》(頼明《よりあき》の三男、武雅《たけまさ》の養子)が、老中として第8代将軍・徳川吉宗《よしむね》の享保改革を支えた。

幕末維新期の慶応2年(1866)、浜田城が陥落した際に城周辺の2万5200石の石《こく》高《だか》を失ったため、鶴田藩の石高は3万5800石に留まったが、後に加増を受けて石高はもとに戻ったという。

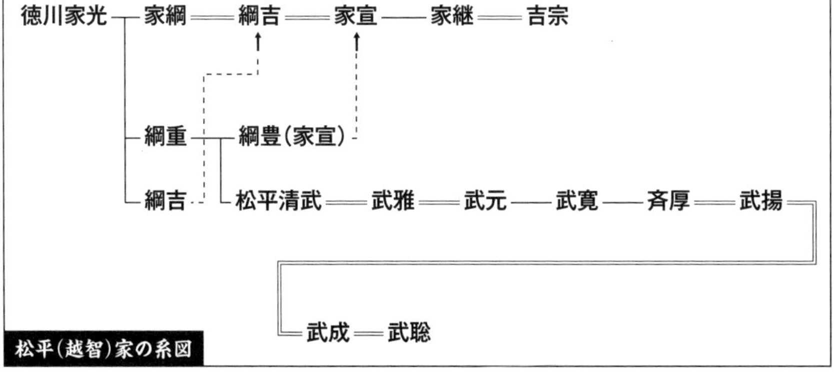

松平(越智)家の系図

秀忠の御落胤に始まる家門の名流

まつだいら(あいづ)け

松平(会津)家

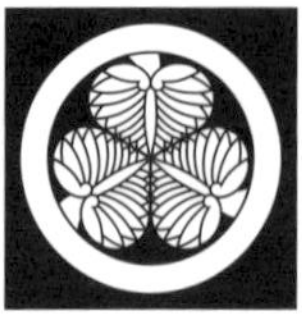

会津三つ葵(丸に三つ葵、花菱)

藩名：陸奥会津藩(福島県会津若松市)
藩祖：保科正之
石高：23万石
大名になった年：寛永8年(1631)
本拠地：信濃高遠城→出羽山形城→陸奥会津鶴ケ城〈会津若松城〉→陸奥斗南陣屋
親疎の別：親藩
家格：城主
江戸城内の詰間：溜間
爵位：子爵

幕末に活躍した陸奥の雄藩

藩名は会津若松藩、若松藩ともいう。なお、松平(会津)家は明治元年(慶応《けいおう》4年／1868)に一旦お取り潰しとなり、松平容大《かたはる》(第9代藩主・容保《かたもり》の長男)が改めて陸奥斗南《むつとなみ》藩(青森県むつ市／3万石)主に封ぜられている。

家号《やごう》は初代藩主・正之《まさゆき》、第2代藩主・正経《まさつね》は保科《ほしな》姓を名乗り、第3代藩主・正《まさ》容《かた》以降は松平姓を名乗った。

正之は第2代将軍・徳川秀忠《とくがわひでただ》と側室・浄光院《じょうこういん》(お静《しず》の方《かた》／神尾栄加《かんおえいか》の娘)を父母として生まれたが、秀忠は正室である崇《すう》源院《げんいん》(お江《ごう》／浅井長政《あざいながまさ》の三女)に遠慮し、正之を信濃高遠《しなのたかとお》藩(長野県伊那《いな》市)主・保科正光《まさみつ》の嫡子として江戸幕府へ届け出させた。

成人後、高遠藩(3万石)の第2代藩主となった正之は、第3代将軍・徳川家光《いえみつ》(秀忠の嫡子、正之の兄)によって寛永《かんえい》13年(1636)に出羽《でわ》山形藩(山形市／3万石)主、寛永20年(1643)に陸奥会津藩(23万石)主に封じられる。ところで、正之の識見を高く評価していた家光は晩年、徳川家綱《いえつな》(家光の嫡子)を補佐するよう命じていた。このため、慶安《けいあん》4年(1651)に家光が病没すると、正之は第4代将軍となった家綱の補佐役に就任して元老格《げんろうかく》として幕政に重きをなし、武断政治から殉死《じゅんし》の禁、末《まつ》期《ご》養子制度の採用に代表される文治政治への転換を主導した。

他方、正之は藩政面では家訓十五ケ条を制定して施政を展開し、藩政を確立させたことから、常陸《ひたち》水戸藩(茨城県水戸市)主・徳川光圀《みつくに》、備前《びぜん》岡山藩(岡山市)主・池田光政《いけだみつまさ》らとともに江戸時代前期を代表する名君とみなされている。なお、正之は自ら著作を残すなど、学問好きの大名でもあった。

初代藩主がこういった名君であったからか、以後の歴代のなかには学問を尊び、質素倹約を励行した藩主が多い。

先に触れた通り、正容は元禄9年(1696)に松平姓を許されたが、このときに三つ葵の家紋も許されており、以後の会津藩主・松平(会津)家は御三家、越前《えちぜん》藩(福井市)主・松平(越前)家に次ぐ親藩の名門となった。ただし、ほかの親藩の大名と同様、正之以後の歴代藩主は原則として幕政に参画していない。

そんななか、幕末維新期の松平容保(義建《よしたつ》の六男、容敬《かたたか》の養子)は、文久《ぶんきゅう》3年(1863)に江戸幕府の京都守護職《しゅごしょく》に抜擢された。容保は京都所司代となった伊勢桑《いせくわ》名《な》藩(三重県桑名市)主・松平定敬《さだあき》(義建の十男、容保の弟)とともに対朝廷・公家工作に従事すると同時に、諸藩兵や近《こん》藤勇《どういさみ》率いる新選組《しんせんぐみ》などを促し、京都の治安維持などの面で活躍した。

一連の活躍により容保は第121代・孝《こう》明《めい》天皇(明治天皇の父帝)に嘉賞《かしょう》されたが、慶応2年(1866)に孝明天皇が崩御するや、状況は一変する。

すなわち、坂本龍馬《さかもとりょうま》の斡旋で薩長同盟を締結した薩摩《さつま》藩(鹿児島市)と長州《ちょうしゅう》藩(山口県萩市)が討幕を標榜したために、第15代将軍・徳川慶喜《よしのぶ》(斉昭《なりあき》の七男)は慶応3年(1867)10月15日に大政奉還《たいせいほうかん》をした。さらに、王政復古の大号令が発せられた後の12月9日に開かれた小御所《こごしょ》会議でも討幕派が優勢で、慶喜に納地(天領返納)を迫るなどの方針が決まってしまう。

やむなく、容保は慶喜とともに軍艦で江戸へ移動し、やがて会津へ戻って新政府軍に謹慎、恭順する旨の使者を送る。なお、このときに容保が隠居し、養子・松平喜徳《のぶのり》(斉昭の十九男、慶喜の弟)が第10代藩主に就任したという。

ところが、薩摩藩兵や長州藩兵などからなる新政府軍は、陸奥仙台藩(宮城県仙台市)などの奥羽《おうう》(東北地方)の諸藩が、会津藩や出羽鶴岡藩(山形県鶴岡市)に同情的であることを問題視し、容保・喜徳父子の謹慎、恭順を頑《がん》として認めなかった。加えて、仙台藩士が新政府軍参謀・世良修蔵《せらしゅうぞう》を斬殺《ざんさつ》したため、新政府軍は明治元年(慶応4年/1868)に会津藩を含む奥羽越列藩《おううえつれっぱん》同盟への攻撃を決定した。

これを受け、会津藩では家老の西郷頼《さいごうたの》母《も》や佐川官兵衛《さがわかんべえ》らを各地に派遣し、山本《やまもと》(新島《にいじま》)八重《やえ》(山本覚馬《かくま》の妹)らも会津鶴ケ城(若松城)へ籠城《ろうじょう》する。けれども、新政府軍が城下へ殺到したうえに、奥羽越列藩同盟の諸藩が相次いで降伏したため、容保・喜徳父子はやむなく9月23日に開城し、降伏した。

1か月におよぶ籠城のあいだ、白虎隊《びゃっこたい》士中《しちゅう》二番隊の十数名、娘子隊《じょうしたい》の中野竹子《なかのたけこ》らをはじめとする多くの藩士や子女が切腹、討ち死にを遂げた。

降伏後、容保・喜徳父子は助命されたものの会津藩はお取り潰しとなり、間もなく容大が斗南藩主に封ぜられた。容大や藩士はこの地で、明治4年(1871)の廃《はい》藩置県《はんちけん》を迎えている。

陸奥会津藩の居城・会津若松城復興天守(福島県会津若松市)

徳川秀忠—家光

保科正光=正之—正経=松平正容—容貞—容頌=容住—容衆=容敬=容保=喜徳=容大

松平(会津)家の系図

多くの名君を送り出した尾張藩の支封

まつだいらけ

松平家

高須三つ葵(六つ葵)

藩名：美濃高須藩(岐阜県海津市)
藩祖：松平義行
石高：3万石
大名になった年：天和元年(1681)
本拠地：信濃国内→美濃高須陣屋
親疎の別：親藩(尾張連枝)
家格：陣屋
江戸城内の詰間：大広間
爵位：子爵

美濃高須を治めた尾張藩の分家

尾張《おわり》藩(愛知県名古屋市)主・徳川《とくがわ》(尾張)家の分家。藩祖・松平義行《よしゆき》(徳川光友《みつとも》の次男)は天和《てんな》元年(1681)に3万石を与えられ、元禄《げんろく》13年(1700)に美濃高須《みのたかす》藩主となった。幕末維新期に活躍した尾張藩第14代藩主・徳川慶勝《よしかつ》、第15代藩主・徳川茂徳《もちなが》(茂栄《もちはる》)、京都守護職《しゅごしょく》・松平容保《かたもり》、京都所司代・松平定敬《さだあき》らの兄弟は、いずれも高須藩第10代藩主・松平義建《よしたつ》(義和《よしより》の次男)の子である。

徳川光友 ─┬─ 綱誠(尾張藩主)
　　　　　└─ 義行 ＝ 義孝 ＝ 義淳(徳川宗勝) ── 義敏 ── 義柄 ── 義裕 ＝ 勝当 ＝ 義居 ＝
＝ 義和 ── 義建 ＝ 義比(徳川茂徳) ── 義端 ＝ 義勇 ＝ 義生

松平家の系図

合力米を受け続けた徳川(紀伊)家の連枝

まつだいらけ

松平家

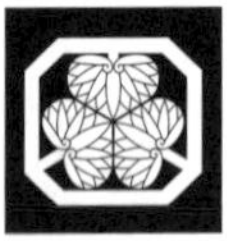

西条三つ葵(隅切角の内葵)

藩名：伊予西条藩(愛媛県西条市)
藩祖：松平頼純
石高：3万石
大名になった年：寛文8年(1668)
本拠地：伊予西条陣屋
親疎の別：親藩(紀伊連枝)
家格：陣屋
江戸城内の詰間：大広間
爵位：子爵

頼宣の次男が藩祖となった紀伊藩の分家

紀伊《きい》藩(和歌山市)主・徳川《とくがわ》(紀伊)家の分家。藩祖・松平頼純《よりずみ》(徳川頼宣《よりのぶ》の次男)は寛文《かんぶん》8年(1668)に5万石を分与され、大名となった。寛文10年(1670)には3万石で伊予《いよ》西条藩主となり、以後は紀伊藩から合力米《ごうりきまい》(補助金)数万俵《びょう》を受けるようになる。歴代藩主のうち、第2代藩主・松平頼致《よりよし》(徳川宗直《むねなお》／頼純の四男)、第5代藩主・松平頼淳《よりあつ》(徳川治貞《はるさだ》／宗直の次男)が西条藩から紀伊藩を継いだが、頼淳のほかにも紀伊藩主の子で西条藩主となった者がいる。

徳川頼宣 ─┬─ 光友(紀伊藩主)
　　　　　└─ 松平頼純 ── 頼致(徳川宗直) ＝ 頼渡 ── 頼邑 ＝ 頼淳(徳川治貞) ＝ 頼謙 ─
─ 頼看 ＝ 頼啓 ── 頼学 ── 頼英

松平家の系図

四国で栄えた光圀の兄の系統

まつだいらけ

松平家

水戸三つ葵

藩名：讃岐高松藩(香川県高松市)
藩祖：松平頼重
石高：12万石
大名になった年：寛永16年(1639)
本拠地：常陸下館城→讃岐高松城
親疎の別：親藩(水戸連枝)
家格：城主
江戸城内の詰間：溜間
爵位：伯爵

讃岐高松を治めた水戸藩の分家

常陸《ひたち》水戸藩(茨城県水戸市)主・徳川《とくがわ》(水戸)家の分家。藩祖・松平頼重《よりしげ》(徳川頼房《よりふさ》の長男、光圀《みつくに》の兄)は別家を立て、寛永《かんえい》16年(1639)に5万石で常陸下館《しもだて》藩(茨城県筑西《ちくせい》市)主となった。次いで、寛永19年(1642)に12万石で讃岐《さぬき》高松藩主に転封(国替え)となる。第2代藩主・松平頼常《よりつね》(光圀の長男、頼重の養子)、第9代藩主・松平頼恕《よりひろ》(徳川治紀《はるとし》の次男、頼儀《よりのり》の養子)らは、松平(水戸)家の出身である。

徳川頼房
- 松平頼重＝頼常＝頼豊＝頼桓＝頼恭―頼真―頼起＝頼儀＝頼恕＝頼胤＝頼聡
- 光圀(常陸水戸藩主)
- 松平頼元(陸奥守山藩祖)
- 松平頼隆(常陸府中藩主)
- 松平頼雄(常陸宍戸藩主)

松平家の系図

松川藩主に転じる徳川(水戸)家の連枝

まつだいらけ

松平家

三つ葵(守山三つ葵)

藩名：陸奥守山藩(福島県郡山市)
藩祖：松平頼元
石高：2万石
大名になった年：寛文元年(1661)
本拠地：常陸額田陣屋→陸奥守山陣屋→常陸松川陣屋
親疎の別：親藩(水戸連枝)
家格：陣屋
江戸城内の詰間：大広間
爵位：子爵

陸奥守山を治めた定府大名

常陸《ひたち》水戸藩(茨城県水戸市)主・徳川《とくがわ》(水戸)家の分家。藩祖・松平頼元《よりもと》(徳川頼房《よりふさ》の四男、光圀《みつくに》の弟)が寛文《かんぶん》元年(1661)に2万石を分与され、常陸額田《ぬかだ》藩(茨城県那《な》珂《か》市)主となった。子孫は元禄《げんろく》13年(1700)、同じ石高《こくだか》で陸奥《むつ》守山藩主に転封(国替え)となる。明治3年(1870)、常陸松川藩(茨城県大洗《おおあらい》町)へ転封となった。

徳川頼房
- 松平頼重(讃岐高松藩主)
- 光圀(常陸水戸藩主)
- 松平頼元―頼貞―頼寛―頼亮―頼慎―頼誠―頼升＝頼之＝喜徳
- 松平頼隆(常陸府中藩主)
- 松平頼雄(常陸宍戸藩主)

松平家の系図

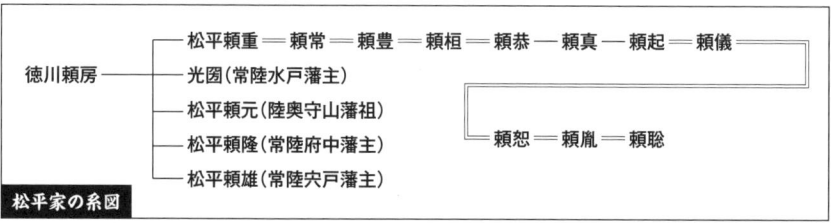

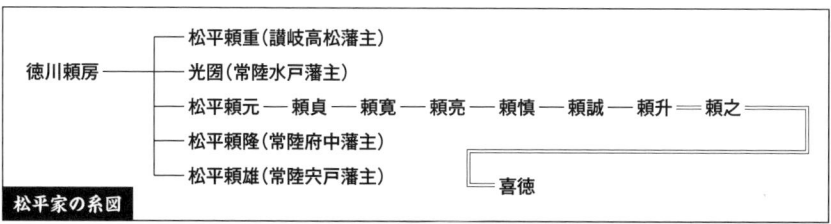

徳川（水戸）家の連枝四藩のひとつ

まつだいらけ

松平家

隅切角に三つ葵（三つ葵）

藩名：常陸府中藩（石岡藩／茨城県石岡市）
藩祖：松平頼隆
石高：2万石
大名になった年：寛文元年（1661）
本拠地：（常陸保内郷？→）常陸府中陣屋
親疎の別：親藩（水戸連枝）
家格：陣屋
江戸城内の詰間：大広間
爵位：子爵

徳川頼房の五男が藩祖となった水戸藩の分家

常陸《ひたち》水戸藩（茨城県水戸市）主・徳川《とくがわ》（水戸）家の分家。藩祖・松平頼隆《よりたか》（徳川頼房《よりふさ》の五男、光圀《みつくに》の弟）が寛文《かんぶん》元年（1661）に2万石を分与され、大名となった。次いで、元禄《げんろく》13年（1700）に常陸府中藩主となり、明治2年（1869）に藩名を石岡藩と改称している。幕末期の松平頼縄《よりつぐ》（頼説《よりひさ》の嫡子）は本家の後見役を務めた。

松平家の系図

徳川頼房
- 松平頼重（讃岐高松藩主）
- 光圀（常陸水戸藩主）
- 松平頼元（陸奥守山藩祖）
- 松平頼隆 ― 頼如 ＝ 頼明 ― 頼永 ＝ 頼幸 ＝ 頼済 ― 頼前 ＝ 頼説 ― 頼縄 ― 頼策
- 松平頼雄（陸奥宍戸藩主）

天狗党の乱後に一旦廃絶した悲運な藩

まつだいらけ

松平家

三つ葵

藩名：常陸宍戸藩（茨城県笠間市）
藩祖：松平頼雄
石高：1万石
大名になった年：天和2年（1682）
本拠地：常陸宍戸陣屋
親疎の別：親藩（水戸連枝）。一説に譜代
家格：陣屋
江戸城内の詰間：帝鑑間
爵位：子爵

徳川頼房の七男が藩祖の定府大名

常陸《ひたち》水戸藩（茨城県水戸市）主・徳川《とくがわ》（水戸）家の分家。藩祖・松平頼雄《よりお》（徳川頼房《よりふさ》の七男、光圀《みつくに》の弟）が天和《てんな》2年（1682）に1万石を分与され、常陸宍戸《ししど》藩主となった。幕末期の松平頼徳《よりのり》（頼位《よりたか》の嫡子）が元治《げんじ》元年（1864）の天狗党《てんぐとう》の乱の収拾に失敗して自刃し、お取り潰しを経験したが、幸いにも後に再興を許された。

松平家の系図

徳川頼房
- 松平頼重（讃岐高松藩主）
- 光圀（常陸水戸藩主）
- 松平頼元（陸奥守山藩主）
- 松平頼隆（常陸府中藩主）
- 松平頼雄 ＝ 頼道 ― 頼慶 ― 頼多 ＝ 頼救 ― 頼敬 ＝ 頼筠 ＝ 頼位 ― 頼徳 ＝ 頼位（再承）

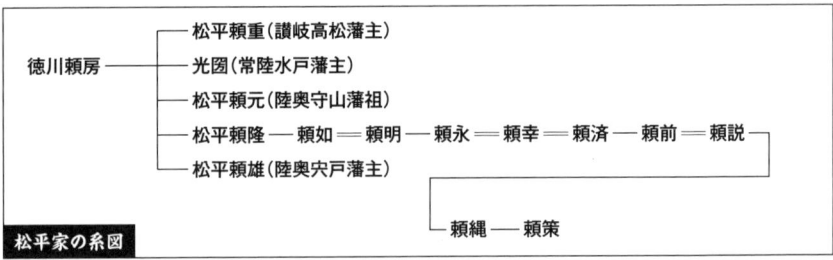

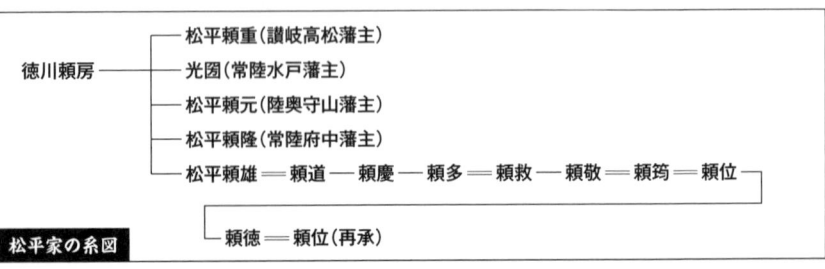

多くの分家を持つ家康の異父弟の系譜

まつだいら(ひさまつ)け

松平(久松)家

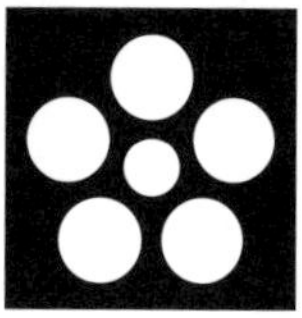

梅鉢(梅輪内、丸に梅輪内)

藩名：伊予松山藩(愛媛県松山市)
藩祖：松平定勝
石高：15万石
大名になった年：慶長6年(1601)
本拠地：(下総小南城→)遠江掛川城→(山城伏見城→)伊勢桑名城→伊予松山城
親疎の別：親藩
家格：城主
江戸城内の詰間：溜間
爵位：伯爵

藩祖・定勝は家康の異父弟

松平(久松)家は伝通院《でんづういん》(於大《おたい》の方《かた》／水《みず》野《の》忠政《ただまさ》の娘、徳川家康《とくがわいえやす》の母)が再婚先でもうけた男子の子孫で、伝通院の希望で松平姓を名乗ることを許されている。

松平広忠《ひろただ》(家康の父)の正室であった伝通院は離縁後、久松俊勝《としかつ》と再婚して三男三女(異説あり)をもうけた。このうち、松平定勝《さだかつ》(俊勝・伝通院夫妻の四男)は徳川家康(広忠の嫡子、定勝の異父兄)に仕え、慶長《けいちょう》6年(1601)に3万石の遠江《とおとうみ》掛川藩(静岡県掛川市)主に抜擢される。次いで、定勝は元和《げんな》3年(1617)に伊勢桑名《いせくわな》藩(三重県桑名市)主に転じ、寛永《かんえい》12年(1635)に松平定行《さだゆき》(定勝の嫡子)が15万石で伊予《いよ》松山藩主となって定着した。

分家には桑名藩、伊予今治《いまばり》藩(愛媛県今治市)、伊予松山新田《しんでん》藩(松山市)、三《み》河刈谷《かわかりや》藩(愛知県刈谷市)があったが、刈谷藩は松平定政《さだまさ》(定勝の六男)の乱心、松山新田藩は第2代藩主・松平定静《さだきよ》(定章《さだあきら》の長男、定功《さだなり》の養子)の本家相続によりお取り潰しとなっている。なお、松平康元《やすもと》(夫妻の次男)に始まる伊勢長島藩(桑名市)、松平勝以《かつゆき》(勝義《かつよし》の九男、勝易《かつやす》の養子)に始まる下総多古《しもうさたこ》藩(千葉県多古町)もあったが、長島藩はお取り潰しとなった。

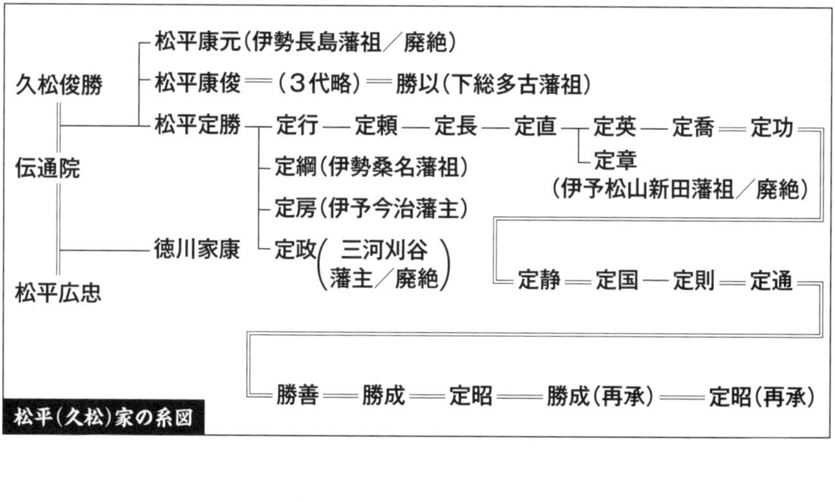

松平(久松)家の系図

定信や定敬を生んだ親藩の名門

まつだいらけ

松平家

裏葵(三つ葵、梅輪違、重梅輪内)

藩名：伊勢桑名藩(三重県桑名市)
藩祖：松平定綱
石高：11万石
大名になった年：慶長14年(1609)
本拠地：下総山川城→常陸下妻城→遠江掛川城→山城淀城→美濃大垣城→伊勢桑名城→越後高田城→陸奥白河城→伊勢桑名城
親疎の別：親藩
家格：城主
江戸城内の詰間：溜間
爵位：子爵

伊勢桑名を治めた久松松平家の分家

伊予《いよ》松山藩(愛媛県松山市)主・松平(久松《ひさまつ》)家の分家。藩祖・松平定綱《さだつな》(定勝《さだかつ》の三男)が慶長《けいちょう》14年(1609)に1万5000石で下総《しもうさ》山川藩(茨城県結城《ゆうき》市)主となった。

以後、常陸下妻《ひたちしもつま》藩(茨城県下妻市)、遠江《とおとうみ》掛川藩(静岡県掛川市)、山城淀《やましろよど》藩(京都市伏見区)、美濃《みの》大垣藩(岐阜県大垣市)、伊勢桑名《いせくわな》藩、越後《えちご》高田藩(新潟県上越《じょうえつ》市)、陸奥《むつ》白河藩(福島県白河市)を経て、文政《ぶんせい》6年(1823)に11万石で再び桑名藩へ転封となった。歴代では、松平定信《さだのぶ》(徳川宗武《むねたけ》の七男、定邦《さだくに》の養子)が老中、松平定敬《さだあき》(松平義建《よしたつ》の七男、定猷《さだみち》の養子)が京都所司代として活躍している。

ふたりのうち、定信は生家である徳川(田安《たやす》)家の当主、さらには第11代将軍に擬されるほどの優秀な人物であった。けれども、徳川(一橋《ひとつばし》)家当主の徳川治済《はるさだ》(家斉《いえなり》の父)や、側用人《そばようにん》兼老中の田沼意次《たぬまおきつぐ》の陰謀により、松平定邦(定賢《さだよし》の嫡子)の養子に据えられる。やがて老中となった定信は、江戸幕府の寛政《かんせい》改革を主導した。

一方、定敬は京都守護職《しゅごしょく》・松平容保《かたもり》(義建の六男、定敬の兄)とともに幕末期の治安維持に活躍する。なお、維新後に定敬が一時、箱館五稜郭《はこだてごりょうかく》(北海道函館市)へ籠城《ろうじょう》したことから、桑名藩は石高《こくだか》を6万石にまで減らされている。

復元された桑名城蟠龍櫓(三重県桑名市)

松平家の系図

松平定勝─┬定行(伊予松山藩主)
　　　　　└定綱―定良＝定重―定達―定輝＝定儀―定賢―定邦＝定信―定永―定和―定猷(猷)＝定敬＝定教

転封を重ねた家康の長女の子孫

まつだいら(おくだいら)け

松平(奥平)家

三つ葵(軍配団扇の内松竹、九曜)

藩名:武蔵忍藩(埼玉県行田市)
藩祖:松平忠明
石高:10万石
大名になった年:慶長7年(1602)
本拠地:三河作手城→伊勢亀山城→摂津大坂城→大和郡山城→播磨姫路城→出羽山形城→下野宇都宮城→陸奥白河城→出羽山形城→備後福山城→伊勢桑名城→武蔵忍城
親疎の別:親藩
家格:城主
江戸城内の詰間:溜間
爵位:子爵

各地を転封し、最後は忍藩に落ち着いた名門

豊前《ぶぜん》中津藩(大分県中津市)主・奥平家の一門。藩祖・松平忠明《ただあきら》(奥平信昌《のぶまさ》・盛《せい》徳院《とくいん》夫妻の四男、徳川家康《とくがわいえやす》の外孫で養子)は徳川家康に松平姓を許され、慶長《けいちょう》7年(1602)に1万7000石で三河作手《みかわつくで》藩(愛知県新城《しんしろ》市)主となった。次いで、慶長15年(1610)に伊勢《いせ》亀山藩(三重県亀山市)主に転じた忠明は、慶長19年(1614)と元和《げんな》元年(1615)の大坂の陣で活躍し、戦勝後に10万石の摂津《せっつ》大坂藩(大阪市)主となった。入封後、忠明は戦災で荒廃した大坂の復興に腐心している。

以後、忠明や子孫は大和郡山《やまとこおりやま》藩(奈良県大和郡山市)、播磨姫路《はりまひめじ》藩(兵庫県姫路市)、出羽《でわ》山形藩(山形市)、下野《しもつけ》宇都宮藩(栃木県宇都宮市)、陸奥《むつ》白河藩(福島県白河市)、山形藩、備後《びんご》福山藩(広島県福山市)、伊勢桑名《いせくわな》藩(三重県桑名市)と転封を続け、文政《ぶんせい》6年(1823)に10万石で武蔵忍《むさしおし》藩主となって定着する。

歴代のなかでは、忠明が井伊直孝《いいなおたか》とともに元老格《げんろうかく》で幕政に参画している。

分家には上野小幡《こうずけおばた》藩(群馬県甘楽《かんら》町)と播磨姫路新田《しんでん》藩があったが、姫路新田藩は松平(奥平)清道《きよみち》(忠明の四男)の病没によりお取り潰しとなった。

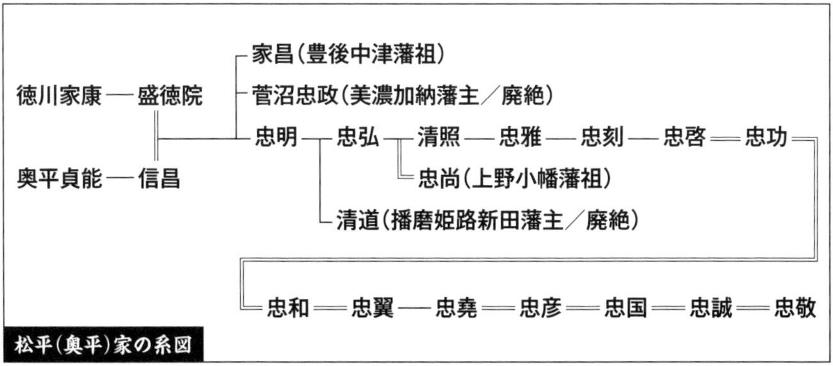

松平(奥平)家の系図

コラム 10万石格の大名と無高大名

江戸時代の大名の家格を比較する場合、目安のひとつとなるのが石高《こくだか》の多寡《たか》であった。まず、大名を石高の多い順に並べると、加賀《かが》藩(石川県金沢市)主・前田《まえだ》家の102万2700石、薩摩《さつま》藩(鹿児島市)主・島津《しまづ》家の72万8700石、尾張《おわり》藩(愛知県名古屋市)主・徳川《とくがわ》(尾張)家の61万9500石といった具合になるが、その一方で石高の多寡では比較できない大名も存在する。

たとえば、対馬《つしま》府中藩(長崎県対馬市)主・宗《そう》家は石高が多いときでも3万3300石、下野《しもつけ》喜連川《きつれがわ》藩(栃木県さくら市)主・喜連川家は5000石ながら、ともに江戸幕府から10万石の格式を許されていたが、これには理由があった。

まず、宗家は李氏《りし》朝鮮との外交の任務を与えられていた関係で、元禄《げんろく》12年(1699)ごろに正式に10万石の格式となっている。また、喜連川家は室町将軍家・足利《あしかが》家の別流で、鎌倉公方《くぼう》の名跡《みょうせき》を継いだ名門であった。新田義貞《にったよしさだ》の子孫を自称していた徳川将軍家は、喜連川家を冷遇するわけにはいかなかったことであろう。

ただし、宗家の当主は朝廷から従四位下《じゅしいのげ》の官位を与えられるなど格式に見合った待遇を受けたが、喜連川家の当主は過半が官位すら与えられなかった。歴代の将軍や幕閣は喜連川家が高い官位を得ると、「将軍の座が危うくなる」とでも思ったのかもしれない。

次に、石高をまったく持たない無高《むだか》の大名も存在した。そもそも、石高とは田畑の生産高の表示方法のことだが、いくら広い領地を与えられていても、その土地に田畑がなければ○万石という具合に石高で表示することはできない。

その顕著な例が蝦夷松前《えぞまつまえ》藩(北海道松前町)主・松前家である。松前家は田畑が僅少《きんしょう》で、当時は米穀などがほとんど取れない蝦夷地《えぞち》(北海道)を領地として与えられていた関係で、厳密な意味での石高がなかった。このため、無高、無高大名と呼ばれたというが、享保《きょうほう》4年(1719)ごろに1万石の格式を許されている。

なお、江戸幕府が蝦夷地全域を天領《てんりょう》(幕府直轄領)としたため、江戸時代後期に1万8000石で陸奥梁川《むつやながわ》藩(福島県伊達《だて》市)へ入封していた時期もある。3万石で松前藩へ復帰した後にも、石高の大部分を陸奥(東北地方東部)に与えられた。以上は海防《かいぼう》(国土、海岸の防衛)の見地からの措置《そち》であるというが、江戸幕府のこの措置により松前家は無高を返上し、正式に3万石の大名となったのである。

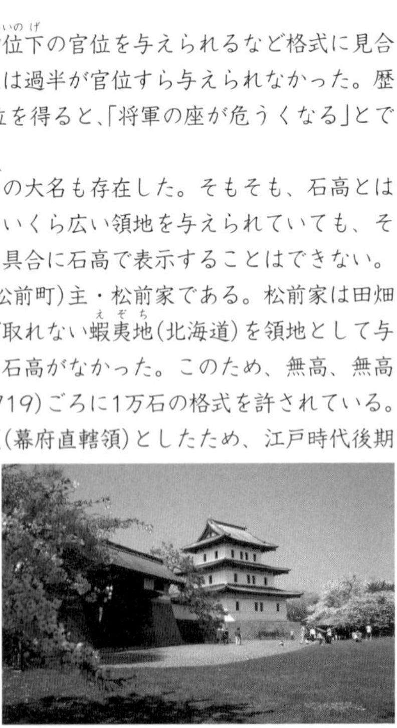

立藩当初は石高のなかった蝦夷松前藩の居城・松前城復興天守(北海道松前町)

第二章

譜代大名の各家

父子で将軍の側近を務めた律儀な家系

あおやまけ

青山家

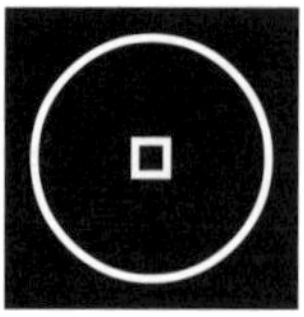

青山銭(無字銭、葉菊など)

藩名：丹波篠山藩(兵庫県篠山市)
藩祖：青山忠成
石高：6万石
大名になった年：慶長6年(1601)
本拠地：相模国内ほか→武蔵岩槻城→上総大多喜城→信濃小諸城→遠江浜松城→丹波亀山城→丹波篠山城
親疎の別：譜代
家格：城主
江戸城内の詰間：雁間
爵位：子爵

多くが幕政に参画した譜代の名門

藤原《ふじわら》氏頼通《よりみち》流の花山院《かさんのいん》支流で、藩祖・青山忠成《ただなり》(忠門《ただかど》の子)は第2代将軍・徳川《とくがわ》秀忠《ひでただ》の傅役《もりやく》(養育係)となり、慶長《けいちょう》6年(1601)に相模《さがみ》(神奈川県)国内に1万8000石を与えられ、大名となった。

次いで、青山忠俊《ただとし》(忠成の嫡子)も第3代将軍・徳川家光《いえみつ》(秀忠の嫡子)の側近を務め、4万5000石の武蔵岩槻《むさしいわつき》藩(さいたま市岩槻区)主に栄進する。しかし、父子はたびたび諫言《かんげん》を行ったことなどを理由に、蟄居《ちっきょ》やお取り潰しを経験した。

その後、青山宗俊《むねとし》(忠俊の嫡子)は旗本(3000石)から忠勤を励み、5万石の遠江《とおとうみ》浜松藩(静岡県浜松市)主となり大名へと返り咲く。子孫は丹波《たんば》亀山藩(京都府亀岡市)主などを経て、寛延《かんえん》元年(1748)に丹波篠山《ささやま》藩主へ入封する。

歴代では、忠成、忠俊、青山忠裕《ただやす》(忠《ただ》高《たか》の三男、忠講《ただつぐ》の養子)、青山忠良《ただなが》(忠裕の五男)らが老中を務めるなど、幕政に参画した者が多い。

このうち、忠裕が老中となって1万石を加増された結果、石高《こくだか》は6万石で確定する。なお、忠裕は尊号《そんごう》一件、相馬大作《そうまだいさく》事件など、朝幕間、外様《とざま》大名間の難事件の対応、処理に手腕を発揮した。

分家に青山幸成《よしなり》(忠成の四男)を藩祖とする美濃八幡《みのはちまん》藩(岐阜県郡上《ぐじょう》市)主・青山家と、青山成重《なりしげ》(服部正信《はっとりまさのぶ》の子、忠重《ただしげ》の養子)に始まる家があったが、成重の興した家は大久保長安《おおくぼながやす》事件のためにお取り潰しとなった。

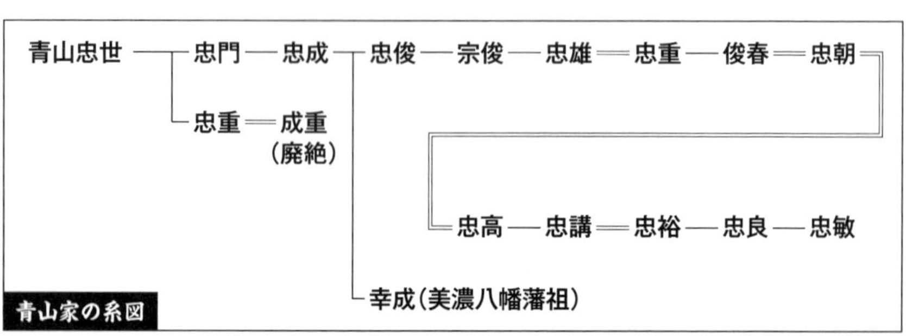

青山家の系図

山紫水明の地を治めた篠山藩主の分家

あおやまけ

青山家

青山菊（葉菊、黒餅に九曜）

藩名：美濃八幡藩（郡上藩／岐阜県郡上市）
藩祖：青山幸成
石高：4万8000石
大名になった年：元和5年（1619）
本拠地：下総国内ほか→遠江掛川城→摂津尼崎城→信濃飯山城→丹後宮津城→美濃八幡城
親疎の別：譜代
家格：城主
江戸城内の詰間：雁間
爵位：子爵

美濃八幡を治めた青山家の分家

丹波篠山《たんばささやま》藩（兵庫県篠山市）主・青山家の分家。藩祖・青山幸成《よしなり》（忠成《ただなり》の四男）は元和《げんな》5年（1619）に1万3000石で大名となり、寛永《かんえい》5年（1628）に老中、寛永10年（1633）に遠江《とおとうみ》掛川藩（静岡県掛川市）主となった。以後、摂津《せっつ》尼崎藩（兵庫県尼崎市）、信濃《しなの》飯山藩（長野県飯山市）、丹後《たんご》宮津藩（京都府宮津市）を経て、宝暦《ほうれき》8年（1758）に4万8000石で美濃八幡《みのはちまん》藩に入封する。歴代のうち、江戸時代中期の青山幸完《ゆきさだ》（幸道《よしみち》の子）は若年寄を務めた。明治2年（1869）、美濃郡上《ぐじょう》藩と改称した。

青山家の系図

青山忠成 ─┬─ 忠俊（丹波篠山藩祖）
　　　　　└─ 幸成 ─ 幸利 ─ 幸実 ─ 幸督 ─ 幸秀 ─ 幸道 ─ 幸完 ─ 幸孝 ─ 幸寛 ＝ 幸礼 ＝ 幸哉 ─ 幸宜

枢要の城地を守った文武の家柄

あきもとけ

秋元家

五瓜に唐花（瓜、源氏車）

藩名：上野館林藩（群馬県館林市）
藩祖：秋元長朝
石高：6万3000石
大名になった年：慶長5年（1600）以降
本拠地：上野総社城→甲斐谷村城→武蔵川越城→出羽山形城→上野館林城
親疎の別：譜代
家格：城主
江戸城内の詰間：雁間
爵位：子爵

家康に仕え藩を興した関東管領の旧臣

藤原《ふじわら》氏支流で、関東管領《かんれい》・上杉《うえすぎ》家の重臣の家柄だが、藩祖・秋元長朝《ながとも》（景朝《かげとも》の子）は徳川家康《とくがわいえやす》に仕え、慶長《けいちょう》5年（1600）以降に1万石で上野総社《こうずけそうじゃ》藩（群馬県前橋市）主となった。子孫は甲斐谷村《かいやむら》藩（山梨県都《つ》留《る》市）、武蔵《むさし》川越藩（埼玉県川越市）、出《で》羽《わ》山形藩（山形市）を経て弘化《こうか》2年（1845）に6万3000石で上野館林《たてばやし》藩へ定着した。歴代のうち、江戸時代前期、中期の秋元喬知《たかとも》（戸田忠昌《とだただまさ》の長男、富朝《とみとも》の養子）は老中を、中期の秋元凉朝《すけとも》（貞朝《さだとも》の三男、喬《ちか》求《もと》の養子）は西ノ丸若年寄を務めている。

秋元家の系図

秋元景朝 ─ 長朝 ─ 泰朝 ─ 富朝 ＝ 喬知 ─ 喬房 ＝ 喬求 ＝ 凉朝 ＝ 永朝 ─ 久朝 ＝ 志朝 ＝ 礼朝

開明派の老中を生んだ名門大名

あべけ

阿部家

違い鷹羽(右重鷹羽)

藩名：備後福山藩(広島県福山市)
藩祖：阿部正次
石高：11万石
大名になった年：慶長5年(1600)以降
本拠地：武蔵鳩谷城→下野鹿沼城→上総大多喜城→相模小田原城→武蔵岩槻城→丹後宮津城→下野宇都宮城→備後福山城
親疎の別：譜代
家格：城主
江戸城内の詰間：帝鑑間
爵位：伯爵

三河時代から徳川家に仕えた譜代大名

本姓は藤原《ふじわら》氏だが、後に本姓を安倍《あべ》氏に改めた。

三河《みかわ》(愛知県東部)の松平《まつだいら》家に仕え、織《しょく》豊《ほう》(安土桃山)時代の当主・阿部正勝《まさかつ》(正《まさ》宣《のぶ》の子)は徳川家康《とくがわいえやす》に属して各地の戦いで軍功をあげ、天正《てんしょう》18年(1590)の家康の関東入封の際に5000石の武蔵鳩谷《むさしはとがや》城(埼玉県川口市)主となった。

次いで、藩祖・阿部正次《まさつぐ》(正勝の嫡子)は慶長《けいちょう》5年(1600)の関ヶ原の戦いの後、1万石の鳩谷藩主に栄進する。

その後、正次や子孫は下野鹿沼《しもつけかぬま》藩(栃木県鹿沼市)、上総大多喜《かずさおおたき》藩(千葉県大多喜町)、相模《さがみ》小田原藩(神奈川県小田原市)、武蔵岩槻《いわつき》藩(さいたま市岩槻区)、丹後《たんご》宮津藩(京都府宮津市)、下野宇都宮藩(栃木県宇都宮市)と転封(国替え)を重ね、宝永《ほうえい》7年(1710)に備後《びんご》福山藩へ入封した。

ところで、現在、岩槻城下には「時の鐘」が現存し、市民に時刻を知らせ続けているが、この「時の鐘」は寛文《かんぶん》11年(1671)に阿部正春《まさはる》(重次《しげつぐ》の次男、定高《さだたか》の養子)が創設したのに始まるという。

なお、転封のあいだに加増などがあり、石高《こくだか》は最終的には嘉永《かえい》6年(1853)に11万石となる。

歴代のうち、阿部重次(正次の次男)、阿部正右《まさすけ》(正福《まさとみ》の次男)、阿部正精《まさきよ》(正倫《まさとも》の三男)、阿部正弘《まさひろ》(正精の六男、正寧《まさやす》の養子)らは老中として幕府の枢機《すうき》に参画した。

重次は第3代将軍・徳川家光《いえみつ》の側近となり、分家の阿部忠秋《ただあき》(忠吉《ただよし》の嫡子)とともに六人衆(後の若年寄)、次いで老中となって幕政の基礎固めに貢献している。

わけても、正弘はペリー来航後の困難な状況下、老中首座として日米和親《にちべいわしん》条約の締結、長崎海軍伝習所《でんしゅうじょ》の開設など偉業を残している。また、日の丸をわが国の船舶の船章《ふなじるし》として採用し、後に日の丸が国旗に定められる素地を作った。

藩政面でも藩士の子弟教育を充実させるべく藩校・誠之館《せいしかん》を創設する一方、藩所有の西洋式艦船「順風丸《じゅんぷうまる》」の建造を命じている。

さらに、「御三家や外様《とざま》の大大名を幕政に関与させない」という慣例を破り、常陸《ひたち》水戸藩(茨城県水戸市)主・徳川斉昭《なりあき》(慶喜《よしのぶ》の父)を江戸幕府海防《かいぼう》参与に登用し、薩摩《さつま》藩(鹿児島市)主・島津斉彬《しまづなりあきら》の起用の道も模索した。

ちなみに、正弘は斉彬の娘を第13代将軍・徳川家定《いえさだ》のふたり目の継室《けいしつ》(後妻)とし、斉彬を「将軍の岳父《がくふ》」という立場から幕政に参画させようとした。

この計画に基づき、「斉彬の実の娘」という触れ込みで家定のもとへ輿入《こしい》れしたのが、幕末維新期に大奥に君臨した天璋《てんしょう》院《いん》(篤姫《あつひめ》/島津忠剛《ただたけ》の長女、斉彬の従妹《いとこ》で養女)である。ただし、安政《あんせい》4年(1857)に正弘、翌年に斉彬が病没したため、正弘が思い描いていたさらなる幕政改革や、斉彬の幕政への登用も実現していない。

分家には正春に始まる上総佐貫《さぬき》藩(千葉県富津《ふっつ》市)と、忠秋に始まる陸奥《むつ》棚倉藩(福島県棚倉町)があった。

ほかに分家、分家の分家に阿部正澄《まさずみ》(正次の長男)に始まる大多喜藩や、阿部正《まさ》喬《たか》(正武《まさたけ》の長男)に始まる家があったが、大多喜藩や正喬に始まる家は阿部正令《まさよし》(正能《まさよし》/正澄の長男、忠秋の養子)と正喬の、本家と分家の相続によりお取り潰しとなっている。

一方、本家相続前の重次も別に家を興していたが、この家も重次の本家相続後にお取り潰しとなった。

阿部家の居城・福山城復興天守と阿部正弘の銅像(広島県福山市)

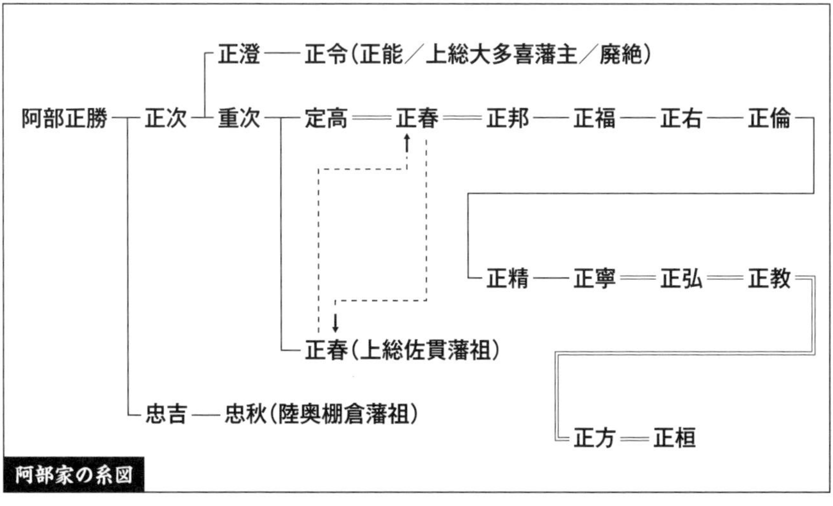

数多くの老中を出した奥羽の大藩

あべけ

阿部家

違い鷹羽（丸に違い鷹羽、黒餅の内に鷹の羽）

藩名：陸奥棚倉藩（福島県棚倉町）
藩祖：阿部忠秋
石高：10万石
大名になった年：寛永3年（1626）
本拠地：下野壬生城→武蔵忍城→陸奥白河城→陸奥棚倉城→陸奥白河城→陸奥棚倉城
親疎の別：譜代
家格：城主
江戸城内の詰間：雁間
爵位：子爵

陸奥棚倉を治めた阿部家の分家

備後《びんご》福山藩（広島県福山市）主・阿部家の分家。家祖の阿部忠吉《ただよし》（正勝《まさかつ》の子）は江戸幕府の大番頭《おおばんがしら》を務める。

また、藩祖の阿部忠秋《ただあき》（忠吉の嫡子）は第3代将軍・徳川家光《とくがわいえみつ》の側近となり、後に本家の阿部重次《しげつぐ》（正次《まさつぐ》の次男）とともに六人衆（後の若年寄）、さらに老中として幕政の基礎固めに貢献した。

その忠秋は寛永《かんえい》3年（1626）に1万石で大名に栄進し、寛永12年（1635）に下野壬生《しもつけみぶ》藩（栃木県壬生町）主となった。

子孫は武蔵忍《むさしおし》藩（埼玉県行田市）、陸奥《むつ》白河藩（福島県白河市）と転封（国替え）を続け、慶応《けいおう》2年（1866）に10万石で陸奥棚倉藩へ入封している。

ほかに歴代では、阿部正能《まさよし》（正令《まさよし》／正《まさ》澄《ずみ》の長男、忠秋の養子）、阿部正武《まさたけ》（正能の嫡子）、阿部正喬《まさたか》（正武の嫡子）、阿部正允《まさちか》（正晴《まさはる》の子、正喬の養子）、阿部正外《まさと》（正蔵《しょうぞう》の子、正耆《まさひさ》の養子）らが老中となっており、ほかにも京都所司代、大坂城代、寺社奉行など、江戸幕府の要職に就任した者が多い。

なお、正外は当初は旗本として幕末維新期に神奈川奉行と外国奉行を歴任したが、功績を認められて白河藩主の家督を継いだという人物である。

明治元年（慶応4年／1868）、阿部正静《まさきよ》（正外の嫡子）が奥羽越列藩《おううえつれっぱん》同盟に加担したため、戦後はお取り潰し、6万石での再興、棚倉への転封などの厳しい処分を受けている。

阿部正勝―正次（備後福山藩祖）
　　　　└忠吉―忠秋＝正能―正武―正喬＝正允＝正敏―正識＝
＝正由―正権＝正篤＝正瞭＝正備＝正定＝正耆＝正外―正静＝正功

阿部家の系図

上総で興り上総に定着した小藩

あべけ

阿部家

違い鷹羽（左重鷹羽、黒餅）

藩名：上総佐貫藩（千葉県富津市）
藩祖：阿部正春
石高：1万6000石
大名になった年：慶安4年（1651）
本拠地：武蔵国内ほか→上総大多喜城→三河刈谷城→上総佐貫城
親疎の別：譜代
家格：城主
江戸城内の詰間：雁間
爵位：子爵

上総佐貫を治めた阿部家の分家

備後《びんご》福山藩（広島県福山市）主・阿部家の分家。藩祖・阿部正春《まさはる》（重次《しげつぐ》の次男）は慶安《けいあん》4年（1651）に1万6000石を分与され、上総《かずさ》大多喜《おおたき》新田《しんでん》藩（千葉県大多喜町）主になった。一時、正春は本家を継いで藩政の確立に功績を残すが、後に大多喜新田藩主へ復帰した正春の子孫は、三河《みかわ》刈谷《かりや》藩（愛知県刈谷市）を経て、宝永《ほうえい》7年（1710）に1万6000石で上総佐貫《さぬき》藩へ入封し、定着している。

阿部重次┬定高＝正春＝正邦（備後福山藩主）
　　　　│　　　↑↓
　　　　└──正春―正鎮＝正興＝正賀＝正実＝正簡―正喬＝正身＝正恒

阿部家の系図

藩祖は時代劇にも登場する名物大名

ありまけ

有馬家

龍胆車（丁字軸龍胆、有馬巴、左巴、五三桐）

藩名：下野吹上藩（栃木県栃木市）
藩祖：有馬氏倫
石高：1万石
大名になった年：享保11年（1726）
本拠地：伊勢西条陣屋→上総五井陣屋→下野吹上陣屋
親疎の別：譜代
家格：陣屋
江戸城内の詰間：菊間
爵位：子爵

吉宗に取り立てられた譜代大名

筑後《ちくご》久留米《くるめ》藩（福岡県久留米市）主・有馬家の分家だが、旗本から大名に昇進したので譜代《ふだい》大名である。紀伊《きい》藩（和歌山市）主・徳川吉宗《とくがわよしむね》の側近であった有馬氏《うじ》倫《のり》（義景《よしかげ》の子）は、吉宗が第8代将軍となった後に御側御用取次《おそばごようとりつぎ》（秘書室長）となり、享保《きょうほう》11年（1726）に1万石の伊勢《いせ》西条《にしじょう》藩（南《みなみ》林崎《はやさき》藩／三重県鈴鹿《すずか》市）主となった。子孫は上総《かずさ》五井《ごい》藩（千葉県市原市）を経て下《しも》野《つけ》吹上藩主となる。なお、テレビ朝日系列『暴れん坊将軍』の初期のシリーズには氏倫が登場していた。

有馬豊氏┬忠頼（筑後久留米藩主）
　　　　└頼次＝吉政＝義景―氏倫＝氏久＝氏恒＝氏房＝氏恕＝氏保＝久保┐
　　　　　　　　┌──────────────────────────┘
　　　　　　　　└氏貞―氏郁＝氏弘

有馬家の系図

坂下門外の変後に削封となった譜代大名

あんどうけ

安藤家

安藤藤（上り藤、藤花輪、七引龍）

藩名：陸奥磐城平藩（福島県いわき市）
藩祖：安藤重信
石高：3万石
大名になった年：慶長17年（1612）
本拠地：（上野吉井陣屋→）下総小見川陣屋→上野高崎城→備中松山城→美濃加納城→陸奥磐城平城（→陸奥磐井郡→陸奥磐城平城）
親疎の別：譜代
家格：城主
江戸城内の詰間：雁間
爵位：子爵

磐城平を治めた安藤家の一門

紀伊《きい》田辺藩（和歌山県田辺市）主・安藤家の一門。

藩祖・安藤重信《しげのぶ》は第2代将軍・徳川秀《とくがわひで》忠《ただ》（家康《いえやす》の三男）に仕え、慶長《けいちょう》17年（1612）に1万6000石の下総《しもうさ》小見川《おみがわ》藩（千葉県香取市）主となった。以後、重信や子孫は上《こう》野《ずけ》高崎藩（群馬県高崎市）、備中《びっちゅう》松山藩（岡山県高梁《たかはし》市）、美濃《みの》加納藩（岐阜市）を経て、宝暦《ほうれき》6年（1756）に5万石で陸奥《むつ》磐城《いわき》平《たいら》藩へ入封した。

歴代のうち、万延《まんえん》元年（1860）の「桜田門外の変」で大老・井伊《いい》直弼《なおすけ》が暗殺された後に老中首座となった安藤信正《のぶまさ》（信由《のぶより》の嫡子）は、老中・久世《くぜ》広周《ひろちか》とともに公武合体運動を推進した。

それを具体化しようと、第14代将軍・徳川家茂《いえもち》の正室に和宮《かずのみや》親子《ちかこ》内親王（第121代・孝明《こうめい》天皇の妹宮）を迎えるべく奔走したが、文久《ぶんきゅう》2年（1862）に江戸城の坂下門外で反対派に襲撃されて負傷し、間もなく失脚している。

同年、信正は失政を理由に2万石を削《さく》封《ほう》（石高《こくだか》削減）され、石高は3万石となった。ただし、6万石から4万石になったと見る説もある。

明治元年（慶応《けいおう》4年／1868）、安藤信勇《のぶたけ》（内藤正誠《ないとうまさあきら》の弟、信民《のぶたみ》の養子）が奥羽越列《おううえつれっ》藩《ぱん》同盟に加担したことを理由に一旦お取り潰し、陸奥磐井《いわい》郡（岩手県南部）へ転封が決定されたという。

幸いにも、隠居・信正らの運動が実って安藤家は存続となり、お取り潰し、あるいは磐井郡への転封は、事実上沙汰止《さたや》みとなった。

安藤基能──直次（紀伊田辺藩祖）
└重信＝重長─重之─重博─信友＝信周─信尹─信成─
└信馨＝信義＝信由─信正─信民＝信勇

安藤家の系図

維新後に大名に復した紀伊藩の付家老

あんどうけ

安藤家

下り藤に安の字（下り藤丸の内に安文字、打抜など）

藩名：紀伊田辺藩（和歌山県田辺市）
藩祖：安藤直次
石高：3万8000石
大名になった年：慶長5年（1600）以降
本拠地：武蔵国内ほか→遠江掛川城→紀伊田辺城
親疎の別：譜代
家格：—
江戸城内の詰間：—
爵位：男爵

徳川頼宣の傅役から家を興した譜代大名

藤原《ふじわら》氏支流だが、清和源氏頼清《せいわげんじよりきよ》流ともいう。紀伊《きい》藩（和歌山市）の付家老《つけがろう》を務めた家で、陸奥磐城平《むついわきたいら》藩（福島県いわき市）主・安藤家の一門。藩祖・安藤直次《なおつぐ》（基《もと》能《よし》の嫡子）は慶長《けいちょう》5年（1600）に老中、慶長15年（1610）に徳川頼宣《とくがわよりのぶ》（家康《いえやす》の十男）の傅《もり》役《やく》（養育係）となり、元和《げんな》3年（1617）に遠《とお》江《とうみ》掛川藩（静岡県掛川市）主を経て、元和5年（1619）に頼宣が紀伊藩主となると付家老となる。明治元年（慶応《けいおう》4年／1868）、安藤直裕《なおひろ》（直則《なおのり》の子、直馨《なおか》の養子）のとき、維新立藩で紀伊田辺藩主となった。

安藤基能 ─ 直次 ─ 直治 ─ 義門 ＝ 直清 ─ 直名 ＝ 陳武 ─ 陳定 ＝ 雄能 ＝ 次由 ＝ 寛長 ＝ 次猷 ─ 道紀 ＝ 直与 ─ 直則 ＝ 直馨 ＝ 直裕
安藤基能 ─ 重信（陸奥磐城平藩祖）

安藤家の系図

「あんべ」と読む清和源氏の末裔

あんべけ

安部家

梶の葉（丸に三引、連銭）

藩名：武蔵岡部藩（埼玉県深谷市）
藩祖：安部信盛
石高：2万200石
大名になった年：慶安2年（1649）
本拠地：武蔵国内ほか→武蔵岡部陣屋→三河半原陣屋
親疎の別：譜代
家格：陣屋
江戸城内の詰間：菊間
爵位：子爵

幕府の大番頭から出世した譜代大名

清和源氏満快《せいわげんじみつよし》流で、安倍とも表記するが、『平成新修旧華族家系大成』では家号《やごう》の読みが「あんべ」となっている。藩祖・安部信盛《のぶもり》（信勝《のぶかつ》の嫡子）は江戸幕府の大番《おおばん》頭《がしら》を務め、慶安《けいあん》2年（1649）に1万9200石の大名となった。子孫は元禄《げんろく》14年（1701）に武蔵《むさし》岡部藩へ入封し、石高《こくだか》は2万200石で確定する。明治元年（慶応《けいおう》4年／1868）、三河半原《みかわはんばら》藩（愛知県新城《しんしろ》市）へ転封（国替え）となった。

安倍元真 ─ 安部信勝 ─ 信盛 ─ 信之 ─ 信友 ─ 信峯 ─ 信賢 ─ 信平 ＝ 信允 ─ 信亨 ─ 信操 ─ 信任 ＝ 信古 ─ 信宝 ＝ 信発

安部家の系図

大老を数多く出した譜代大名の筆頭

いいけ

井伊家

彦根橘（橘）

藩名：近江彦根藩（滋賀県彦根市）
藩祖：井伊直政
石高：25万石
大名になった年：慶長5年（1600）以降
本拠地：（上野箕輪城→）上野高崎城→近江佐和山城→近江彦根城
親疎の別：譜代
家格：城主
江戸城内の詰間：溜間
爵位：伯爵

家康の時代から活躍した徳川家の重臣

藤原《ふじわら》氏良門《よしかど》流で、井伊姓は遠江《とおとうみ》井伊谷《いいのや》（静岡県浜松市）ゆかりである。戦国時代末期に井伊直政《なおまさ》（直親《なおちか》の子）が徳川家康《とくがわいえやす》に仕え、武具を赤色に統一した家臣団「赤《あか》備《ぞな》え」を率いて各地で軍功をあげ、天正《てんしょう》18年（1590）の家康の関東入封の際に10万石で上野《こうずけ》箕輪城（群馬県高崎市）主に抜擢される。やがて直政は居城を上野高崎城（高崎市）に移し、慶長《けいちょう》5年（1600）の関ヶ原の戦いでは松平忠吉《まつだいらただよし》（家康の四男、直政の娘婿）とともに奮戦した。

戦勝後、石田三成《いしだみつなり》の居城を与えられて18万石の近江《おうみ》佐和山《さわやま》藩（滋賀県彦根市）主となるが、直政自身は関ヶ原での被弾がもとで戦傷死を遂げている。

家督を継いだ井伊直勝《なおかつ》（直継《なおつぐ》／直政の長男）が居城・近江彦根城を構築したため、藩名は近江彦根藩（彦根市）となった。

JR彦根駅前に建つ藩祖・井伊直政の銅像（滋賀県彦根市）

石高《こくだか》は後に数次におよぶ加増があり、寛永《かんえい》10年（1633）に30万石に達したが、一般には預地《あずかりち》の5万石を含めて35万石といわれることが多い。

無論、30万石もしくは35万石というのは譜代大名では最高の石高だが、江戸幕府は井伊家に朝廷を守護する密命を与えていたという。

歴代の17代の藩主のうち、第3代藩主・井伊直孝《なおたか》（直政の次男）が元老格《げんろうかく》として、第4代藩主・井伊直澄《なおずみ》（直孝の五男）、第5代藩主（第8代藩主）・井伊直該《なおもり》（直興《なおおき》／直《なお》時《とき》の子、直澄の養子）、第13代藩主・井伊直幸《なおひで》（直惟《なおさだ》の三男、直禔《なおよし》の養子）、第15代藩主・井伊直亮《なおあき》（直中《なおなか》の三男）、第16代藩主・井伊直弼《なおすけ》（直中の十四男、直亮の養子）の5人が大老として、それぞれ幕政に参画した。

なお、井伊家では隠居が再び藩主に就任する再承を、直該と第10代藩主（第12代藩主）・井伊直定《なおさだ》（直興の十四男、直惟の養子）のふたりが行っている。

ところで、江戸時代中期以降は井伊家のみが大老に就任する習わしとなり、特に幕末維新期の直弼は日米修好通商条約《にちべいしゅうこうつうしょう》の締結問題、将軍継嗣《けいし》問題などで並外れた指導力を発揮した。けれども、直弼のやり方は徳川（一橋《ひとつばし》）家当主・徳川慶喜《よしのぶ》（斉昭《なりあき》の七男）を次の将軍に推《お》す一橋派らの猛反発を招いた。このとき、直弼は側近・長野義言《ながのよしこと》（主膳《しゅぜん》）や密偵（元側室）・村《むら》山可寿江《やまかずえ》（たか）らを駆使し、一橋派らの情報収集などにあたらせた。

そして、一橋派の常陸《ひたち》水戸藩（茨城県水戸市）前藩主・徳川斉昭らを失脚に追い込み、志士・吉田松蔭《よしだしょういん》らを処刑したが（「安政《あんせい》の大獄《たいごく》」）、万延《まんえん》元年（1860）に江戸城桜田門外で、反発した水戸藩と薩摩《さつま》藩（鹿児島市）の浪士に討たれた（「桜田門外の変」）。

文久《ぶんきゅう》2年（1862）、第17代藩主・井伊直《なお》憲《のり》（直弼の次男）は父・直弼の生前の失政を理由に、10万石を削減された。『平成新修旧華族家系大成』は、このとき石高が35万石から25万石になったとしている。

なお、直勝は病気を理由に藩主の座を退き別家を立てていることから、直勝を歴代藩主から除外する説もある。直勝の子孫は越後与板《えちごよいた》藩（新潟県長岡市）主として存続している。

ほかに、直孝の興した分家や、直定の興した近江彦根新田《しんでん》藩（彦根市）があったが、直孝と直定が本家を相続して彦根藩主となったため、ふたつの分家はお取り潰しとなった。

現在、彦根城には天守閣、多聞櫓《たもんやぐら》（以上、国宝）などの往時の構築物が現存しており、さらに城内には部屋住《へやずみ》時代の直弼が起居した屋敷・埋木舎《うもれぎのや》（国重要文化財）なども現存している。

井伊家の居城で国宝の彦根城天守（滋賀県彦根市）

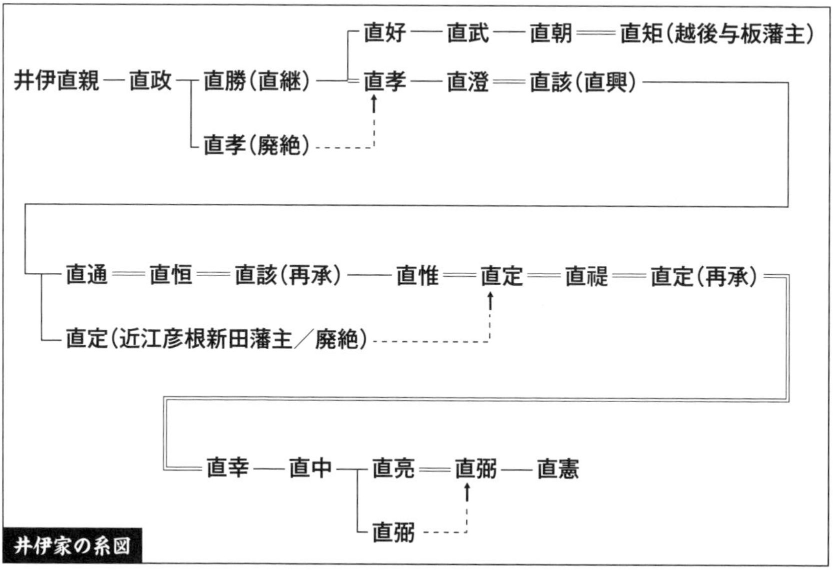

井伊家の系図

別家となった直政の長男の系統

いいけ

井伊家

彦根橘（橘）

藩名：越後与板藩（新潟県長岡市）
藩祖：井伊直勝（直継）
石高：2万石
大名になった年：慶長7年（1602）
本拠地：（近江佐和山城→近江彦根城→）上野安中城→三河西尾城→遠江掛川城→越後与板陣屋
親疎の別：譜代
家格：陣屋
江戸城内の詰間：帝鑑間
爵位：子爵

越後与板を治めた井伊家の別家

近江《おうみ》彦根藩（滋賀県彦根市）主・井伊家の別家。藩祖・井伊直勝《なおかつ》（直継《なおつぐ》／直政《なおまさ》の長男、直孝《なおたか》の兄）は井伊直政（直勝の父）の没後、慶長《けいちょう》7年（1602）に近江佐和山《さわやま》藩（彦根市）主、次いで彦根藩主となるが、病弱を理由に別家を立て、元和《げんな》元年（1615）に上野安中《こうずけあんなか》藩（群馬県安中市）主となった。子孫は宝永《ほうえい》2年（1705）にお取り潰しを経験するが、同年に2万石で越後《えちご》与板《よいた》藩主となり、定着した。

井伊家の系図

井伊直政 ─┬ 直勝（直継） ─┬ 直好 ─ 直武 ─ 直朝 ＝ 直矩 ─ 直陽 ＝ 直員 ＝ 直存 ─ 直郡 ＝ 直朗 ＝ 直広 ＝ 直暉 ＝ 直経 ─ 直充 ＝ 直安
　　　　　│　　　　　　　　└ 直孝（近江彦根藩主）
　　　　　└ 直孝 - - - - - - ↑

二宮尊徳が財政再建にあたった小藩

いしかわけ

石川家

三つ龍胆（丸に篠龍胆、丸に三篠、蛇の目）

藩名：常陸下館藩（茨城県筑西市）
藩祖：石川総長
石高：2万石
大名になった年：慶安4年（1651）
本拠地：伊勢神戸城→常陸下館城
親疎の別：譜代
家格：城主
江戸城内の詰間：雁間
爵位：子爵

石川家の次男が興した亀山藩の一門

伊勢《いせ》亀山藩（三重県亀山市）主・石川家の一門。藩祖・石川総長《ふさなが》（忠総《ただふさ》の次男）が慶安《けいあん》4年（1651）、1万石で伊勢神戸《かんべ》藩（三重県鈴鹿《すずか》市）主となった。享保《きょうほう》17年（1732）、2万石で常陸下館《ひたちしもだて》藩に入封し、定着する。歴代のうち、石川総貨《ふさとみ》（総承《ふさつぐ》の子）は藩の財政再建のため、二宮尊徳《にのみやそんとく》（金次郎《きんじろう》）に改革を委嘱《いしょく》する。また、石川総管《ふさかね》（総貨の子）は幕末期に講武所《こうぶしょ》奉行、若年寄兼陸軍奉行を務めた。

石川家の系図

石川忠総 ─┬ 康勝 ─ 憲之 ─ 義孝 ＝ 総慶（伊勢亀山藩主）
　　　　　└ 総長 ─ 総良 ─ 総茂 ＝ 総陽 ＝ 総候 ─ 総弾 ＝ 総般 ＝ 総親 ＝ 総承 ─ 総貨 ─ 総管

西三河の旗頭を務めた名将の子孫

いしかわけ

石川家

石川龍胆（丸に篠龍胆、丸に三篠、蛇目）

藩名：伊勢亀山藩（三重県亀山市）
藩祖：石川康通
石高：6万石
大名になった年：慶長5年（1600）以降
本拠地：上総鳴戸城→美濃大垣城→豊後日田城→下総佐倉城→近江膳所城→伊勢亀山城→山城淀城→備中松山城→伊勢亀山城
親疎の別：譜代
家格：城主
江戸城内の詰間：帝鑑間
爵位：子爵

伊勢亀山を治めた譜代大名

清和源氏義時流《せいわげんじよしとき》で、河内《かわち》石川荘《しょう》（大阪府南河内郡付近）ゆかりという。戦国時代末期、石川家成《いえなり》（清兼《きよかね》の嫡子、徳川家康《とくがわいえやす》の従弟《いとこ》）は徳川家康に仕え、三河《みかわ》（愛知県東部）西部の旗頭《はたがしら》として家臣団で重きをなした。次いで、石川康通《やすみち》（家成の嫡子、数正《かずまさ》の従兄《いとこ》）は天正《てんしょう》18年（1590）の家康の関東入封の際、2万石で上総鳴戸《かずさなると》城（千葉県山武《さんむ》市）主となる。慶長《けいちょう》5年（1600）の関ヶ原の戦いの後に康通は、5万石の美濃《みの》大垣藩（岐阜県大垣市）主となった。

康通の没後、父・家成が再承し、子孫は各地を経て、延享《えんきょう》元年（1744）に6万石で伊勢《いせ》亀山藩へ再入封し、定着した。

歴代のうち、石川忠総《ただふさ》（大久保忠隣《おおくぼただちか》の次男、家成の養子）は慶長19年（1614）に父・忠隣が失脚（大久保忠隣事件）した際、幽閉生活を経験している。

分家や別流には、石川総長《ふさなが》（忠総の次男）に始まる常陸下館《ひたちしもだて》藩（茨城県筑西《ちくせい》市）、数正（康正《やすまさ》の嫡子）に始まる信濃《しなの》松本藩（長野県松本市）、石川康勝《やすかつ》（数正の次男）に始まる家などがあった。このうち松本藩と康勝に始まる家は、慶長18年（1613）の大久保長安事件への関与を理由にお取り潰しとなっている。

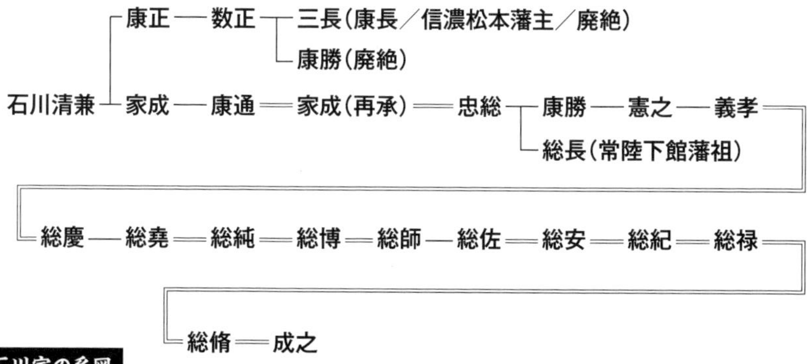

石川家の系図

3つの分家を持つ板倉家一門の本家

いたくらけ

板倉家

板倉巴（左巴三頭、九曜巴など）

藩名：備中松山藩（高梁藩／岡山県高梁市）
藩祖：板倉勝重
石高：5万石
大名になった年：慶長5年（1600）以降
本拠地：近江国内ほか→下総関宿城→伊勢亀山城→志摩鳥羽城→伊勢亀山城→備中松山城
親疎の別：譜代
家格：城主
江戸城内の詰間：雁間
爵位：子爵

戦国末期から家康に仕えた譜代の名門

清和源氏義家流《せいわげんじよしいえ》の足利《あしかが》支流で、下野《しもつけ》板倉（栃木県足利市）ゆかりという。藩祖・板倉勝重《かつしげ》（好重《よししげ》の子）は出家していたが、父・好重や兄弟が討ち死にしたため、還《げん》俗《ぞく》して家督を継ぐ。

天正《てんしょう》18年（1590）の徳川家康《とくがわいえやす》の関東入封、慶長《けいちょう》8年（1603）の江戸幕府の開幕に伴い、江戸と駿府《すんぷ》（静岡市）の町奉行、京都所司代を歴任し、この間に1万6600石の大名となった。

次いで、板倉重宗《しげむね》（勝重の嫡子）も京都所司代を務めるなど、父子は幕政の基礎固めに大きな功績を残した。

明暦《めいれき》2年（1656）に重宗が5万石の下総関宿《しもうさせきやど》藩（千葉県野田市）主となった後、子孫は伊勢《いせ》亀山藩（三重県亀山市）、志摩《しま》鳥羽藩（三重県鳥羽市）、亀山藩と転封（国替え）が続き、延享《えんきょう》元年（1744）に5万石で備《びっ》中《ちゅう》松山藩へ入封し、定着している。

歴代のうち、幕末維新期の板倉勝静《かつきよ》（松平定永《まつだいらさだなが》の八男、勝職《かつつね》の養子）は老中に2度就任し、第15代将軍・徳川慶喜《よしのぶ》を支えたことで名高い。明治元年（慶応《けいおう》4年／1868）から始まる戊辰《ぼしん》戦争で旧幕府方に属した勝静は、一時は蝦夷五稜郭《えぞごりょうかく》（北海道函館市）へ籠城《ろうじょう》している。この勝静の行動により、松山藩は石高《こくだか》を2万石とされ、さらに備中高梁《たかはし》藩と改称した。

分家には板倉重形《しげかた》（重宗の次男）に始まる上野安中《こうずけあんなか》藩（群馬県安中市）と、板倉重《しげ》昌《まさ》（勝重の三男）に始まる陸奥《むつ》福島藩（福島市）が、福島藩の一門には板倉重宣《しげのぶ》（重《しげ》良《よし》の子）に始まる備中庭瀬《にわせ》藩（岡山市）があった。

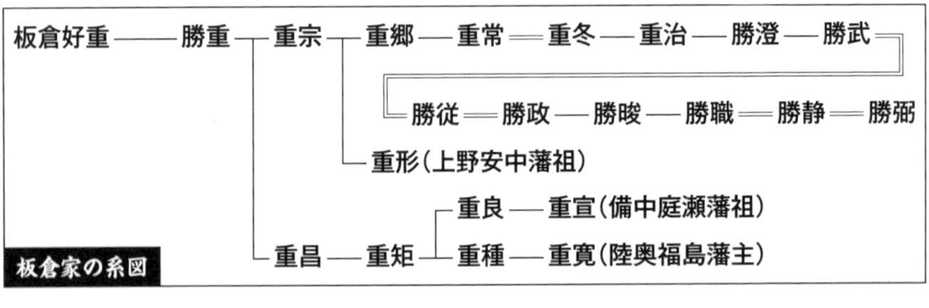

板倉家の系図

藩士から新島襄が出た上野の名藩

いたくらけ

板倉家

板倉巴（左巴三頭、九曜巴、花菱）

藩名：上野安中藩（群馬県安中市）
藩祖：板倉重形
石高：3万石
大名になった年：寛文元年（1661）
本拠地：下野国内ほか→上野安中城→遠江相良陣屋→陸奥泉陣屋→上野安中城
親疎の別：譜代
家格：城主
江戸城内の詰間：雁間
爵位：子爵

上野安中を治めた板倉家の分家

備中《びっちゅう》松山藩（岡山県高梁《たかはし》市）主・板倉家の分家。藩祖・板倉重形《しげかた》（重宗《しげむね》の次男）は寛文《かんぶん》元年（1661）に1万石を与えられて大名となり、天和《てんな》元年（1681）に1万5000石で上野安中《こうずけあんなか》藩へ入封した。

子孫は、板倉重同《しげあつ》（神保元茂《じんぼもとしげ》の次男、重形の養子）が陸奥《むつ》泉藩（福島県いわき市）、遠江相良《とおとうみさがら》藩（静岡県牧之原《まきのはら》市）へ転封（国替え）となっていた時期もあるが、寛延《かんえん》2年（1749）に板倉勝清《かつきよ》（重同の次男）が2万石で安中藩へ復帰し、定着している。

なお、石高《こくだか》は万治《まんじ》元年（1658）に1万石の加増があったため、3万石で確定した。

歴代のうち、勝清は若年寄や老中として幕政に参画し、重形は大番頭《おおばんがしら》と寺社奉行を務めている。江戸時代後期の板倉勝《かつ》尚《なお》（勝政《かつまさ》の次男、勝意《かつおき》の養子）は藩校・造《ぞう》士館《しかん》を創設している。また、板倉勝明《かつあき》（勝尚の子）は郷学《ごうがく》（庶民の教育機関）・桃溪《とうけい》書院の創設、西洋式軍備の導入などの面で足跡を残した。

後年、同志社大学を創設する新島襄《にいじまじょう》は安中藩士の子で、青年時代には勝明の側近を務め、藩の推薦を得て松山藩の洋式艦船「快風丸《かいふうまる》」に乗り組み、航海術を習得したこともある。

さらに、勝明は安政《あんせい》2年（1855）、心身鍛錬のために壮年の藩士全員を安中城から碓氷《うすい》峠（群馬県安中市）まで走らせている（「安政遠足《とおあし》」）。その勝明は江戸幕府の奏者番《そうじゃばん》などを務めた後、安政4年（1857）に惜しくも病没した。

ちなみに、襄が勝明の病没に衝撃を受け、アメリカへの密航を決意したという見方もある。

明治元年（慶応《けいおう》4年／1868）から始まる戊辰《ぼしん》戦争の時期に板倉勝殷《かつまさ》（勝尚の三男、勝明の弟で養子）は、旗本・小栗忠順《おぐりただまさ》の追討に藩兵を送る一方、本家・松山藩の赦免《しゃめん》運動に奔走するなどした。

板倉家の系図

板倉重宗──┬重郷──（3代略）──勝澄（備中松山藩主）
　　　　　　└重形＝重同─勝清─勝暁＝勝意＝勝尚─勝明＝勝殷

天草・島原の乱で討ち死にした闘将の子孫

いたくらけ

板倉家

板倉巴(左巴三頭、鞠挟)

藩名：陸奥福島藩(福島県福島市)
藩祖：板倉重昌
石高：3万石
大名になった年：寛永元年(1624)
本拠地：三河深溝陣屋→三河中島陣屋→下野烏山城→武蔵岩槻城→信濃坂木陣屋→陸奥福島城→三河重原陣屋
親疎の別：譜代
家格：城主
江戸城内の詰間：雁間
爵位：子爵

陸奥福島に定着した板倉家の分家

備中《びっちゅう》松山藩(岡山県高梁《たかはし》市)主・板倉家の分家。藩祖・板倉重昌《しげまさ》(勝重《かつしげ》の三男、重宗《しげむね》の弟)は、寛永《かんえい》元年(1624)に1万1800石で三河深溝《みかわふこうづ》藩(愛知県幸田《こうだ》町)主となった。しかし、上使《じょうし》(将軍の使者)として出陣した寛永15年(1638)の天草・島原の乱で討ち死にする。

子孫は三河中島藩(愛知県岡崎市)、下《しも》野烏山《つけからすやま》藩(栃木県那須《なす》烏山市)、武蔵岩槻《むさしいわつき》藩(さいたま市岩槻区)、信濃坂木《しなのさかき》藩(長野県坂城《さかき》町)を経て、元禄《げんろく》15年(1702)に陸奥《むつ》福島藩へ入封した。

この間、分知《ぶんち》などがあり、石高《こくだか》は3万石となっている。

歴代のうち、板倉重矩《しげのり》(重昌の嫡子)は京都所司代と老中を、板倉重種《しげたね》(重矩の三男)は老中を務めた。

ただし、重種は第5代将軍・徳川綱吉《とくがわつなよし》の勘気《かんき》に触れ、老中を罷免《ひめん》されて坂木藩内での蟄居《ちっきょ》を経験している。

明治元年(慶応《けいおう》4年／1868)、板倉勝尚《かつひさ》(勝顕《かつてる》の嫡子)が戊辰《ぼしん》戦争で奥羽越列藩《おううえつれっぱん》同盟に加わったため、2000石の削封《さくほう》(石高削減)のうえ、2万8000石で三河重原《しげはら》藩(愛知県刈谷《かりや》市)へ転封(国替え)となった。

このとき勝尚が隠居し、異例にも家老を務めていた板倉勝達《かつみち》(勝定《かつさだ》の長男、勝尚の養子)が藩主に就任している。

分家に板倉重宣《しげのぶ》(重良《しげよし》の子、重矩の孫)に始まる備中庭瀬《にわせ》藩(岡山市)があった。

板倉勝重─┬─重宗(備中松山藩祖)
　　　　　│
　　　　　│　　　　　　　┌─重良──重宣(備中庭瀬藩祖)
　　　　　└─重昌──重矩─┴─重種──重寛──重泰＝＝勝里──勝承＝＝勝任＝＝勝行＝＝勝矩──勝長──勝俊──勝顕──勝尚＝＝勝達

板倉家の系図

城跡に陣屋を構築した分家大名

いたくらけ

板倉家

板倉巴(左巴三頭、鞠挟)

藩名：備中庭瀬藩(岡山県岡山市)
藩祖：板倉重宣
石高：2万石
大名になった年：天和3年(1683)
本拠地：上総高滝陣屋→備中庭瀬陣屋
親疎の別：譜代
家格：陣屋
江戸城内の詰間：菊間
爵位：子爵

備中庭瀬を治めた陸奥福島藩の分家

陸奥《むつ》福島藩(福島市)主・板倉家の分家で、備中《びっちゅう》松山藩(岡山県高梁《たかはし》市)主・板倉家の一門。天和《てんな》3年(1683)、藩祖・板倉重宣《しげのぶ》(重良《しげよし》の子)が2万石を与えられ、上総高滝《かずさたかたき》藩(千葉県市原市)主となった。次いで、元禄《げんろく》2年(1689)に板倉重高《しげたか》(小出《こいで》英知《ふさとも》の三男、重宣の養子)が2万石で備中庭瀬《にわせ》藩へ入封した。かつてこの地には庭瀬城があったことから、板倉家はその城跡に陣屋を構築したという。歴代のうち、板倉勝資《かつすけ》(勝喜《かつよし》の四男、勝氏《かつもと》の養子)は藩校・誠意館《せいいかん》を開設している。

板倉家の系図

板倉重矩
- 重良—重宣＝重高—昌信—勝興—勝志—勝喜—勝氏＝勝資＝勝貞＝勝成＝勝全＝勝弘
- 重種—重寛(陸奥福島藩祖)

近江で続いた鳥羽藩主の分家

いながきけ

稲垣家

細輪に稲垣茗荷(丸に茗荷、立沢潟)

藩名：近江山上藩(滋賀県東近江市)
藩祖：稲垣重定
石高：1万3000石
大名になった年：元禄11年(1698)
本拠地：近江山上陣屋
親疎の別：譜代
家格：陣屋
江戸城内の詰間：菊間
爵位：子爵

近江山上を治めた譜代大名

志摩鳥羽《しまとば》藩(三重県鳥羽市)主・稲垣家の分家。家祖・稲垣重太《しげもと》(長茂《ながしげ》の三男)は江戸幕府の小姓組番頭《こしょうぐみばんがしら》や大番頭《おおばんがしら》などを務め、藩祖・稲垣重定《しげさだ》(重太の嫡子)は大番頭と若年寄を務めた。さらに、重定は元《げん》禄《ろく》11年(1698)、1万3000石の近江山上《おうみやまがみ》藩主となり、定着した。歴代のうち、稲垣重房《しげふさ》(重定《しげさだ》の子)と稲垣定計《さだかず》(昭倫《あきとも》の次男、定享《さだみち》の養子)が大番頭を、稲垣太篤《もとあつ》(定成《さだなり》の子)が奏者番《そうじゃばん》と若年寄を、稲垣太清《もときよ》(本多忠考《ほんだただなか》の子、太篤の養子)が海軍奉行を務めている。

稲垣長茂
- 重綱—(3代略)—昭賢(志摩鳥羽藩主)
- 重太—重定—重房—定享＝定計—定淳—定成—太篤＝太清

稲垣家の系図

繁栄を続けた春日局の嫁ぎ先

いなばけ

稲葉家

隅切折敷に三文字(三篠丸)

藩名：山城淀藩(京都府京都市伏見区)
藩祖：稲葉正成
石高：10万2000石
大名になった年：慶長12年(1607)
本拠地：美濃本江陣屋→越後糸魚川陣屋→下野真岡陣屋→相模小田原城→越後高田城→下総佐倉城→山城淀城
親疎の別：譜代
家格：城主
江戸城内の詰間：雁間
爵位：子爵

徳川家で活躍した斎藤道三の家臣の末裔

越智《おち》氏の河野《こうの》支流で、系譜的には美濃《みの》(岐阜県南部)の土岐《とき》家、斎藤道三《さいとうどうさん》、さらに織田信長《おだのぶなが》、豊臣秀吉《とよとみひでよし》などに仕えた老将・稲葉良通《よしみち》(一鉄《いってつ》／重通《しげみち》の父)の子孫だが、第3代将軍・徳川家光《とくがわいえみつ》の乳母《うば》となる春日《かすがの》局《つぼね》(斎藤利三《としみつ》の娘、重通の養女)の嫁ぎ先として知られている。

なお、春日局の母は稲葉家出身で、良通もしくは兄弟の娘(もしくは孫娘)であるという。これが事実であるとすれば、稲葉家は春日局を通して良通の血を受け継いでいることになる。

藩祖・稲葉正成《まさなり》(林正秀《はやしまさひで》の次男、重通の婿養子)は備前《びぜん》岡山藩(岡山市)主・小《こ》早川秀秋《ばやかわひであき》の家老であったが、退転後に第2代将軍・徳川秀忠《ひでただ》(家康《いえやす》の三男)に仕え、慶長《けいちょう》12年(1607)に1万石の美濃十七条《じゅうしちじょう》藩(岐阜県瑞穂《みずほ》市)主となった。

やがて、正成は越後《えちご》高田藩(新潟県上《じょう》越《えつ》市)主・松平忠昌《まつだいらただまさ》(秀康《ひでやす》の次男)の付家《つけが》老《ろう》に任命され、越後糸魚川《いといがわ》藩(新潟県糸魚川市)主となった。

ところで、正成は正室(重通の娘)の没後、春日局を継室《けいしつ》(後妻)に迎え、稲葉正《まさ》勝《かつ》(正成・春日局夫妻の嫡子)らの子女をもうけていた。元和《げんな》9年(1623)、春日局の支援によって家光が将軍に就任したことから、正勝は家光によって老中に登用されている。

以後、正成や子孫は下野真岡《しもつけもおか》藩(栃木県真岡市)、相模《さがみ》小田原藩(神奈川県小田原市)、高田藩、下総《しもうさ》佐倉藩(千葉県佐倉市)と転封(国替え)を続け、享保《きょうほう》8年(1723)に山城淀《やましろよど》藩へ入封し、定着した。

この間、正成が糸魚川藩主の座を返上するという出来事もあったが、石高《こくだか》はたび重なる加増や分知《ぶんち》があり、最終的に10万2000石となっている。

歴代のなかには大坂城代や京都所司代などを務めた者が複数いるが、幕末維新期の稲葉正邦《まさくに》(丹羽長富《にわながとみ》の子、正誼《まさよし》の養子)は京都所司代、老中兼国内事務総裁などの江戸幕府の要職を歴任し、第14代将軍・徳川家茂《いえもち》(慶福《よしとみ》)、第15代将軍・徳川慶喜《よしのぶ》を補佐した。

けれども、明治元年(慶応《けいおう》4年／1868)の鳥羽《とば》伏見の戦いでは旧幕府方の淀城入城を拒み、旧幕府方の総崩れの原因を作っている。

分家には稲葉道通《みちとお》(重通の孫)に始まる

丹波《たんば》福知山藩(京都府福知山市)、稲葉通《みち》重《しげ》(重通の次男)に始まる美濃清水《きよみず》藩(岐阜県揖斐川《いびがわ》町)、稲葉正休《まさやす》(正吉《まさよし》の子、正成の孫)に始まる美濃青野《あおの》藩(岐阜県大垣市)、稲葉正明《まさあき》(正親《まさちか》の三男)に始まる安《あ》房《わ》館山《たてやま》藩(千葉県館山市)などがあった。

また、分家というよりも別家に、稲葉貞通《さだみち》(良通の次男)に始まる外様の豊後臼《ぶんごうす》杵《き》藩(大分県臼杵市)などがあった。さらに、本家を相続する以前の正勝は常陸柿《ひたちかき》岡《おか》藩(茨城県石岡市)を、稲葉正往《まさゆき》(正則の嫡子)も家をそれぞれ興していた。

以上のうち、福知山藩は稲葉紀通《のりみち》(道通の次男)の狙撃事件、青野藩は正休の殿中(江戸城内)での刃傷事件、清水藩は通重の女性への狼藉《ろうぜき》事件、柿岡藩や正往の家は正勝や正往の本家相続でいずれもお取り潰しとなった。

ちなみに、正休は殿中で大老・堀田正《ほったまさ》俊《とし》(正盛《まさもり》の三男、正休の従兄《いとこ》)を刺殺し、自身も老中らに命を絶たれたが、刃傷の原因は畿内《きない》(近畿地方)の河川改修をめぐる意見の食い違いであるという。

他方、福知山藩の家祖である稲葉利貞《としさだ》(重通の子、道通の養父)は茶人・千利休《せんのりきゅう》の高弟で、茶道の世界では牧村政治《まきむらまさはる》(兵《ひょう》部《ぶ》)という名で古田重然《ふるたしげてる》(織部《おりべ》)、高山右《たかやまう》近《こん》、蒲生氏郷《がもううじさと》、細川忠興《ほそかわただおき》、瀬田掃部《せたかもん》、芝《しば》山監物《やまけんもつ》らとともに「利休七哲《しちてつ》」のひとりにあげられている。

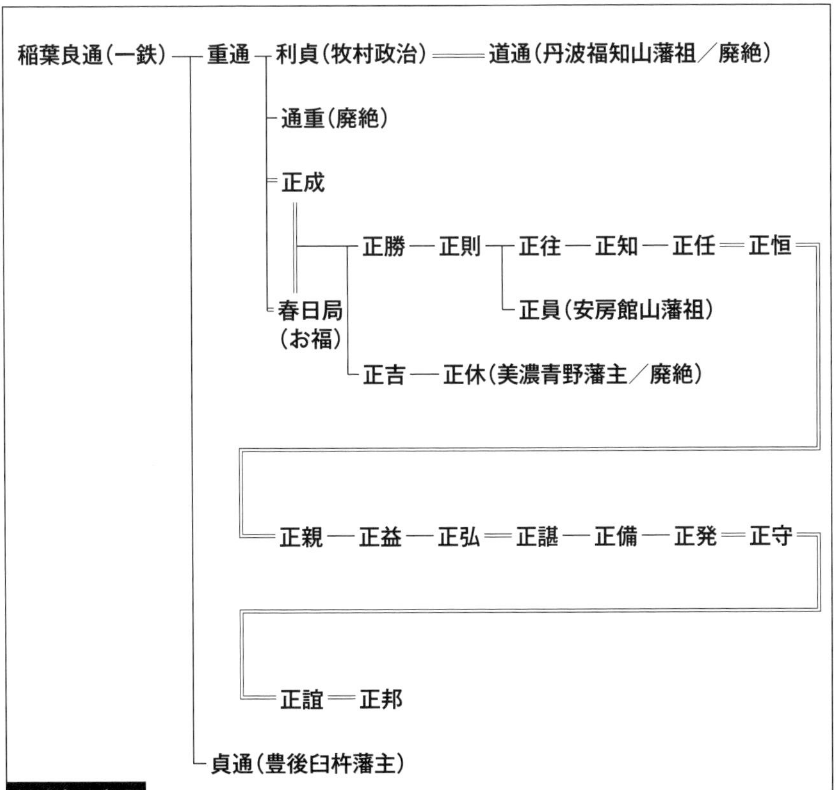

稲葉家の系図

伊勢が発祥地という志摩の殿様

いながきけ

稲垣家

稲垣茗荷（丸に茗荷、立沢瀉）

藩名：志摩鳥羽藩（三重県鳥羽市）
藩祖：稲垣長茂
石高：3万石
大名になった年：慶長6年（1601）
本拠地：上野伊勢崎城→越後藤井陣屋→越後三条城→三河刈谷城→上総大多喜城→下野烏山城→志摩鳥羽城
親疎の別：譜代
家格：城主
江戸城内の詰間：帝鑑間
爵位：子爵

今川家から徳川家に転じた譜代大名

清和源氏《せいわげんじ》支流で、伊勢《いせ》（三重県中央部）が発祥地というが、戦国時代には駿河《するが》（静岡県東部）の戦国大名・今川《いまがわ》家、次いで徳川家康《とくがわいえやす》の家臣・牧野康成《まきのやすなり》（右馬允《うまのじょう》）に仕えていたという。

藩祖・稲垣長茂《ながしげ》（重宗《しげむね》の子）は家康に仕え、慶長《けいちょう》6年（1601）に山城《やましろ》伏見城（京都市伏見区）の城代、1万石の上野伊勢崎《こうずけいせさき》藩（群馬県伊勢崎市）主になった。

子孫は越後《えちご》藤井藩（新潟県柏崎《かしわざき》市）、越後三条藩（新潟県三条市）、三河刈谷《みかわかりや》藩（愛知県刈谷市）、上総大多喜《かずさおおたき》藩（千葉県大多喜町）、下野烏山《しもつけからすやま》藩（栃木県那須《なす》烏山市）と転封（国替え）を続け、志摩鳥羽《しまとば》藩へ入封する。石高《こくだか》はこの間に加増があり、3万石で確定した。

領地は志摩（三重県東部）一国と、伊勢の一部を与えられる。ただし、藩の産物としては沖合《おきあい》漁業で得られる魚類、沿岸漁業で得られる貝類、真珠、海苔《のり》などが大きなウエイトを占めたという。

歴代のうち、稲垣重綱《しげつな》（長茂の嫡子）は大坂城代を務めている。また、稲垣長剛《ながかた》（長続《ながつぐ》の子）は藩の財政再建を行うべく、農政学者・佐藤信淵《さとうのぶひろ》に再建案『鳥羽領経緯記』を執筆させた。

ただし、長剛が41歳で病没したため、財政再建は完遂していない。

ほかに、江戸幕府の大坂加番《かばん》、久能山《くのうざん》造営奉行などを務めた当主もいる。

分家に稲垣重定《しげさだ》（長茂の孫）に始まる近江山上《おうみやまがみ》藩（滋賀県東近江市）があった。

稲垣重宗――長茂┬重綱―重昌―重昭―重富―昭賢＝昭央―長以＝長続―長剛―長明―長行＝長敬
　　　　　　　　└重太―重定（近江山上藩主）

稲垣家の系図

房総半島南部で続いた淀藩の分家

いなばけ

稲葉家

隅切折敷の内に三文字（三篠丸）

藩名：安房館山藩（千葉県館山市）
藩祖：稲葉正明
石高：1万石
大名になった年：天明元年（1781）
本拠地：安房国内→安房館山陣屋
親疎の別：譜代
家格：陣屋
江戸城内の詰間：菊間
爵位：子爵

安房館山を治めた稲葉家の分家

山城淀《やましろよど》藩（京都市伏見区）主・稲葉家の分家。家祖・稲葉正員《まさかず》（正則《まさのり》の三男）は3000石の旗本となったが、藩祖・稲葉正《まさ》明《あき》（正員の曾孫）は第10代将軍・徳川家治《とくがわいえはる》の御側御用取次《おそばごようとりつぎ》（秘書室長）となり、天明《てんめい》元年（1781）に1万石（後に1万3000石）を与えられ、安房館山《あわたてやま》藩主となった。後に政争が原因で3000石を削封《さくほう》（石高《こくだか》削減）されたが、以後は1万石の館山藩主として存続している。歴代では正明のほかに幕末期の稲葉正巳《まさみ》（正盛《まさもり》の嫡子）が、講武所《こうぶしょ》奉行、若年寄、陸軍奉行、老中格、海軍総裁などの要職に就任し、幕政の枢機《すうき》に参画している。

稲葉正則 ─┬─ 正往 ── 正知（山城淀藩主）
　　　　　└─ 正員 ＝ 正方 ＝ 正福 ＝ 正明 ── 正武 ── 正盛 ── 正巳 ＝ 正善

稲葉家の系図

甲府藩の家老から大名になった家

いのうえけ

井上家

井上鷹羽（五鐶の内八鷹羽、井桁）

藩名：常陸下妻藩（茨城県下妻市）
藩祖：井上正長
石高：1万石
大名になった年：正徳2年（1712）
本拠地：常陸下妻陣屋
親疎の別：譜代
家格：陣屋
江戸城内の詰間：菊間
爵位：子爵

常陸下妻を治めた井上家の分家

遠江《とおとうみ》浜松藩（静岡県浜松市）主・井上家の分家。藩祖・井上正長《まさなが》（正任《まさとう》の三男）は旗本（3000石）から甲斐《かい》甲府藩（山梨県甲府市）主・徳川家宣《とくがわいえのぶ》の家老となり、後に第6代将軍・家宣の側近を務めた。正徳《しょうとく》2年（1712）、家宣の没後に遺命により1万石の常陸下妻《ひたちしもつま》藩主となった。正長は江戸幕府の奏者番《そうじゃばん》と寺社奉行を、井上正敦《まさあつ》（政式《まさのり》の次男、正長の養子）は奏者番を務めている。なお、元治《げんじ》元年（1864）には天《てん》狗党《ぐとう》の襲撃を受け、下妻陣屋が焼失するという悲運に見舞われている。

井上正任 ─┬─ 正岑 ── 正之 ── 正経（遠江浜松藩主）
　　　　　└─ 正長 ＝ 正敦 ＝ 正辰 ── 正意 ＝ 正棠 ── 正広 ＝ 正建 ＝ 正慮 ＝ 正民 ＝ 正健 ＝ 正誠 ＝ 正信 ＝ 正兼 ── 正巳

井上家の系図

笠間と浜松を2度治めた大名

いのうえけ

井上家

井上鷹羽(黒餅に八鷹羽、井桁など)

藩名：遠江浜松藩(静岡県浜松市)
藩祖：井上正就
石高：6万石
大名になった年：元和元年(1615)
本拠地：遠江横須賀城→常陸笠間城→美濃八幡城→丹波亀山城→常陸下館城→常陸笠間城→陸奥磐城平城→遠江浜松城→陸奥棚倉城→上野館林城→遠江浜松城→上総鶴舞陣屋
親疎の別：譜代
家格：城主
江戸城内の詰間：雁間
爵位：子爵

各地を経て浜松に定着した譜代大名家

清和《せいわ》源氏《げんじ》頼季《よりすえ》流で、藩祖・井上正就《まさなり》(清秀《きよひで》の子)は第2代将軍・徳川秀忠《とくがわひでただ》、後に第3代将軍・徳川家光《いえみつ》(秀忠の嫡子)に仕え、元和《げんな》元年(1615)に小姓組番頭《こしょうぐみばんがしら》、1万石の大名となった。次いで、元和8年(1622)に5万2500石の遠江《とおとうみ》横須賀藩(静岡県掛川市)主、さらに老中に栄進。ところが、正就は寛永《かんえい》5年(1628)、目付・豊《と》島信満《しまのぶみつ》(明重《あきしげ》)に私怨《しえん》により刺殺される。

子孫は常陸《ひたち》笠間藩(茨城県笠間市)、美《み》濃八幡《のはちまん》藩(岐阜県郡上《ぐじょう》市)、丹波《たんば》亀山藩(京都府亀岡市)、常陸下館《しもだて》藩(茨城県筑西《ちくせい》市)、笠間藩、陸奥磐城平《むついわきたいら》藩(福島県いわき市)、遠江浜松藩、陸奥棚倉藩(福島県棚倉町)、上野館林《こうずけたてばやし》藩(群馬県館林市)と転封(国替え)を続け、弘化《こうか》2年(1845)に6万石で再び浜松藩へ入封した。

歴代のうち、井上正岑《まさみね》(正任《まさとう》の次男)、井上正経《まさつね》(正之《まさゆき》の嫡子)、井上正春《まさはる》(正甫《まさもと》の嫡子)、井上正直《まさなお》(正春の子)が老中を務めている。

明治元年(慶応《けいおう》4年／1868)、上総鶴舞《かずさつるまい》藩(千葉県市原市)へ転封となった。

分家に井上政重《まさしげ》(清秀の子)に始まる下《しも》総《うさ》高岡藩(千葉県成田市)と、井上正長《まさなが》(正任の三男)に始まる常陸下妻《しもつま》藩(茨城県下妻市)があった。

浜松城復興天守(静岡県浜松市)

井上家の系図

井上清宗═清秀┬正就─正利─正任┬正岑═正之─正経─正定─正甫─正春─正直
　　　　　　　└政重(下総高岡藩主)　└正長(常陸下妻藩主)

初代大目付が興した下総の小藩

いのうえけ

井上家

井上鷹羽（黒餅に八鷹羽、井桁）

藩名：下総高岡藩（千葉県成田市）
藩祖：井上政重
石高：1万石
大名になった年：寛永17年（1640）
本拠地：下総高岡陣屋
親疎の別：譜代
家格：陣屋
江戸城内の詰間：菊間
爵位：子爵

下総高岡を治めた井上家の分家

遠江《とおとうみ》浜松藩（静岡県浜松市）主・井上家の分家。藩祖・井上政重《まさしげ》（清秀《きよひで》の四男）は江戸幕府の惣目付《そうめつけ》（初代大目付）に抜擢され、寛永《かんえい》17年（1640）に下総《しもうさ》高岡藩主となる。第2代将軍・徳川秀忠《とくがわひでただ》（家康《いえやす》の三男）、第3代将軍・徳川家光《いえみつ》（秀忠の嫡子）に仕えた政重は、天草・島原の乱の討伐、鎖国、キリスト教禁教などの分野で足跡を残す。高岡に定着した子孫のなかには、大坂加《か》番《ばん》や奏者番《そうじゃばん》などを務めた者が複数いる。

井上清秀 ┬ 正就（遠江浜松藩祖）
└ 政重 — 政次 — 政清 — 政蔽 — 正鄰 ＝ 正森 ＝ 正国 ＝ 正紀 — 正瀧 — 正域 ＝ 正和 — 正順

井上家の系図

幕末期に天誅組を撃退した堅城の主

うえむらけ

植村家

丸に一文字割桔梗（桔梗、五七桐）

藩名：大和高取藩（奈良県高取町）
藩祖：植村家政
石高：2万5000石
大名になった年：寛永17年（1640）
本拠地：大和高取城
親疎の別：譜代
家格：城主
江戸城内の詰間：帝鑑間
爵位：子爵

大番頭から出世した譜代大名

清和源氏頼光《せいわげんじよりみつ》流の土岐《とき》支流で、藩祖・植村家政《いえまさ》（家存《いえさだ》の孫）は寛永《かんえい》2年（1625）に大番頭《おおばんがしら》となり、寛永17年（1640）に2万5000石の大和高取《やまとたかとり》藩主となって定着した。なお、分家の上総《かずさ》勝浦藩（千葉県勝浦市）はお取り潰しとなっている。

植村持益 — 氏義 ┬ 氏明 — 家存 — 家次 — 家政 — 家貞 — 家言 ＝ 家敬 ＝ 家包 ＝ 家道 — 家久 ＝ 家利 ＝ 家長 — 家教 ＝ 家貴 ＝ 家興 ＝ 家保 ＝ 家壷
└ 泰職 — 泰忠 — 泰勝 — 泰朝 — 忠朝（上総勝浦藩主／廃絶）

植村家の系図

将軍・家光に殉死した忠臣の子孫

うちだけ

内田家

内田久留子(花久留子、庵に木瓜)

藩名：下総小見川藩(千葉県香取市)
藩祖：内田正信
石高：1万石
大名になった年：寛永16年(1639)
本拠地：下総国内ほか→下野鹿沼陣屋→下総小見川陣屋
親疎の別：譜代
家格：陣屋
江戸城内の詰間：菊間
爵位：子爵

家光に取り立てられた小大名

藤原《ふじわら》氏支流で、内田姓は遠江《とおとうみ》内田(静岡県菊川市)ゆかりという。藩祖・内田正信《まさのぶ》(正世《まさよ》の子)が第3代将軍・徳川家光《とくがわいえみつ》に仕え、寛永《かんえい》16年(1639)に1万石の大名となった。さらに、正信は慶安《けいあん》2年(1649)に1万5000石の下野《しもつけ》鹿沼《かぬま》藩(栃木県鹿沼市)主となるが、慶安4年(1651)の家光の没後に殉死《じゅんし》している。子孫は分知《ぶんち》や乱心を原因とするお取り潰し(事実上の削封《さくほう》／石高《こくだか》削減)により1万石となり、享保《きょうほう》9年(1724)に陣屋を移して下総《しもうさ》小見川《おみがわ》藩主に定着した。

内田正世—正信＝正衆—正勝—正偏—正親—正美＝正良—正純—正肥＝正容—正道＝正徳＝正縄＝正学

内田家の系図

郡上八幡に興った文人武将の系譜

えんどうけ

遠藤家

亀甲に花角(一亀甲、十曜など)

藩名：近江三上藩(滋賀県野洲市)
藩祖：遠藤慶隆
石高：1万2000石
大名になった年：慶長5年(1600)以降
本拠地：美濃八幡城→美濃小原城→美濃八幡城→常陸国内ほか→近江三上陣屋→和泉吉見陣屋
親疎の別：譜代
家格：陣屋
江戸城内の詰間：菊間
爵位：子爵

近江三上を治めた定府大名

桓武《かんむ》平氏《へいし》良文《よしぶみ》流の千葉《ちば》支流で、藩祖・遠藤慶隆《よしたか》(盛数《もりかず》の子)が徳川家康《とくがわいえやす》に属し、慶長《けいちょう》5年(1600)以降に2万7000石で旧領の美濃《みの》八幡《はちまん》藩(岐阜県郡上《ぐじょう》市)主となった。子孫は常陸《ひたち》(茨城県)国内を経て元禄《げんろく》11年(1698)に1万石で近江《おうみ》三上《みかみ》藩主となり、後に石高《こくだか》は1万2000石で確定する。明治3年(1870)、遠藤胤城《たねき》(胤統《つねのり》の三男)が和泉《いずみ》吉見《よしみ》藩(大阪府田尻《たじり》町)へ転封(国替え)した。なお、参勤交代をしない定府《じょうふ》大名で、維新後に文人武将・東常縁《とうのつねより》らゆかりの旧姓の東姓へ復姓している。

遠藤盛数—慶隆＝慶利—常友—常春—常久＝胤親—胤将＝胤忠＝胤富＝胤統＝胤昌＝胤城

遠藤家の系図

家重の側近が興した江戸近郊の大名家

おおおかけ

大岡家

剣輪違崩(大岡七宝、剣輪違繫、丸に瑞籬)

藩名：武蔵岩槻藩(埼玉県さいたま市岩槻区)
藩祖：大岡忠光
石高：2万3000石
大名になった年：宝暦元年(1751)
本拠地：上総勝浦陣屋→武蔵岩槻城
親疎の別：譜代
家格：城主
江戸城内の詰間：雁間
爵位：子爵

家重に取り立てられて出世した旗本

藤原《ふじわら》氏支流で、大岡忠相《ただすけ》(越前守《えちぜんのかみ》／忠《ただ》高《たか》の四男、忠真《ただざね》の養子)に始まる三河西《みかわにし》大平《おおひら》藩(愛知県岡崎市)主・大岡家の一族。

なお、大岡姓は三河大岡(愛知県新城《しんしろ》市)にちなむが、忠相の実家と藩祖・大岡忠光《ただみつ》(忠利《ただとし》の子)の家はともに大岡忠吉《ただよし》(忠政《ただまさ》の子)の子孫で、忠相と忠利(忠儀《よしのり》の子、忠光の父)が再従兄弟《はとこ》の関係にあたる。

さて、忠光は初めは旗本(300石)で、第9代将軍となる徳川家重《とくがわいえしげ》(吉宗《よしむね》の嫡子)の小姓《こしょう》となった。

この後、忠光は言語が不自由であったという家重に忠勤を励んで加増を重ね、宝暦《ほうれき》元年(1751)に1万石の上総《かずさ》勝浦藩(千葉県勝浦市)主となった。

宝暦6年(1756)、忠光は江戸幕府の側《そば》用人《ようにん》となって1万石の加増を受け、2万石で武蔵岩槻《むさしいわつき》藩へ入封し、定着した。石高《こくだか》は後に3000石の加増があり、2万3000石で確定する。

歴代では忠光が若年寄と側用人、大岡忠固《ただかた》(加納久周《かのうひさのり》の五男、忠正《ただまさ》の養子)が若年寄を務めており、ほかにも奏者番《そうじゃばん》などを務めた者が複数いる。このうち、忠光は家重の意思が理解できる唯一の側近として、長く権勢を誇った。

また、大岡忠正(加納久周の三男、忠《ただ》烈《やす》の養子)は藩校・勤学所《きんがくしょ》や武道稽古《けいこ》所《じょ》・講武館《こうぶかん》を創設するなど、文武を奨励したことで知られている。ちなみに、大岡忠要《ただとし》(忠喜《ただよし》の嫡子)は儒者・児玉南柯《こだまなんか》を登用したが、勤学所は南柯の私塾・遷喬《せんきょう》館《かん》を発展させたものであった。

大岡忠政 ┬ 忠世 — 忠真 ＝ 忠相(三河西大平藩主)
　　　　 └ 忠吉 — 忠房 — 忠儀 — 忠利 — 忠光 — 忠喜 — 忠要 ＝ 忠烈 ＝
＝ 忠正 ＝ 忠固 — 忠恕 — 忠貫

大岡家の系図

藩祖は「大岡裁き」で知られる名判官

おおおかけ

大岡家

大岡七宝（剣輪違、瑞籬）

藩名：三河西大平藩（愛知県岡崎市）
藩祖：大岡忠相
石高：1万石
大名になった年：寛延元年（1748）
本拠地：三河西大平陣屋
親疎の別：譜代
家格：陣屋
江戸城内の詰間：菊間
爵位：子爵

町奉行から出世した旗本家

藤原《ふじわら》氏支流で、武蔵岩槻藩《むさしいわつき》（さいたま市岩槻区／2万3000石）主・大岡家の一族。定府《じょうふ》大名。藩祖・大岡忠相《ただすけ》（越前守《えちぜんのかみ》／忠《ただ》高《たか》の四男、忠真《ただされ》の養子）は享保《きょうほう》2年（1717）に江戸の町奉行（南町）に就任して、公正な裁判や、町火消、養生所の創設などの面で活躍し、第8代将軍・徳川吉宗《とくがわよしむね》の主導する享保改革を支えた。後に寺社奉行に転じた忠相は、寛延《かんえん》元年（1748）に加増を受け石高《こくだか》が1万石に達し、三河西大平《みかわにしおおひら》藩主となる。なお、領地替えはあったが石高に変動はなかった。

大岡忠政 ─┬─ 忠世 ─ 忠真 ＝ 忠相 ─ 忠宣 ─ 忠恒 ＝ 忠與 ＝ 忠移 ─ 忠愛 ＝ 忠敬
　　　　　│　　　　　　　　　↑（忠章の子 忠相より）
　　　　　└─ 忠吉 ─┬─ 忠章 ─ 忠高 ─ 忠相
　　　　　　　　　　└─ 忠房 ─ 忠儀 ─ 忠利 ─ 忠光（武蔵岩槻藩主）

大岡家の系図

藩祖が綱吉の側近を務めた小藩

おおくぼけ

大久保家

丸に古文字の大文字（大久保藤）

藩名：相模荻野山中藩（神奈川県厚木市）
藩祖：大久保教寛
石高：1万3000石
大名になった年：宝永3年（1706）
本拠地：駿河松長陣屋→相模荻野山中陣屋
親疎の別：譜代
家格：陣屋
江戸城内の詰間：菊間
爵位：子爵

相模荻野山中を治めた大久保家の分家

相模《さがみ》小田原藩（神奈川県小田原市）主・大久保家の分家。藩祖・大久保教寛《のりひろ》（忠《ただ》朝《とも》の次男）は当初は旗本（6000石）で、第5代将軍・徳川綱吉《とくがわつなよし》の時代に側衆《そばしゅう》、小姓組《こしょうぐみ》番頭《ばんがしら》、書院番頭、側用人《そばようにん》などを歴任する。宝永《ほうえい》3年（1706）に5000石を加増されて1万1000石の駿河松長《するがまつなが》藩（静岡県沼津市）主となり、世子《せいし》（次期将軍）の若年寄を務めた。子孫は天明《てんめい》3年（1783）に陣屋を移して相模荻野山中《おぎのやまなか》藩主となり、定着している。なお、この間に加増や分知《ぶんち》があり、石高《こくだか》は1万3000石で確定した。

大久保忠朝 ─┬─ 忠増（相模小田原藩主）
　　　　　　└─ 教寛 ─ 教端 ─ 教起 ─ 教倫 ＝ 教翅 ─ 教孝 ─ 教義 ─ 教良

大久保家の系図

二宮尊徳に改革を依頼した譜代大名

おおくぼけ

大久保家

大久保藤（上藤の丸に剣大文字、九曜）

藩名：下野烏山藩（栃木県那須烏山市）
藩祖：大久保忠為。一説に大久保忠高
石高：3万石
大名になった年：元和2年（1616）。一説に貞享3年（1686）ごろ
本拠地：美濃大垣城下→武蔵国内ほか→近江国内ほか→下野烏山城
親疎の別：親藩
家格：城主
江戸城内の詰間：雁間
爵位：子爵

下野烏山を治めた大久保家の分家

相模《さがみ》小田原藩（神奈川県小田原市）主・大久保家の分家。家祖・大久保忠為《ただため》（忠《ただ》員《かず》の六男、忠世《ただよ》らの弟）は元和《げんな》2年（1616）に1万石の美濃《みの》大垣新田《しんでん》藩（岐阜県大垣市）主であったという。その後、実質的な藩祖・大久保忠高《ただたか》（忠知《ただとも》の子、忠為の孫）は貞享《じょうきょう》3年（1686）ごろに1万石の大名となり、大久保常春《つねはる》（忠高の次男）が享保《きょうほう》10年（1725）に2万石（後に3万石）で下野烏山《しもつけからすやま》藩へ入封し、定着した。

大久保忠員 ─┬ 忠世 ─ 忠隣（相模小田原藩祖）
├ 忠佐（駿河沼津藩主／廃絶）
├ 忠為 ─ 忠知 ─ 忠高 ─ 常春 ─ 忠胤 ─ 忠卿 ═ 忠喜 ═ 忠成 ─ 忠保 ─ 忠美 ─ 忠順
└ 忠教（彦左衛門）

大久保家の系図

廃藩置県後に処分を受けた元高家

おおさわけ

大沢家

丸に杏葉（角大文字ほか）

藩名：遠江堀江藩（静岡県浜松市）
藩祖：大沢基寿（基輔）
石高：1万石
大名になった年：明治元年（慶応4年／1868）
本拠地：遠江堀江陣屋
親疎の別：譜代
家格：陣屋
江戸城内の詰間：－
爵位：－

明治になって大名に昇格した譜代

藤原《ふじわら》氏頼宗《よりむね》流で、戦国時代末期以降の大沢家は今川義元《いまがわよしもと》、次いで徳川家康《とくがわいえやす》に仕え、江戸幕府成立後は式部《しきぶ》官僚・高家《こうけ》となった。後に石高《こくだか》は3550石（実高5500石余）で確定する。明治元年（慶応《けいおう》4年／1868）、藩祖・大沢基寿《もとひさ》（基輔《もとすけ》／基暢《もとのぶ》の子）は石高を1万石とする書類を新政府へ提出し、1万石の遠江《とおとうみ》堀江藩主となった。その後、堀江藩は明治4年（1871）の廃藩《はいはん》置県《ちけん》を迎え、さらに基寿は華族の身分を得る。ところが、先の書類に石高捏造《ねつぞう》などの不備が多い点が判明したため、基寿は同年末（一説に明治5年〈1872〉）に華族の身分を剝奪《はくだつ》された。

大沢基胤 ─ 基宿 ─ 基重 ─ 基将 ═ 基恒 ═ 基隆 ─ 基朝 ─ 定寧 ═ 基之 ─ 基昭 ─ 基暢 ─ 基寿

大沢家の系図

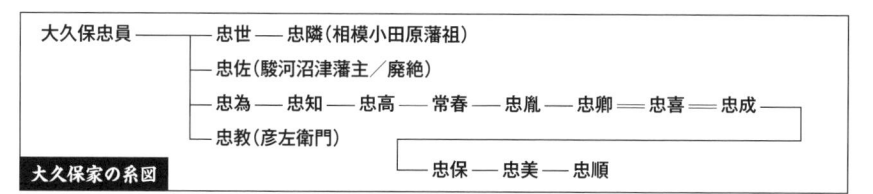

東海道の要衝・小田原を治めた三河武士

おおくぼけ

大久保家

大久保藤(上藤の内古文字の大文字)

藩名:相模小田原藩(神奈川県小田原市)
藩祖:大久保忠隣
石高:11万3000石
大名になった年:慶長5年(1600)以降
本拠地:武蔵羽生城→相模小田原城→武蔵騎西城→美濃加納城→播磨明石城→肥前唐津城→下総佐倉城→相模小田原城
親疎の別:譜代
家格:城主
江戸城内の詰間:帝鑑間
爵位:子爵

相模小田原を治めた家康の重臣家

藤原道兼《ふじわらみちかね》流で、下野《しもつけ》(栃木県)の宇都宮《うつのみや》氏の支流。戦国時代には宇津《うつ》姓を名乗っていた時期もあるが、改姓した大久保忠《ただ》俊《とし》と大久保忠員《ただやす》(ともに忠茂《ただしげ》の子)は三河《みかわ》(愛知県東部)の松平《まつだいら》家に属している。

やがて、大久保忠世《ただよ》、大久保忠佐《ただすけ》、大久保忠為《ただため》、大久保忠教《ただたか》(彦左衛門《ひこざえもん》/以上、忠員の子)が、徳川家康《とくがわいえやす》に仕えて江戸幕府の開幕に貢献した。

このうち、忠世は天正《てんしょう》18年(1590)の家康の関東入封の際、4万5000石の相模《さがみ》小田原城主に抜擢される。

次いで、藩祖・大久保忠隣《ただちか》(忠世の嫡子)は慶長《けいちょう》5年(1600)の関ヶ原の戦いの後、小田原藩主となった。さらに忠隣は老中となるが、慶長19年(1614)に山口重政《やまぐちしげまさ》と無断で婚姻を結んだことを理由に失脚し、大久保家は一旦お取り潰しとなった(「大久保忠隣事件」)。幕閣の突然の失脚というこの驚天動地の事件の原因が、忠隣と本多正信《ほんだまさのぶ》・本多正純《まさずみ》(正信の嫡子)父子とのあいだの権力抗争にあるという見方がある。もっとも、忠隣の年下の叔父《おじ》である旗本の忠教はその著『三河物語』のなかで、正信は忠隣の失脚に関与していないという意味の記述を残している。ともあれ、事件により忠隣らは蟄居《ちっきょ》を強いられたが、大久保忠職《ただもと》(忠常《ただつね》の嫡子、忠隣の孫)は連坐を免れ、大久保家は大名として存続する。

以後、忠職や子孫は武蔵騎西《むさしきさい》藩(埼玉県加須《かぞ》市)、美濃《みの》加納藩(岐阜市)、播磨《はりま》明石《あかし》藩(兵庫県明石市)、肥前唐津《ひぜんからつ》藩(佐賀県唐津市)、下総《しもうさ》佐倉藩(千葉県佐倉市)と転封(国替え)を続け、貞享《じょうきょう》3年(1686)に70数年ぶりに忠世・忠隣父子ゆかりの小田原藩へ復帰した。石高《こくだか》は入封当初は10万3000石であったが、後に加増があり、11万3000石で確定している。

ところで、小田原藩は関東の西端に位置し、藩内を東海道が貫くという交通上の要衝であった。このため、小田原藩へ定着後は箱根関所(神奈川県箱根町)の管理を受け持っている。

一方、富士山や伊豆《いず》半島、駿河《するが》湾にほど近いという関係上、元禄《げんろく》16年(1703)の元禄大地震や宝永《ほうえい》4年(1707)の富士山の宝永大噴火などにより、小田原藩は大きな被害を受けた。元禄大地震などでは城下に甚大《じんだい》な被害があり、小田原城の天守閣も大きく傾斜する。このときは多くの人員を使い、綱で天守閣を引いて傾斜を克服したという。また、宝永大噴火では相模(神奈川県)など関東の領地に火山灰が降り注ぎ、農産物の収穫が期待できないという状況が続く。やむなく、小田原藩は江戸幕府に請《こ》うて関東の領地を天領(幕府直轄地)としてもらった。その代わりに、同藩は同じ石高の替地を、畿内《きない》(近畿地方)などに与えられている。

歴代では忠隣のほかに、大久保忠増《ただます》(忠朝《ただとも》の嫡子)と大久保忠真《ただざね》(忠顕《ただあき》の嫡子)が老中を務めた。

また、幕末維新期の大久保忠礼《ただのり》(松平《まつだいら》頼恕《よりひろ》の子、忠愨《ただなお》の養子)は激動の時代に、江戸幕府の奏者番《そうじゃばん》や甲斐《かい》甲府城(山梨県甲府市)の城代などを務めた。

けれども、忠礼は第15代将軍・徳川慶《よし》喜《のぶ》(斉昭《なりあき》の七男)の従弟《いとこ》でもあったことから、明治元年(慶応《けいおう》4年／1868)から始まる戊辰《ぼしん》戦争では旧幕府方に理解を示し、城下へきた上総《かずさ》請西《じょうさい》藩(千葉県木更津市)主・林忠崇《はやしただたか》や遊撃隊《ゆうげきたい》などを追い払わなかった。同年、以上の行動により3万8000石の削封《さくほう》(石高削減)の処分を受け、小田原藩の石高は7万5000石となった。

分家には、忠佐に始まる駿河沼津藩(静岡県沼津市)、忠為に始まる下野烏山《からすやま》藩(栃木県那須《なす》烏山市)、大久保教寛《のりひろ》(忠朝の次男)に始まる相模荻野《おぎの》山中《やまなか》藩(神奈川県厚木市)があった。また、本家相続前の忠増が興した家もあったが、沼津藩は忠佐の病没、忠増が興した家は忠増の本家相続によりお取り潰しとなった。

ちなみに、男子に恵まれなかった忠佐は弟の忠教に養子となってほしいと頼んだが、「天下の御意見番」の異名で知られる忠教はこの申し出を断ったという。

小田原城復興天守(神奈川県小田原市)

宇津忠茂—大久保忠員—忠世—忠隣—忠常—忠職＝忠朝—忠増—忠方—忠興—忠由—忠顕—忠真—忠脩—忠愨＝忠礼＝忠良

- 忠員の子:
  - 忠世
  - 忠佐(駿河沼津藩主／廃絶)
  - 忠為(下野烏山藩祖)
  - 忠教(彦左衛門)
- 忠朝の子:
  - 忠増
  - 教寛(相模荻野山中藩祖)

大久保家の系図

道灌の血を受け継いだ聡明な一族

おおたけ

太田家

太田桔梗（丸に桔梗）

藩名：遠江掛川藩（静岡県掛川市）
藩祖：太田資宗
石高：5万石
大名になった年：寛永12年（1635）
本拠地：下野山川陣屋→三河西尾城→遠江浜松城→駿河田中城→陸奥棚倉城→上野館林城→遠江掛川城→上総柴山陣屋→上総松尾陣屋
親疎の別：譜代
家格：城主
江戸城内の詰間：雁間
爵位：子爵

家康に仕えた扇谷上杉家の重臣

清和《せいわ》源氏《げんじ》頼光《よりみつ》流で、関東管領《かんれい》・扇谷上《おうぎがやつうえ》杉《すぎ》家の家宰《かさい》（重臣）を務めた家。

室町時代末期の太田資長《すけなが》（道灌《どうかん》／資清《すけきよ》の子）は武蔵《むさし》江戸城（東京都千代田区）を築城し、足軽《あしがる》戦法を考案した名将、名軍師として名高い。

子孫は江戸太田家と岩付《いわつき》（岩槻）太田家に分かれたものの、両家とも後北条《ごほうじょう》家の台頭により衰退した。

後に江戸太田家は徳川家康《とくがわいえやす》に仕え、英《えい》勝院《しょういん》（お梶《かじ》の方《かた》／太田康資《やすすけ》の娘、もしくは養女）が家康の側室となる。

一方、太田資宗《すけむね》（重正《しげまさ》の子、英勝院の甥《おい》）は第3代将軍・徳川家光《いえみつ》（家康の孫）の側近となり、やがて六人衆（後の若年寄）、さらに寛永《かんえい》12年（1635）に1万石で下野《しもつけ》山川藩（栃木県足利《あしかが》市）主となった。

以後、資宗や子孫は三河《みかわ》西尾藩（愛知県西尾市）、遠江《とおとうみ》浜松藩（静岡県浜松市）、駿河《するが》田中藩（静岡県藤枝市）、陸奥《むつ》棚倉藩（福島県棚倉町）、上野館林《こうずけたてばやし》藩（群馬県館林市）と転封（国替え）を経験し、延享《えんきょう》3年（1746）に再び掛川藩へ5万石で入封し、定着した。

歴代のうち、太田資始《すけもと》（堀田《ほった》正毅《まさざね》の三男、資言《すけとき》の養子）は幕末期に老中に3度就任し、外国事務主管を務めた。

明治元年（慶応《けいおう》4年／1868）、転封により5万3000石（『平成新修旧華族家系大成』）で上総《かずさ》柴山藩（千葉県芝山町）、次いで上総松尾藩（千葉県山武《さんむ》市）へ入封している。

太田資清 ― 資長（道灌）┬ 資康（江戸太田家）― 資高 ― 康資
　　　　　　　　　　　　└ 資家（岩付太田家）― 資親 ― 資正（三楽斎）

┬ 重正 ― 資宗 ― 資次 ― 資直 ― 資晴 ― 資俊 ― 資愛 ― 資順 ＝ 資言
└ 英勝院
　　║――― 市姫（早世）
　徳川家康

＝ 資始 ― 資功 ― 資美

太田家の系図

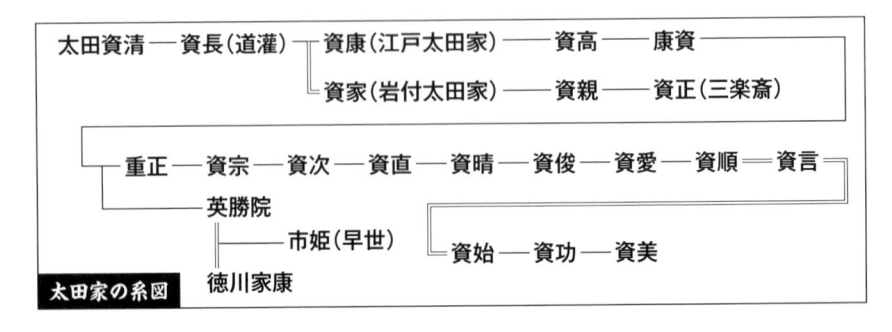

維新後に千束藩となる小倉藩の分家

おがさわらけ

小笠原家

三階菱（五七桐）

藩名：豊前小倉新田藩（福岡県北九州市）
藩祖：小笠原真方
石高：1万石
大名になった年：寛文11年（1671）
本拠地：豊前小倉城下→豊前千束陣屋
親疎の別：譜代
家格：陣屋
江戸城内の詰間：帝鑑間
爵位：子爵

小倉新田藩主を務めた小笠原家の分家

豊前《ぶぜん》小倉藩主・小笠原家の分家。藩祖・小笠原真方《さねかた》（忠真《ただざね》の四男）が寛文《かんぶん》11年（1671）に新田《しんでん》1万石を分与され、豊前小倉新田藩主となった。なお、真方は乗船が小豆島《しょうどしま》（香川県小豆島町ほか）沖で難破し、溺死《できし》を遂げている。慶応《けいおう》2年（1866）の第2次長州《ちょうしゅう》征伐で小倉城が陥落した後は、陣屋を移して豊前千束《ちづか》藩（福岡県豊前市）を興している。歴代のうち、小笠原貞温《さだあつ》（貞顕《さだあき》の三男）は若年寄を務めた。また、小笠原貞嘉《さだひろ》（貞哲《さだとし》の四男、貞謙《さだよし》と忠徴《ただあきら》の養子）は本家・小倉藩を相続した。

小笠原忠真 ┬ 忠雄（肥前小倉藩主）
└ 真方 ＝ 貞通 ― 貞顕 ― 貞温 ― 貞哲 ― 貞謙 ＝ 貞嘉（忠嘉） ＝ 貞寧 ＝ 貞正

小笠原家の系図

嫡流と見る説もある小倉藩祖の兄の子孫

おがさわらけ

小笠原家

三階菱（五七桐）

藩名：播磨安志藩（兵庫県姫路市）
藩祖：小笠原長次
石高：1万石
大名になった年：寛永3年（1626）
本拠地：（信濃松本城〈深志城〉→）播磨龍野城→豊前中津城→播磨安志陣屋
親疎の別：譜代
家格：陣屋
江戸城内の詰間：帝鑑間
爵位：子爵

お取り潰し後に再興された小笠原家の分家

豊前《ぶぜん》小倉藩（福岡県北九州市）主・小笠原家の分家だが、この家を深志《ふかし》小笠原家の嫡流とみなす説もある。なお、『平成新修旧華族家系大成』では小笠原家の最初に播磨《はりま》安志《あんじ》藩が掲載されている。小笠原忠脩《ただなが》（秀政《ひでまさ》の嫡子）が元和《げんな》元年（1615）の大坂夏の陣で自刃した後、藩祖・小笠原長《なが》次《つぐ》（忠脩の長男）が寛永《かんえい》3年（1626）に6万石の播磨龍野藩（兵庫県たつの市）主となった。後に跡継ぎの欠如などによりお取り潰しなどを経験した末に、享保《きょうほう》元年（1716）に1万石で安志藩へ入封し、定着している。歴代のうち、長興《ながおき》は藩校・学《がく》問所《もんじょ》（明倫堂《めいりんどう》）を創設した。

小笠原秀政 ┬ 忠脩 ― 長次 ― 長勝 ＝ 長胤 ＝ 長円 ― 長邕 ＝ 長興 ＝ 長逵 ― 長為 ― 長禎 ― 長武 ― 棟幹（忠幹） ― 貞孚
├ 忠真（豊前小倉藩主）
└ 忠知（肥前唐津藩祖）

小笠原家の系図

礼法や小笠原諸島の発見でも名高い家系

おがさわらけ

小笠原家

三階菱（五七桐）

藩名：豊前小倉藩（福岡県北九州市）
藩祖：小笠原秀政
石高：15万石
大名になった年：慶長5年（1600）以降
本拠地：下総古河城→信濃飯田城→信濃松本城→播磨明石城→豊前小倉城→豊前香春陣屋→豊前豊津陣屋
親疎の別：譜代
家格：城主
江戸城内の詰間：帝鑑間
爵位：伯爵

関東入国前後に家臣となった譜代大名

清和源氏義光《せいわげんじよしみつ》流で、甲斐《かい》小笠原（山梨県南アルプス市）ゆかりという。

子孫は早くに信濃《しなの》（長野県）へ移って守《しゅ》護《ご》（県知事）になり、後に深志《ふかし》小笠原家と松尾《まつお》小笠原家の2家に分かれ、それぞれ深志城（松本城／長野県松本市）と松尾城（長野県飯田市）を居城とする。

2家のうち、深志小笠原家は戦国時代末期に小笠原長時《ながとき》（長棟《ながむね》の嫡子）が甲斐（山梨県）の武田信玄《たけだしんげん》の来襲により失領を経験するが、小笠原貞慶《さだよし》（長時の三男）は豊臣秀吉《とよとみひでよし》などに属して深志城への復帰を目指す。それでも、失脚した尾藤甚右衛《びとうじんえ》門尉《もんのじょう》に援助を加えたことが秀吉の逆鱗《げきりん》に触れ、貞慶はお取り潰しの処分を受けた。

幸いにも、小笠原秀政《ひでまさ》（貞慶の嫡子）が軍功を重ねた結果、天正《てんしょう》18年（1590）、徳《とく》川家康《がわいえやす》の関東入封後に3万石で下総古河《しもうさこが》城（茨城県古河市）主となり、慶長《けいちょう》5年（1600）の関ヶ原の戦いの後には信濃飯田藩（飯田市）主に栄進した。

さらに、慶長19年（1614）に信濃松本藩（松本市）主となるが、秀政と小笠原忠脩《ただなが》（秀政の嫡子）は元和《げんな》元年（1615）の大坂夏の陣で討ち死に、自刃を遂げた。

伝えられているところによると、父子は決戦前に家康から戦意が低いと詰《なじ》られたことを重く受け止め、討ち死に、自刃を覚悟で豊臣方の軍勢へ挑みかかったのだという。

このことに関しては、秀政の正室で忠脩の母が登久院《とうきゅういん》（岡崎信康《おかざきのぶやす》の長女、家康の孫）であったことから、家康が岡崎信康（家康の嫡子）の血を引く者に辛《つら》くあたったという見方もできよう。

いずれにしても、家督を継いだ小笠原忠真《ただざね》（秀政の次男）は播磨明石《はりまあかし》藩（兵庫県明石市）主を経て、15万石で寛永《かんえい》9年（1632）に豊前《ぶぜん》小倉藩へと入封した。

この間に、小笠原長次《ながつぐ》（忠脩の長男）は新たに播磨龍野藩（兵庫県たつの市）を興

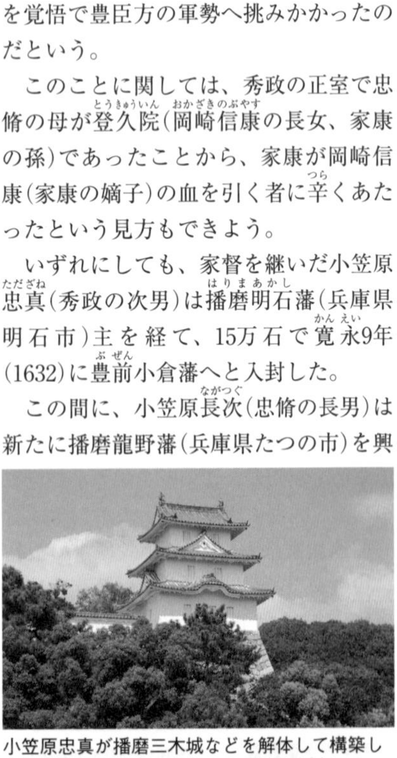

小笠原忠真が播磨三木城などを解体して構築したという播磨明石城巽櫓（兵庫県明石市）

したが、この家は播磨安志《あんじ》藩（兵庫県姫《ひめ》路《じ》市）に定着している。

ところで、小笠原家（深志小笠原家）は弓馬や礼儀作法の小笠原流の家元で、わけても貞慶は諸国の大名にそれらを伝授している。

歴代のうち、武術や文芸に関心のあった忠真は、宮本《みやもと》伊織《いおり》（武蔵《むさし》の養子）を召し抱えて家老に抜擢するなどした。また、忠真もしくは忠真の後見役的存在であった播磨姫路藩（姫路市）主・本多《ほんだ》忠政《ただまさ》（忠《ただ》勝《かつ》の嫡子、忠真の岳父《がくふ》）が剣豪・宮本武蔵に明石城下の町割《まちわり》（都市計画）、明石城内の作庭《さくてい》を委嘱《いしょく》したとする伝承が残る。さらに、寛永15年（1638）の天草・島原の乱討伐の際、武蔵は忠真の命で軍師を務めたという。

幕末維新期、慶応《けいおう》2年（1866）の第2次長《ちょう》州《しゅう》征伐では小倉城が長州藩方の攻撃目標となったが、このとき長州藩方には海援《かいえん》隊《たい》の坂本龍馬《さかもとりょうま》が指揮する軍艦も参加していた。やがて、長州藩方の猛攻により小倉城が陥落したため、藩主の小笠原忠幹《ただよし》（長武《ながたけ》の次男、忠嘉の養子）は豊前香春《かわら》藩（福岡県香春町）、さらに豊前豊津《とよつ》藩（福岡県みやこ町）を興している。実際には忠幹は前年に病没していたのだが、第2次長州征伐の直前であったことから、その事実が伏せられていた。

分家には長次に始まる安志藩のほかに、小笠原忠知《ただとも》（秀政の三男）に始まる肥前唐《ひぜんから》津《つ》藩（佐賀県唐津市）と、小笠原真方《さねかた》（忠真の四男）に始まる豊前小倉新田《しんでん》藩（福岡県北九州市）があった。さらに松尾小笠原家も、小笠原信之《のぶゆき》（酒井《さかい》忠次《ただつぐ》の三男、信嶺《のぶみね》の養子）に始まる越前《えちぜん》勝山藩（福井県勝山市）を興している。

ちなみに、小笠原諸島（東京都小笠原村）の地名は旗本・小笠原貞頼《さだより》（長時の曾孫）にちなむという。家康に仕えていた貞頼は伊豆《いず》（静岡県伊豆地方）に領地を拝領後、洋上の島々を探検中に小笠原諸島を発見したと伝えられている。

小倉城復興天守（福岡県北九州市）

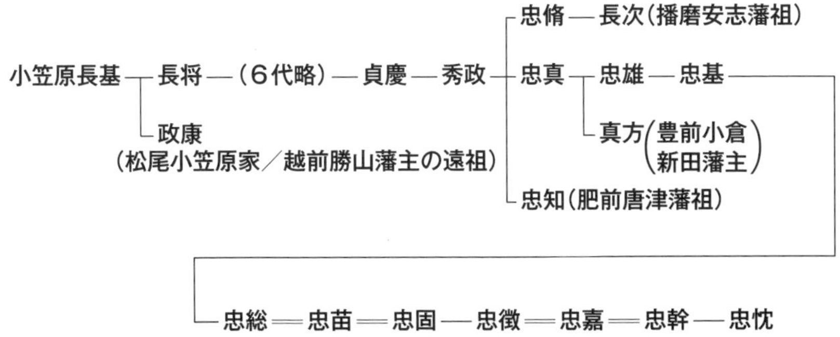

小笠原家の系図

松を植林し唐津焼を保護した大名

おがさわらけ

小笠原家

三階菱（五三桐）

藩名：肥前唐津藩（佐賀県唐津市）
藩祖：小笠原忠知
石高：6万石
大名になった年：寛永9年（1632）
本拠地：豊後杵築城→三河吉田城→武蔵岩槻城→遠江掛川城→陸奥棚倉城→肥前唐津城
親疎の別：譜代
家格：城主
江戸城内の詰間：帝鑑間
爵位：子爵

肥前唐津を治めた小笠原家の分家

豊前《ぶぜん》小倉藩（福岡県北九州市）主・小笠原家の分家。藩祖・小笠藩忠知《ただとも》（秀政《ひでまさ》の三男）は、第2代将軍・徳川秀忠《とくがわひでただ》（家康《いえやす》の三男）と第3代将軍・徳川家光《いえみつ》（秀忠の嫡子）に仕えて大番頭《おおばんがしら》や奏者番《そうじゃばん》を歴任し、寛永《かんえい》9年（1632）に4万石の豊後杵築《ぶんごきつき》藩（大分県杵築市）主となった。

その後、忠知や子孫は三河《みかわ》吉田藩（愛知県豊橋市）、武蔵岩槻《むさしいわつき》藩（さいたま市岩槻区）、遠江《とおとうみ》掛川藩（静岡県掛川市）、陸《む》奥《つ》棚倉藩（福島県棚倉町）と転封（国替え）を続け、文化《ぶんか》14年（1817）に6万石で肥前《ひぜん》唐津《からつ》藩へ入封し、定着した。

歴代のうち、小笠原長重《ながしげ》（長矩《ながのり》の次男、長祐《ながすけ》の養子）が老中に、幕末維新期の世《せい》子《し》（次期藩主）・小笠原長行《ながみち》（長昌《ながまさ》の長男、長国《ながくに》の養子）が老中格、次いで老中になっている。また、小笠原長昌（長堯《ながたか》の次男）は唐津焼に保護を加える一方、「虹《にじ》の松原」の植林も手がけた。

なお、長行は生麦《なまむぎ》事件の処理や公武合体問題などで手腕を発揮し、明治元年（慶応《けいおう》4年／1868）から始まる戊辰《ぼしん》戦争では一時、蝦夷五稜郭《えぞごりょうかく》（北海道函館市）に籠《ろう》城《じょう》している。

ちなみに、小笠原長生《ながなり》（長行の長男）は海軍中将となり、元帥・東郷平八郎《とうごうへいはちろう》の側近として伝記執筆を手がけた。

小笠原家の系図

小笠原秀政
- 忠脩 ― 長次（播磨安志藩祖）
- 忠真（豊前小倉藩主）
- 忠知 ― 長矩 ― 長祐 ＝ 長重 ― 長煕 ＝ 長庸 ― 長恭 ― 長堯 ― 長昌 ＝ 長泰 ＝ 長会 ＝ 長和 ＝ 長国 ＝ 長行

城主の座に固執したもうひとつの小笠原家

おがさわらけ

小笠原家

三階菱(松皮、五七桐)

藩名：越前勝山藩(福井県勝山市)
藩祖：小笠原信之
石高：2万1700石
大名になった年：慶長5年(1600)以降
本拠地：武蔵本庄城→下総古河城→下総関宿城→美濃高須陣屋→越前勝山城
親疎の別：譜代
家格：城主
江戸城内の詰間：帝鑑間
爵位：子爵

信濃松尾を本拠としていた小笠原家

豊前《ぶぜん》小倉藩(福岡県北九州市)主・小笠原家(深志《ふかし》小笠原家)などの別流。

戦国時代までは信濃《しなの》松尾城(長野県飯田市)を本拠としていたので、松尾《まつお》小笠原家と呼ばれた。

織豊《しょくほう》(安土桃山)時代、小笠原信嶺《のぶみね》(信《のぶ》貴《たか》の嫡子)は武田信玄《たけだしんげん》や織田信長《おだのぶなが》を経て、徳川家康《とくがわいえやす》に仕える。

次いで、信嶺は天正《てんしょう》18年(1590)の家康の関東入封後に1万石の武蔵《むさし》本庄城(埼玉県本庄市)主となり、慶長《けいちょう》5年(1600)の関ヶ原の戦いの後に藩祖・小笠原信之《のぶゆき》(酒《さか》井《い》忠次《ただつぐ》の三男、信嶺の養子)が本庄藩主となった。

以後、下総古河《しもうさこが》藩(茨城県古河市)、下総関宿《せきやど》藩(千葉県野田市)、美濃《みの》高須藩(岐阜県海津《かいづ》市)を経て、元禄《げんろく》4年(1691)に小笠原信辰《のぶとき》(信秀《のぶひで》の子、貞信《さだのぶ》の養子)が越前《えちぜん》勝山藩へ入封し、定着する。石高《こくだか》はこの間に加増があり、2万1700石で確定した。

なお、勝山への入封当初、城ではなく陣屋住まいであった。かつて古河城や関宿城などを居城とする城主(城持ち)の大名であった小笠原家(松尾小笠原家)では、城主の座への復帰が藩主と藩士の悲願となるにいたる。

そこで、信辰は江戸幕府の許可を得て勝山城の築城(再建)を開始するが、藩の財政悪化などにより築城工事を中止していた時期もある。

さらに、文政《ぶんせい》5年(1822)には心血を注いだその勝山城が火事で焼失するなどの悲運に見舞われた。

歴代のうち、江戸時代後期の小笠原長《なが》貴《たか》(長教《ながみち》の子)は、江戸幕府の奏者番《そうじゃばん》や若年寄などを務めている。

小笠原政康—光康—(3代略)—信貴—信嶺＝信之—政信＝貞信—信秀—信辰＝信成＝信胤＝信房—長教—長貴—長守

小笠原家の系図

駿河の今川家を支えた名将の子孫

岡部家《おかべけ》

丸左三つ巴（三頭左巴）

藩名：和泉岸和田藩（大阪府岸和田市）
藩祖：岡部長盛
石高：5万3000石
大名になった年：慶長5年（1600）以降
本拠地：上総山崎城→丹波亀山城→丹波福知山城→美濃大垣城→播磨龍野城→摂津高槻城→和泉岸和田城
親疎の別：譜代
家格：城主
江戸城内の詰間：帝鑑間
爵位：子爵

今川、武田、徳川に仕えた駿河の名族

藤原《ふじわら》氏為宗《ためむね》流で、岡部姓は駿河《するが》岡部（静岡県藤枝市）にちなむという。

岡部正綱《まさつな》（信綱《のぶつな》の子）は駿河（静岡県東部）の戦国大名・今川義元《いまがわよしもと》の家臣であったが、後に甲斐《かい》（山梨県）の戦国大名・武《たけ》田《だ》信玄《しんげん》に仕え、駿河清水城（静岡市）主、武田水軍の提督を務めた。

なお、岡部元綱《もとつな》（信綱の子、もしくは一族）は永禄《えいろく》3年（1560）の桶狭間《おけはざま》の戦いの敗戦後、織田《おだ》方と交渉して主君である義元の首を取り戻し、駿河へ持ち帰った逸話で名高い。

その元綱は天正《てんしょう》9年（1581）に徳川《とくがわ》方の猛攻を受け、遠江高天神《とおとうみたかてんじん》城（静岡県掛川市）で討ち死にしている。

武田家の滅亡後、正綱は徳川家康《いえやす》に属し、藩祖・岡部長盛《ながもり》（正綱の嫡子）も家康に仕えている。天正18年（1590）の家康の関東入封の後、長盛は1万2000石の上総《かずさ》山崎城（千葉県野田市）主となり、慶長《けいちょう》5年（1600）の関ヶ原の戦いの後に山崎藩主となった。

以後、長盛や子孫は丹波《たんば》亀山藩（京都府亀岡市）、丹波福知山藩（京都府福知山市）、美濃《みの》大垣藩（岐阜県大垣市）、播磨《はりま》龍野藩（兵庫県たつの市）、摂津高槻《せっつたかつき》藩（大阪府高槻市）と転封（国替え）を続け、寛《かん》永《えい》17年（1640）に和泉《いずみ》岸和田藩へ入封した。石高《こくだか》は加増や分知《ぶんち》があり、5万3000石で確定している。

歴代には学問や茶道に精進した藩主が少なくない。

さらに、最後の藩主・岡部長職《ながもと》（長発《ながゆき》の長男、長寛《ながひろ》の養子）は維新後に政治家となり、外務次官、東京府知事、法務大臣などを歴任している。

岡部正綱―長盛―宣勝―行隆―長泰―長敬―長著―長住＝長修―長備―長慎―長和＝長発＝長寛＝長職

岡部家の系図

再三宇都宮に在城後に中津へ定着した家

おくだいらけ

奥平家

奥平団扇（軍配団扇、沢潟など）

藩名：豊前中津藩（大分県中津市）
藩祖：奥平家昌
石高：10万石
大名になった年：慶長5年（1600）以降
本拠地：下野宇都宮城→下総古河城→下野宇都宮城→出羽山形城→下野宇都宮城→丹後宮津城→豊前中津城
親疎の別：譜代
家格：城主
江戸城内の詰間：溜間
爵位：伯爵

武田家から徳川家へ転じた譜代大名

桓武《かんむ》平氏《へいし》良文《よしぶみ》流の秩父《ちちぶ》庶流で、上野《こうずけ》奥平（群馬県高崎市）ゆかりという。

三河《みかわ》（愛知県東部）へ移り住んでからは今川《いまがわ》家、武田《たけだ》家に属すが、奥平信昌《のぶまさ》（貞《さだ》能《よし》の嫡子）が盛徳院《せいとくいん》（亀姫《かめひめ》／徳川家康《とくがわいえやす》の長女）を正室に迎えて以降、徳川家康に属して武田家に抗し、天正《てんしょう》3年（1575）の長《なが》篠《しの》の戦いの勝利に貢献した。奥平家昌《いえまさ》（信昌・盛徳院夫妻の嫡子）は慶長《けいちょう》5年（1600）の関ヶ原の戦いで徳川秀忠《ひでただ》（家康の三男、盛徳院の弟）に従い、戦後10万石の下野《しもつけ》宇都宮藩（栃木県宇都宮市）主となった。

この後、子孫は下総《しもうさ》古河《こが》藩（茨城県古河市）、宇都宮藩、出羽《でわ》山形藩（山形市）、宇都宮藩、丹後《たんご》宮津藩（京都府宮津市）と転封（国替え）を続け、享保《きょうほう》2年（1717）に豊前《ぶぜん》中津藩へ入封し、定着する。石高《こくだか》はこの間に加増や削封《さくほう》（石高削減）があり、10万石で確定した。

歴代のうち、賀茂真淵《かものまぶち》や前野良沢《まえのりょうたく》に師事、交遊した奥平昌鹿《まさか》（昌敦《まさあつ》の嫡子）や、シーボルトと交遊した奥平昌高《まさたか》（島津《しまづ》重《しげ》豪《ひで》の次男、昌男《まさお》の養子）らは学術研究などの面でも足跡を残している。

分家に松平《まつだいら》（奥平）忠明《ただあきら》（信昌・盛徳院夫妻の四男）に始まる親藩の武蔵忍《むさしおし》藩（埼玉県行田市）、松平（奥平）忠尚《ただなお》（乗久《のりひさ》の長男、忠弘《ただひろ》の養子）に始まる譜代《ふだい》の上野小《お》幡《ばた》藩（群馬県甘楽《かんら》町）があった。

また、家昌の父・信昌も慶長5年（1600）以降に美濃《みの》加納藩（岐阜市）主となるが、信昌の没後に松平（菅沼《すがぬま》）忠政《ただまさ》（信昌・盛徳院夫妻の三男）が家督を相続した末にお取り潰しとなる。

奥平貞勝—貞能—信昌
徳川家康—盛徳院
（信昌＝盛徳院）
├家昌—忠昌—昌能＝昌章—昌成—昌敦—
├松平（菅沼）忠政—忠隆（美濃加納藩主／廃絶）
└松平忠明（武蔵忍藩祖）
（昌敦）—昌鹿—昌男＝昌高—昌暢＝昌猷＝昌服＝昌邁

奥平家の系図

賤ヶ嶽七本槍のひとりが興した名家

かとうけ

加藤家

下り藤(蛇目)

藩名：近江水口藩(滋賀県甲賀市)
藩祖：加藤嘉明
石高：2万5000石
大名になった年：慶長5年(1600)以降
本拠地：伊予松前城→伊予松山城→陸奥会津城〈鶴ケ城〉→石見吉永陣屋→近江水口城→下野壬生城→近江水口城
親疎の別：譜代(外様、願譜代)
家格：城主
江戸城内の詰間：帝鑑間
爵位：子爵

御家騒動の末に願譜代となった大名家

藤原《ふじわら》氏利仁《としひと》流で、藩祖・加藤嘉明《よしあき》(教《より》明《あき》の子)は豊臣秀吉《とよとみひでよし》に仕えて天正《てんしょう》11年(1583)の賤《しず》ヶ嶽《たけ》の戦いで奮戦し、福島正《ふくしままさ》則《のり》や加藤清正《かとうきよまさ》(ともに秀吉の従弟《いとこ》)らとともに「賤ヶ嶽七本槍《しちほんやり》」と呼ばれている。

文禄《ぶんろく》4年(1595)に6万石の伊予松前《いよまさき》城(愛媛県松前町)主となっていた嘉明は、慶長《けいちょう》5年(1600)の関ヶ原の戦いで激闘を演じ、戦勝後に20万石の伊予松山藩(愛媛県松山市)主、寛永《かんえい》4年(1627)に40万石の陸奥会津《むつあいづ》藩(福島県会津若松市)主に抜擢された。

ところが、家督を継いだ加藤明成《あきなり》(嘉明の嫡子)が家臣・堀主水《ほりもんど》と対立し、これが「会津騒動」と呼ばれる御家騒動に発展する。心身ともに疲れ果てた明成は領地を返上し、加藤家は一旦お取り潰しとなった。なお、加藤明利《あきとし》(嘉明の次男、明成の弟)が興した陸奥二本松藩(福島県二本松市)も、兄・明成に連坐して同じ時期にお取り潰しとなっている。

その後、加藤明友《あきとも》(明成の嫡子)が1万石の石見吉永《いわみよしなが》藩(島根県大田《おおだ》市)へ転封(国替え)となり、正徳《しょうとく》2年(1712)に加藤嘉矩《よしのり》(明治《あきはる》の長男、明英《あきひで》の養子)が近江水《おうみみな》口《くち》藩へ入封した。なお、加藤家は親疎《しんそ》の別が外様《とざま》であったが、明英が申し出て譜《ふ》代《だい》に転じている。歴代では明英(明友の嫡子)が若年寄に進んでいる。

ちなみに、加藤姓の大名には清正に始まる肥後《ひご》熊本藩(熊本市／廃絶)、加藤貞《さだ》泰《やす》(光泰《みつやす》の子)に始まる伊予大洲《おおず》藩(愛媛県大洲市)と伊予新谷《にいや》藩(大洲市)があるが、以上の外様の3家は水口藩とは系譜がかなり異なっており、遠縁《とおえん》ともいえないほどの間柄である。

加藤家の系図

加藤嘉明―明成―明友―明英＝明治―嘉矩―明経＝明熙＝明堯＝明陳―明允―明邦―明軌＝明実
加藤嘉明―明利(陸奥二本松藩主／廃絶)

吉宗の御側御用取次を藩祖に持つ藩

かのうけ

加納家

丸に違柏（輪宝）

藩名：上総一宮藩（千葉県一宮町）
藩祖：加納久通
石高：1万3000石
大名になった年：享保11年（1726）
本拠地：伊勢東阿倉川陣屋→上総一宮陣屋
親疎の別：譜代
家格：陣屋
江戸城内の詰間：菊間
爵位：子爵

吉宗に従って重職に就いた元紀伊藩士

藤原《ふじわら》氏支流で、藩祖・加納久通《ひさみち》（政直《まさなお》の次男、久政《ひさまさ》の養子）は紀伊《きい》藩（和歌山市）の藩士であったが、藩主・徳川吉宗《とくがわよしむね》が第8代将軍になる際につき従って旗本に転じ、御側御用取次《おそばごようとりつぎ》（秘書室長）に抜擢される。次いで、享保《きょうほう》11年（1726）に1万石の伊勢東阿倉川《いせひがしあぐらがわ》藩（三重県四日市市）主となった。子孫は文政《ぶんせい》9年（1826）に上総《かずさ》一宮藩へ入封し、石高《こくだか》は1万3000石で確定する。歴代では、先に触れた久通が御側御用取次のほかに若年寄を、加納久徴《ひさあきら》（久儔《ひさとも》の嫡子）が講武所《こうぶしょ》総裁と若年寄を務めた。

加納久直 ── 久利 ── 久政 ══ 久通 ══ 久堅 ══ 久周 ── 久慎 ── 久儔 ── 久徴 ══ 久恒 ══ 久宜

加納家の系図

中世から続く宇多源氏の名流

くつきけ

朽木家

隅立て四つ目（四目結、五三桐、九曜）

藩名：丹波福知山藩（京都府福知山市）
藩祖：朽木稙綱
石高：3万2000石
大名になった年：寛永13年（1636）
本拠地：下野鹿沼陣屋→常陸土浦城→丹波福知山城
親疎の別：譜代
家格：城主
江戸城内の詰間：雁間
爵位：子爵

家光に取り立てられた譜代大名

宇多源氏《うだげんじ》の佐々木庶流《ささきしょりゅう》で、中世には近江《おうみ》朽木荘《しょう》（滋賀県高島市）を本拠として室町幕府の奉公衆《ほうこうしゅう》などを務める。藩祖・朽木稙綱《たねつな》（民部少輔《みんぶしょう》／元綱《もとつな》の三男）は第3代将軍となる徳川家光《とくがわいえみつ》（秀忠《ひでただ》の嫡子）に重用され、寛永《かんえい》13年（1636）に1万石の大名となり、子孫は慶安《けいあん》2年（1649）に常陸《ひたち》土浦藩（茨城県土浦市）主となった。寛文《かんぶん》9年（1669）、子孫が3万2000石で丹波《たんば》福知山藩へ入封し、定着する。歴代のうち、朽木昌綱《まさつな》（綱貞《つなさだ》の長男、鋪綱《のぶつな》の養子）は古銭研究家として名高い。

朽木晴綱 ── 元綱 ── 稙綱 ── 稙昌 ── 稙元 ── 稙綱 ══ 稙治 ══ 玄綱 ══ 綱貞 ══ 鋪綱 ══ 昌綱 ══ 倫綱 ══ 綱方 ══ 綱 ══ 綱張 ── 為綱

朽木家の系図

歴代将軍に重用された幕閣大名

くぜけ

久世家

久世鷹羽(竪鷹羽二本、丸に橘)

藩名：下総関宿藩(千葉県野田市)
藩祖：久世広之
石高：4万8000石
大名になった年：慶安元年(1648)
本拠地：相模国内ほか→下総関宿城→備中庭瀬陣屋→丹波亀山城→三河吉田城→下総関宿城
親疎の別：譜代
家格：城主
江戸城内の詰間：雁間
爵位：子爵

将軍に目をかけられ出世した譜代大名

村上源氏《むらかみげんじ》の久我《こが》庶流《しょりゅう》で、織豊《しょくほう》(安土桃山)時代、江戸時代初期の久世広宣《ひろのぶ》(長宣《ながのぶ》の子)は徳川家康《とくがわいえやす》に仕え、天正《てんしょう》18年(1590)の家康の関東入封の際に5000石を与えられる。

藩祖・久世広之《ひろゆき》(広宣の三男)は第2代将軍・徳川秀忠《ひでただ》(家康の三男)、第3代将軍・徳川家光《いえみつ》(秀忠の嫡子)、第4代将軍・徳川家綱《いえつな》(家光の嫡子)の3代の将軍に重用され、慶安《けいあん》元年(1648)に相模《さがみ》(神奈川県)国内などに1万石を与えられ、大名となった。次いで、寛文《かんぶん》2年(1662)に若年寄、翌年に老中に昇進し、寛文9年(1669)には下総関宿《しもうさせきやど》藩主となる。

以後、子孫は備中庭瀬《びっちゅうにわせ》藩(岡山市)、丹《たん》波《ば》亀山藩(京都府亀岡市)、三河《みかわ》吉田藩(愛知県豊橋市)と転封(国替え)した後、宝《ほう》永《えい》2年(1705)に関宿藩へ再入封し、定着する。石高《こくだか》はこの間に加増が続き、6万8000石(後に5万8000石)となった。

歴代では広之のほかに、久世重之《しげゆき》(広之の三男)が老中に、久世広明《ひろあきら》(広武《ひろたけ》の長男、暉之《てるゆき》の養子)が大坂城代、京都所司代、老中に、久世広周《ひろちか》(大草高好《おおくさたかよし》の次男、広《ひろ》運《たか》の養子)が老中に就任している。

なかでも、幕末維新期の広周は公武合体をより具体化するべく、陸奥磐城平《むついわきたいら》藩(福島県いわき市)主で老中の安藤信正《あんどうのぶまさ》とともに、第14代将軍・徳川家茂《いえもち》(慶福《よしとみ》)と和宮親子《かずのみやちかこ》内親王(第121代・孝明《こうめい》天皇の妹宮)の婚姻を実現に導いた。

しかし、文久《ぶんきゅう》2年(1862)に広周の失政を咎《とが》められて1万石、明治元年(慶応《けいおう》4年／1868)に久世広文《ひろふみ》(広周の嫡子)の彰義《しょうぎ》隊《たい》参加を咎められて5000石の削封《さくほう》(石高削減)を受けている。

久世広宣――広之――重之――暉之＝広明――広誉――綏之――広運＝広周
――広文＝広業

久世家の系図

黒田長政らとは別流の譜代大名

くろだけ

黒田家

黒田枡形に月（升形のうち月、角内月など）

藩名：上総久留里藩（千葉県君津市）
藩祖：黒田直邦
石高：3万石
大名になった年：元禄13年（1700）
本拠地：武蔵国内→常陸下館城→上野沼田城→上総久留里城
親疎の別：譜代
家格：城主
江戸城内の詰間：雁間
爵位：子爵

綱吉に仕えて取り立てられた譜代大名

戦国時代に後北条《ごほうじょう》家に仕えた丹治《たんじ》氏の中山《なかやま》家の分家で、筑前《ちくぜん》福岡藩（福岡市）を興す黒田孝高《よしたか》（官兵衛《かんべえ》、如水《じょすい》）や黒田長政《ながまさ》（孝高の嫡子）らとは系譜が異なる。藩祖・黒田直邦《なおくに》（中山直張《なおはる》の三男、用綱《もちつな》の養子）は第5代将軍・徳川綱吉《とくがわつなよし》に仕え、元禄《げんろく》13年（1700）に1万石の大名となった。以後、直邦は常陸下館《ひたちしもだて》藩（茨城県筑西《ちくせい》市）、上野《こうずけ》沼田藩（群馬県沼田市）と転封（国替え）を続け、子孫が寛保《かんぽう》2年（1742）に3万石で上総久留里《かずさくるり》藩へ入封する。なお、歴代には大坂加番《かばん》を務めた者が多い。

黒田用綱 ═ 直邦 ═ 直純 ═ 直亨 — 直英 — 直温 ═ 直方 ═ 直侯 ═ 直静 ═ 直和 ═ 直養

黒田家の系図

2万5000石を領した鶴岡藩の支封

さかいけ

酒井家

隅入花角に鳩酸草（丸に鳩酸草、沢瀉）

藩名：出羽松山藩（松嶺藩／山形県酒田市）
藩祖：酒井忠恒
石高：2万5000石
大名になった年：正保4年（1647）
本拠地：出羽松山陣屋
親疎の別：譜代
家格：陣屋
江戸城内の詰間：帝鑑間
爵位：子爵

家次の孫が藩祖となった出羽酒井家の分家

出羽《でわ》鶴岡藩（庄内藩／山形県鶴岡市）主・酒井家の分家。藩祖・酒井忠恒《ただつね》（忠《ただ》勝《かつ》の三男）が正保《しょうほう》4年（1647）に2万石を分与されて出羽松山藩主となった。石高《こくだか》は後に2万5000石で確定する。歴代のうち、酒井忠休《ただよし》（直隆《なおたか》の長男、忠予《ただやす》の養子）が若年寄を務めた。ただし、若年寄在職中は出費がかさみ、藩士の反発を招く。明治元年（慶応《けいおう》4年／1868）から始まる戊辰《ぼしん》戦争では奥羽越列藩《おううえつれっぱん》同盟に加担したため、3000石を削封《さくほう》（石高削減）され、藩名を松《まつ》嶺《みね》藩と改称している。

酒井忠勝 ─┬─ 忠当（出羽鶴岡藩主）
　　　　　├─ 忠恒 — 忠予 ═ 忠休 — 忠崇 ═ 忠礼 — 忠方 — 忠良 — 忠匡
　　　　　└─ 忠解（出羽大山藩主／廃絶）

酒井家の系図

左衛門尉を名乗った徳川将軍家の別流

さかいけ

酒井家

丸に鳩酸草(沢瀉)

藩名：出羽鶴岡藩(庄内藩／山形県鶴岡市)
藩祖：酒井家次
石高：17万石
大名になった年：慶長5年(1600)以降
本拠地：下総臼井城→上野高崎城→越後高田城→信濃松代城→出羽鶴岡城(→陸奥会津若松城〈鶴ケ城〉→陸奥磐城平城→出羽鶴岡城)
親疎の別：譜代
家格：城主
江戸城内の詰間：溜間
爵位：伯爵

出羽鶴岡に定着した酒井忠次の子孫

徳川《とくがわ》将軍家の祖・松平親氏《まつだいらちかうじ》(徳阿弥《とくあみ》)の庶長子《しょちょうし》に始まる清和源氏義家《せいわげんじよしいえ》流の松平別流。親氏が松平家へ婿養子に入る以前、三河《みかわ》酒井(愛知県西尾市)の酒井五郎左衛《ごろうざえ》門尉《もんのじょう》の娘とのあいだにもうけたのが酒井広親《ひろちか》(親清《ちかきよ》)で、後に松平家の家臣となった広親の子孫は、左衛門尉《さえもんのじょう》家と雅楽頭《うたのかみ》家とに分かれた。

戦国時代末期、左衛門尉家の酒井忠次《ただつぐ》(忠親《ただちか》の嫡子)は重臣として徳川家康《いえやす》に支え、碓井姫《うすいひめ》(松平清康《きよやす》の娘、徳川家康の叔母《おば》)を正室に迎えている。やがて東三河の旗頭《はたがしら》となった忠次は、家康とともに各地の戦いで奮戦を重ねた。特に天正《てんしょう》3年(1575)の長篠《ながしの》の戦いなどで目覚ましい軍功をあげ、天正18年(1590)の家康の関東入封の後に3万石の下総《しもうさ》臼井城(千葉県佐倉市)主に抜擢される。

次いで、父の没後に家督を継いだ藩祖・酒井家次《いえつぐ》(忠次・碓井姫夫妻の嫡子、家康の従弟《いとこ》)は、慶長《けいちょう》5年(1600)の関ヶ原の戦い後に臼井藩主となった。

以後、家次や子孫は上野《こうずけ》高崎藩(群馬県高崎市)、越後《えちご》高田藩(新潟県上越《じょうえつ》市)、信濃松代《しなのまつしろ》藩(長野市)を経て、元和《げんな》8年(1622)に13万石で出羽《でわ》鶴岡藩へ入封した。

石高《こくだか》は加増などにより、17万石で確定している。天保《てんぽう》11年(1840)、酒井忠器《ただかた》(忠徳《ただあり》の子)が越後長岡藩(新潟県長岡市)への転封(国替え)の命を受けたが、領民がこれに反対したため、江戸幕府は命を撤回した(「三方領地替《さんぽうりょうちがえ》騒動」)。

歴代のうち、忠次は長く家康の家老を務めたが、江戸時代中期の酒井忠寄《ただより》(忠《ただ》予《やす》の次男、忠真《ただざね》の養子)は老中を務めている。ところで、酒井忠徳(忠温《ただあつ》の子)は藩の財政悪化をくい止めるべく、藩内の豪商・本間光丘《ほんまみつおか》らを登用して財政再建にあたらせている。

ちなみに、当時の酒井家と、出羽(秋田県、山形県)屈指の富貴を誇った本間家に関しては、「〽本間様には　及びもせぬが　せめてなりたや　殿様に」という歌詞の俗謡《ぞくよう》が伝えられている。

一方、忠徳は教育の充実を目指し、藩校・致道館《ちどうかん》を開設した。

明治元年(慶応《けいおう》4年／1868)から始まる戊辰《ぼしん》戦争では、酒井忠篤《ただずみ》(忠発《ただあき》の子、忠《ただ》寛《とも》の養子)が奥羽越列藩《おううえつれっぱん》同盟に属して新政府方の諸藩を攻撃したため、5万石を削封《さくほう》(石高削減)されて12万石となった。

また、陸奥会津《むつあいづ》藩(福島県会津若松市)、さらに陸奥磐城平《いわきたいら》藩(福島県いわき市)への転封も命じられたが、実際には転封は沙汰止《さたや》みとなり、鶴岡藩への復帰(事実上の残留)が認められ、後に藩名を大泉藩と改称している。

分家には酒井忠恒《ただつね》(忠勝《ただかつ》の三男)に始まる出羽松山藩(松嶺《まつみね》藩/山形県酒田市)、酒井直次《なおつぐ》(家次の子)に始まる出羽左沢《あてらざわ》藩(山形県大江町)、酒井忠解《ただとも》(忠勝の七男)に始まる出羽大山藩(山形県鶴岡市)があった。また、雅楽頭家では酒井重忠《しげただ》(正《まさ》親《ちか》の嫡子)に始まる播磨姫路《はりまひめじ》藩(兵庫県姫路市)や、その分家の上野伊勢崎《いせさき》藩(群馬県伊勢崎市)、駿河《するが》田中藩(静岡県藤枝市)、播磨姫路新田《しんでん》藩、若狭小浜《わかさおばま》藩(福井県小浜市)、越前敦賀《えちぜんつるが》藩(鞠山《まりやま》藩/福井県敦賀市)、安房《あわ》勝山藩(千葉県鋸南《きょなん》町)、武蔵《むさし》深谷藩(埼玉県深谷市)があった。

さらに、酒井忠清《ただきよ》(忠行《ただゆき》の嫡子)と酒井忠挙《ただたか》(忠明《ただあき》/忠清の嫡子)は藩主となる以前に部屋住料《へやずみりょう》を受けていたが、左沢藩、大山藩、田中藩、姫路新田藩、深谷藩は跡継ぎの欠如や藩主の本家相続などによりお取り潰しとなり、忠清らの部屋住料も藩主就任で消滅している。

出羽鶴岡藩の居城・鶴岡城跡(提供:山形県鶴岡市)

酒井家の系図

松平親氏 ― 酒井広親(親清) ┬ 氏忠(左衛門尉家) ― 忠勝 ― 康忠 ― 忠親
└ 家忠(雅楽頭家/播磨姫路藩主などの遠祖)

― 忠次 ― 家次 ┬ 忠勝 ┬ 忠当 ― 忠義 ― 忠真 ═ 忠寄 ― 忠温 ― 忠徳
├ 忠恒(出羽松山藩祖)
└ 忠解(出羽大山藩主/廃絶)
└ 直次(出羽左沢藩主/廃絶)

― 忠器 ― 忠発 ═ 忠寛 ═ 忠篤 ═ 忠宝

実力派の幕閣を生んだ譜代の名門

さかいけ

酒井家

剣鳩酸草(丸に剣鳩酸草、丸に剣鳩酸草など)

藩名：播磨姫路藩(兵庫県姫路市)
藩祖：酒井重忠
石高：15万石
大名になった年：慶長5年(1600)以降
本拠地：武蔵川越城→上野前橋城→播磨姫路城
親疎の別：譜代
家格：城主
江戸城内の詰所：帝鑑間
爵位：伯爵

播磨姫路を治めた徳川家の重臣

清和源氏義家《せいわげんじよしいえ》流の松平《まつだいら》別流。左衛門尉《さえもんのじょう》家こと出羽《でわ》鶴岡藩(庄内藩／山形県鶴岡市)主・酒井家の一門で、雅楽頭《うたのかみ》家と呼ばれた。藩祖・酒井重忠《しげただ》(正親《まさちか》の次男)は徳川家康《とくがわいえやす》に仕え、天正《てんしょう》18年(1590)の家康の関東入封の際、1万石の武蔵《むさし》川越城(埼玉県川越市)主となった。

次いで、慶長《けいちょう》5年(1600)の関ヶ原の戦いの後、重忠は川越藩主となる。この後、重忠は翌年に上野《こうずけ》前橋藩(群馬県前橋市)へ転封(国替え)となったが、酒井忠清《ただきよ》(忠行《ただゆき》の嫡子、重忠の曾孫)は第4代将軍・徳川家綱《いえつな》(家光《いえみつ》の嫡子)に仕え、石高《こくだか》の加増が続く。

なお、将軍に迫るほどの権勢を振るう忠清は当時、江戸城の下馬先《げばさき》に屋敷(藩邸)があったことから、やがて「下馬将軍」という異名を得るにいたった。

大老在職中の忠清は、陸奥《むつ》仙台藩(宮城県仙台市青葉区)主・伊達《だて》家の「伊達騒動」や越後《えちご》高田藩(新潟県上越《じょうえつ》市)主・松平家の「越後騒動」など、諸藩の御家騒動の処断にかかわっているが、「伊達騒動」の際は寛文《かんぶん》11年(1671)に忠清の邸で仙台藩士・原田宗輔《はらだむねすけ》(甲斐《かい》)が刃傷事件を起こした後、横死《おうし》するという出来事も起こっている。

なお、忠清はその権勢に慢心したのか、延宝《えんぽう》8年(1680)に家綱が病没した後、京都から皇族の男子を迎えて次の将軍にするという「宮将軍《みやしょうぐん》」構想を主張する。

この構想は実現するかに思われたが、老中(後に大老)・堀田正俊《ほったまさとし》らの推《お》す徳川綱吉《つなよし》(家光の四男、家綱の弟)が第5代将軍に就任した。これに伴い、忠清は病気を理由に大老を辞任し、延宝9年(1681)に没した。死因は一説に失脚したことを悔やんだ末の絶食死というが、この点は定かではない。

子孫は寛延《かんえん》2年(1749)に播磨姫路《はりまひめじ》藩へ入封し、定着した。この間、加増や分知《ぶんち》などがあり、石高は最終的には15万石で確定する。先に触れた通り、忠清は大老を務めたが、歴代では酒井忠世《ただよ》(重忠の子、忠清の祖父)が老中と大老に、酒井忠恭《ただずみ》(忠菊《ただきく》の四男、親本《ちかもと》の養子)が老中に、酒井忠績《ただしげ》(忠誨《ただのり》の長男、忠顕《ただてる》の養子)が老中と大老に、酒井忠惇《ただとし》(忠誨の四男、忠績の養子)が老中などに就任し、難局の打開に功績を残している。

ほかの歴代では、酒井忠実《ただみつ》(忠以《ただざね》の子、忠道《ただひろ》の養子)が家老・河合道臣《かわいひろおみ》(寸翁《すんおう》)を促して木綿《もめん》の専売を実現し、藩の財政改革に成功するなどした。

ちなみに、藩主ではないが、酒井抱一《ほういつ》(忠因《ただなか》／忠仰《ただざね》の次男、忠以の弟)は狩野高《かのうたか》信《のぶ》や歌川豊春《うたがわとよはる》らに師事して絵画の腕を磨き、「夏秋草図屏風《なつあきくさずびょうぶ》」などの琳派《りんぱ》(＝尾形光《おがたこう》琳《りん》の一派)風の作品を残している。

分家には酒井忠寛《ただひろ》(忠清の次男)に始まる上野伊勢崎《いせさき》藩(群馬県伊勢崎市)、酒井忠能《ただよし》(忠行の次男)に始まる駿河《するが》田中藩(静岡県藤枝市)、酒井忠交《ただかた》(忠恭の八男)に始まる播磨姫路新田《しんでん》藩、酒井忠利《ただとし》(正親の三男)に始まる若狭小浜《わかさおばま》藩(福井県小浜市)、酒井忠稠《ただしげ》(忠直《ただなお》の次男)に始まる越前敦賀《えちぜんつるが》藩(鞠山《まりやま》藩／福井県敦賀市)、酒井忠国《ただくに》(忠朝《ただとも》の四男、忠勝《ただかつ》の孫)に始まる安房《あわ》勝山藩(千葉県鋸南《きょなん》町)、忠勝(忠利の嫡子)に始まる武蔵《むさし》深谷藩(埼玉県深谷市)があった。

さらに、酒井忠清(忠行の嫡子)と酒井忠挙《ただたか》(忠明《ただあき》／忠清の嫡子)は藩主となる以前に別家を興していたが、田中藩、姫路新田藩、深谷藩は跡継ぎの欠如、藩主の本家相続などによりお取り潰しとなり、忠清らの別家も藩主就任に伴ってお取り潰しとなっている。

平成の大修理前の国宝・播磨姫路城大天守(兵庫県姫路市)

松平親氏 ─ 酒井広親(親清) ┬ 氏忠(左衛門尉家／出羽鶴岡藩主などの遠祖)
└ 家忠(雅楽頭家) ─ 信親 ─ 家次 ─ 清秀 ─

─ 正親 ┬ 重忠 ─ 忠世 ─ 忠行 ┬ 忠清 ┬ 忠挙 ─ 忠相 ─ 親愛 ＝ 親本 ＝
└ 忠寛(上野伊勢崎藩主)
└ 忠能(駿河田中藩主／廃絶)
└ 忠利(若狭小浜藩祖)

＝ 忠恭 ┬ 忠仰 ─ 忠以 ─ 忠道 ＝ 忠実 ＝ 忠学 ＝ 忠宝 ＝ 忠顕 ＝ 忠績 ＝
└ 忠交(播磨姫路新田藩祖／廃絶)

＝ 忠惇 ＝ 忠邦

酒井家の系図

若狭へ入封し定着した雅楽頭家の分家

酒井家《さかいけ》

丸に剣鳩酸草(井筒)

藩名：若狭小浜藩(福井県小浜市)
藩祖：酒井忠利
石高：10万3500石
大名になった年：慶長5年(1600)以降
本拠地：駿河田中城→武蔵川越城→若狭小浜城
親疎の別：譜代
家格：城主
江戸城内の詰間：帝鑑間
爵位：伯爵

小浜を治めた播磨酒井家の分家

播磨姫路《はりまひめじ》藩(兵庫県姫路市)主・酒井家(雅楽頭《うたのかみ》家)の分家。藩祖・酒井忠利《ただとし》(正《まさ》親《ちか》の三男)は徳川家康《とくがわいえやす》に仕え、慶長《けいちょう》5年(1600)の関ヶ原の戦いの後に1万石の駿《する》河《が》田中藩(静岡県藤枝市)主となった。

さらに忠利は慶長14年(1609)には2万石で武蔵《むさし》川越藩(埼玉県川越市)へ入封し、第3代将軍となる徳川家光《いえみつ》(秀忠《ひでただ》の嫡子)の傅役《もりやく》(養育係)を務める。

酒井忠勝《ただかつ》(忠利の嫡子)も家光に重用され、寛永《かんえい》11年(1634)に若狭小浜《わかさおばま》藩へ入封し、定着した。石高《こくだか》は最も多い時期には12万3500石であったが、分知《ぶんち》や削封《さくほう》(石高削減)などがあり、10万3500石で確定している。

歴代のうち、忠勝が老中と大老に、酒井忠音《ただおと》(忠稠《ただしげ》の次男、忠囿《ただその》の養子)が大坂城代と老中に、酒井忠用《ただもち》(忠音の次男、忠存《ただあきら》の養子)が大坂城代と京都所司代に、酒井忠進《ただゆき》(忠香《ただか》の六男、忠貫《ただつら》の養子)が京都所司代と老中に、酒井忠義《ただあき》(忠進の六男、忠順《ただより》の養子)が京都所司代といった具合に、江戸幕府の要職に就任した者が多い。

わけても、忠勝は土井利勝《どいとしかつ》とともに大老に就任し、利勝の没後も長くその職にあり、幕政の基礎固めに多大な功績を残す。一方、忠義は公武合体を具体化するべく、和宮親子《かずのみやちかこ》内親王(第121代・孝明《こうめい》天皇の妹宮)の第14代将軍・徳川家茂《いえもち》(慶《よし》福《とみ》)への降嫁《こうか》の実現に奔走している。

なお、酒井家には左衛門尉《さえもんのじょう》家、雅楽頭家など大名になった家が多いが、小浜藩の分家には酒井忠国《ただくに》(忠朝《ただとも》の四男)に始まる安房《あわ》勝山藩(千葉県鋸南《きょなん》町)と、酒井忠稠(忠直《ただなお》の次男)に始まる越前敦賀《つるが》藩(福井県敦賀市)があった。

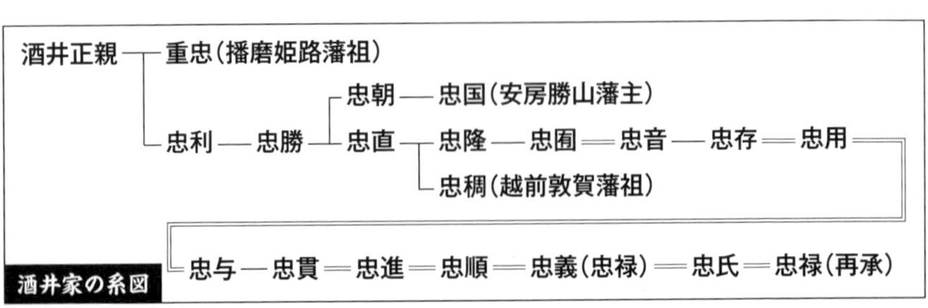

酒井家の系図

浅間山の大噴火で被害を受けた小藩

さかいけ

酒井家

細輪に剣鳩酸草(丸に剣鳩酸草)

藩名：上野伊勢崎藩(群馬県伊勢崎市)
藩祖：酒井忠寛
石高：2万石
大名になった年：天和元年(1681)
本拠地：上野伊勢崎陣屋
親疎の別：譜代
家格：陣屋
江戸城内の詰間：菊間
爵位：子爵

浅間山噴火で被害を受けた播磨酒井家の分家

播磨姫路《はりまひめじ》藩(兵庫県姫路市)主・酒井家の分家。藩祖・酒井忠寛《ただひろ》(忠清《ただきよ》の次男)が天和《てんな》元年(1681)に2万石を分与され、上《こう》野《ずけ》伊《い》勢《せ》崎《さき》藩主となった。歴代では酒井忠《ただ》温《はる》(忠恭《ただずみ》の四男、忠告《ただつぐ》の養子)が藩校・学《がく》習堂《しゅうどう》を創設し、酒井忠強《ただつよ》(忠恒《ただつね》の嫡子)が灌漑《かんがい》用の八幡沼《やはたぬま》(新沼)を構築している。天明《てんめい》3年(1783)の浅間山の天明大噴火では藩内に甚大《じんだい》な被害があったが、忠温や重臣らは被災者の救済に全力をあげた。なお、忠温は本家である上野前橋藩(当時／後に姫路藩)出身で、姫路藩の最後の藩主・酒井忠邦《ただくに》(忠恒の八男、忠彰《ただあきら》の弟)は伊勢崎藩出身である。

酒井忠清───┬─忠挙─(3代略)══忠恭(播磨姫路藩主)
　　　　　　└─忠寛══忠告══忠温─忠哲─忠寧─忠良══忠恒─忠強══忠彰

酒井家の系図

小浜藩の世子を家祖に持つ分家

さかいけ

酒井家

丸に剣鳩酸草(黒餅の内剣酸草)

藩名：安房勝山藩(加知山藩／千葉県鋸南町)
藩祖：酒井忠国
石高：1万2000石
大名になった年：寛文8年(1668)
本拠地：安房勝山陣屋
親疎の別：譜代
家格：陣屋
江戸城内の詰間：菊間
爵位：子爵

実子が継続し続けた小浜酒井家の分家

若狭小浜《わかさおばま》藩(福井県小浜市)主・酒井家の分家。家祖・酒井忠朝《ただとも》(忠勝《ただかつ》の嫡子)は本家である小浜藩の世子《せいし》(次期藩主)で、江戸幕府の小姓組番頭《こしょうぐみばんがしら》と少老職《しょうろうしょく》(若年寄)を歴任したが、わけあって家督を継がなかった。寛文《かんぶん》8年(1668)、藩祖・酒井忠《ただ》国《くに》(忠朝の四男)が1万石を分与され、安《あ》房《わ》勝山藩主となった。石高《こくだか》は加増や分知《ぶんち》などにより1万2000石で確定する。歴代のうち、忠国は寺社奉行を務めた。以後、勝山藩主・酒井家では一度も養子相続がなく、藩主の実子が次の藩主に就任している。明治2年(1869)、藩名を加知山《かちやま》藩と改称した。

　　　　　┌─忠朝─忠国─忠胤─忠篤─忠大─忠鄰─忠和─忠嗣─忠一─忠美
酒井忠勝─┴─忠直(若狭小浜藩主)

酒井家の系図

名将や元老格が出た譜代の名門

さかきばらけ

榊原家

榊原源氏車(車輪、九曜)

藩名：越後高田藩(新潟県上越市)
藩祖：榊原康政
石高：15万石
大名になった年：慶長5年(1600)以降
本拠地：上野館林城→陸奥白河城→播磨姫路城→越後村上城→播磨姫路城→越後高田城
親疎の別：譜代
家格：城主
江戸城内の詰間：溜間
爵位：子爵

徳川四天王の康政が藩祖となった名門

清和《せいわ》源氏《げんじ》義家《よしいえ》流の足利《あしかが》支流で、伊勢《いせ》榊原(三重県津市)ゆかりという。戦国時代に榊原清長《きよなが》(利長《としなが》の孫、康政《やすまさ》の祖父)が三《み》河《かわ》(愛知県東部)へ移り、以後は代々が松《まつ》平《だいら》家に仕えた。

藩祖・榊原康政(長政《ながまさ》の次男、清長の孫)は徳川家康《とくがわいえやす》に属してたびたび軍功をあげ、家康から「康」の一字を拝領する。

天正《てんしょう》10年(1590)に家康が関東に入封すると、10万石の上野館林《こうずけたてばやし》城(群馬県館林市)主となった。次いで、慶長《けいちょう》5年(1600)の関ヶ原の戦いでは、徳川秀忠《ひでただ》(家康の三男)に従って東山道《とうざんどう》(中山道《なかせんどう》)を進む。

ただし、秀忠や康政が美濃《みの》関ヶ原(岐阜県関ケ原町)での決戦に遅参したため、戦後、康政は加増のないまま館林藩主となった。

その後、子孫は陸奥《むつ》白河藩(福島県白河市)、播磨姫路《はりまひめじ》藩(兵庫県姫路市)、越《えち》後《ご》村上藩(新潟県村上市)、姫路藩を経て、寛保《かんぽう》元年(1741)に15万石で越後高田藩へ入封し、定着する。

歴代のうち、松平忠次《ただつぐ》(大須賀《おおすが》忠政《ただまさ》の長男、康勝《やすかつ》の養子)は第4代将軍・徳川家《いえ》綱《つな》(家光《いえみつ》の嫡子)の側近を務め、元老格《げんろうかく》として幕政の枢機《すうき》に参画した。

なお、歴代では忠次のみが、将軍から一代に限って松平姓を名乗ることを許されている。

一方、榊原政岑《まさみね》(勝治《かつはる》の子、政祐《まさすけ》の養子)は吉原の遊女・高尾大夫《たかおだゆう》を身請《みう》けしたことなどを咎《とが》められ、寛保元年(1741)に27歳の若さで江戸幕府から隠居を命ぜられている。なお、先に触れた姫路藩から高田藩への転封は、徳罰の意味合いもあったという。

大須賀忠政 ― 忠次(遠江横須賀藩主／廃絶)

榊原清長 ― 長政 ― 康政 ― 康勝 ＝ 松平忠次 ― 榊原政房 ― 政倫 ＝ 政邦 ＝ 政祐 ＝ 政岑 ― 政永 ― 政敦 ― 政令 ― 政養 ＝ 政愛 ＝ 政敬

榊原家の系図

諏訪上社の大祝を世襲した神家

諏訪家《すわけ》

丸に諏訪梶羽（丸に三葉根あり穀、鶴の丸ほか）

藩名：信濃高島藩（諏訪藩／長野県諏訪市）
藩祖：諏訪頼水
石高：3万石
大名になった年：慶長5年（1600）以降
本拠地：上野総社城→信濃高島城
親疎の別：譜代
家格：城主
江戸城内の詰間：帝鑑間
爵位：子爵

武田家に属した後に徳川についた神家

清和《せいわ》源氏《げんじ》満快《みつよし》流で、諏訪上社《かみしゃ》（長野県諏訪市）の大祝《おおほうり》（神職）を世襲した家。

南北朝時代の諏訪頼重《よりしげ》（照雲《しょううん》／盛重《もりしげ》もしくは宗経《むねつね》の子）は建武《けんむ》2年（1335）、北条《ほうじょう》時行《ときゆき》（高時《たかとき》の遺児）の中先代《なかせんだい》の乱（鎌倉幕府再興運動）に呼応して相模《さがみ》鎌倉（神奈川県鎌倉市）へ攻め込んでいる。

戦国時代の諏訪頼重《よりしげ》（刑部大輔《ぎょうぶたいふ》／頼隆《よりたか》の嫡子）は、甲斐《かい》（山梨県）の戦国大名である武田《たけだ》信虎《のぶとら》や武田信玄《しんげん》（信虎の嫡子）と抗争を重ねるが、信玄のために非業《ひごう》の最期を遂げた。なお、諏訪家出身の乾福院《けんぷくいん》（諏訪御料人《ごりょうにん》／頼重の娘）は信玄の側室となり、武田勝頼《かつより》（諏訪四郎《しろう》／信玄の四男）を産んでいる。

次いで、諏訪家の旧臣の支持を得た諏訪頼忠《よりただ》（満隣《みつちか》の子）と藩祖・諏訪頼水《よりみず》（頼忠の嫡子）が御家再興に着手し、徳川家《とくがわいえ》康《やす》に仕えて、天正《てんしょう》18年（1590）の関東入封の際に頼忠が武蔵《むさし》（埼玉県、東京都）国内に1万2000石を与えられた。

その後、頼忠は文禄《ぶんろく》元年（1592）に上野《こうずけ》総社《そうじゃ》城（群馬県前橋市）主となり、文禄3年（1594）に頼水が家督を継いだという。

さらに、頼忠・頼水父子が慶長《けいちょう》5年（1600）の関ヶ原の戦いでも家康に従い、戦勝後、頼水が先祖ゆかりの信濃《しなの》高島藩へ3万2000石で復帰し、定着した。石高《こくだか》は後に分知《ぶんち》があり、3万石で確定している。

歴代のうち、江戸時代中期の諏訪忠虎《ただとら》（忠晴《ただはる》の嫡子）は元禄《げんろく》16年（1703）に元高《もとこう》家《け》・吉良《きら》義周《よしちか》（左兵衛《さひょうえ》／上野介《こうずけのすけ》義央《よしひさ》の孫で養子）を藩内で預かった。

また、幕末維新期の諏訪忠礼《ただあや》（頼威《よりたけ》の次男、忠誠《ただまさ》の養子）は近藤勇《こんどういさみ》率いる甲陽《こうよう》鎮撫隊《ちんぶたい》を打ち破った軍功で名高い。

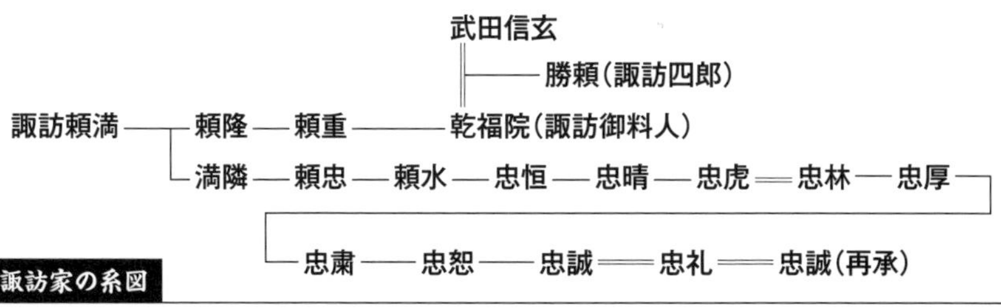

諏訪家の系図

野馬追を始めた平将門の子孫

そうまけ

相馬家

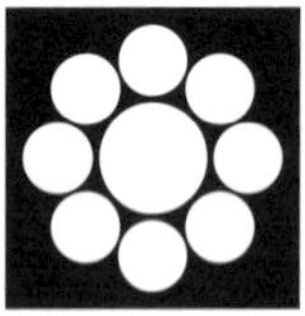

九曜（相馬繋馬、繋馬、亀甲に花菱）

藩名：陸奥相馬藩（中村藩／福島県相馬市）
藩祖：相馬利胤
石高：6万石
大名になった年：慶長7年（1602）
本拠地：（陸奥小高城→）陸奥牛越城→陸奥相馬城
親疎の別：譜代（一説に外様）
家格：城主
江戸城内の詰間：帝鑑間
爵位：子爵

帝鑑間に詰めた外様系の大名

桓武平氏良将流《かんむへいしよしまさ》で、平小次郎将国《たいらのこじろうまさくに》（将《まさ》門《かど》の遺児）に始まるという。

なお、相馬義胤《よしたね》（盛胤《もりたね》の子）や藩祖・相馬利胤《としたね》（義胤の子）の経歴からすれば外様《とざま》だが、一旦お取り潰しとなった後に改めて大名となっており、江戸城内の詰間も譜代《ふだい》が詰める帝鑑間《ていかんのま》である。こういった関係で、一般に譜代とみなされている。

将門の子孫は陸奥《むつ》行方《なめがた》郡（福島県北東部）へ定着して相馬姓を名乗り、戦国時代には戦国大名の伊達《だて》晴宗《はるむね》らと姻戚関係を結ぶ。しかし、洞《うつろ》の乱と呼ばれる伊達家の内紛に巻き込まれるなど、失うものも少なくなかった。

それでも、義胤が天正《てんしょう》18年（1590）の豊《とよ》臣秀吉《とみひでよし》の小田原征伐に参陣し、陸奥小高《おだか》城（福島県南相馬市）と4万9000石（後に6万石）を安堵《あんど》された。なお、慶長《けいちょう》2年（1597）に居城を陸奥牛越《うしごえ》城（南相馬市）へ移している。ところが、慶長5年（1600）の関ヶ原の戦いの序盤に旗幟《きし》を鮮明にしなかったため、戦後お取り潰しとなった。

幸いにも、利胤は慶長7年（1602）に赦《しゃ》免《めん》されて旧領を与えられる。後に新たに陸奥相馬城を築いて移り、6万石の陸奥相馬藩（中村藩）主として定着した。

歴代のうち、相馬昌胤《まさたね》（忠胤《ただたね》の次男、貞胤《さだたね》の養子）は産業の振興を目指して製茶法の導入を試みている。また、相馬益《まし》胤《たね》（祥胤《よしたね》の四男、樹胤《むらたね》の養子）は藩士の教育のために藩校・育英館《いくえいかん》を創設した。

ちなみに、現在も相馬市と南相馬市で毎年開催されている祭礼・相馬野馬追《のまおい》は、相馬家の遠祖・将門が下総《しもうさ》（千葉県北部、茨城県南西部）へ野馬を放し、軍事演習を行ったことが起源という。行方郡へ定着して以降、相馬家はこの野馬追に保護を加えている。

相馬家の系図

相馬義胤――利胤――義胤＝＝忠胤――貞胤＝＝昌胤＝＝叙胤＝＝尊胤＝＝徳胤―┐
└―恕胤――祥胤――樹胤＝＝益胤――充胤――誠胤

小浜藩から分かれた定府大名

さかいけ

酒井家

細輪に剣鳩酸草（丸に剣鳩酸草、井筒）

藩名：越前敦賀藩（鞠山藩／福井県敦賀市）
藩祖：酒井忠稠
石高：1万石
大名になった年：天和2年（1682）
本拠地：越前敦賀陣屋
親疎の別：譜代
家格：城主格（陣屋）
江戸城内の詰間：菊間
爵位：子爵

若年寄を出す若狭小浜酒井家の分家

若狭《わかさ》小浜《おばま》藩（福井県小浜市）主・酒井家の分家。天和《てんな》2年（1682）、藩祖・酒井忠《ただ》稠《しげ》（忠直《ただなお》の次男）が1万石を分与され、越《えち》前《ぜん》敦賀《つるが》藩主となった。参勤交代をしない定府《じょうふ》大名となる。以後、敦賀藩では一度しか養子相続がなく、多くの場合は藩主の実子が次の藩主に就任した。歴代のうち、酒井忠香《ただか》（忠菊《ただきく》の八男、忠武《ただたけ》の養子）が西ノ丸（将軍世子《せいし》）若年寄と若年寄を、酒井忠毗《ただます》（忠蓋《ただえ》の子）が若年寄（3度）を務めている。また、忠毗は城主格の家格を得たという。ほかにも歴代には大番頭《おおばんがしら》を務めた者が複数いる。明治3年（1870）、藩名を鞠山《まりやま》藩と改称した。

酒井忠直 ─┬─ 忠隆（若狭小浜藩主）
　　　　　└─ 忠稠 ── 忠菊 ── 忠武 ＝ 忠香 ── 忠言 ── 忠蓋 ── 忠毗 ── 忠経

酒井家の系図

大番頭を数多く輩出した武功の家

たかぎけ

高木家

高木鷹羽（丸に打違鷹羽、万字）

藩名：河内丹南藩（大阪府松原市）
藩祖：高木正次
石高：1万石
大名になった年：元和9年（1623）
本拠地：河内丹南陣屋
親疎の別：譜代
家格：陣屋
江戸城内の詰間：菊間
爵位：子爵

多くが大番頭を務めた定府大名

清和源氏《せいわげんじ》頼親《よりちか》流で、戦国時代後期、織《しょく》豊《ほう》（安土桃山）時代前期には水野《みずの》信元《のぶもと》（徳《とく》川家康《がわいえやす》の伯父《おじ》）に仕えたが、高木清秀《きよひで》（宣《のり》光《みつ》の子）は徳川家康に属して旗本となる。藩祖・高木正次《まさつぐ》（清秀の三男）は江戸幕府の大番頭《おおばんがしら》と大坂加番《かばん》を務め、元和《げんな》9年（1623）に1万石の河内丹南《かわちたんなん》藩主となった。参勤交代をしない定府《じょうふ》大名だが、歴代には大番頭や奏者番《そうじゃばん》を務めた者が多い。なお、三笠宮崇仁《みかさのみやたかひと》親王殿下の妃・百合子《ゆりこ》様（高木正得《まさなり》の次女、正善《まさよし》の孫）は高木家の出身である。

高木清秀 ── 正次 ── 正成 ── 正弘 ── 正盛 ── 正豊 ＝ 正陳 ＝ 正恒 ── 正弼 ＝ 正直 ＝ 正剛 ─┐
└─ 正明 ＝ 正坦 ＝ 正善

高木家の系図

悲劇の人・意次が興した東海の藩

たぬまけ

田沼家

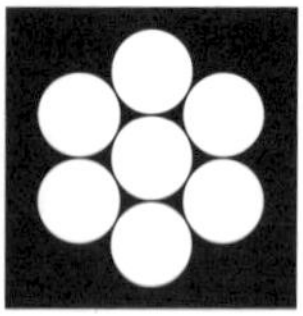

七曜（九曜、丸に一文字）

藩名：遠江相良藩（静岡県牧之原市）
藩祖：田沼意次
石高：1万石
大名になった年：宝暦8年（1758）
本拠地：遠江国内→遠江相良城〈後に破却〉→陸奥下村陣屋→遠江相良陣屋→上総小久保陣屋
親疎の別：譜代
家格：陣屋
江戸城内の詰間：菊間
爵位：子爵

田沼意次が藩祖となった譜代大名

藤原《ふじわら》氏秀郷《ひでさと》流の佐野《さの》家の支族だが、後に清和源氏義家《せいわげんじよしいえ》流に改めた。田沼姓は下《しも》野《つけ》田沼（栃木県佐野市）ゆかりという。

子孫は旗本となるが、田沼吉次《よしつぐ》は紀伊《きい》藩（和歌山市）主・徳川頼宣《とくがわよりのぶ》（家康《いえやす》の十男）に従って紀伊藩士に転じた。次いで、田沼意行《おきゆき》（吉次の嫡子）は徳川吉宗《よしむね》が紀伊藩主から第8代将軍となった際に旗本（300俵《びょう》、後に600石）へ復帰した。

藩祖・田沼意次《おきつぐ》（意行の嫡子）は家督相続後、第9代将軍となる徳川家重《いえしげ》（吉宗の嫡子）の側近として重用され、宝暦《ほうれき》8年（1758）に1万石の遠江相良《とおとうみさがら》藩主となった。その後も重用された意次は、側用人《そばようにん》や老中などの要職を歴任して再三加増を受け、石高《こくだか》は5万7000石となる。

意次は幕政の面では、株仲間の育成、貨幣の改鋳《かいちゅう》、蝦夷地《えぞち》（北海道）の開拓などの積極果敢な政治を展開した。なお、意次が幕政に重きをなした田沼時代に賄賂《わいろ》政治が横行したという説があるが、近年は意次を賄賂政治とは無縁の進歩的な重《じゅう》商《しょう》主義者と見る研究者も多い。

ところが、天明《てんめい》4年（1784）、殿中（江戸城内）で若年寄・田沼意知《おきとも》（意次の嫡子）が旗本・佐野政言《まさこと》に斬殺《ざんさつ》されて以降、意次の権勢にも翳《かげ》りが見え始める。そして、天明6年（1786）の第10代将軍・徳川家治《いえはる》（家重の嫡子）の病没後に意次は失脚し、田沼家は一旦お取り潰しとなる。

後に田沼意明《おきあき》（意知の長男、意次の孫）が1万石で再興を認められ、陸奥《むつ》下村藩（福島市）を経て、子孫が文政《ぶんせい》6年（1823）に相良藩へ復帰した。

歴代では意次と意知のほかに、田沼意《おき》正《まさ》（意次の四男、意定《おきさだ》の養子）が西ノ丸若年寄を、田沼意尊《おきたか》（意留《おきとめ》の子）が若年寄を務めている。明治元年（慶応《けいおう》4年／1868）、転封（国替え）により上総《かずさ》小久保藩（千葉県富津《ふっつ》市）へ入封した。

田沼吉次—意行—意次—意知—意明＝意壱＝意信＝意定＝意正—意留—意尊＝意斉

田沼家の系図

江戸時代初期に活躍した将軍側近の家柄

つちやけ

土屋家

三石畳（九曜）

藩名：常陸土浦藩（茨城県土浦市）
藩祖：土屋数直
石高：9万5000石
大名になった年：寛文2年（1662）
本拠地：常陸国内ほか→常陸土浦城→駿河田中城→常陸土浦城
親疎の別：譜代
家格：城主
江戸城内の詰間：雁間
爵位：子爵

家康に認められた忠臣の一族

清和源氏《せいわげんじ》義家《よしいえ》流の足利《あしかが》支族で、土屋姓は相模《さがみ》土屋（神奈川県平塚市）にちなむ。

戦国時代の土屋昌次《まさつぐ》（虎義《とらよし》の次男）・土屋昌恒《まさつね》（宗三《そうぞう》、惣蔵／虎義の五男）兄弟は甲斐《かい》（山梨県）の戦国大名・武田信玄《たけだしんげん》と勝《かつ》頼《より》（信玄の四男）に仕え、昌次は天正《てんしょう》3年（1575）の長篠《ながしの》の戦い、昌恒は天正10年（1582）の天目山《てんもくざん》の戦いで討ち死にした。

後年、昌次は「武田二十四将」の一将として、昌恒は「土屋惣蔵の片手千人斬り」と称された奮闘で有名になる。

なお、「忠臣の子は忠臣になる」と考えた徳川家康《とくがわいえやす》は、土屋忠直《ただなお》（昌恒の嫡子）を側室・雲光院《うんこういん》（阿茶局《あちゃのつぼね》）の養子とし、さらに第2代将軍となる徳川秀忠《ひでただ》（家康の三男）の近習《きんじゅう》とした。

慶長《けいちょう》7年（1602）、忠直は栄進して2万石の上総久留里《かずさくるり》藩（千葉県君津市）主に栄進するが、土屋頼直《よしなお》（直樹《なおき》／利直《としなお》の嫡子）の不行跡により延宝《えんぽう》7年（1679）にお取り潰しとなる。

一方、藩祖・土屋数直《かずなお》（忠直の次男）は旗本（500俵《ひょう》）から加増を重ね、寛文《かんぶん》2年（1662）に若年寄、1万石の大名となった。次いで数直は寛文5年（1665）に老中、寛文9年（1669）に4万5000石の常陸《ひたち》土浦藩主へ栄進している。

子孫は一時、駿河《するが》田中藩（静岡県藤枝市）へ転封（国替え）となるが、貞享《じょうきょう》4年（1687）に土浦藩へ再入封し、定着している。石高《こくだか》はこの間に加増が続き、9万5000石で確定した。

歴代では数直のほかに、土屋政直《まさなお》（数直の嫡子）が大坂城代、京都所司代、老中に、土屋寅直《ともなお》（彦直《よしなお》の嫡子）が大坂城代に就任している。

土屋家の系図

土屋虎義 ─┬─ 昌次
雲光院 ══╧═ 昌恒 ─ 忠直 ─┬─ 利直 ─ 頼直（直樹／上総久留里藩主／廃絶）
‖　　　　　　　　　　　　　└─ 数直 ─ 政直 ─ 陳直 ─ 篤直 ─ 寿直 ＝ 泰直
徳川家康
＝ 英直 ─ 寛直 ＝ 彦直 ─ 寅直 ＝ 挙直

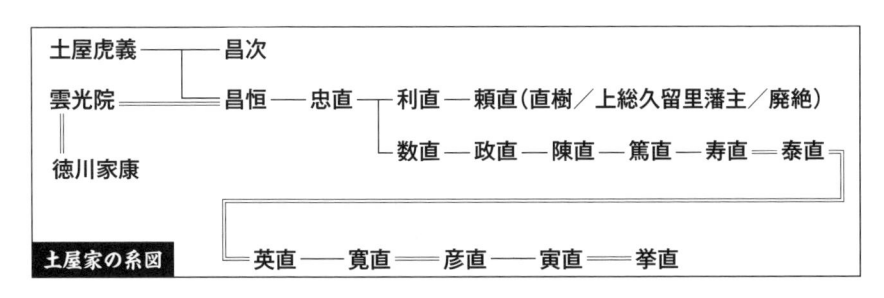

藩祖は家康の御落胤という大名家

土井家《どいけ》

六つ水車（水車、沢瀉）

藩名：下総古河藩（茨城県古河市）
藩祖：土井利勝
石高：8万石
大名になった年：慶長7年（1602）
本拠地：下総小見川城→下総佐倉城→下総古河城→志摩鳥羽城→肥前唐津城→下総古河城
親疎の別：譜代
家格：城主
江戸城内の詰間：雁間
爵位：子爵

土井利勝が藩祖の譜代大名

系譜的には清和《せいわ》源氏《げんじ》頼光《よりみつ》流の土岐《とき》支流で、土井姓は子孫が三河《みかわ》土居《どい》（愛知県岡崎市）に住んだことにちなむが、当初の表記は土居であったという。

藩祖・土井利勝《としかつ》（利昌《としまさ》の子）は第2代将軍・徳川秀忠《とくがわひでただ》（家康《いえやす》の三男）、第3代将軍・徳川家光《いえみつ》（秀忠の嫡子）に重用され、老中を経て大老に就任し、幕政の基礎固めに多大な功績を残した。

この間、慶長《けいちょう》7年（1602）に1万石の下総《しもうさ》小見川《おみがわ》藩（千葉県香取市）主となっている。次いで下総佐倉藩（千葉県佐倉市）、下総古河《こが》藩と転封を続けた利勝は、加増により16万石の大大名へと栄進した。

秀忠に仕えた当初の利勝が一介の旗本（切米《きりまい》200俵《ぴょう》）であったことを思えば、利勝は後年の柳沢吉保《やなぎさわよしやす》を上回るシンデレラ・ボーイであったといえよう。

ちなみに、利勝に関しては利昌の実子でなく養子で、実父を徳川家康、もしくは水野信元《みずののぶもと》（忠政《ただまさ》の嫡子、家康の伯父《おじ》）とする説があり、利勝の異例の出世の理由と御落胤説を結びつける向きも多い。

なお、大老はそれまでに酒井忠世《さかいただよ》が短期間就任したことがあるが、長期間在職したのは利勝と酒井忠勝《ただかつ》（忠世の嫡子）が最初である。ともあれ、利勝は正保《しょうほう》元年（1644）に病没するまで、現職の大老として江戸幕府に重きをなした。

余談ながら、諸侯《しょこう》から家康の御落胤か否かを問われると、利勝は迷惑そうな顔をするのが常であったという。

しかし、そんな利勝が築き上げた土井家も、延宝《えんぽう》3年（1675）に土井利久《としひさ》（利隆《としたか》の三男、利重《としししげ》の養子）が跡継ぎのないまま病没したため、一旦お取り潰しとなった。

幸いにも、土井利益《とします》（利隆の次男、利久の兄で養子）による名跡《みょうせき》の相続が認められ、土井家は7万石で再興された。

以後、子孫は志摩鳥羽《しまとば》藩（三重県鳥羽市）、肥前唐津《ひぜんからつ》藩（佐賀県唐津市）を経て、宝暦《ほうれき》12年（1762）に古河藩へ再入封する。石高《こくだか》は後に1万石の加増があり、8万石で確定している。

歴代では利勝のほかに、土井利里《としさと》（利《とし》清《きよ》の次男、利延《としのぶ》の養子）が寺社奉行と京都所司代に、土井利厚《としあつ》（松平忠名《まつだいらただあきら》の四男、利見《としちか》の養子）が京都所司代と老中に、土井利位《としつら》（利徳《としなり》の四男、利厚の養子）が大坂城代と老中になるなど、幕政の枢機に参画した者が少なくない。

なかでも利里は刑罰条例集である『科《か》

条類典《じょうるいてん》』の編集事業に関与し、利厚は20年以上も老中を務めている。また、利位は大坂城代在任中に家老・鷹見泉石《たかみせんせき》を促し、天保《てんぽう》8年（1837）に勃発した大塩平八《おおしおへいはち》郎《ろう》の乱の鎮圧という功績を残した。

利位はまた、天保改革を主導した老中首座・水野忠邦《ただくに》の失脚後、老中首座となって幕政の建て直しに取り組んだ。

一方で、利位は雪の結晶の研究書『雪《せっ》華図説《かずせつ》』を著した科学者として、泉石は洋学者・渡辺崋山《わたなべかざん》が描いた肖像画が現存していることで知られている。

ちなみに、利位の前々代の利見（松平乗佑《のりすけ》の子、利里の養子）は藩主在職1か月、利位の次の土井利亨《としなり》（酒井忠藎《ただえ》の次男、利位の養子）は藩主在職4か月で病没している。

分家には土井利長《としなが》（利勝の三男）に始まる三河刈谷《かりや》藩（愛知県刈谷市）、土井利房《としふさ》（利勝の四男）に始まる越前《えちぜん》大野藩（福井県大野市）、土井利直《としなお》（利勝の五男）に始まる下総大輪《しもうさおおわ》藩（茨城県常総《じょうそう》市）があった。また、家督相続前の利益が興した家もあったが、大輪藩は相続関係の書類の不備、利益が興した家は本家相続により、ともにお取り潰しになった。

大塩平八郎終焉の地の石碑（大阪市西区）。大坂城代・土井利位の追及を受けた平八郎は、嫡子・格之助とともにこの地で自爆した

大阪城西の丸庭園にある大坂城代屋敷跡の説明板（大阪市中央区）。土井利位は大塩平八郎の乱の際、ここで討伐作戦を指揮した

土井家の系図

土井利昌 ― 利勝 ― 利隆 ― 利重 ＝ 利久 ＝ 利益 ― 利実 ＝ 利延 ＝ 利里 ＝ 利見 ＝ 利厚 ＝ 利位 ＝ 利亨 ＝ 利則 ― 利与

- 利隆の子：利重、利益（→利益）、利久（→利久）
- 利勝の子：利長（三河刈谷藩祖）
- 利勝の子：利房（越前大野藩主）
- 利勝の子：利直（下総大輪藩主／廃絶）

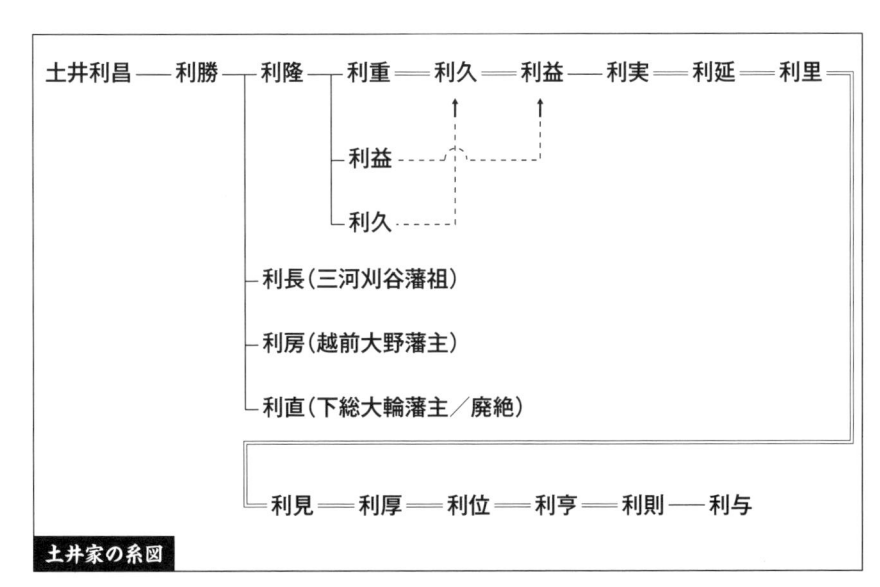

三河で続いた古河藩主の分家

土井家《どいけ》

丸に六つ水車（水車、沢瀉）

藩名：三河刈谷藩（愛知県刈谷市）
藩祖：土井利長
石高：2万3000石
大名になった年：正保元年（1644）
本拠地：下野国内→三河西尾城→三河刈谷城
親疎の別：譜代
家格：城主
江戸城内の詰間：雁間
爵位：子爵

三河刈谷を治めた土井家の分家

下総《しもうさ》古河《こが》藩（茨城県古河市）主・土井家の分家。正保《しょうほう》元年（1644）、藩祖・土井利《とし》長《なが》（利勝《としかつ》の三男）が1万石を分与され大名となった。その後、三河《みかわ》西尾藩（愛知県西尾市）を経て、延享《えんきょう》4年（1747）に子孫が2万3000石で三河刈谷《かりや》藩へ入封し、定着した。歴代には奏者番《そうじゃばん》を務めた者が多いが、幕末維新期の土井利善《としよし》（井上正甫《いのうえまさもと》の七男、利祐《としすけ》の養子）は陸軍奉行を務めている。茶道を能《よ》くした者も少なくない。

土井利勝 ─┬─ 利隆（下総古河藩主）
├─ 利長 ＝ 利意 ＝ 利庸 ─ 利信 ＝ 利徳 ─ 利制 ＝ 利謙 ＝ 利以 ─ 利行 ＝ 利祐 ＝ 利善 ＝ 利教
├─ 利房（越前大野藩主）
└─ 利直（下総大輪藩主／廃絶）

土井家の系図

藩営商社・大野屋を創業した大名

土井家《どいけ》

丸に六つ水車（丸に水車、三沢瀉）

藩名：越前大野藩（福井県大野市）
藩祖：土井利房
石高：4万石
大名になった年：正保元年（1644）
本拠地：下野国内→越前大野城
親疎の別：譜代
家格：城主
江戸城内の詰間：雁間
爵位：子爵

越前大野を治めた土井家の分家

下総《しもうさ》古河《こが》藩（茨城県古河市）主・土井家の分家。正保《しょうほう》元年（1644）、藩祖・土井利《とし》房《ふさ》（利勝《としかつ》の四男）が1万石を分与され大名となった。その後、利房は天和《てんな》2年（1682）に4万石で越前《えちぜん》大野藩へ入封し、定着した。歴代のうち、利房が若年寄と老中に就任し、幕政の枢機《すうき》に参画している。また、幕末維新期の土井利忠《としただ》（利義《としのり》の嫡子）は藩校・明倫館《めいりんかん》を整備する一方、蘭学館《らんがくかん》の創設や西洋式軍備の導入を手がけ、さらに藩営商社・大野屋を創業するなど開明派の大名として名高い。

土井利勝 ─┬─ 利隆（下総古河藩主）
├─ 利長（三河刈谷藩祖）
├─ 利房 ─ 利知 ─ 利寛 ─ 利貞 ＝ 利義 ＝ 利器 ＝ 利忠 ─ 利恒
└─ 利直（下総大輪藩主／廃絶）

土井家の系図

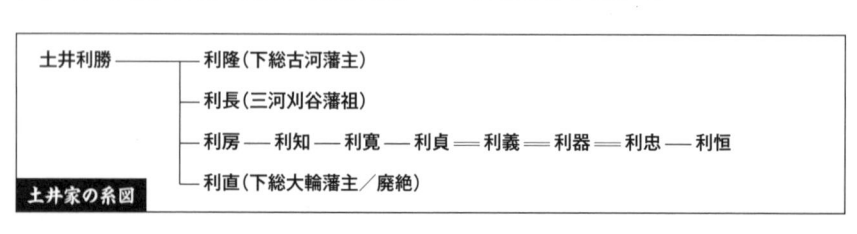

義直の異父兄に始まる付家老の家系

たけのこしけ

竹腰家

隅立四目結(四目結)

藩名：美濃今尾藩(岐阜県海津市)
藩祖：竹腰正旧
石高：3万石
大名になった年：明治元年(慶応4年／1868)
本拠地：尾張国内→美濃今尾陣屋
親疎の別：譜代
家格：陣屋
江戸城内の詰間：—
爵位：男爵

美濃今尾を治めた尾張藩の付家老

宇多源氏佐々木《うだげんじささき》氏流で、尾張《おわり》藩(愛知県名古屋市)主・徳川《とくがわ》(尾張)家の付家老《つけがろう》を世襲した家。家祖・竹腰正信《まさのぶ》(正時《まさとき》・相応院《しょうおういん》夫妻の子)は母が徳川家康《いえやす》の側室となり、徳川義直《よしなお》(家康の九男)を産んだ関係で、異父弟・義直に従う。そして、慶長《けいちょう》17年(1612)に尾張藩の付家老、3万石の美濃《みの》今尾領主となる。明治元年(慶《けい》応《おう》4年／1868)、竹腰正旧《まさもと》(三宅康直《みやけやすなお》の子、正富《まさとみ》の養子)が3万石の今尾藩主になった。

竹腰正時
├── 正信 — 正晴 — 友正 ＝ 正映 ＝ 正武 ＝ 勝紀 — 睦群 ＝ 正定 — 正富(正美) ＝ 正旧
相応院(お亀の方)
├── 義直
徳川家康

竹腰家の系図

譜代の待遇を受けた外様出身の家

とざわけ

戸沢家

細輪に九曜(丸に輪貫九曜、九曜)

藩名：出羽新庄藩(山形県新庄市)
藩祖：戸沢政盛
石高：6万石
大名になった年：慶長5年(1600)以降
本拠地：出羽真室城〈鮭延城〉→出羽角館城→常陸松岡城→出羽新庄城
親疎の別：譜代(外様)
家格：城主
江戸城内の詰間：帝鑑間
爵位：子爵

関ヶ原で活躍し厚遇された外様系譜代

桓武平氏《かんむへいし》支流で外様《とざま》大名だが、後に江戸城内の詰間が帝鑑間《ていかんのま》となるなど譜代《ふだい》大名の待遇を受けた。藩祖・戸沢政盛《まさもり》(盛《もり》安《やす》の子、光盛《みつもり》の養子)は慶長《けいちょう》5年(1600)の関ヶ原の戦いで豊臣《とよとみ》方の上杉景勝《うえすぎかげかつ》と戦い、戦勝後、4万石の出羽角館《でわかくのだて》藩(秋田県仙北《せんぼく》市)主となった。なお、当初は出羽真室《まむろ》城(鮭延《さけのべ》城／山形県真室川町)を居城としていたという。次いで、常陸《ひたち》松岡藩(茨城県高萩《たかはぎ》市)を経て、元和《げんな》8年(1622)に6万石で出羽新庄《しんじょう》藩へ入封し、定着した。明治元年(慶応《けいおう》4年／1868)、戊辰《ぼしん》戦争で奥羽越列藩《おううえつれっぱん》同盟の諸藩に新庄城を攻撃され、落城を経験している。

戸沢光盛 ＝ 政盛 — 正誠 ＝ 正庸 — 正勝 ＝ 正諶 — 正産 ＝ 正良 ＝ 正親 — 正胤 — 正令 — 正実

戸沢家の系図

美濃の名門の家号を受け継いだ家

ときけ

土岐家

沼田桔梗（桔梗）

藩名：上野沼田藩（群馬県沼田市）
藩祖：土岐定義
石高：3万5000石
大名になった年：慶長5年（1600）以降
本拠地：下総守谷城→摂津高槻城→出羽上山城→駿河田中城→上野沼田城
親疎の別：譜代
家格：城主
江戸城内の詰間：帝鑑間
爵位：子爵

沼田を治めた美濃守護の子孫

清和《せいわ》源氏《げんじ》頼光《よりみつ》流で、中世には美濃《みの》（岐阜県南部）の守護《しゅご》（県知事）を世襲した名門。なお、浅野《あさの》家や土井《どい》家なども土岐家の末裔である。ところが、戦国時代末期の土岐頼純《よりずみ》（政頼《まさより》）と土岐頼芸《よりなり》（ともに政房《まさふさ》の子）が斎藤道三《さいとうどうさん》に実権を奪われたため、美濃の守護としての土岐家はここに滅亡し、子孫は江戸幕府の旗本となる。

一方、土岐家の支族（明智《あけち》土岐家）出身の土岐（菅沼《すがぬま》）定政《さだまさ》（定明《さだあきら》の嫡子）は徳川家康《とくがわいえやす》に仕え、天正《てんしょう》18年（1590）の家康の関東入封の際に1万石の下総《しもうさ》守谷《もりや》城（茨城県守谷市）主となる。慶長《けいちょう》5年（1600）の関ヶ原の戦いの後に藩祖・土岐定義《さだよし》（定政の次男）が守谷藩主となった後、子孫は摂津《せっつ》高槻《たかつき》藩（大阪府高槻市）、出羽《でわ》上山《かみのやま》藩（山形県上山市）、駿河《するが》田中藩（静岡県藤枝市）を経て、寛保《かんぽう》2年（1742）に上野《こうずけ》沼田藩へ入封し、定着した。

この間、当主の幼少や跡継ぎの欠如を理由に一旦お取り潰しとなったり、2万石から1万石へ削封《さくほう》（石高《こくだか》削減）となったりしたこともあったが、後に加増があり、石高は3万5000石で確定している。

歴代のうち、江戸時代中期の土岐頼殷《よりたか》（頼行《よりゆき》の次男）が大坂城代に、土岐頼稔《よりとし》（頼殷の子）が大坂城代、京都所司代、老中に、土岐定経《さだつね》（頼稔の五男、頼凞《よりおき》の養子）が大坂城代に、幕末維新期の土岐頼之《よりゆき》（松平《まつだいら》定永《さだなが》の十男、頼寧《よりやす》の養子）が若年寄として幕政の枢機《すうき》に参画した。

また、江戸時代初期の土岐頼行《よりゆき》（定義《さだよし》の嫡子）は槍術《そうじゅつ》の奥義《おうぎ》を体得し、自得流《じとくりゅう》という一派を興している。

土岐定明 —— 土岐（菅沼）定政 —— 定義 —— 頼行 —— 頼殷 —— 頼稔 —— 頼凞 ＝ 定経 —— 頼寛 ＝ 定吉 ＝ 定富 ＝ 頼布 ＝ 頼潤 ＝ 頼功 ＝ 頼寧 ＝ 頼之 —— 頼知

土岐家の系図

美濃へ定着した二連木戸田家の分家

とだけ

戸田家

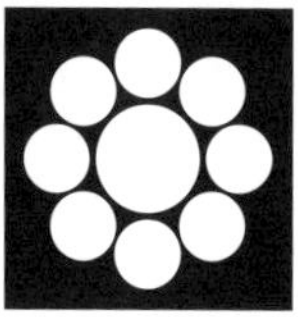

九曜（六つ星、三柏、菊菱など）

藩名：美濃大垣藩（岐阜県大垣市）
藩祖：戸田一西
石高：10万石
大名になった年：慶長5年（1600）以降
本拠地：武蔵鯨井城→近江大津城→近江膳所城→摂津尼崎城→美濃大垣城
親疎の別：譜代
家格：城主
江戸城内の詰間：帝鑑間
爵位：伯爵

美濃大垣を治めた戸田（松平）家の分家

信濃《しなの》松本藩（長野県松本市）主・松平《まつだいら》（戸田）家（二連木《にれんぎ》戸田家）の分家。

藩祖・戸田一西《かずあき》（氏光《うじみつ》の子）は徳川家康《とくがわいえやす》に仕え、天正《てんしょう》18年（1590）の家康の関東入封後に5000石の武蔵鯨井《むさしくじらい》城（埼玉県川越市）主となる。

次いで、慶長《けいちょう》5年（1600）の関ヶ原の戦いの戦勝後、2万5000石の近江《おうみ》大津藩（滋賀県大津市）主に抜擢された。

以後、一西や戸田氏鉄《うじかね》（一西の嫡子）は近江膳所《ぜぜ》藩（大津市）、摂津《せっつ》尼崎藩（兵庫県尼崎市）を経て、寛永《かんえい》12年（1635）に美《み》濃《の》大垣藩へ入封し、定着した。石高《こくだか》は加増や分知《ぶんち》などがあり、10万石で確定する。

歴代のうち、氏鉄は寛永15年（1638）の天草・島原の乱討伐、幕末維新期の戸田氏彬《うじあきら》（氏正《うじただ》の嫡子）は元治《げんじ》元年（1864）の禁《きん》門《もん》（蛤御門《はまぐりごもん》）の変に出陣した。

また、戸田氏教《うじのり》（松平武元《たけちか》の子、氏英《うじひで》の養子）は寺社奉行、側用人《そばようにん》、若年寄などの江戸幕府の要職を務めている。さらに、歴代の藩主は儒者・守屋峨眉《もりやがび》の招《しょう》聘《へい》、藩校・致道館《ちどうかん》（敬教堂《けいきょうどう》）の創設、家老・小原鉄心《おばらてっしん》の登用を行うなど、教育の充実や藩政の刷新に心を砕いた。

なお、二連木戸田家、田原《たわら》戸田家には大名として存続した家が多いが、大垣藩の分家には戸田氏成《うじしげ》（氏西《うじあき》の次男、氏利《うじとし》の養子）に始まる美濃大垣新田《しんでん》藩（大垣市）がある。

戸田宗光――憲光――政光（信濃松本藩主、下野宇都宮藩主などの遠祖）
　　　　　　　　　└氏一――氏輝――氏光――一西――氏鉄
├氏信――氏西――氏定――氏長――氏英＝＝氏教――氏庸――氏正――氏彬＝＝氏共
└氏経――氏利＝＝氏成（美濃大垣新田藩主）

戸田家の系図

天狗党への加担が疑われた悲運な藩

とだけ

戸田家

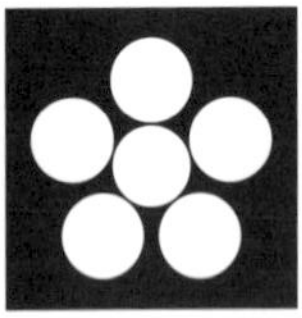

六つ星(蛇目など)

藩名：下野宇都宮藩(栃木県宇都宮市)
藩祖：戸田尊次
石高：7万7800石
大名になった年：慶長5年(1600)以降
本拠地：伊豆下田城→三河田原城→肥後富岡城→武蔵岩槻城→下総佐倉城→越後高田城→下野宇都宮城→肥前島原城→下野宇都宮城(→陸奥棚倉城→下野宇都宮城)
親疎の別：譜代
家格：城主
江戸城内の詰間：雁間
爵位：子爵

田原戸田家と呼ばれた戸田(松平)家の一門

信濃《しなの》松本藩(長野県松本市)主・松平《まつだいら》(戸田)家(二連木《にれんぎ》戸田家)の一門で、田原《たはら》戸田家ともいう。織豊《しょくほう》(安土桃山)時代の戸田忠次《ただつぐ》(忠政《ただまさ》の子)が天正《てんしょう》18年(1590)の徳《とく》川家康《がわいえやす》の関東入封の際、5000石の伊豆《いず》下田城(静岡県下田市)主となる。

藩祖・戸田尊次《たかつぐ》(忠次の次男)は慶長《けいちょう》5年(1600)の関ヶ原の戦いの戦勝後、1万石の三河《みかわ》田原藩(愛知県田原市)主となった。子孫は、肥後《ひご》富岡藩(熊本県苓北《れいほく》町)、武蔵岩槻《むさしいわつき》藩(さいたま市岩槻区)、下総《しもうさ》佐倉藩(千葉県佐倉市)、越後《えちご》高田藩(新潟県上越《じょうえつ》市)、下野《しもつけ》宇都宮藩、肥前《ひぜん》島原藩(長崎県島原市)と転封(国替え)を重ね、安《あん》永《えい》3年(1774)に宇都宮藩へ再入封する。

しかし、元治《げんじ》元年(1864)の天狗党《てんぐとう》の乱討伐の不手際で7万7800石の石高《こくだか》から5万石への削封《さくほう》(石高削減)、同時に陸奥《むつ》棚倉藩(福島県棚倉町)への転封を命じられたが、幸いにも沙汰止《さたや》みになる。

歴代のうち、戸田忠昌《ただまさ》(忠継《ただつぐ》の長男、忠能《ただよし》の養子)が京都所司代と老中に、戸田忠真《ただざね》(忠昌の次男)が老中に、戸田忠寛《ただとお》(忠余《ただみ》の子、忠盈《ただみつ》の養子)が大坂城代と京都所司代に、戸田忠温《ただよし》(忠翰《ただなか》の五男、忠《ただ》延《のぶ》の養子)が老中に就任した。

分家に戸田忠利《ただとし》(忠継の次男)に始まる下野足利《あしかが》藩(栃木県足利市)と、戸田忠至《ただゆき》(忠舜《ただきよ》の子)に始まる下野高徳《たかとく》藩(栃木県日光市)があった。また、世子《せいし》(次期藩主)時代の忠真が1万石を受けていたが、後に返上している。

戸田家の系図

戸田憲光―政光┬康光(信濃松本藩主などの家祖)
　　　　　　　└忠政―忠次―尊次┬忠能＝忠昌―忠真＝忠余―
　　　　　　　　　　　　　　　└忠継―忠利(下野足利藩主)

―忠盈＝忠寛┬忠翰―忠延＝忠温―忠明＝忠恕＝忠友
　　　　　　└忠舜―忠至(下野高徳藩主)

三河へ陣屋を置いた大垣藩の支封

とだけ

戸田家

九曜(六つ星、蛇の目)

藩名：美濃大垣新田藩(岐阜県大垣市)
藩祖：戸田氏成
石高：1万石
大名になった年：元禄元年(1688)
本拠地：美濃大垣城下(→三河畑ヶ村陣屋)→美濃野村陣屋
親疎の別：譜代
家格：陣屋
江戸城内の詰間：菊間
爵位：子爵

定府大名だった大垣戸田家の分家

美濃《みの》大垣藩(岐阜県大垣市)主・戸田家の分家。家祖・戸田氏経《うじつね》(氏鉄《うじかね》の次男)が旗本となり、藩祖・戸田氏成《うじしげ》(氏西《うじあき》の次男、氏利《うじとし》の養子)が元禄《げんろく》元年(1688)に分与などで1万石となり、美濃大垣新田《しんでん》藩主となった。参勤交代をしない定府《じょうふ》大名であったが、三河畑《はた》ヶ村《むら》(愛知県田原《たはら》市)へ陣屋を置いて領地支配にあたったので、畑ヶ村藩ともいう。なお、この間に領地替えなどがあった。明治2年(1869)、陣屋を移して美濃野村藩(岐阜県大野町)を興している。

戸田氏鉄 ┬ 氏信(美濃大垣藩主)
└ 氏経 ── 氏利 ══ 氏成 ══ 氏房 ── 氏之 ── 氏養 ── 氏興 ══ 氏宥 ══ 氏綏 ══ 氏良

戸田家の系図

山陵修補の功で大名となった家

とだけ

戸田家

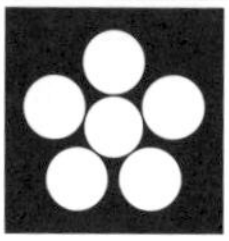

六つ星

藩名：下野高徳藩(栃木県日光市)
藩祖：戸田忠至
石高：1万石
大名になった年：慶応2年(1866)
本拠地：下野高徳陣屋→下総曾我野陣屋
親疎の別：譜代
家格：陣屋
江戸城内の詰間：菊間
爵位：子爵

幕末に大名になった宇都宮戸田家の分家

下野《しもつけ》宇都宮藩(栃木県宇都宮市)主・戸田家の分家。藩祖・戸田忠至《ただゆき》(間瀬和三郎《ませわさぶろう》／忠舜《ただきよ》の子、木村内蔵允《きむらくらのじょう》などの養子)は宇都宮藩家老であったが、山陵《さんりょう》(天皇陵)修補の際に山陵奉行として修補を担当した。その功績は朝廷などにも認められたが、忠至は宇都宮藩主・戸田忠恕《ただゆき》が元治《げんじ》2年(1865)に天狗党《てんぐとう》の乱討伐の際の不手際を追及された際も、忠恕の雪冤《せつえん》に奔走《ほんそう》している。慶応《けいおう》2年(1866)、忠至は忠恕から1万石を分与されて下野高徳《たかとく》藩主となった。江戸幕府による大名への取り立て、立藩《りっぱん》としては最後となる。明治3年(1870)、戸田忠綱《ただつな》(忠至の嫡子)が陣屋を移して新たに下総曾我野《しもうさそがの》藩(千葉市)を興している。

戸田忠寛 ┬ 忠翰 ── (3代略) ══ 忠恕(下野宇都宮藩主)
└ 忠舜 ── 忠至 ── 忠綱

戸田家の系図

3万石で再興された闘将の子孫

鳥居家《とりいけ》

鳥居笹(竹に雀、鳥居、鶴の丸)

藩名:下野壬生藩(栃木県壬生町)
藩祖:鳥居忠政
石高:3万石
大名になった年:慶長5年(1600)以降
本拠地:下総矢作城→陸奥磐城平城→出羽山形城→信濃高遠城→能登下村陣屋→近江水口城→下野壬生城
親疎の別:譜代
家格:城主
江戸城内の詰間:帝鑑間
爵位:子爵

下野壬生に定着した鳥居元忠の子孫

平氏《へいし》支流で、戦国時代の鳥居忠吉《ただよし》(忠《ただ》明《あき》の子)は松平清康《まつだいらきよやす》(徳川家康《とくがわいえやす》の祖父)に仕え、徳川家康が他国で人質生活を送っていた時期、総奉行として松平家に重きをなした。

次いで、鳥居元忠《もとただ》(忠吉の嫡子)は家康に従って各地を転戦し、天正《てんしょう》18年(1590)の家康の関東入封の際に4万石の下野《しもつけ》矢《や》作《はぎ》城(千葉県香取《かとり》市)主に抜擢された。

ところが、元忠は慶長《けいちょう》5年(1600)の山《やま》城《しろ》伏見城(京都市伏見区)攻防戦で討ち死にする。戦後、藩祖・鳥居忠政《ただまさ》(元忠の次男)は家督を相続し、4万石の矢作藩主となった。

さらに、忠政は陸奥《むつ》磐城《いわき》平《たいら》藩(福島県いわき市)を経て、元和《げんな》8年(1622)に22万石で出羽《でわ》山形藩(山形市)へ入封する。石《こく》高《だか》はさらに加増があって24万石となるが、寛永《かんえい》13年(1636)に病没した鳥居忠恒《ただつね》(忠政の嫡子)に跡継ぎがなく、鳥居家は一旦お取り潰しとなった。

しかし、江戸幕府は鳥居家が名門である点を鑑《かんが》み、鳥居忠春《ただはる》(忠政の三男、忠恒の弟)に鳥居家の再興を認め、3万石の信濃高遠《しなのたかとお》藩(長野県伊那《いな》市)主とする。

以後、子孫は同じ石高のまま能登《のと》下村藩(石川県七尾《ななお》市)、近江水口《おうみみなくち》藩(滋賀県甲賀《こうか》市)と転封(国替え)を続け、正徳《しょうとく》2年(1712)に下野壬生《みぶ》藩へ入封し、定着した。

歴代のうち元忠の武功は名高いが、江戸時代中期の鳥居忠意《ただおき》(忠瞭《ただあきら》の子)が若年寄と老中を、後期の鳥居忠挙《ただひら》(忠燾《ただてる》の四男、忠威《ただあきら》の養子)が若年寄を務めている。

分家に鳥居成次《なりつぐ》(元忠の三男)に始まる甲斐《かい》谷村《やむら》藩(山梨県都留《つる》市)があったが、徳川忠長《ただなが》(秀忠《ひでただ》の次男)の付家老《つけがろう》を務めた鳥居忠房《ただふさ》(成次の嫡子)のときにお取り潰しとなった。

鳥居家の系図

鳥居忠吉——元忠——忠政——忠恒＝＝忠春——忠則——忠英＝＝忠瞭
　　　　　　　　　　　└忠春------↑
　　　　　　└成次——忠房(甲斐谷村藩主／廃絶)
忠瞭——忠意——忠見——忠燾——忠威＝＝忠挙——忠宝＝＝忠文

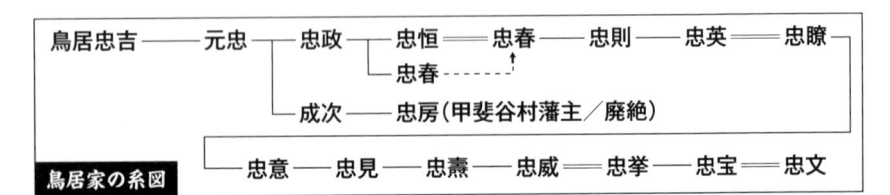

多くの分家や一門を持つ三河譜代の嫡流

ないとうけ

内藤家

下り藤(下藤の丸、桐、額の内藤の字など)

藩名：日向延岡藩(宮崎県延岡市)
藩祖：内藤政長
石高：7万石
大名になった年：慶長5年(1600)以降
本拠地：上総佐貫城→陸奥磐城平城→日向延岡城
親疎の別：譜代
家格：城主
江戸城内の詰間：帝鑑間
爵位：子爵

家康と各地を転戦した闘将の子孫

藤原秀郷《ふじわらひでさと》流で、戦国時代の内藤義清《よしきよ》が松平清康《まつだいらきよやす》(徳川家康《とくがわいえやす》の祖父)と松平広忠《ひろただ》(清康の嫡子、家康の父)に仕えた。織豊《しょくほう》(安土桃山)時代の内藤家長《いえなが》(清長《きよなが》の嫡子)は徳川家康に属して各地を転戦し、天正《てんしょう》18年(1590)の家康の関東入封の際に2万石の上総《かずさ》佐貫《さぬき》城(千葉県富津《ふっつ》市)主となる。

家長が慶長《けいちょう》5年(1600)の山城《やましろ》伏見城(京都市伏見区)攻防戦で討ち死にした後、藩祖・内藤政長《まさなが》(家長の嫡子)が佐貫藩主となった。その後、政長は7万石の陸奥《むつ》磐城平《いわきたいら》藩(福島県いわき市)主となり、子孫が延享《えんきょう》4年(1747)に7万石で日向延岡《ひゅうがのべおか》藩へ入封し、定着した。

歴代のうち、内藤忠興《ただおき》(政長の嫡子)が大坂城代を務めた。

分家や一門には、遠山頼直《とおやまよりなお》(内藤政亮《まさすけ》／忠興の三男)に始まる陸奥湯長谷《ゆながや》藩(福島県いわき市)、内藤政晴《まさはる》(政長の次男)に始まる三河挙母《みかわころも》藩(愛知県豊田市)、内藤信成《のぶなり》(島田景信《しまだかげのぶ》の次男、清長の養子)に始まる越後《えちご》村上藩(新潟県村上市)、内藤清成《きよなり》(忠政《ただまさ》の養子)に始まる信濃高遠《しなのたかとお》藩(長野県伊那《いな》市)、内藤忠重《ただしげ》(忠政の子)に始まる志摩鳥羽《しまとば》藩(三重県鳥羽市)、内藤正勝《まさかつ》(正隆《まさたか》の子、正次《まさつぐ》の養子)に始まる信濃岩村田《いわむらた》藩(長野県佐久《さく》市)、内藤信広《のぶひろ》(信成の次男)に始まる家などがあった。

内藤義清─清長─家長─政長─忠興─義概─義孝─義稠＝政樹＝政陽＝政脩＝政韶＝政和＝政順＝政義＝政挙
忠興─遠山頼直(内藤政亮／陸奥湯長谷藩主)
政長─政晴─(3代略)─政苗(三河挙母藩主)
清長＝信成─信正─信照─信良＝弌信(越後村上藩主)
信成─信広(廃絶)
内藤義清─忠郷─忠政─清成(信濃高遠藩祖)
忠政─忠重(志摩鳥羽藩主／廃絶)
忠政─正次＝正勝─正友(信濃岩村田藩主)

内藤家の系図

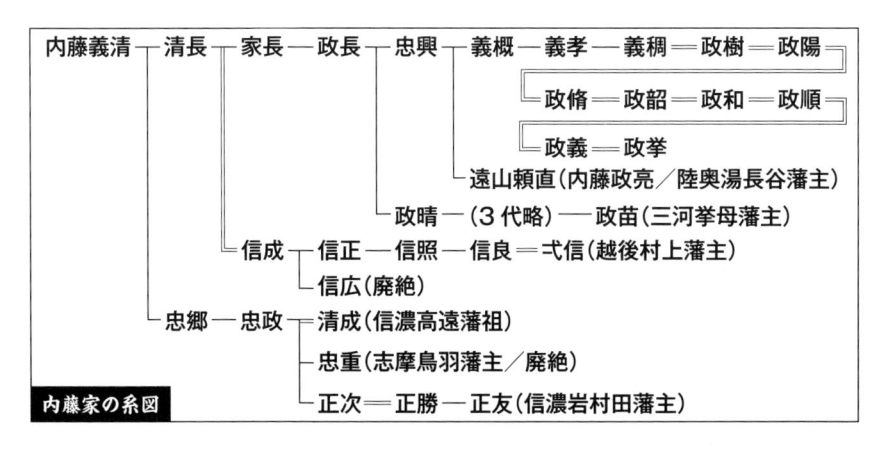

家宣の側近が興した宇都宮藩の支封

とだけ

戸田家

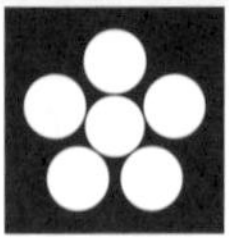

六つ星（蛇の目など）

藩名：下野足利藩（栃木県足利市）
藩祖：戸田忠利
石高：1万1000石
大名になった年：宝永2年（1705）、もしくは宝永元年（1704）
本拠地：下野足利陣屋
親疎の別：譜代
家格：陣屋
江戸城内の詰間：菊間
爵位：子爵

下野足利を治めた宇都宮戸田家の分家

下野《しもつけ》宇都宮藩（栃木県宇都宮市）主・戸田家の分家。藩祖・戸田忠利《ただとし》（忠継《ただつぐ》の次男）は伏見奉行や甲斐《かい》甲府藩（山梨県甲府市）主・徳川家宣《とくがわいえのぶ》の家老を務め、宝永《ほうえい》元年（1704）に家宣が世子《せいし》（次期将軍／後に第6代将軍）となった際につき従って西ノ丸側役《そばやく》となり、翌年に1万1000石の下野足《あし》利《かが》藩主となった。一説に、大名となったのが宝永元年（1704）、足利藩主となったのが翌年であるという。幕末維新期の戸田忠行《ただゆき》（忠禄《ただとみ》の四男、忠文《ただあや》の養子）は江戸幕府の陸軍奉行並《なみ》などを務めた。

戸田尊次 ┬ 忠能 ═ 忠昌 ─ 忠真（下野宇都宮藩主）
└ 忠継 ─ 忠利 ─ 忠囿 ─ 忠位 ─ 忠言 ─ 忠喬 ─ 忠禄 ═ 忠文 ═ 忠行

戸田家の系図

遠山姓も名乗った延岡藩の支封

ないとうけ

内藤家

下り藤（下藤の丸、桐）

藩名：陸奥湯長谷藩（福島県いわき市）
藩祖：遠山頼直（内藤政亮）
石高：1万5000石
大名になった年：寛永10年（1633）
本拠地：陸奥湯長谷陣屋
親疎の別：譜代
家格：陣屋
江戸城内の詰間：帝鑑間
爵位：子爵

列藩同盟に加担した内藤家の分家

日向延岡《ひゅうがのべおか》藩（宮崎県延岡市）主・内藤家の分家で、初期には遠山《とおやま》姓を名乗った。寛永《かんえい》10年（1633）、藩祖・遠山頼直《よりなお》（内藤政亮《まさすけ》／忠興《ただおき》の三男）が1万石を分与され、大名となった。延宝《えんぽう》4年（1676）、陣屋をもうけて陸奥湯長谷《むつゆながや》藩主となり、定着した。石高《こくだか》は後に加増があり、1万5000石で確定する。後に、内藤政貞《まささだ》（土方雄隆《ひじかたかつたか》の甥《おい》、政徳《まさのり》の養子）が遠山姓から内藤姓へ復姓した。明治元年（慶応《けいおう》4年／1868）の戊辰《ぼしん》戦争で奥羽越列藩《おううえつれっぱん》同盟に加担し、削封《さくほう》（石高削減）で1万4000石となる。

内藤忠興 ┬ 義概 ─ （2代略） ═ 政樹（日向延岡藩主）
└ 遠山頼直（内藤政亮） ═ 政徳 ═ 内藤政貞 ─ 政醇 ─ 政業 ═ 貞幹 ─
─ 政広 ═ 政徧 ═ 政環 ═ 政民 ═ 政恒 ═ 政敏 ═ 政養 ═ 政憲

内藤家の系図

家康でなく広忠の御落胤が藩祖という家

ないとうけ

内藤家

下り藤（下藤の丸、軍配団扇、万字）

藩名：越後村上藩（新潟県村上市）
藩祖：内藤信成
石高：5万石
大名になった年：慶長5年（1600）以降
本拠地：伊豆韮山城→駿河駿府城→近江長浜城→摂津高槻城→陸奥棚倉城→駿河田中城→越後村上城
親疎の別：譜代
家格：城主
江戸城内の詰間：帝鑑間
爵位：子爵

越後村上を治めた内藤家の分家

日向延岡《ひゅうがのべおか》藩（宮崎県延岡市）主・内藤家の分家。藩祖・内藤信成《のぶなり》（島田景信《しまだかげのぶ》の子、清長《きよなが》の養子）を徳川家康《とくがわいえやす》の御落胤《ごらくいん》とする説があるが、家康のわずか3歳年下であるので、松平広忠《まつだいらひろただ》（家康の父）の御落胤と見るべきであろう。

ともあれ、信成は家康に仕えて軍功を重ね、天正《てんしょう》18年（1590）の家康の関東入封の際、1万石の伊豆韮山《いずにらやま》城（静岡県伊豆の国市）主となる。次いで、慶長《けいちょう》5年（1600）の関ヶ原の戦いの後、信成は4万石の駿《する》河駿府《がすんぷ》藩（静岡市）主となった。

以後、家康（松平信康《のぶやす》）から「信」の一字を与えられた信成や子孫は、近江長浜《おうみながはま》藩（滋賀県長浜市）、摂津高槻《せっつたかつき》藩（大阪府高槻市）、陸奥《むつ》棚倉藩（福島県棚倉町）、駿《する》河《が》田中藩（静岡県藤枝市）と転封（国替え）を重ね、享保《きょうほう》5年（1720）に越後《えちご》村上藩へ入封し、定着した。石高《こくだか》はこの間に加増などがあり、5万石で確定する。

歴代のうち、江戸時代中期の内藤弌信《かずのぶ》（信光《のぶみつ》の子、信良《のぶよし》の養子）が大坂城代に、後期の内藤信敦《のぶあつ》（信凭《のぶより》の嫡子）が若年寄と京都所司代に、内藤信思《のぶもと》（信敦の次男）が大坂城代、京都所司代、老中になり、幕政の枢機《すうき》に参画している。

一方、幕末維新期の内藤信民《のぶたみ》（正縄《まさつな》の五男、信思の養子）は明治元年（慶応《けいおう》4年／1868）から始まる戊辰《ぼしん》戦争で奥羽越列藩《おううえつれっぱん》同盟に参加した後、自刃して果てた。

ちなみに、皇太子殿下の妃・雅子《まさこ》様の御実家である小和田《おわだ》家は村上藩士の家柄で、幕末維新期の当主・小和田郡蔵《ぐんぞう》は制《せい》剛流柔術《ごうりゅうじゅうじゅつ》の指導者でもあった。

分家に内藤信広《のぶひろ》（信成の次男）に始まる1万5000石の大名家があったが、部下の監督不行届を理由に一代でお取り潰しとなっている。

内藤清長──家長──政長（日向延岡藩祖）
　　　　　└信成──信正──信照──信良══弌信══信輝──信興──信旭══信凭──信敦──信思══信民══信美
　　　　　　　　└信広（廃絶）
島田景信──信成（→信成）

内藤家の系図

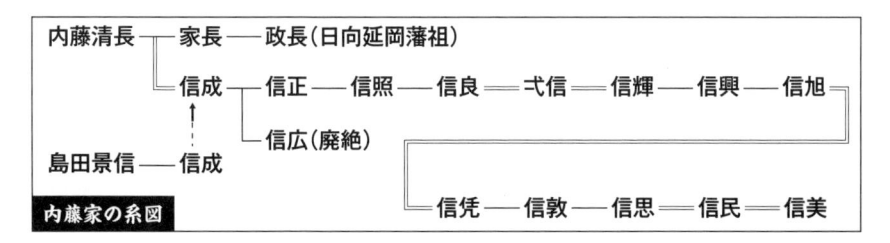

桜の名所・高遠城を居城とした殿様

ないとうけ

内藤家

下り藤(下藤の丸、丸に十文字、五七の桐)

藩名：信濃高遠藩(長野県伊那市)
藩祖：内藤清成
石高：3万3000石
大名になった年：慶長6年(1601)
本拠地：相模国内ほか→安房勝山陣屋→旗本となる→信濃高遠城
親疎の別：譜代
家格：城主
江戸城内の詰間：雁間
爵位：子爵

信濃高遠を治めた内藤家の分家

日向延岡《ひゅうがのべおか》藩(宮崎県延岡市)主・内藤家の分家。藩祖・内藤清成《きよなり》(竹田《たけだ》宗仲《むねなか》の子、忠政《ただまさ》の養子)は徳川家康《とくがわいえやす》の側近、次いで第2代将軍となる徳川秀忠《ひでただ》(家康の三男)の傅役《もりやく》(養育係)を務め、天正《てんしょう》18年(1590)の家康の関東入封の際に相模《さがみ》(神奈川県)などに5000石を与えられる。

さらに、慶長《けいちょう》6年(1601)に青山忠成《あおやまただなり》とともに関東総奉行、江戸の町奉行に抜擢される。このとき加増を受けて2万1000石の大名となったが、慶長11年(1606)には失政を理由に忠成とともに蟄居《ちっきょ》を強いられた。

子孫は安房《あわ》勝山藩(千葉県鋸南《きょなん》町)へ転封(国替え)となるが、元和《げんな》9年(1623)に内藤清政《きよまさ》(清成の次男、清次《きよつぐ》の養子)、寛《かん》永《えい》6年(1629)に内藤正勝《まさかつ》(清成の三男、清政の養子)が続けて若死にしたため、一旦お取り潰しとなる。

後に旗本(5000石)として家を再興した内藤重頼《しげより》(正勝の子)が貞享《じょうきょう》元年(1684)ごろに加増により大名の座へ復帰した。

子孫は元禄《げんろく》4年(1691)に3万3000石で信《しな》濃《の》高遠《たかとお》藩へ入封し、定着した。

歴代では清次が老中に、重頼が大坂城代と京都所司代に、内藤頼寧《よりやす》(頼以《よりもち》の子)が若年寄に就任し、幕政の枢機《すうき》に参画している。

分家には、内藤忠重《ただしげ》(忠政の子)に始まる志摩鳥羽《しまとば》藩(三重県鳥羽市)、内藤正勝《まさかつ》(正隆《まさたか》の子、正次《まさつぐ》の養子)に始まる信濃岩《いわ》村田《むらた》藩(長野県佐久《さく》市)があったが、鳥羽藩は内藤忠勝《ただかつ》(忠重の孫)の刃傷事件によりお取り潰しとなった。

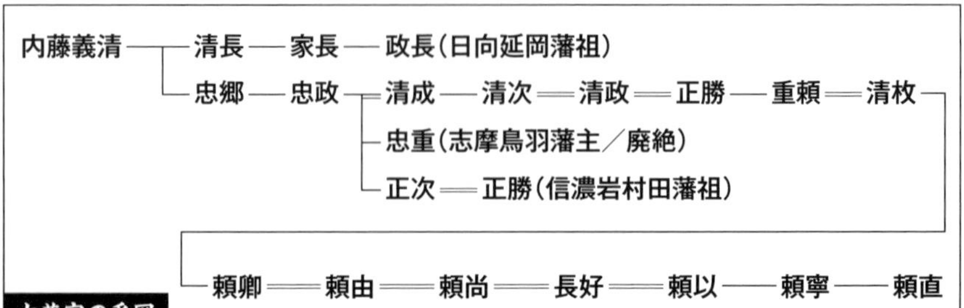

内藤家の系図

松平郷近郊を治めた延岡藩の支封

ないとうけ

内藤家

下り藤（下藤の丸、桐など）

藩名：三河挙母藩（愛知県豊田市）
藩祖：内藤政晴
石高：2万石
大名になった年：寛永11年（1634）
本拠地：上野国内→陸奥泉陣屋→上野安中城→三河挙母城
親疎の別：譜代
家格：城主
江戸城内の詰間：帝鑑間
爵位：子爵

三河挙母を治めた内藤家の分家

日向延岡《ひゅうがのべおか》藩（宮崎県延岡市）主・内藤家の分家。寛永《かんえい》11年（1634）、藩祖・内藤政《まさ》晴《はる》（政長《まさなが》の次男）が2万石を分与され、陸《む》奥《つ》泉藩（福島県いわき市）主となった。子孫は寛延《かんえん》2年（1749）に三河《みかわ》挙母《ころも》藩に入封し、定着した。挙母は松平《まつだいら》家（徳川《とくがわ》将軍家）の発祥地・三河松平郷《ごう》（愛知県豊田市）に近い。歴代のうち、江戸時代前期の内藤政親《まさちか》（政晴の嫡子）は若年寄を、内藤政森《まさもり》（政親の子）は奏者番《そうじゃばん》を務めた。

内藤政長 ─┬─ 忠興 ── （3代略） ══ 政樹（日向延岡藩主）
　　　　　└─ 政晴 ── 政親 ── 政森 ── 政里 ── 政苗 ══ 学文 ══ 政峻 ══ 政成 ══ 政優 ══ 政文 ── 文成

内藤家の系図

同じ信濃で続いた高遠藩の一族

ないとうけ

内藤家

下り藤（下藤の丸）

藩名：信濃岩村田藩（長野県佐久市）
藩祖：内藤正勝
石高：1万6000石
大名になった年：元禄6年（1693）
本拠地：武蔵赤松陣屋→信濃岩村田陣屋→摂津国内ほか→信濃岩村田陣屋
親疎の別：譜代
家格：陣屋
江戸城内の詰間：雁間
爵位：子爵

一時転封していた高遠内藤家の分家

信濃高遠《しなのたかとお》藩（長野県伊那《いな》市）主・内藤家の一族。旗本（5000石）の家を継いだ藩祖・内藤正勝《まさかつ》（正隆《まさたか》の子、正次《まさつぐ》の養子）は小姓《こしょう》組番頭《ぐみばんがしら》などを歴任し、元禄《げんろく》6年（1693）に1万6000石の武蔵《むさし》赤松藩（埼玉県鳩山《はとやま》町）主となった。子孫は元禄16年（1703）に信濃岩村田《いわむらた》藩へ入封するが、摂津《せっつ》（大阪府北部、兵庫県南東部）国内などへ移っていた時期もある。それでも、正徳《しょうとく》元年（1711）に岩村田藩へ再入封し、定着した。

内藤忠郷 ── 忠政 ─┬═ 清成（信濃高遠藩祖）
　　　　　　　　　├─ 忠重（志摩鳥羽藩主／廃絶）
　　　　　　　　　└─ 正次 ══ 正勝 ── 正友 ── 正敬 ── 正弼 ── 正興 ══ 正国 ══ 正縄 ── 正義 ── 正誠

内藤家の系図

1万石で再興された武功の家

永井家《ながいけ》

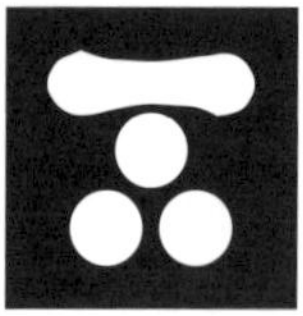

一文字に三星（丸に柰花、松葉松笠）

- **藩名**：大和櫛羅藩（倶戸羅藩／奈良県御所市）
- **藩祖**：永井直勝
- **石高**：1万石
- **大名になった年**：元和2年（1616）
- **本拠地**：上総国内ほか→上野小幡陣屋→常陸笠間城→下総古河城→山城淀城→丹後宮津城→大和新庄陣屋→大和櫛羅陣屋
- **親疎の別**：譜代
- **家格**：陣屋
- **江戸城内の詰間**：菊間
- **爵位**：子爵

池田恒興を討ち取った闘将の家系

『寛政重修諸家譜《かんせいちょうしゅうしょかふ》』では大江《おおえ》氏に収められており、戦国時代までは長田《おさだ》姓であったが、藩祖・永井直勝《なおかつ》（長田直吉《なおよし》の子）が徳川家康《とくがわいえやす》の命で永井姓に改姓した。

直勝は天正《てんしょう》12年（1584）の長久手《ながくて》の戦いで羽柴《はしば》（豊臣《とよとみ》）方の池田恒興《いけだつねおき》（輝政《てるまさ》の父）を討ち取るなどといった手柄を重ね、元和《げんな》2年（1616）に1万石の上野小幡《こうずけおばた》藩（群馬県甘楽《かんら》町）主になる。以後、直勝や子孫は常陸《ひたち》笠間藩（茨城県笠間市）、下総古河《しもうさこが》藩（茨城県古河市）、山城淀《やましろよど》藩（京都市伏見区）、丹後《たんご》宮津藩（京都府宮津市）と転封（国替え）を続け、加増により石高《こくだか》も10万石（後に7万3600石）に達した。

ところが、延宝《えんぽう》8年（1680）の増上寺《ぞうじょうじ》（東京都港区）での法会《ほうえ》の最中、永井尚長《なおなが》（尚《なお》征《ゆき》の三男）が志摩鳥羽《しまとば》藩（三重県鳥羽市）主・内藤忠勝《ないとうただかつ》に惨殺されてしまう。

尚長の横死《おうし》により永井家はお取り潰しとなるが、幸いにも同年、永井直円《なおみつ》（尚征の六男、尚長の弟）によって再興が認められ、永井家は1万石で大和新庄《やまとしんじょう》藩（奈良県葛城《かつらぎ》市）へ入封した。文久《ぶんきゅう》3年（1863）、陣屋を移して大和櫛羅《くじら》藩（倶戸羅《くじら》藩／奈良県御所《ごせ》市）を興している。歴代では永井尚政《なおまさ》が老中を務めた。

分家に永井尚庸《なおつね》（尚政の子）に始まる美濃《みの》加納藩（岐阜市）、永井直清《なおきよ》（直勝の次男）に始まる摂津高槻《せっつたかつき》藩（大阪府高槻市）があった。また、尚政は上総潤井戸《かずさうるいど》藩（千葉県市原市）を興していたが、同藩は尚政の本家相続によりお取り潰しとなる。

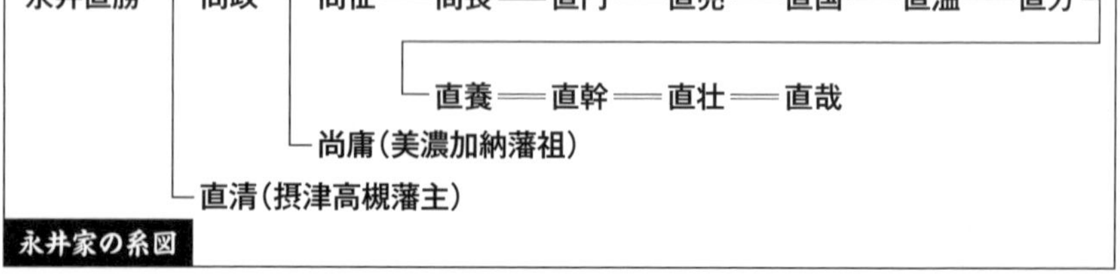

永井家の系図

京都所司代の代理を務めた家柄

ながいけ

永井家

永井鉄仙（黒持に鉄仙、丸に一文字に三星）

藩名：摂津高槻藩（大阪府高槻市）
藩祖：永井直清
石高：3万6000石
大名になった年：寛永10年（1633）
本拠地：下総国内ほか→山城勝龍寺城〈長岡城〉→摂津高槻城
親疎の別：譜代
家格：城主
江戸城内の詰間：雁間
爵位：子爵

摂津高槻を治めた永井家の分家

大和櫛羅藩《やまとくじらはん》（倶尸羅藩《くじらはん》／奈良県御所市《ごせし》）主・永井家の分家。寛永《かんえい》10年（1633）、藩祖・永井直清《なおきよ》（直勝《なおかつ》の次男）が2万石の山《やま》城勝龍寺《しろしょうりゅうじ》藩（長岡藩／京都府長岡京市）主となった。次いで、慶安《けいあん》2年（1649）、直清が3万6000石で摂津高槻《せっつたかつき》藩へ入封し、定着した。歴代のうち、老中であった永井尚政《なおまさ》（直勝の嫡子、直清の兄）とともに第4代将軍・徳川家綱《とくがわいえつな》に仕えた直清は、大坂城代と京都所司代の代理を務めている。

永井家の系図

永井直勝─┬─尚政──（８代略）＝＝直幹（大和櫛羅藩主）
　　　　　└─直清──直吉──直時＝＝直種＝＝直達＝＝直英＝＝直期──直行＝＝直珍──直進──直与──直輝＝＝直矢＝＝直諒

岐阜の礎を築き上げた殿様

ながいけ

永井家

丸に梨切り口（一文字に三星、黒餅の内柰花、松葉）

藩名：美濃加納藩（岐阜県岐阜市）
藩祖：永井尚庸
石高：3万2000石
大名になった年：万治元年（1658）
本拠地：河内国内ほか→下野烏山城→播磨赤穂城→信濃飯山城→武蔵岩槻城→美濃加納城
親疎の別：譜代
家格：城主
江戸城内の詰間：雁間
爵位：子爵

美濃加納を治めた永井家の分家

大和櫛羅藩《やまとくじらはん》（倶尸羅藩《くじらはん》／奈良県御所市《ごせし》）主・永井家の分家。万治《まんじ》元年（1658）、藩祖・永井尚庸《なおつね》（尚政《なおまさ》の三男）が2万石を分与され大名となった。子孫は転封（国替え）を重ねた末に宝暦《ほうれき》6年（1756）に3万2000石で美濃《みの》加納藩へ入封し、定着する。歴代のうち、尚庸が若年寄と京都所司代を、永井尚佐《なおすけ》（尚庸の孫、尚旧《なおひさ》の養子）が若年寄を、永井尚服《なおこと》（板倉勝顕《いたくらかつてる》の弟、尚《なお》典《のり》の養子）が若年寄を務めている。

永井尚政─┬─尚征──（７代略）＝＝直幹（大和櫛羅藩主）
　　　　　└─尚庸──直敬──尚平＝＝直陳＝＝尚備──尚旧＝＝尚佐──尚典＝＝尚服

永井家の系図

水戸藩付家老から大名となった家

なかやまけ

中山家

枡形に月（枡形の内に月、虎杖、水月など）

藩名：常陸松岡藩（手綱藩／茨城県高萩市）
藩祖：中山信徴
石高：2万5000石
大名になった年：明治元年（慶応4年／1868）
本拠地：（常陸松岡城→常陸太田陣屋→）常陸松岡城
親疎の別：譜代
家格：城主
江戸城内の詰間：－
爵位：男爵

水戸藩付家老から出世した譜代大名

丹治《たんじ》氏で、中山姓は武蔵《むさし》中山（埼玉県飯能《はんのう》市）にちなむという。家祖・中山信吉《のぶよし》（家範《いえのり》の次男）は常陸《ひたち》水戸藩（茨城県水戸市）主・徳川頼房《とくがわよりふさ》（家康《いえやす》の十一男）の傅役《もりやく》（養育係）、付家老《つけがろう》となり、子孫は水戸藩付家老、2万5000石の常陸松岡城主の座を世襲した。なお、一時、常陸太田（茨城県常陸太田市）に陣屋を置いている。ほかの御三家の付家老と同様、中山信徴《のぶあき》（信守《のぶもり》の四男、信宝《のぶとみ》の養子）が明治元年（慶応《けいおう》4年／1868）に松岡藩主となった。同年、藩名を手綱《たづな》藩と改称している。

中山家の系図

中山家範 — 信吉 — 信正 ＝ 信治 — 信行 ＝ 信成 ＝ 信敏 ＝ 信順 ＝ 信昌 — 政昌 ＝ 信敬 — 信情 ＝ 信守 — 信宝 ＝ 信徴

名城・犬山城を守った尾張藩の付家老

なるせけ

成瀬家

丸に鳩漿草

藩名：尾張犬山藩（愛知県犬山市）
藩祖：成瀬正肥
石高：3万5000石
大名になった年：明治元年（慶応4年／1868）
本拠地：（下総栗原城→）尾張犬山城
親疎の別：譜代
家格：城主
江戸城内の詰間：－
爵位：男爵

尾張藩の付家老から出世した譜代大名

藤原《ふじわら》氏支流で、成瀬姓は三河《みかわ》成瀬（愛知県豊田市）にちなむという。家祖・成瀬正成《まさなり》（正一《まさかず》の嫡子）が徳川家康《とくがわいえやす》に仕え、尾張《おわり》藩（愛知県名古屋市）主・徳川義直《よしなお》（家康の九男）の付家老《つけがろう》、3万5000石の尾張犬山城主となった。以後、子孫は付家老と犬山城主の座を世襲する。ほかの御三家の付家老と同様、成瀬正肥《まさみつ》（青山忠良《あおやまただなが》の三男、正住《まさずみ》の養子）が明治元年（慶応《けいおう》4年／1868）に犬山藩主となった。なお、成瀬之成《ゆきなり》（正成の次男）に始まる下総栗原《しもうさくりはら》藩（千葉県船橋市）は成瀬之虎《ゆきとら》（之成の次男）の病没後、世継ぎの欠如でお取り潰しとなっている。

成瀬正一 — 正成 ┬ 正虎 — 正親 — 正幸 — 正泰 — 正典 — 正寿 — 正住 ＝ 正肥
　　　　　　　　└ 之成 — 之虎（下総栗原藩主／廃絶）

成瀬家の系図

大名となった吉良家の支族

にしおけ

西尾家

櫛松（稲穂、剣鳩酸草）

藩名：遠江横須賀藩（静岡県掛川市）
藩祖：西尾吉次
石高：3万5000石
大名になった年：慶長5年（1600）以降
本拠地：武蔵原市城→上野白井城→常陸土浦城→駿河田中城→信濃小諸城→遠江横須賀城→安房花房陣屋
親疎の別：譜代
家格：城主
江戸城内の詰間：帝鑑間
爵位：子爵

関ヶ原の功で大名に取り立てられた譜代大名

清和《せいわ》源氏《げんじ》支流で、藩祖・西尾吉次《よしつぐ》（吉《き》良《ら》持広《もちひろ》の子）は徳川家康《とくがわいえやす》に仕え、慶長《けいちょう》5年（1600）の関ヶ原の戦いの戦勝後に1万2000石の武蔵《むさし》原市藩（埼玉県上尾市）主となった。以後、子孫は上野《こうずけ》白井藩（群馬県渋川市）、常陸《ひたち》土浦藩（茨城県土浦市）、駿河《するが》田中藩（静岡県藤枝市）、信濃小諸《しなのこもろ》藩（長野県小諸市）と転封（国替え）を続け、天和《てんな》2年（1682）に3万5000石で遠江《とおとうみ》横須賀藩に入封し、定着した。明治元年（慶応《けいおう》4年／1868）、陣屋を移して安房花房《あわはなぶさ》藩（千葉県鴨川《かもがわ》市）を興している。

西尾家の系図

吉良持広 ― 西尾吉次 ＝ 忠永 ― 忠照 ― 忠成 ― 忠尚 ＝ 忠需 ― 忠移 ＝ 忠善 ― 忠固 ＝ 忠受 ― 忠篤

長久手で奮戦した藩祖に始まる大名

にわけ

丹羽家

丹羽扇（丸に骨上り総桧扇、五七桐）

藩名：播磨三草藩（兵庫県加東市）
藩祖：丹羽氏次
石高：1万石
大名になった年：慶長5年（1600）以降
本拠地：三河伊保城→美濃岩村城→越後高柳陣屋→美作国内ほか→播磨三草陣屋
親疎の別：譜代
家格：陣屋
江戸城内の詰間：帝鑑間
爵位：子爵

長久手の戦いで活躍し出世した譜代大名

清和《せいわ》源氏《げんじ》義家《よしいえ》流の足利《あしかが》支流で、丹羽姓は尾張《おわり》丹羽郡（愛知県北西部）にちなむが、陸奥《むつ》二本松藩（福島県二本松市）主・丹羽家とは別系。藩祖・丹羽氏次《うじつぐ》（氏勝《うじかつ》の嫡子）が徳川家康《とくがわいえやす》に仕え、天正《てんしょう》12年（1584）の長《なが》久手《くて》の戦いで軍功をあげ、慶長《けいちょう》5年（1600）以降に1万石の三河伊保《みかわいぼ》藩（愛知県豊田市）主となった。子孫は2万石の美濃《みの》岩村藩（岐阜県恵那《えな》市）、越後高柳《えちごたかやなぎ》藩（新潟県妙高《みょうこう》市）を経て、延享《えんきょう》3年（1746）に播磨《はりま》三《み》草《くさ》藩へ入封する。石高《こくだか》はこの間にお取り潰しや削封《さくほう》（石高削減）があり、1万石で確定した。なお、戦国時代の丹羽家は民間武術・棒《ぼう》の手《て》を保護している。

丹羽家の系図

丹羽氏勝 ― 氏次 ― 氏信 ― 氏定 ― 氏純 ― 氏明 ＝ 氏音 ＝ 董氏 ― 氏栄 ＝ 氏福 ― 氏昭 ― 氏賢 ＝ 氏中

佐幕を貫きお取り潰しとなった大名

はやしけ

林家

丸に三頭左巴下に一文字
(三階菱、五七桐)

藩名：上総請西藩(千葉県木更津市)
藩祖：林忠英
石高：1万石
大名になった年：文政8年(1825)
本拠地：上総貝淵陣屋→上総請西陣屋
親疎の別：譜代
家格：陣屋
江戸城内の詰間：菊間
爵位：男爵

江戸初期に家康に仕えて大名となった譜代

清和源氏《せいわげんじ》義光《よしみつ》流の小笠原《おがさわら》支流。信濃《しなの》(長野県)ゆかりで、松平親氏《まつだいらちかうじ》(徳阿弥《とくあみ》)はこの家に逗留《とうりゅう》したことがあるという。江戸時代初期の林忠政《ただまさ》(藤五郎《とうごろう》の子)が徳川家《とくがわいえ》康《やす》に仕えて旗本(後に3000石)となる。江戸時代後期に家督を相続した藩祖・林忠《ただ》英《ふさ》(忠篤《ただあつ》の嫡子)は文政《ぶんせい》8年(1825)に若年寄に就任し、1万石(一時は1万8000石)の上総貝淵《かずさかいぶち》藩(千葉県木更津市)主となった。嘉永《かえい》3年(1850)、陣屋を移し上総請西《じょうさい》藩を興す。明治元年(慶応《けいおう》4年／1868)の戊《ぼ》辰《しん》戦争では、林忠崇《ただたか》(忠旭《ただあきら》の四男、忠交《ただかた》の養子)が新政府方に抗してお取り潰しを経験している。

林忠政═吉忠─忠勝─忠隆─忠和═忠勝─忠久─忠篤─忠英─忠旭═忠交═忠崇

林家の系図

正之の義弟が受け継いだ保科家の嫡流

ほしなけ

保科家

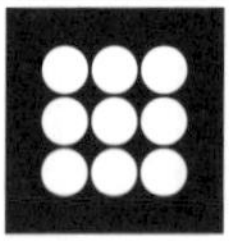

角九曜(並九曜、梶の葉)

藩名：上総飯野藩(千葉県富津市)
藩祖：保科正光
石高：2万石
大名になった年：慶長5年(1600)以降
本拠地：(下総多古城→信濃高遠城→)上総飯野陣屋
親疎の別：譜代
家格：陣屋
江戸城内の詰間：帝鑑間
爵位：子爵

戦国期から家康に仕えた譜代大名

清和源氏《せいわげんじ》頼季《よりすえ》流で、保科姓は信濃《しなの》保科(長野市)にちなむ。織豊《しょくほう》(安土桃山)時代の保科正直《まさなお》(正俊《まさとし》の子)は徳川家康《とくがわいえやす》に仕え、天正《てんしょう》18年(1590)の家康の関東入封の際に1万石の下総多古《しもうさたこ》城(千葉県多古町)主となる。慶長《けいちょう》5年(1600)の関ヶ原の戦いの戦勝後、藩祖・保科正光《まさみつ》(正直の嫡子)が信濃高遠《たかとお》藩(長野県伊那《いな》市)主となるが、家督は保科正之《まさゆき》(徳川秀忠《ひでただ》の子、正光の養子)が継ぐ。一方、保科正貞《まささだ》(正直の三男)は慶安《けいあん》元年(1648)に1万7000石(後に2万石)の上総《かずさ》飯野藩主となり、定着した。

保科正直─正光┬正之(徳川秀忠の子／陸奥会津藩主)
　　　　　　　└正貞─正景─正賢─正殷═正寿─正富─正率─正徳─正丕─正益

保科家の系図

お取り潰しを経験した悲運の家

ほったけ

堀田家

堀田木瓜（黒餅の内竪木瓜、三橘など）

藩名：近江宮川藩（滋賀県長浜市）
藩祖：堀田正盛
石高：1万3000石
大名になった年：寛永3年（1626）
本拠地：相模国内ほか→武蔵川越城→信濃松本城→下総佐倉城→上野吉井陣屋→近江宮川陣屋
親疎の別：譜代
家格：陣屋
江戸城内の詰間：帝鑑間
爵位：子爵

家光に取り立てられた譜代大名

紀氏《きのし》で、堀田姓は尾張《おわり》堀田（愛知県稲沢市）にちなむという。

藩祖・堀田正盛《まさもり》（正吉《まさよし》の嫡子、春日局《かすがのつぼね》の孫）が第3代将軍・徳川家光《とくがわいえみつ》（秀忠《ひでただ》の嫡子）に仕え、寛永《かんえい》3年（1626）に1万石の大名となった。

以後、正盛は老中、大老に進み、武蔵《むさし》川越藩（埼玉県川越市）、信濃《しなの》松本藩（長野県松本市）を経て、寛永19年（1642）に11万石で下総《しもうさ》佐倉藩（前期堀田家／千葉県佐倉市）へ入封する。

ところが、正盛が家光に殉死《じゅんし》後、堀田正信《まさのぶ》（正盛の嫡子）が江戸幕府へ上書《じょうしょ》（意見書）を提出して無断帰国したため、お取り潰しとなった。

やがて、堀田正休《まさやす》（正信の子）が再興を許され、1万石の上野《こうずけ》吉井藩（群馬県高崎市）となった。さらに、正休は元禄《げんろく》11年（1698）に1万石で近江《おうみ》宮川藩へ入封し、存続した。歴代では正盛のほかに、堀田正陳《まさのぶ》（正朝《まさとも》の子）が大番頭《おおばんがしら》と若年寄に就任している。

分家には、堀田正俊《まさとし》（正盛の三男）に始まる佐倉藩（後期堀田家）と、堀田正英《まさひで》（正盛の四男）に始まる常陸北条《ひたちほうじょう》藩（茨城県つくば市）があり、佐倉藩の分家に堀田正《まさ》虎《とら》（正俊の次男）に始まる下野《しもつけ》大宮藩（栃木市）と、堀田正高《まさたか》（正俊の三男）に始まる下野佐野藩（栃木県佐野市）があった。

しかし、北条藩は相続書類の不備、大宮藩は正虎の本家相続によりお取り潰しとなっている。

堀田正吉―正盛┬正信―正休―正朝―正陳―正邦―正穀―正民＝正義＝正誠＝正養
　　　　　　　├正俊（下総佐倉藩祖）
　　　　　　　└正英（常陸北条藩主／廃絶）

堀田家の系図

順天堂大学の前身を開設した藩

堀田家《ほったけ》

堀田木瓜(黒餅の内竪木瓜、田文字)

藩名：下総佐倉藩(千葉県佐倉市)
藩祖：堀田正俊
石高：11万石
大名になった年：慶安4年(1651)
本拠地：相模国内ほか→上野安中城→下総古河城→出羽山形城→陸奥福島城→出羽山形城→下総佐倉城
親疎の別：譜代
家格：城主
江戸城内の詰間：帝鑑間
爵位：伯爵

家綱時代に加増を受けた宮川藩の分家

石高《こくだか》は存続した3つの堀田家のなかで最も多いが、系譜的には近江《おうみ》宮川藩(滋賀県長浜市)主・堀田家の分家にあたる。

藩祖・堀田正俊《まさとし》(正盛《まさもり》の三男、春日局《かすがのつぼね》の養子)は第4代将軍となる徳川家綱《とくがわいえつな》(家《いえ》光《みつ》の嫡子)に仕えて加増を重ね、慶安《けいあん》4年(1651)に1万石の大名となった。

ところが、万治《まんじ》3年(1660)、下総《しもうさ》佐倉藩主・堀田正信《まさのぶ》(正盛の嫡子、正俊の兄)が江戸幕府に上書《じょうしょ》(意見書)を提出し、無断で佐倉城へ帰城するという事件を起こした。このとき、堀田正盛(正信や正俊らの父)が興した家はお取り潰し(後に再興)となり、弟・正俊も遠慮の処分を受けたが、短期間で許されている。

そんな事件にもめげず、忠勤を励んだ正俊は、寛文《かんぶん》7年(1667)に1万7000石(後に4万石)の上野安中《こうずけあんなか》藩(群馬県安中市)主となる。さらに、延宝《えんぽう》7年(1679)に老中に抜擢されるが、翌年に家綱が40歳で病没した。病弱の家綱には男子がおらず、また世子《せいし》(次期将軍)も定めていなかったため、誰を次の将軍にするかという問題が巻き起こる。

このとき、大老・酒井忠清《さかいただきよ》は鎌倉幕府の故事にならい、皇族の男子を次の将軍に据えるべきと主張した。

権勢を誇り、「下馬《げば》将軍」の異名を得ていた忠清がこの主張をしたこともあって、一時は宮将軍《みやしょうぐん》が実現するかに思われた。

しかし、正俊が推《お》した上野館林《たてばやし》藩(群馬県館林市)主・徳川綱吉《つなよし》(家光の四男、家綱の弟)に同調する幕閣が多く、結局は綱吉が第5代将軍に迎えられている。

このようにして将軍となった綱吉の意向により、最大の功労者である正俊は天《てん》和《な》元年(1681)に大老に昇格した。

さらに正俊は同年、9万石(後に13万石)の下総古河《しもうさこが》藩(茨城県古河市)主に栄進している。

ところが、いかなる理由か正俊は、貞《じょう》享《きょう》元年(1684)に殿中(江戸城内)で若年寄で美濃《みの》青野藩(岐阜県大垣市)主の稲葉正《いなばまさ》休《やす》(正吉《まさよし》の嫡子、正俊の従弟《いとこ》)に刺殺された。なお、正休は居合わせた老中に斬り伏せられたが、常陸《ひたち》水戸藩(茨城県水戸市)主・徳川光圀《みつくに》(頼房《よりふさ》の次男)は加害者を捕えて真相究明をしなかった点を批判したという。一説に、刃傷の原因は畿内《きない》(近畿地方)の河川改修をめぐるトラブルが高じたものというが、定かではない。

以後、子孫は出羽《でわ》山形藩(山形市)、陸《む》

奥《つ》福島藩(福島市)、山形藩を経て、延享《えんきょう》3年(1746)に家祖・正盛ゆかりの佐倉藩(後期堀田家)へ入封し、定着した。石高は分知《ぶんち》や加増などにより、最終的に11万石で確定している。

歴代では正俊が老中と大老を務めたが、ほかに堀田正虎《まさとら》(正俊の次男、正仲《まさなか》の養子)が大坂城代を、堀田正亮《まさすけ》(正武《まさたけ》の次男、正虎と正春《まさはる》の養子)が大坂城代と老中を、堀田正順《まさあり》(正亮の六男)が大坂城代と京都所司代を、堀田正睦《まさよし》(正時《まさとき》の子、正愛《まさちか》の養子)が老中を務めている。

わけても、幕末維新期の正睦は日米修《にちべいしゅう》好通商《こうつうしょう》条約の勅許《ちょっきょ》問題、第13代将軍・徳川家定《いえさだ》の継嗣《けいし》問題などに取り組んだが、大老・井伊直弼《いいなおすけ》の就任に伴い罷免《ひめん》された。

その一方で正睦は、佐倉藩の藩政改革に成功し、西洋医・佐藤泰然《さとうたいぜん》を招聘《しょうへい》して医学塾兼病院・順天堂《じゅんてんどう》(順天堂大学の前身)を創設している。また、幕末維新期の堀田正倫《まさひら》(正睦の子)は後に佐倉へ戻り、地域振興に腐心した。子孫には佐倉市長を務めた者もいる。

分家に堀田正高《まさたか》(正俊の三男)に始まる下野《しもつけ》佐野藩(栃木県佐野市)と、正虎に始まる下野大宮藩(栃木市)があった。ただし、大宮藩は正虎の福島藩相続により、お取り潰しとなっている。

下総佐倉藩の居城・佐倉城跡と堀田正睦の銅像(千葉県佐倉市)

堀田正吉 ― 正盛 ┬ 正信 ― 正休(近江宮川藩主)
├ 正俊 ┬ 正仲 ═ 正虎 ═ 正直 ― 正春 ═ 正亮 ― 正順 ═ 正時 ═ 正愛 ═ 正睦 ― 正倫
│ └ 正高(下野佐野藩祖)
└ 正英(常陸北条藩主/廃絶)

堀田家の系図

下野に興り下野で続いた佐倉藩の支封

ほったけ

堀田家

堀田木瓜(丸に竪木瓜、丸に竪三引など)

藩名：下野佐野藩(栃木県佐野市)
藩祖：堀田正高
石高：1万6000石
大名になった年：貞享元年(1684)
本拠地：下野佐野陣屋→近江堅田陣屋→下野佐野陣屋
親疎の別：譜代
家格：陣屋
江戸城内の詰間：帝鑑間
爵位：子爵

下野佐野を治めた佐倉堀田家の分家

下総《しもうさ》佐倉藩(千葉県佐倉市)主・堀田家(後期堀田藩)の分家。貞享《じょうきょう》元年(1684)、藩祖・堀田正高《まさたか》(正俊《まさとし》の三男)が1万石を分与され、下野《しもつけ》佐野藩主となった。元禄《げんろく》11年(1698)、正高は近江堅田《おうみかただ》藩(滋賀県大津市)へ転じるが、子孫が文政《ぶんせい》9年(1826)に佐野藩へ再入封し、定着する。石高《こくだか》は加増により、1万6000石で確定した。江戸時代後期の堀田正敦《まさあつ》(伊達宗村《だてむねむら》の八男、正富《まさとみ》の養子)は若年寄に就任し、大名と旗本の系譜集『寛政重修諸家譜《かんせいちょうしゅうしょかふ》』編修事業の総裁を務めている。

堀田正俊 ─┬─ 正仲 ── (3代略) ＝ 正亮(下総佐倉藩主)
　　　　　├─ 正虎(下野大宮藩主／廃絶)
　　　　　└─ 正高 ─ 正峯 ＝ 正永 ＝ 正実 ─ 正富 ＝ 正敦 ─ 正衡 ─ 正修 ─ 正頌

堀田家の系図

堀姓の4家で唯一の譜代大名

ほりけ

堀家

亀甲の内花菱(釘抜)

藩名：越後椎谷藩(新潟県柏崎市)
藩祖：堀直景
石高：1万石
大名になった年：寛永19年(1642)
本拠地：上総苅谷陣屋→上総八幡陣屋→越後椎谷陣屋
親疎の別：譜代＊
家格：陣屋
江戸城内の詰間：菊間
爵位：子爵

譜代となった唯一の堀家

外様《とざま》の越後《えちご》村松藩(新潟県五泉《ごせん》市)主・堀家の一族。藩祖・堀直景《なおかげ》(直之《なおゆき》の嫡子)が寛永《かんえい》19年(1642)に1万石の大名となった。子孫は各地を経て、元禄《げんろく》11年(1698)に1万石で越後椎谷《しいや》藩へ入封し、定着した。歴代のうち、江戸時代中期の堀直旧《なおひさ》(直《なお》央《なか》の次男、直恒《なおつね》の養子)は若年寄を務めた。維新後、奥田《おくだ》姓へ改姓している。

堀直政 ─┬─ 直寄 ── 直時 ── 直吉(越後村松藩主)
　　　　├─ 直重(信濃須坂藩主)
　　　　└─ 直之 ── 直景 ── 直良 ── 直宥 ── 直央 ＝ 直恒 ＝ 直旧 ＝ 直喜 ＝ 直著 ─┐
　　　　┌──────────────────────────────────┘
　　　　└─ 直宣 ＝ 著朝 ＝ 直起 ＝ 直温 ＝ 直哉 ── 之敏 ── 之美

堀家の系図

＊直景が旗本から大名となった関係で外様大名ではなく、譜代大名の扱いを受けた

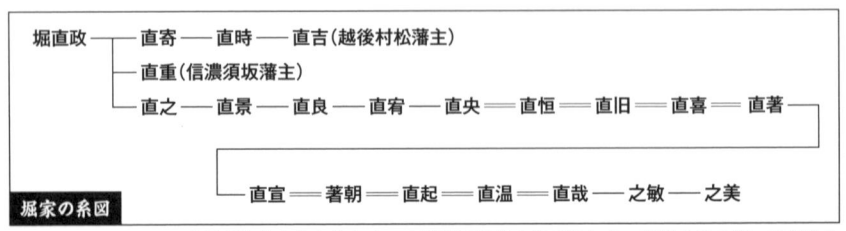

桂昌院の義兄を家祖とする小藩

ほんじょうけ

本庄家

繫ぎ九目結(九目結、藺葡違など)

藩名：美濃高富藩(岐阜県山県市)
藩祖：本庄道章
石高：1万石
大名になった年：宝永2年(1705)
本拠地：美濃岩滝陣屋→美濃高富陣屋
親疎の別：譜代
家格：陣屋
江戸城内の詰間：菊間
爵位：子爵

綱吉に取り立てられた譜代大名

藤原《ふじわら》氏で、丹後《たんご》宮津藩(京都府宮津市)主・松平《まつだいら》(本庄)家の一門。家祖・本庄道《みち》芳《か》(宗正《むねまさ》の嫡子)は桂昌院《けいしょういん》の義兄で、桂昌院が産んだ徳川綱吉《とくがわつなよし》(家光《いえみつ》の四男)が第5代将軍となった後の宝永《ほうえい》2年(1705)、藩祖・本庄道章《みちあきら》(道高《みちたか》の子、道芳の孫)が1万石の美濃《みの》岩滝藩(岐阜市)主となった。後に道章は陣屋を移して1万石で美濃高《たか》富《とみ》藩へ定着した。本庄道貫《みちつら》(松平信明《のぶあきら》の子、道昌《みちまさ》の養子)は若年寄を務めている。

本庄宗正 ─ 道芳 ─ 道高 ─ 道章 ─ 道矩 ＝ 道倫 ＝ 道堅 ＝ 道信 ＝ 道揚 ＝ 道利 ─ 道昌 ＝ 道貫 ─ 道美
本庄宗正 ─ 桂昌院(お玉の方)
桂昌院(お玉の方)・徳川家光 ─ 綱吉
本庄宗正 ─ 松平(本庄)宗資(丹後宮津藩祖)

本庄家の系図

播磨西部で続いた岡崎藩の支封

ほんだけ

本多家

本多立葵(丸に立葵、丸本の字、一本杉)

藩名：播磨山崎藩(兵庫県宍粟市)
藩祖：本多政信
石高：1万石
大名になった年：承応2年(1653)
本拠地：大和国内→播磨山崎陣屋
親疎の別：譜代
家格：陣屋
江戸城内の詰間：帝鑑間
爵位：子爵

正信でなく政信が興した小藩

三河《みかわ》岡崎藩(愛知県岡崎市)主・本多家の分家。藩祖・本多政信《まさのぶ》(監物《けんもつ》／政朝《まさとも》の三男)は承応《じょうおう》2年(1653)に1万石の大名となった。いうまでもなく、藩祖の政信と、徳川家康《とくがわいえやす》の側近・本多正信《まさのぶ》(佐渡守《さどのかみ》／正《まさ》俊《とし》の子)とは別人である。なお、この時期の政信を大和郡山分封《やまとこおりやまぶんぽう》藩(奈良県大和郡山市)主とみなす説がある。子孫は延《えん》宝《ぽう》8年(1680)に1万石で播磨《はりま》山崎藩へ入封し、定着した。幕末維新期の本多忠鄰《ただちか》(忠居《ただおき》の四男、忠敬《ただたか》の養子)は藩校・思斉《しさい》館《かん》を創設している。

本多政勝 ＝ 政長 ─ (5代略) ＝ 忠粛(三河岡崎藩主)
本多政勝 ＝ 政信 ＝ 忠英 ─ 忠方 ＝ 忠辰 ─ 忠堯 ＝ 忠可 ─ 忠居 ─ 忠敬 ＝ 忠鄰 ─ 忠明

本多家の系図

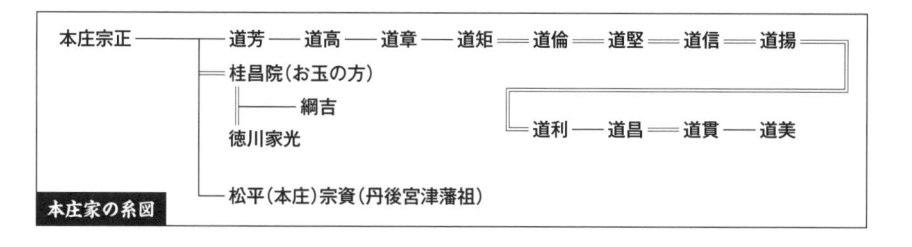

譜代大名で最多の分家と別流を持つ名門

ほんだけ

本多家

本多立葵(丸に立葵、一本杉、丸に本の字)

藩名：三河岡崎藩(愛知県岡崎市)

藩祖：本多忠勝

石高：5万石

大名になった年：慶長5年(1600)以降

本拠地：上総大多喜城→伊勢桑名城→播磨姫路城→大和郡山城→陸奥福島城→播磨姫路城→越後村上城→三河刈谷城→下総古河城→石見浜田城→三河岡崎城

親疎の別：譜代

家格：城主

江戸城内の詰間：溜間

爵位：子爵

闘将の四天王を藩祖に持つ名門

藤原北家兼通《ふじわらほっけかねみち》流の子孫で、本多姓は豊《ぶん》後《ご》本多(大分県杵築《きつき》市付近か)にちなむという。多くの系統があり大名となった家も多いが、通常、本多定通《さだみち》(助政《すけまさ》の子)の系統である藩祖・本多忠勝《ただかつ》(忠高《ただたか》の嫡子)の家が宗家とされている。

忠勝は徳川家康《とくがわいえやす》に従って50数度の合戦に参加し、一度も傷を負わなかったという闘将で、天正《てんしょう》18年(1590)の家康の関東入封の後、10万石の上総大多喜《かずさおおたき》城(千葉県大多喜町)主に抜擢された。次いで、慶長《けいちょう》5年(1600)の関ヶ原の戦いでも奮戦した忠勝は、戦勝後、伊勢桑名《いせくわな》藩(三重県桑名市)主に据えられる。

以後、子孫は播磨姫路《はりまひめじ》藩(兵庫県姫路市)、大和郡山《やまとこおりやま》藩(奈良県大和郡山市)、陸奥《むつ》福島藩(福島市)、姫路藩を経て、越《えち》後《ご》村上藩(新潟県村上市)へ入封する。ところが、村上藩主であった本多忠孝《ただたか》(忠《ただ》国《くに》の三男)が宝永《ほうえい》6年(1709)に12歳で病没したため、石高《こくだか》を5万石にまで減らされてしまう。もっとも、江戸幕府がお取り潰しとせず5万石で存続を認めたのは、本多家が譜代《ふだい》の名門であったからにほかならない。

その後も、三河刈谷《みかわかりや》藩(愛知県刈谷市)、下総古河《しもうさこが》藩(茨城県古河市)、石見《いわみ》浜田藩(島根県浜田市)と転封(国替え)を続けたが、明和《めいわ》6年(1769)に三河岡崎藩へ5万石で入封し、定着した。

歴代では、忠勝、本多忠良《ただよし》(忠英《ただひで》の長男、忠孝の養子)、本多忠民《ただもと》(松平頼儀《まつだいらよりのり》の子、忠考《ただなか》の養子)が老中となっている。

また、本多忠刻《ただとき》(忠政《ただまさ》の嫡子)は天樹院《てんじゅいん》(千姫《せんひめ》／徳川秀忠《ひでただ》の長女、先夫は豊臣秀《とよとみひで》頼《より》)を正室に迎え、当時の居城・姫路城へ化粧櫓《やぐら》を構築した。

けれども、本多幸千代《こうちよ》(忠刻・天樹院夫妻の長男)、さらに忠刻が相次いで病没したため、天樹院は江戸へ戻って夫や子の冥福《めいふく》を祈りつつ、以後は甲斐《かい》甲府藩(山梨県甲府市)主となる徳川綱重《つなしげ》(家光《いえみつ》の三男、家宣《いえのぶ》の父)や、天秀尼《てんしゅうに》(秀頼の長女)の養育に心を砕く日々を送っている。ちなみに、忠刻の病没後、宮本造酒助《みきのすけ》(三木之助／武蔵《むさし》の養子)が殉死《じゅんし》している。

存続した分家には、本多政信《まさのぶ》(政朝《まさとも》の三男)に始まる播磨山崎藩(兵庫県宍粟《しそう》市）、本多忠以《ただもち》（忠義《ただよし》の三男）に始まる陸奥泉藩（福島県いわき市）、伊奈《いな》本多家の本多康俊《やすとし》（酒井《さかい》忠次《ただつぐ》の次男、本多忠次《ただつぐ》の養子）に始まる近江《おうみ》膳所《ぜぜ》藩（滋賀県大津市）、本多忠統《ただむね》（忠恒《ただつね》の子）に始まる伊勢神戸《かんべ》藩（三重県鈴鹿《すずか》市）、本多忠寛《ただひろ》（忠興《ただおき》の子）に始まる三河西端《にしはた》藩（愛知県碧南《へきなん》市）があった。

しかし、播磨姫路新田《しんでん》藩、陸奥大久保藩（福島県須賀川《すかがわ》市）、大多喜藩、郡山藩、遠江相良《とおとうみさがら》藩（静岡県牧之原《まきのはら》市）、三河足助《あすけ》藩（愛知県豊田市）、越前《えちぜん》丸岡藩（福井県坂井市）などの分家は、跡継ぎの欠如、職務上の失策などを理由にお取り潰しとなっている。

さらに、本多定正《さだまさ》（定政／助政の子、定通の弟）を遠祖とする駿河《するが》田中藩（静岡県藤枝市）、信濃《しなの》飯山藩（長野県飯山市）などもあるが、これらは系譜的に遠く、別流と見るべきであろう。

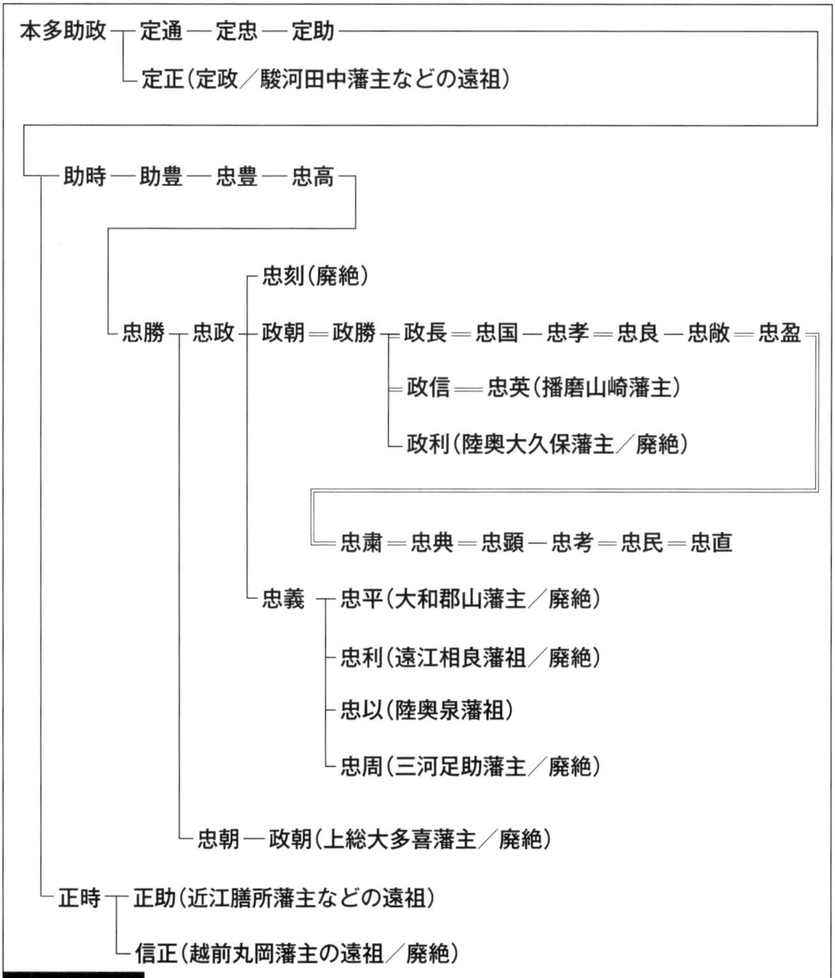

本多家の系図

寛政改革の功労者を出した家

ほんだけ

本多家

本多立葵（丸に立葵、丸に本の字、一本杉）

藩名：陸奥泉藩（福島県いわき市）
藩祖：本多忠以
石高：2万石
大名になった年：寛文2年（1662）
本拠地：陸奥浅川陣屋→三河伊保陣屋→遠江相良陣屋→陸奥泉陣屋
親疎の別：譜代
家格：陣屋
江戸城内の詰間：帝鑑間
爵位：子爵

陸奥泉を治めた岡崎本多家の分家

三河《みかわ》岡崎藩（愛知県岡崎市）主・本多家の分家。藩祖・本多忠以《ただもち》（忠義《ただよし》の三男）が寛文《かんぶん》2年（1662）に1万石を分与され、陸奥《むつ》浅川藩（福島県浅川町）主となった。子孫は各地を経て延享《えんきょう》3年（1746）に1万5000石（後に2万石、維新後は1万8000石）で陸奥泉藩へ入封し、定着した。歴代のうち、本多忠籌《ただかず》（忠如《ただゆき》の嫡子）は若年寄、側用《そばよう》人《にん》、老中格を歴任し、老中・松平定信《さだのぶ》の寛政《かんせい》改革を補佐している。

本多家の系図

本多忠政 ─┬ 政朝 ＝（7代略）＝ 忠粛（三河岡崎藩主）
　　　　　└ 忠義 ─┬ 忠平（大和郡山藩主／廃絶）
　　　　　　　　　├ 忠利（遠江相良藩祖／廃絶）
　　　　　　　　　├ 忠以 ＝ 忠晴 ─ 忠直 ─ 忠通 ＝ 忠如 ─ 忠籌 ─ 忠誠 ─ 忠知 ─ 忠徳 ＝ 忠紀 ＝ 忠伸
　　　　　　　　　└ 忠周（三河足助藩主／廃絶）

酒井忠次の次男が継いだ伊奈本多家の嫡流

ほんだけ

本多家

本多立葵（丸に立葵、丸に本の字）

藩名：近江膳所藩（滋賀県大津市）
藩祖：本多康俊
石高：6万石
大名になった年：慶長5年（1600）以降
本拠地：下総小笹城→三河西尾城→近江膳所城→三河西尾城→伊勢亀山城→近江膳所城
親疎の別：譜代
家格：城主
江戸城内の詰間：帝鑑間
爵位：子爵

近江膳所を治めた岡崎本多家の分家

三河《みかわ》岡崎藩（愛知県岡崎市）主・本多家の分家だが、別流に近い。藩祖・本多康《やす》俊《とし》（酒井忠次《さかいただつぐ》の次男、本多忠次《ただつぐ》の養子）は慶長《けいちょう》5年（1600）の関ヶ原の戦いの戦勝後、2万石の三河西尾藩（愛知県西尾市）主になった。子孫は慶安《けいあん》4年（1651）に7万石（後に6万石）で近江《おうみ》膳所《ぜぜ》藩に入封（再入封）し、定着した。分家や一門には、伊勢神戸《いせかんべ》藩（三重県鈴鹿《すずか》市）、三河西端《にしはた》藩（愛知県碧《へき》南《なん》市）があった。

本多家の系図

本多定助 ─┬ 助時（三河岡崎藩主などの遠祖）
　　　　　└ 正時 ─┬ 正助 ─ 正忠 ─ 忠俊 ─ 忠次 ＝ 康俊 ─┬ 俊次 ─ 康将 ─┬ 康慶 ─ 康命 ＝ 康敏 ＝ 康桓 ＝ 康政 ＝ 康伴 ＝ 康匡 ＝ 康完 ＝ 康禎 ─ 康融 ＝ 康穣
　　　　　　　　　│　　　　　　　　　　　　　　　　　　│　　　　　　　　└ 忠恒 ─ 忠統（伊勢神戸藩主）
　　　　　　　　　└ 信正（越前丸岡藩主の遠祖／廃絶）　└ 忠相（三河西端藩主の遠祖）

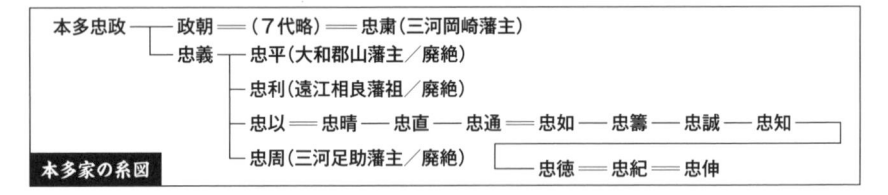

伊奈本多家の嫡流という膳所藩の支封

ほんだけ

本多家

本多立葵（丸に立葵、丸に本の字）

藩名：伊勢神戸藩（三重県鈴鹿市）
藩祖：本多忠統
石高：1万5000石
大名になった年：延宝7年（1679）
本拠地：近江国内ほか→河内西代陣屋→伊勢神戸城
親疎の別：譜代
家格：城主
江戸城内の詰間：帝鑑間
爵位：子爵

伊勢神戸を治めた膳所本多家の分家

近江膳所《おうみぜぜ》藩（滋賀県大津市）主・本多家（伊奈《いな》本多家）の分家。延宝《えんぽう》7年（1679）、藩祖・本多忠統《ただむね》（忠恒《ただつね》の子）が1万石を分与され、大名となった。なお、本多忠恒（康将《やすまさ》の長男）が伊奈本多家を継ぐ予定であったため、忠恒・忠統父子を嫡流と見る説もある。子孫は河内西代《かわちにしだい》藩（大阪府河内長野市）を経て、享保《きょうほう》17年（1732）に1万石（後に1万5000石）で伊勢神戸《いせかんべ》藩に入封し、定着した。幕末維新期の本多忠貫《ただつら》（戸沢正実《とざわまささね》の弟、忠寛《ただひろ》の養子）は山田奉行を務めている。

本多康将――康慶（近江膳所藩主）
　　　　　└忠恒――忠統――忠永＝忠興＝忠奝＝忠升――忠寛＝忠貫

本多家の系図

元治元年（1864）に大名となった膳所藩の支封

ほんだけ

本多家

本多立葵（丸に立葵、丸に本の字）

藩名：三河西端藩（愛知県碧南市）
藩祖：本多忠寛
石高：1万500石
大名になった年：元治元年（1864）
本拠地：三河西端陣屋
親疎の別：譜代
家格：陣屋
江戸城内の詰間：菊間
爵位：子爵

三河西端を治めた膳所本多家の分家

近江膳所《おうみぜぜ》藩（滋賀県大津市）主・本多家（伊奈《いな》本多家）の分家。家祖・本多忠相《ただすけ》（康俊《やすとし》の次男）が歴代将軍に仕え、三河西《みかわにし》端《はた》などを領する旗本となる。以後、江戸時代の大部分、子孫は9000石の上級旗本・交代寄合《よりあい》の座にあった。藩祖・本多忠寛《ただひろ》（忠興《ただおき》の次男）は元治《げんじ》元年（1864）に始まる天狗党《てんぐとう》の乱の際、江戸の警備などで功績をあげる。同年、功績を高く評価された忠寛は加増と高直《たかなお》しで石高《こくだか》が1万500石に達し、西端藩主となった。なお、西端藩は参勤交代をしない定府《じょうふ》大名であった。

本多康俊――俊次（近江膳所藩主）
　　　　　└忠相――忠将――忠能――忠敞＝忠栄――忠直＝忠盈＝忠和――忠興―
　　　　　　　└忠寛――忠鵬

本多家の系図

家康の側近・正信の弟を藩祖とする家

ほんだけ

本多家

本多立葵(丸に立葵、本文字、丸に本の字)

藩名：駿河田中藩(静岡県藤枝市)
藩祖：本多正重
石高：4万石
大名になった年：元和2年(1616)
本拠地：下総相馬陣屋→旗本となる→下総舟戸陣屋→上野沼田城→駿河田中城→安房長尾陣屋
親疎の別：譜代
家格：城主
江戸城内の詰間：雁間
爵位：子爵

駿河田中を治めた岡崎本多家の別流

三河《みかわ》岡崎藩(愛知県岡崎市)主・本多家の別流。藩祖・本多正重《まさしげ》(俊正《としまさ》の子、正信《まさのぶ》の弟)は、本多正信(俊正の子、正重の兄)とともに徳川家康《とくがわいえやす》に仕え、元和《げんな》元年(1615)の大坂夏の陣の後に1万石の下総《しもうさ》相馬《そうま》藩(茨城県守谷市)主となった。しかし、元和3年(1617)の正重の没後に削封《さくほう》(石高《こくだか》削減)されたため、旗本となる。

幸いにも、元禄《げんろく》元年(1688)に加増があって本多正永《まさなが》(正直《まさなお》の長男)が1万石の下総舟戸《ふなと》藩(千葉県柏市)主となり、子孫は各地を経て享保《きょうほう》15年(1730)に4万石で駿《する》河《が》田中藩へ入封し、定着した。歴代のうち、正永が若年寄と老中に、本多正珍《まさよし》(正矩《まさのり》の三男)が老中に就任している。

明治元年(慶応《けいおう》4年／1868)、安房《あわ》長尾藩(千葉県南房総市)へ転封となった。

本家や一門には本多正純《まさずみ》(正信の嫡子)に始まる下野《しもつけ》宇都宮藩(栃木県宇都宮市)、本多忠純《ただずみ》(正信の三男)に始まる下野皆川藩(栃木市)、本多康重《やすしげ》(広孝《ひろたか》の嫡子)に始まる信濃《しなの》飯山藩(長野県飯山市)があったが、飯山藩以外はお取り潰しとなった。

なお、本多政重《まさしげ》(正信の次男、直江兼続《なおえかねつぐ》の養子)の系統は加賀《かが》藩(石川県金沢市)の筆頭家老の職を世襲した(後に男爵)。

本多助政
- 定通(三河岡崎藩主などの家祖)
- 定正(定政)
  - 定吉—俊正
    - 正信
      - 正純(下野宇都宮藩主／廃絶)
      - 政重
      - 忠純(下野皆川藩主／廃絶)
    - 正重＝正貫—正直—正永＝正武＝正矩—正珍—正供—正温—正意—正寛＝正訥＝正憲
  - 正吉(信濃飯山藩主の遠祖)

本多家の系図

京都見廻役が幕末期に再興した大名家

まきたけ

蒔田家

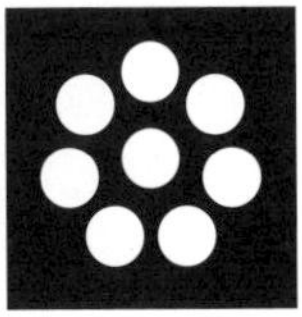

八曜(下藤)

藩名：備中浅尾藩(岡山県総社市)
藩祖：蒔田広定
石高：1万石
大名になった年：慶長5年(1600)以降
本拠地：伊勢雲出城→備中浅尾陣屋
親疎の別：譜代
家格：陣屋
江戸城内の詰間：菊間
爵位：子爵

関ヶ原を豊臣方で戦った譜代大名

藤原《ふじわら》氏支流で、『寛政重修諸家譜《かんせいちょうしゅうしょかふ》』では「まいた」という振り仮名がつけられているが、『平成新修旧華族家系大成』では「まきた」となっている。

なお、相模蒔田《さがみまいた》(神奈川県横浜市)ゆかりの清和源氏義家《せいわげんじよしいえ》流の高家《こうけ》・吉良《きら》(蒔田)家とは、まったく系譜が異なる。

藩祖・蒔田広定《ひろさだ》(広光《ひろみつ》の次男)は豊臣秀吉《とよとみひでよし》に仕えて1万石の伊勢雲出《いせくもず》城(三重県津市)主となる。慶長《けいちょう》5年(1600)の関ヶ原の戦いで豊臣方に属してお取り潰しの処分を受けたが、後に赦免《しゃめん》されて1万石の備《びっ》中《ちゅう》浅尾藩主となった。しかし、寛永《かんえい》17年(1640)の広定の没後、蒔田定正《さだまさ》(広定の嫡子)が分知《ぶんち》により旗本(8300石余)となったため、浅尾藩は一旦廃藩となる。

以後、蒔田家は江戸時代の大部分を高《こう》禄《ろく》の旗本として過ごしたが、文久《ぶんきゅう》3年(1863)に蒔田広孝《ひろたか》(広胖の長男、広運《ひろゆき》の養子)が高直《たかなお》しにより1万石の大名に昇進し、ここに浅尾藩が約2世紀ぶりに復活した。

浅尾藩は参勤交代を行わない定府《じょうふ》大名であったが、広孝は元治《げんじ》元年(1864)に京都見廻役《みまわりやく》に抜擢され、同年の禁門《きんもん》(蛤御《はまぐりご》門《もん》)の変では麾下《きか》の見廻組《みまわりぐみ》を率いて長州《ちょうしゅう》藩兵と対峙《たいじ》する。ところが、このことを遺恨《いこん》に思った長州藩兵が、慶応《けいおう》2年(1866)に浅尾陣屋を焼き討ちするという事件(「備中浅尾騒動」)が発生した。明治元年(慶応4年／1868)から始まる戊辰《ぼしん》戦争では、備中松山藩(岡山県高梁《たかはし》市)主・板倉《いたくら》家の討伐に藩兵を送っている。

「備中浅尾騒動」で焼け落ちたという浅尾陣屋跡の土塀の痕跡(岡山県総社市)

蒔田家の系図

蒔田広光──広定──定正──定行＝定矩──定英──定安＝定静＝定祥＝定邦＝定庸＝広運＝広孝

新政府軍に抗した北越の大名

まきのけ

牧野家

牧野柏(丸に三柏、九曜、登梯子など)

藩名：越後長岡藩(新潟県長岡市)
藩祖：牧野康成(右馬允)
石高：7万4000石
大名になった年：慶長5年(1600)以降
本拠地：上野大胡城→越後長嶺陣屋→越後長岡城
親疎の別：譜代
家格：城主
江戸城内の詰間：帝鑑間
爵位：子爵

幕末に活躍した長岡藩牧野家は今川家旧臣

初めは紀氏《きのし》であったが、後に清和源氏《せいわげんじ》支流に改めた。なお、牧野姓は三河《みかわ》牧野(愛知県豊川市)にちなむという。戦国時代末期、織豊《しょくほう》(安土桃山)時代の牧野成定《なりさだ》(氏成《うじなり》の子、貞成《さだなり》の養子)は三河牛久保《うしくぼ》城(豊川市)主として、駿河《するが》(静岡県東部)の戦国大名・今川義元《いまがわよしもと》、徳川家康《とくがわいえやす》に仕えた。

次いで、藩祖・牧野康成《やすなり》(右馬允《うまのじょう》／成定の子)は天正《てんしょう》3年(1575)の長篠《ながしの》の戦いなどで軍功をあげ、天正18年(1590)の家康の関東入封後に2万石の上野大胡《こうずけおおご》城(群馬県前橋市)主となる。慶長《けいちょう》5年(1600)の関ヶ原の戦いでは徳川秀忠《ひでただ》(家康の三男)に従って信濃《しなの》上田城(長野県上田市)主の真田昌幸《さなだまさゆき》と真田信繁《のぶしげ》(幸村《ゆきむら》／昌幸の次男)を攻めたが、軍令違反を咎《とが》められた。

戦後、康成は大胡藩主となったが、上野(群馬県)国内で蟄居《ちっきょ》生活を送っている。慶長9年(1604)、第3代将軍となる徳川家《いえ》光《みつ》(秀忠の嫡子)が誕生した際に赦免《しゃめん》されるが、康成は健康が優れないことを理由に以後は出仕していない。

慶長14年(1609)の康成の没後、家督を継いだ牧野忠成《ただなり》(駿河守《するがのかみ》／康成の嫡子)は越後長嶺《えちごながみね》藩(新潟県上越《じょうえつ》市)を経て、元和《げんな》4年(1618)に越後長岡藩へ入封した。石《こく》高《だか》は加増があり、後に7万4000石で確定している。

ちなみに、康成(右馬允)とほぼ同じ時代を生きた武将や大名に、丹後《たんご》田辺藩(京都府舞鶴《まいづる》市)の祖となる牧野康成《やすしげ》(讃岐《さぬきの》守《かみ》)、康成(右馬允)の子孫に牧野康成《やすなり》(内《ない》膳正《ぜんのかみ》／忠成の子、右馬允康成の孫)という同姓同名の人物がいる。

このうち、康成(讃岐守)は駿河(静岡県東部)出身で、系譜的にはやや異なるという。さらに、忠成(駿河守)の子孫にも牧野忠成(飛騨守《ひだのかみ》／光成《みつなり》の子、駿河守忠成の孫)という人物がおり、混同されることが多い。忠成(飛騨守)は祖父・忠成(駿河守)を尊敬するあまり、同じ諱《いみな》(実名)を名乗ったとされている。

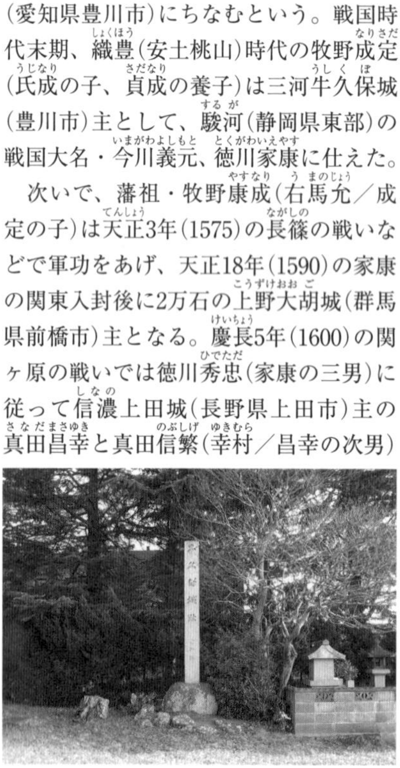

牧野成定の居城・牛久保城趾の石碑(愛知県豊川市)

歴代のうち、江戸時代後期の牧野忠精《ただきよ》(忠寛《ただひろ》の嫡子)、幕末維新期の牧野忠雅《ただまさ》(忠精の四男)、牧野忠恭《ただゆき》(松平乗寛《まつだいらのりひろ》の三男、忠雅の養子)の3代は、京都所司代と老中という、江戸幕府の要職を務めている。

なかでも忠精は、老中・松平定信《さだのぶ》の推挙を得て出世し、老中・阿部正弘《あべまさひろ》の片腕として活躍している。

明治元年(慶応《けいおう》4年／1868)に戊辰《ぼしん》戦争が始まると、牧野忠訓《ただくに》(松平宗秀《むねひで》の四男、忠恭の養子)が奥羽越列藩《おううえつれっぱん》同盟に加わる。同年の長岡城攻防戦では長岡城を新政府軍に奪われた後、家老・河井継之助《かわいつぎのすけ》の巧みな用兵で一旦、城を回復した。けれども、新政府軍が兵力を集中したため、継之助はやむなく長岡を離れ、最期は陸奥《むつ》塩沢村(福島県只見《ただみ》町)で戦死した。

戦後、長岡藩は一旦お取り潰しの後、2万4000石の削封《さくほう》(石高削減)のうえ、5万石での存続を認められている。

このとき、分家・越後三根山《みねやま》藩(峰岡藩／新潟市)から贈られた「米百俵《びょう》」を教育施設の整備にあてた長岡藩大参事《だいさんじ》・小《こ》林虎三郎《ばやしとらさぶろう》の逸話は、小説や歌舞伎、映画の題材となった。

なお、長岡藩の分家には、康成(内膳正)に始まる信濃小諸《こもろ》藩(長野県小諸市)、牧野忠泰《ただひろ》(五島盛保《ごとうもりやす》の三男、忠興《ただおき》の養子)に始まる三根山藩、牧野成貞《なりさだ》(儀成《のりなり》の次男)に始まる常陸《ひたち》笠間藩(茨城県笠間市)があった。

ちなみに、武田信玄《たけだしんげん》の軍師を務めた山《やま》本勘助《もとかんすけ》は少年時代の一時期、牧野家の家老・大林勘左衛門《おおばやしかんざえもん》の養子となり牛久保城下へ住んだという。勘助の血族に長岡藩士となった山本家があり、継之助の片腕として活躍した山本義路《よしみち》(帯刀《たてわき》)や、名跡《みょうせき》を継いだ連合艦隊司令長官・山本五十六《いそろく》は勘助の子孫であるという。

JR長岡駅大手口前に建つ長岡城本丸跡の石碑(新潟県長岡市)

牧野成定──康成(右馬允)──忠成──光成──忠成──忠辰＝忠寿──忠周＝忠敬＝忠利＝忠寛──忠精──忠雅＝忠恭＝忠訓＝忠毅(再承)＝忠恭(再承)

(忠成の子)
- 光成
- 康成(内膳正／信濃小諸藩祖)
- 定成＝(9代略)＝忠泰(越後三根山藩主)

(康成(右馬允)の子)
- 忠成
- 儀成(成儀)──成貞(常陸笠間藩主)

牧野家の系図

維新期に城下を焼かれた田中藩の別流

ほんだけ

本多家

本多立葵(本の字、丸に本の字)

藩名：信濃飯山藩(長野県飯山市)
藩祖：本多康重
石高：2万石
大名になった年：慶長5年(1600)以降
本拠地：上野白井城→三河岡崎城→遠江横須賀城→出羽国内→越後糸魚川陣屋→信濃飯山城
親疎の別：譜代
家格：城主
江戸城内の詰間：帝鑑間
爵位：子爵

飯山を治めた田中本多家の分家

駿河《するが》田中藩(静岡県藤枝市)主・本多家の一門。藩祖・本多康重《やすしげ》(広孝《ひろたか》の子)は天《てん》正《しょう》18年(1590)の徳川家康《とくがわいえやす》の関東入封の際、2万石の上野《こうずけ》白井城(群馬県渋川市)主に抜擢される。次いで、慶長《けいちょう》5年(1600)の関ヶ原の戦いの戦勝後、康重は5万石の三河《みかわ》岡崎藩(愛知県岡崎市)主となった。子孫は越後《えちご》糸魚川《いといがわ》藩(新潟県糸魚川市)などを経て、享保《きょうほう》2年(1717)に2万石で信濃《しなの》飯山藩へ入封し、定着した。分家にお取り潰しとなった本多紀貞《のりさだ》(康重の次男)に始まる白井藩があった。

本多家の系図

本多定正(定政)┬定吉(駿河田中藩主などの遠祖)
└正吉─信重─広孝─康重┬康紀─忠利─利長═助芳─
└紀貞(上野白井藩主／廃絶)
─康明═助有═助盈═助之─助受═助賢═助実─助成═助寵═助実(再承)

島崎藤村が愛した地に君臨した譜代大名

まきのけ

牧野家

牧野柏(丸に三柏、九曜)

藩名：信濃小諸藩(長野県小諸市)
藩祖：牧野康成(内膳正)
石高：1万5000石
大名になった年：寛永11年(1634)
本拠地：越後与板陣屋→信濃小諸城＊
親疎の別：譜代
家格：城主
江戸城内の詰間：雁間
爵位：子爵

越後小諸を治めた牧野家の分家

越後《えちご》長岡藩(新潟県長岡市)主・牧野家の分家。寛永《かんえい》11年(1634)、藩祖・牧野康《やす》成《なり》(内膳正《ないぜんのかみ》／忠成《ただなり》の次男、右馬允康成《うまのじょうやすなり》の孫)が1万石を分与され、越後与板《よいた》藩(新潟県長岡市)主となった。子孫は元禄《げんろく》15年(1702)に1万5000石で信濃《しなの》小諸《こもろ》藩へ入封し、定着した。歴代のうち、幕末期の牧野康哉《やすとし》(貞幹《さだもと》の次男、康命《やすのぶ》の養子)は若年寄に就任し、大老・井伊直弼《いいなおすけ》を補佐している。なお、牧野家の居城・小諸城には大手門、三の門(以上、国重要文化財)などが現存している。

牧野家の系図

牧野忠成┬光成─忠成(越後長岡藩主)
├康成(内膳正)─康道═康重─康周─康満─康陛─康儀─康長═康明═
└定成═(9代略)═忠泰(越後三根山藩主)
═康命═康哉─康済(康民)

＊明治時代後期に大手門の近くへ住んだ島崎藤村は、小諸城や町を題材にした『千曲川旅情の歌』を発表している

綱吉の側用人を藩祖に持つ家

まきのけ

牧野家

牧野柏（丸に三柏、九曜、登梯子など）

藩名：常陸笠間藩（茨城県笠間市）
藩祖：牧野成貞
石高：8万石
大名になった年：延宝8年（1680）
本拠地：常陸国内→下総関宿城→三河吉田城→日向延岡城→常陸笠間城
親疎の別：譜代
家格：城主
江戸城内の詰間：雁間
爵位：子爵

常陸笠間を治めた牧野家の分家

越後《えちご》長岡藩（新潟県長岡市）主・牧野家の分家。藩祖・牧野成貞《なりさだ》（儀成《のりなり》の次男）は旗本（500石）であったが、徳川綱吉《とくがわつなよし》（家光《いえみつ》の四男）が上野館林《こうずけたてばやし》藩（群馬県館林市）主となった際に従い、家老となる。

延宝《えんぽう》8年（1680）、綱吉が第5代将軍になると成貞は旗本へ復帰し、間もなく常陸《ひたち》（茨城県）国内に1万3000石を与えられ、大名となった。

次いで側用人《そばようにん》に抜擢された成貞は、天《てん》和《な》3年（1683）に下総関宿《しもうさせきやど》藩（千葉県野田市）へ入封する。

以後、連年のように加増が続き、石高《こくだか》は元禄《げんろく》元年（1688）に7万3000石となった。

さらに、元禄8年（1695）に隠居するや、家督を継いだ牧野成春《なりはる》（大戸《おおと》吉房《よしふさ》の子、成貞の養子）が7000石の加増を受けて三《み》河《かわ》吉田藩（愛知県豊橋市）に栄転している。

子孫は日向延岡《ひゅうがのべおか》藩（宮崎県延岡市）を経て、延享《えんきょう》4年（1747）に8万石で常陸笠間藩へ入封し、定着した。

歴代では成貞のほかに、牧野貞通《さだみち》（成貞の三男、成央《なりなか》の養子）が京都所司代に、貞長《さだなが》（貞通の三男）が大坂城代、京都所司代、老中に、牧野貞直《さだなお》（布施《ふせ》重正《しげまさ》の次男、貞久《さだひさ》の養子）が大坂城代になり、幕政の枢機《すうき》に参画している。

また、牧野貞幹《さだもと》（貞喜《さだはる》の次男）は藩士教育などの充実を目指し、藩校・時習館《じしゅうかん》、医学所・博采館《はくさいかん》、武芸稽古所《けいこじょ》・講武館《こうぶかん》の創設、充実に心を砕いている。

なお、維新後に移築された笠間城の八《はち》幡台櫓《まんだいやぐら》が、真浄寺《しんじょうじ》（茨城県笠間市）の境内に現存する。

牧野家の系図

牧野康成（右馬允）─┬─忠成（越後長岡藩主）
　　　　　　　　　　└─儀成（成儀）─成貞＝成春─成央＝貞通─貞長─貞喜─┐
┌──────────────────────────────────┘
└─貞幹─貞一─貞勝＝貞久＝貞直─貞寧

長岡藩へ「米百俵」を贈った支封

まきのけ

牧野家

牧野柏（丸に三柏、五階梯子、三段梯子など）

藩名：越後三根山藩（峰岡藩／新潟県新潟市）
藩祖：牧野忠泰
石高：1万1000石
大名になった年：文久3年（1863）
本拠地：越後三根山陣屋
親疎の別：譜代
家格：陣屋
江戸城内の詰間：菊間
爵位：子爵

越後三根山を治めた牧野家の分家

越後《えちご》長岡藩（新潟県長岡市）主・牧野家の分家。牧野定成《さだなり》（忠成《ただなり》の四男）は寛永《かんえい》11年（1634）、旗本（6000石）の家を興す。文《ぶん》久《きゅう》3年（1863）、藩祖・牧野忠泰《ただひろ》（五島盛保《ごとうもりやす》の三男、忠興《ただおき》の養子）が高直《たかなお》しで1万1000石の越後三根山《みねやま》藩主となった。明治元年（慶応《けいおう》4年／1868）からの戊辰《ぼしん》戦争では奥《おう》羽越列藩《うえつれっぱん》同盟に加わったため、一時は転封（国替え）の沙汰《さた》も出たという。長岡城攻防戦の後、救援用に三根山藩から本家・長岡藩へ「米百俵《びょう》」を贈っている。明治3年（1870）、藩名を峰岡藩と改称した。

牧野家の系図

牧野忠成 ─┬─ 光成 ── 忠成（越後長岡藩主）
　　　　　├─ 康成（内膳正／信濃小諸藩祖）
　　　　　└─ 定成 ＝ 忠清 ── 忠貴 ＝ 忠列 ── 忠知 ── 忠義 ── 忠救 ＝ 忠衛 ＝ 忠直 ＝ 忠興 ＝ 忠泰

ふたりの所司代が出た舞鶴城の主

まきのけ

牧野家

太輪に三柏（牧野柏、丸に三柏、九曜）

藩名：丹後田辺藩（京都府舞鶴市）
藩祖：牧野信成
石高：3万5000石
大名になった年：寛永10年（1633）
本拠地：武蔵石戸陣屋→下総関宿城→丹後田辺城〈舞鶴城〉
親疎の別：譜代
家格：城主
江戸城内の詰間：雁間
爵位：子爵

丹後田辺に定着した牧野家

清和源氏《せいわげんじ》支流だが、越後《えちご》長岡藩（新潟県長岡市）主・牧野家などとはやや系譜が異なる。藩祖・牧野信成《のぶなり》（讃岐守康成《さぬきのかみやすしげ》の三男）は寛永《かんえい》10年（1633）に1万1000石の武蔵石戸《むさしいしど》藩（埼玉県北本市）主となり、正《しょう》保《ほう》元年（1644）に下総関宿《しもうさせきやど》藩（千葉県野田市）へ転封（国替え）となった。子孫は寛《かん》文《ぶん》8年（1668）に3万5000石で丹後《たんご》田辺藩へ入封し、確定する。歴代のうち、牧野親《ちか》成《しげ》（信成の嫡子）と牧野英成《ひでしげ》（村越直成《むらこしなおしげ》の八男、富成《とみしげ》の養子）が京都所司代を務めた。また、牧野宣成《ふさしげ》（惟成《これしげ》の五男）は藩校・明《めい》倫館《りんかん》を創設した。明治2年（1869）に藩名を舞鶴藩へ改称している。

牧野家の系図

牧野定成 ── 康成（讃岐守） ── 信成 ── 親成 ＝ 富成 ＝ 英成 ── 明成 ── 惟成 ── 宣成 ── 以成 ＝ 節成 ── 誠成 ── 弼成

藩祖は家康の御落胤という譜代大名

まつだいら(まつい)け

松平(松井)家

蔦(蔦の葉、裏葵)

藩名：武蔵川越藩(埼玉県川越市)
藩祖：松平(松井)康重
石高：8万400石
大名になった年：慶長5年(1600)以降
本拠地：(駿河三枚橋城→)武蔵騎西城→常陸笠間城→丹波八上城→丹波篠山城→和泉岸和田城→播磨山崎陣屋→石見浜田城→下総古河城→三河岡崎城→石見浜田城→陸奥棚倉城(→下野宇都宮城)→武蔵川越城
親疎の別：譜代
家格：城主
江戸城内の詰間：帝鑑間
爵位：子爵

松井から改姓して松平となった譜代大名

清和源氏《せいわげんじ》支流で、松井松平家、松平周《すお》防守《うのかみ》家とも呼ばれている。

松平康親《やすちか》(忠直《ただなお》の子)は本来は松井姓であったが、徳川家康《とくがわいえやす》の命で松平(東条《とうじょう》)家《いえ》忠《ただ》(亀千代《かめちよ》)の家老と陣代《じんだい》(司令官代理)を務めて松平姓を許され、「康」の一字を拝領する。以後、子孫は松平姓を名乗り、諱《いみな》(実名)に「康」の一字を織り込むのが通例となった。

さて、康親は天正《てんしょう》年間(1573～1592)の半ばに駿河三枚橋《するがさんまいばし》城(静岡県沼津市)主となり、家督を継いだ藩祖・松平康重《やすしげ》は天正18年(1590)の家康の関東入封後に2万石の武蔵騎西《むさしきさい》城(埼玉県加須《かぞ》市)主に抜擢される。なお、康重を家康の御落胤《ごらくいん》とする説もある。次いで、慶長《けいちょう》5年(1600)の関ヶ原の戦いの戦勝後、康重が常陸《ひたち》笠間藩(茨城県笠間市)主となった。

以後、丹波八上《たんばやがみ》藩、丹波篠山《ささやま》藩(ともに兵庫県篠山市)、和泉《いずみ》岸和田藩(大阪府岸和田市)、播磨《はりま》山崎藩(兵庫県宍粟《しそう》市)、石見《いわみ》浜田藩(島根県浜田市)、下総古河《しもうさこが》藩(茨城県古河市)、三河《みかわ》岡崎藩(愛知県岡崎市)、浜田藩、陸奥《むつ》棚倉藩(福島県棚倉町)を経て、慶応《けいおう》2年(1866)に武蔵川越城へ入封する。石高《こくだか》は加増などがあり、8万400石で確定した。

歴代のうち、松平康福《やすよし》(康豊《やすとよ》の嫡子)が大坂城代と老中に、松平康任《やすとう》(康道《やすみち》の長男、康定《やすさだ》の養子)が大坂城代、京都所司代、老中に、松平康英《やすひで》(康済の長男、康泰《やすひろ》の養子)が老中になり、幕政の枢機《すうき》に参画している。なお、維新後に松井姓へ復姓している。

松井忠直 ── 松平康親 ── 康重 ── 康映 ── 康官 ── 康員 ══ 康豊 ── 康福 ══ 康定 ══ 康任 ── 康爵 ══ 康圭 ── 康泰 ══ 康英 ══ 康載

松平(松井)家の系図

幕末期に行動派の老中を出した譜代大名

まつだいら(ほんじょう)け

松平(本庄)家

繋ぎ九目結(丸目結、蘿蔔違、桧扇)

藩名：丹後宮津藩(京都府宮津市)
藩祖：松平(本庄)宗資
石高：7万石
大名になった年：元禄元年(1688)
本拠地：下野足利陣屋→常陸笠間城→三河吉田城→遠江浜松城→三河吉田城→丹後宮津城
親疎の別：譜代
家格：城主
江戸城内の詰間：雁間
爵位：子爵

第5代将軍・綱吉の生母の出身家

美濃高富《みのたかとみ》藩(岐阜県山県《やまがた》市)主・本庄家の一門。藩祖・松平(本庄)宗資《むねすけ》(宗正《むねまさ》の子)は姉・桂昌院《けいしょういん》(八百屋仁左衛門《やおやにざえもん》の娘、本庄宗正の養女)が第3代将軍・徳川家光《とくがわいえみつ》の側室となり、徳川綱吉《つなよし》(家光の四男)を産んだ関係で、上野館林《こうずけたてばやし》藩(群馬県館林市)主・綱吉の側近を務めた。

延宝《えんぽう》8年(1680)、綱吉が世子《せいし》(次期将軍)になると、召し出されて旗本に列する。さらに、宗資は綱吉が第5代将軍に就任した後の元禄《げんろく》元年(1688)、1万石の下野《しもつけ》足利《あしかが》藩(栃木県足利市)主になった。

次いで、松平(本庄)資俊《すけとし》(宗資の子)は将軍・綱吉に松平姓を許されたうえで加増を受け、7万石の常陸《ひたち》笠間藩(茨城県笠間市)主に栄進する。

以後、子孫は三河《みかわ》吉田藩(愛知県豊橋市)、遠江《とおとうみ》浜松藩(静岡県浜松市)、吉田藩を経て、宝暦《ほうれき》8年(1758)に丹後《たんご》宮津藩に入封し、定着した。

歴代のうち、本庄資訓《すけのり》(佐野勝由《さのかつよし》の次男、資俊の養子)は京都所司代に、本庄宗発《むねあきら》(資承《すけつぐ》の三男、宗允《むねただ》の養子)は京都所司代と老中に、本庄宗秀《むねひで》(宗允の次男、宗発の養子)は大坂城代と老中に就任し、幕政の枢機《すうき》に参画した。

わけても、宗秀は激動の時代に多くの足跡を残すが、慶応《けいおう》2年(1866)の第2次長《ちょう》州《しゅう》征伐の際の行動を咎《とが》められて罷免《ひめん》されている。

分家に本庄宗長《むねなが》(資俊の三男)に始まる越前《えちぜん》高森藩(福井県越前市)があったが、本庄宗胡《むねひさ》(資俊の六男、宗長の養子)の没後に世継ぎがなく、お取り潰しとなった。

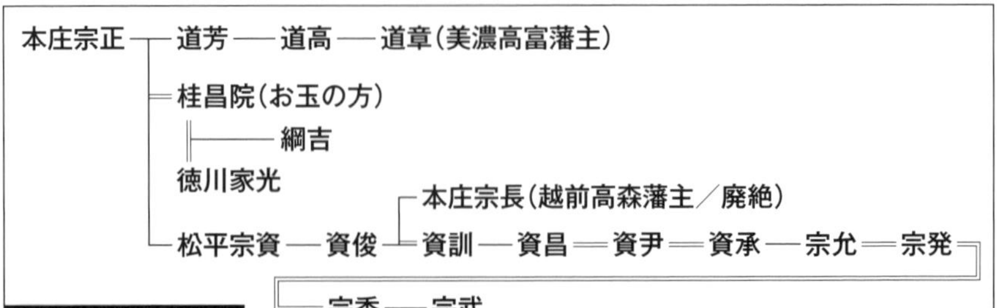

松平(本庄)家の系図

将軍の母の弟に始まる閨閥大名

ましやまけ

増山家

増山雁金（丸に二雁金、丸に山文字）

藩名：伊勢長島藩（三重県桑名市）
藩祖：増山正利
石高：2万石
大名になった年：正保4年（1647）
本拠地：相模国内→三河西尾城→常陸下館城→伊勢長島城
親疎の別：譜代
家格：城主
江戸城内の詰間：雁間
爵位：子爵

伊勢長島を治めた譜代大名

藤原《ふじわら》氏支流で、藩祖・増山正利《まさとし》（青木《あおき》利長《としなが》の子）は姉の宝樹院《ほうじゅいん》（お楽《らく》の方《かた》／利長の娘）が第3代将軍・徳川家光《とくがわいえみつ》の側室、第4代将軍・徳川家綱《いえつな》（家光の嫡子）の母となったため、正保《しょうほう》4年（1647）に1万石の大名となった。以後、正利や子孫は三河《みかわ》西尾藩（愛知県西尾市）、常陸下館《ひたちしもだて》藩（茨城県筑西《ちくせい》市）と転封（国替え）を続け、元禄《げんろく》15年（1702）に2万石で伊勢《いせ》長島藩へ入封し、定着した。歴代では、増山正寧《まさやす》（正《まさ》賢《かた》の嫡子）と増山正修《まさなお》（酒井《さかい》忠器《ただかた》の次男、正寧の養子）が若年寄に就任している。

増山家の系図

宝樹院（お楽の方）
║――家綱
徳川家光

青木利長―増山正利＝正弥―正任―正武＝正賛―正賢―正寧＝正修＝正同

長沢松平家を継いだ大河内家の子孫

まつだいら（ながさわ・おおこうち）け

松平（長沢大河内）家

三蝶の内十六葉菊（三本扇の丸、三つ扇）

藩名：上総大多喜藩（千葉県大多喜町）
藩祖：松平（長沢大河内）正綱
石高：2万石
大名になった年：寛永2年（1625）
本拠地：相模甘縄〈玉縄〉陣屋→上総大多喜城
親疎の別：譜代
家格：城主
江戸城内の詰間：雁間
爵位：子爵

維新後に大河内に復姓する譜代大名

長沢松平家は松平信則《のぶのり》（信光《のぶみつ》の子）に始まる清和源氏義家《せいわげんじよしいえ》流の松平庶流《しょりゅう》。この家を清和源氏頼光《よりみつ》流の藩祖・松平（大河内）正綱《まさつな》（大河内秀綱《ひでつな》の長男、正次《まさつぐ》の養子）が継いだため、松平（長沢大河内）家と呼ぶ。寛永《かんえい》2年（1625）、正綱が2万2000石の相模《さがみ》甘縄《あまなわ》藩（神奈川県鎌倉市）主となった。子孫は元禄《げんろく》16年（1703）に2万石で上総大多《かずさおおた》喜《き》藩へ入封し、定着した。維新後、大河内姓に復姓する。一族に松平（長沢大河内）信綱《のぶつな》（伊豆守《いずのかみ》／久綱《ひさつな》の長男）に始まる三河吉田藩（愛知県豊橋市）と、松平（長沢大河内）信興《のぶおき》（信綱の五男）に始まる上《こう》野《づけ》高崎藩（群馬県高崎市）があった。

松平（長沢大河内）家の系図

松平（長沢）正次＝正綱―┬信綱（三河吉田藩祖）
大河内秀綱――――正綱＝┴正信―正久―正貞＝正温―正升―正路―正敬＝正義＝正和＝正質

「智恵伊豆」らの幕閣を輩出した名家

まつだいら(ながさわ・おおこうち)け

松平(長沢大河内)家

吉田蝶(三蝶の内十六葉菊、三本扇の内)

藩名：三河吉田藩(豊橋藩／愛知県豊橋市)
藩祖：松平(長沢大河内)信綱
石高：7万石
大名になった年：寛永4年(1627)
本拠地：相模国内→武蔵忍城→武蔵川越城→下総古河城→三河吉田城→遠江浜松城→三河吉田城
親疎の別：譜代
家格：城主
江戸城内の詰間：雁間
爵位：子爵

ふたつの乱を乗り切り名を上げた大多喜藩の一門

上総大多喜《かずさおおたき》藩(千葉県大多喜町)主・松平(長沢大河内)家の一門。藩祖・松平(長沢大河内)信綱《のぶつな》(大河内久綱《ひさつな》の長男、正綱《まさつな》の養子)は第3代将軍となる徳川家光《とくがわいえみつ》(秀《ひで》忠《ただ》の嫡子)の側近となり、六人衆(若年寄の前身)を経て老中に就任し、幕政の安定化の面で多くの功績を残す。

頭脳明晰《めいせき》で世人から「智恵伊豆」と畏敬《いけい》された信綱(伊豆守)は、寛永《かんえい》4年(1627)に1万石の大名となった。

なお、功績のなかでも特筆すべきは、寛永15年(1638)に天草・島原の乱を討伐した点と、慶安《けいあん》4年(1651)の家光の没後に勃発した慶安事件(由井正雪《ゆいしょうせつ》の乱)を未然に鎮圧した点であろう。寛永15年(1638)、乱討伐の軍功を認められた信綱は、7万5000石で武蔵《むさし》川越藩(埼玉県川越市)へ栄転する。

子孫は下総古河《しもうさこが》藩(茨城県古河市)、三《み》河《かわ》吉田藩、遠江《とおとうみ》浜松藩(静岡県浜松市)と転封(国替え)を経て、寛延《かんえん》2年(1749)に吉田藩へ7万石で再入封し、定着した。

歴代では信綱のほかに、松平信祝《のぶとき》(信《のぶ》輝《てる》の嫡子)が大坂城代と老中を、松平信《のぶ》明《あきら》(信礼《のぶあや》の嫡子)が側用人《そばようにん》と老中を、松平信順《のぶより》(信明の子)が大坂城代、京都所司代、老中を、松平信古《のぶひさ》(間部詮勝《まなべあきかつ》の次男、信《のぶ》璋《あき》の養子)が大坂城代を務めている。

なお、維新後に信古は大河内姓に復姓したが、跡を継いだ大河内正敏《まさとし》(正質《まさただ》の長男、信古の養子)は新興財閥・理研コンツェルンを興している。

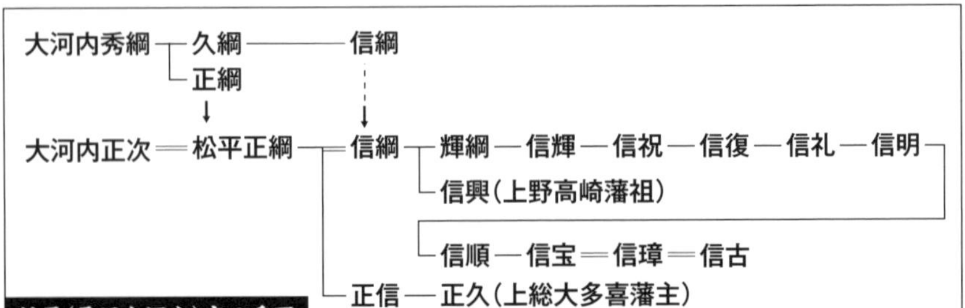

松平(長沢大河内)家の系図

高崎を愛した側近大名の子孫

まつだいら(ながさわ・おおこうち)け

松平(長沢大河内)家

高崎扇(三扇丸、三蝶の内十六葉菊)

藩名：上野高崎藩(群馬県高崎市)
藩祖：松平(長沢大河内)信興
石高：8万2000石
大名になった年：延宝7年(1679)
本拠地：武蔵国内ほか→常陸土浦城→下野壬生城→上野高崎城→越後村上城→上野高崎城
親疎の別：譜代
家格：城主
江戸城内の詰間：雁間
爵位：子爵

綱吉の側近を生む長沢大河内家の分家

三河《みかわ》吉田藩(愛知県豊橋市)主・松平(長沢大河内)家の分家。藩祖・松平(長沢大河内)信興《のぶおき》(信綱《のぶつな》の五男)は第4代将軍・徳《とく》川《がわ》家綱《いえつな》(家光《いえみつ》の嫡子)に仕え、延宝《えんぽう》7年(1679)に1万2000石の大名となった。

以後、信興や松平(長沢大河内)輝貞《てるさだ》(輝綱《てるつな》の六男、信興の養子)が下野《しもつけ》壬生《みぶ》藩(栃木県壬生町)、上野《こうずけ》高崎藩、越後《えちご》村上藩(新潟県村上市)と転封(国替え)を続け、享保《きょうほう》2年(1717)に輝貞が高崎藩へ再入封し、定着する。石高《こくだか》は加増が続き、8万2000石で確定した。

歴代のうち、信興が若年寄、大坂城代、京都所司代に、輝貞が側用人《そばようにん》と老中格に、松平輝高《てるたか》(輝規《てるのり》の嫡子)が大坂城代、京都所司代、老中に、松平輝延《てるのぶ》(輝高の三男、輝和《てるやす》の養子)が大坂城代と老中に、松平輝声《てるな》(輝聴《てるとし》の子)が陸軍奉行並《なみ》に就任するなど、幕政の枢機《すうき》に参画した者が多い。

以上のうち、輝貞は第5代将軍・徳川綱吉《つなよし》(家光の四男)に重用されて長く側用人を務めた後、享保2年(1717)に第8代将軍・徳川吉宗《よしむね》(光貞《みつさだ》の四男)によって老中格に抜擢されたという歴代の幕閣のなかでも異例の経歴を持つ。

ちなみに、高崎藩主を合計で30年以上務め、高崎繁栄の礎を構築した感のある輝貞だが、「生類憐《しょうるいあわれ》みの令」を発した綱吉に重用されたことから、輝貞自身は生涯、鳥類、獣類《けものるい》の肉を口にしなかったという。そんな輝貞は延享《えんきょう》4年(1747)に83歳で病没した後、寛永寺《かんえいじ》(東京都台東区)の綱吉の廟所《びょうしょ》の近くに埋葬された。

以上のほかに、輝高が藩校・遊芸館《ゆうげいかん》を創設するなど、歴代は教育環境の整備に心を砕いている。

なお、維新後に輝声が大河内姓へ復姓している。

松平信綱─┬─輝綱──信輝──信祝──信復(三河吉田藩主)
　　　　　└─信興＝＝輝貞＝＝輝規──輝高──輝和＝＝輝延──輝承＝＝輝徳＝＝輝充＝＝輝聴──輝声

松平(長沢大河内)家の系図

名城と城下町を整備した戸田一門の旗頭

まつだいら(とだ)け

松平(戸田)家

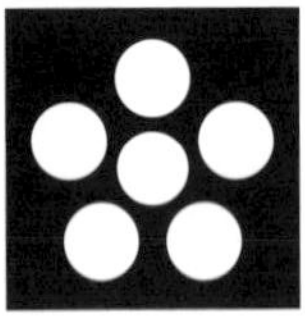

六つ星(九曜)

藩名:信濃松本藩(長野県松本市)
藩祖:松平(戸田)康長
石高:6万石
大名になった年:慶長5年(1600)以降
本拠地:武蔵東方城→上野白井城→下総古河城→常陸笠間城→上野高崎城→信濃松本城→播磨明石城→美濃加納城→山城淀城→志摩鳥羽城→信濃松本城
親疎の別:譜代
家格:城主
江戸城内の詰間:帝鑑間
爵位:子爵

家康の異父妹との縁組で厚遇された譜代大名

藤原《ふじわら》氏支流で、後に二連木《にれんぎ》戸田家と田《た》原《わら》戸田家に分かれた。徳川家康《とくがわいえやす》に仕え、松姫《まつひめ》(久松俊勝《ひさまつとしかつ》の娘、家康の異父妹で養女)を正室に迎えた藩祖・松平(戸田)康《やす》長《なが》(忠重《ただしげ》の子)は、永禄《えいろく》10年(1567)に松平姓を許された。

次いで、康長は天正《てんしょう》18年(1590)の家康の関東入封時、1万石の武蔵東方《むさしひがしかた》城(埼玉県深谷市)主に抜擢される。

さらに康長は、慶長《けいちょう》5年(1600)の関ヶ原の戦いの戦勝後、1万5000石の上野《こうずけ》白井藩(群馬県渋川市)主となった。

子孫は各地を経て享保《きょうほう》10年(1725)に6万石で信濃《しなの》松本藩へ入封(再入封)し、定着した。維新後に松平姓から戸田姓へ復姓している。

分家や一族には、田原戸田家の戸田尊《たか》次《つぐ》(忠次《ただつぐ》の子)に始まる下野《しもつけ》宇都宮藩(栃木県宇都宮市)、戸田忠至《ただゆき》(忠舜《ただきよ》の子)に始まる下野高徳藩(栃木県日光市)、戸田忠利《ただとし》(忠次の次男)に始まる下野足利《あしかが》藩(栃木県足利市)、別流の戸田一西《かずあき》(氏光《うじみつ》の子)に始まる美濃《みの》大垣藩(岐阜県大垣市)、戸田氏成《うじしげ》(氏西《うじあき》の次男、氏利《うじとし》の養子)に始まる美濃大垣新田《しんでん》藩(野村藩/大垣市)などがあった。

松平(戸田)家の系図

戸田宗光―憲光―政光―康光―宜光―重貞=忠重―松平康長―康直=光重―光永―光熙―光慈=光雄―光徳=光和=光悌=光行=光年=光庸―光則
康光―真喜姫(継室)
真喜姫(継室)=松平広忠―徳川家康=松姫
松平康長=松姫
政光―忠政―忠次―尊次(下野宇都宮藩祖)
憲光―氏一―氏輝―氏光―一西―氏鉄(美濃大垣藩主)

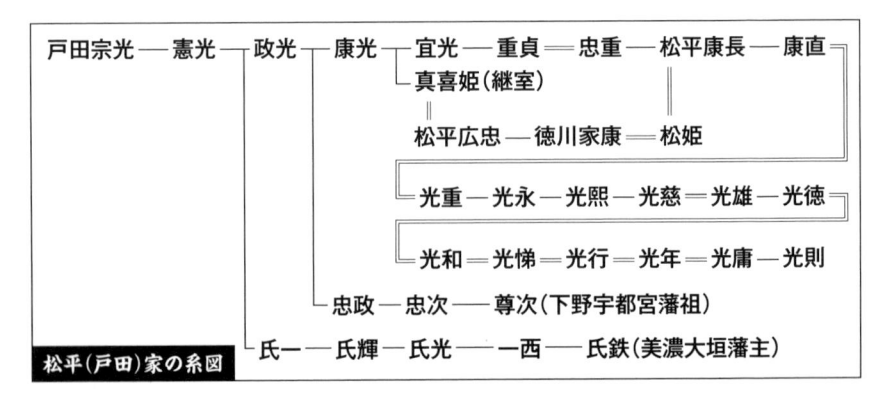

3代続けて討ち死にした闘将の血筋

まつだいら（ふこうづ）け

松平（深溝）家

島原扇（重扇、五葉の実橘）

藩名：肥前島原藩（長崎県島原市）
藩祖：松平（深溝）忠利
石高：7万石
大名になった年：慶長5年（1600）以降
本拠地：（武蔵忍城→下総上代城→）下総小見川城→三河深溝城→三河吉田城→三河刈谷城→丹波福知山城→肥前島原城→下野宇都宮城→肥前島原城
親疎の別：譜代
家格：城主
江戸城内の詰間：帝鑑間
爵位：子爵

各地を経て肥前島原に定着した家康の家臣

清和《せいわ》源氏《げんじ》義家《よしいえ》流の松平庶流《しょりゅう》で、松平忠《ただ》定《さだ》（忠景《ただかげ》の次男、信光《のぶみつ》の孫）が三河《みかわ》深溝（愛知県幸田《こうだ》町）を本拠としたことから、松平（深溝）家、深溝松平家と呼ばれている。

織豊《しょくほう》（安土桃山）時代の松平（深溝）家忠《いえただ》（主殿助《とのものすけ》／伊忠《これただ》の嫡子）は徳川家康《とくがわいえやす》に仕えて各地を転戦し、天正《てんしょう》18年（1590）の家康の関東入封の際、1万石の武蔵忍《むさしおし》城（埼玉県行田市）主に抜擢された。

家忠は後に下総上代《しもうさかじろ》城（千葉県香取《かとり》市）を経て、下総小見川《おみがわ》城（香取市）主へ転じている。

その家忠が慶長《けいちょう》5年（1600）の山城《やましろ》伏見城攻防戦で討ち死にした後、藩祖・松平（深溝）忠利《ただとし》（主殿助家忠の嫡子）は2万石で三河深溝藩主となった。

ちなみに、松平（深溝）家では忠利の曾祖父、祖父にあたる松平好景《よしかげ》と伊忠も合戦で討ち死にを遂げたが、家忠は討ち死にの直前まで『家忠日記』という詳細な日記を残していたことで名高い。

以後、三河吉田藩（愛知県豊橋市）、三河刈谷《かりや》藩（愛知県刈谷市）、丹波《たんば》福知山藩（京都府福知山市）、肥前《ひぜん》島原藩、下野《しもつけ》宇都宮藩（栃木県宇都宮市）と転封（国替え）が続き、安永《あんえい》3年（1774）に島原藩へ再入封し、定着した。石高《こくだか》は加増があり、7万石で確定する。

なお、寛政《かんせい》4年（1792）に雲仙《うんぜん》の眉山《まゆやま》（長崎県島原市）が崩壊して島原城下が押し潰され、有明海へ流れ込んだ大量の土砂により大津波が巻き起こった（「島原大変肥後《ひご》迷惑」）。

この大災害の直後、藩主・松平忠恕《ただひろ》（忠刻《ただとき》の次男、忠祇《ただまさ》の養子）が急死したため、混乱に拍車がかかった。

松平信光―忠景―忠定―好景―伊忠―家忠（主殿助）―忠利―忠房＝忠雄＝忠倪＝忠刻―忠祇＝忠恕―忠馮―忠侯―忠誠＝忠精＝忠淳＝忠愛＝忠和

松平（深溝）家の系図

転封を再三強いられた大給家の本家

まつだいら(おぎゅう)け

松平(大給)家

葵の字(蔦、一葉葵)

藩名：三河西尾藩(愛知県西尾市)
藩祖：松平(大給)家乗
石高：6万石
大名になった年：慶長5年(1600)以降
本拠地：上野那波城→美濃岩村城→遠江浜松城→上野館林城→下総佐倉城→肥前唐津城→志摩鳥羽城→伊勢亀山城→山城淀城→下総佐倉城→出羽山形城→三河西尾城
親疎の別：譜代
家格：陣屋
江戸城内の詰間：帝鑑間
爵位：子爵

三河西尾を治めた幕閣の家系

清和《せいわ》源氏《げんじ》義家《よしいえ》流の松平庶流《しょりゅう》で、家祖・松平乗元《のりもと》(親忠《ちかただ》の次男)が三河《みかわ》大給(愛知県豊田市)を本拠としたことから松平(大給)家、大給松平家と呼ばれている。

藩祖・松平(大給)家乗《いえのり》(真乗《さねのり》の嫡子)は徳川家康《とくがわいえやす》に仕え、天正《てんしょう》18年(1590)の家康の関東入封の際に1万石の上野《こうずけ》那波《なわ》城(群馬県伊勢崎《いせさき》市)主となる。次いで、家乗は慶長《けいちょう》5年(1600)の関ヶ原の戦いでは三河吉田城(愛知県豊橋市)を守り、戦勝後に2万石の美濃《みの》岩村藩(岐阜県恵那《えな》市)主となった。

子孫は再三の転封(国替え)を経て、明《めい》和《わ》元年(1764)に6万石で三河西尾藩へ入封し、定着した。

歴代のうち、松平乗寿《のりなが》(家乗の嫡子)が老中に、松平乗邑《のりさと》(乗春《のりはる》の嫡子)が大坂城代と老中に、松平乗佑《のりすけ》(乗邑の次男)が大坂城代に、松平乗完《のりさだ》(乗佑の子)が京都所司代と老中に、松平乗寛《のりひろ》(乗完の嫡子)が京都所司代と老中に、松平乗全《のりやす》(乗寛の嫡子)が大坂城代と老中に就任している。

なかでも、乗邑は第8代将軍・徳川吉《よし》宗《むね》に重用され、享保《きょうほう》改革に参画した。

分家に松平(大給)一生《かずなり》(近正《ちかまさ》の嫡子)に始まる豊後《ぶんご》府内藩(大分市)、松平(大給)乗次《のりつぐ》(真次《さねつぐ》の次男)に始まる信濃田野口《たのくち》藩(龍岡藩／長野県佐久市)、松平(大給石川)乗政《のりまさ》(乗寿の次男)に始まる岩村藩があった。

松平親忠—**乗元**—**乗正**┬**乗勝**—**親乗**—**真乗**┬**家乗**—**乗寿**
　└**真次**—**乗次(信濃田野口藩祖)**
　(乗寿)┬**乗久**—**乗春**—**乗邑**—**乗佑**—**乗完**—**乗寛**
　└**乗政(美濃岩村藩祖)**
　(乗寛)—**乗全**＝**乗秩**
(乗正)└**親清**—**近正**—**一生(豊後府内藩主)**

松平(大給)家の系図

豊後に置かれた大給家の分家

まつだいら(おぎゅう)け

松平(大給)家

丸に釘抜(蔦、九曜)

藩名：豊後府内藩(大分藩／大分県大分市)
藩祖：松平(大給)一生
石高：2万1000石
大名になった年：慶長5年(1600)以降
本拠地：上野三蔵城→下野板橋城→三河西尾城→丹波亀山城→豊後亀川陣屋→豊後中津留陣屋→豊後高松陣屋→豊後府内城
親疎の別：譜代
家格：城主
江戸城内の詰間：帝鑑間
爵位：子爵

闘将を先祖に持つ譜代の小藩

三河《みかわ》西尾藩(愛知県西尾市)主・松平(大給)家の分家。織豊《しょくほう》(安土桃山)時代の松平(大給)近正《ちかまさ》(親清《ちかきよ》の子)は当初、本家の家老と陣代《じんだい》(司令官代理)を務めていた。

後に徳川家康《とくがわいえやす》に仕えて各地を転戦し、天正《てんしょう》18年(1590)の家康の関東入封の際、5500石の上野三蔵《こうずけさんのくら》城(群馬県高崎市)主となる。

ちなみに、家康の重臣・石川数正《いしかわかずまさ》は近正の武将としての器量を見抜き、豊臣秀《とよとみひで》吉《よし》に仕える際に、近正を誘ったという。

その近正が慶長《けいちょう》5年(1600)の山城《やましろ》伏見城(京都市伏見区)の攻防戦で討ち死にしたため、やがて藩祖・松平(大給)一生《かずなり》(近正の嫡子)が1万5500石の下野《しもつけ》板橋藩(栃木県日光市)主となった。

ただし、板橋藩主としての一生の石高《こくだか》を1万石と見る説もある。

以後、子孫は西尾藩、丹波《たんば》亀山藩(京都府亀岡市)を経て、寛永《かんえい》11年(1634)に松平忠昭《ただあき》(成重《なりしげ》の次男)が2万2000石で豊《ぶん》後亀川《ごかめがわ》藩(大分県別府市)へ入封した。

さらに、居所を移して豊後中津留《なかつどめ》藩(大分市)、豊後高松藩(大分市)を相次いで興すが、万治《まんじ》元年(1658)に豊後府内藩へ入封し、定着した。石高は後に分知《ぶんち》があり、2万1000石で確定する。

歴代には、奏者番《そうじゃばん》や寺社奉行を務めた者が複数いる。

また、歴代は藺草《いぐさ》などの特産物を奨励したが、府内城下の大火などもあり、藩の財政は悪化の一途をたどった。

なお、維新後に松平姓から大給姓へ復姓している。

松平親忠—乗元—乗正┬乗勝—親乗—真乗—家乗(三河西尾藩祖)
　　　　　　　　　　└親清—近正—一生—成重—忠昭—近陣—近禎＝近貞—近形—近儔＝近義＝近訓＝近信＝近説

松平(大給)家の系図

日本赤十字社創設にかかわった大給家の分家

まつだいら(おぎゅう)け

松平(大給)家

蔦(万字)

藩名：信濃田野口藩(龍岡藩／長野県佐久市)
藩祖：松平(大給)乗次
石高：1万6000石
大名になった年：貞享元年(1684)
本拠地：三河奥殿陣屋→信濃田野口城〈龍岡城／五稜郭〉
親疎の別：譜代
家格：城主
江戸城内の詰間：菊間
爵位：子爵→伯爵

信濃五稜郭を築城した勤勉尚武の家

三河《みかわ》西尾藩(愛知県西尾市)主・松平(大給)家の分家。藩祖・松平(大給)乗次《のりつぐ》(真《さね》次《つぐ》の嫡子)が貞享《じょうきょう》元年(1684)に1万2000石の大名となった。子孫は宝永《ほうえい》6年(1709)に三河奥殿《おくどの》藩(愛知県岡崎市)へ入封する。文久《ぶんきゅう》3年(1863)、松平乗謨《のりかた》(大給恒《ゆずる》／乗利《のりとし》の次男)が海防《かいぼう》(国土、海岸防衛)の見地から信濃田野口《たのくち》藩を興し、新たに五稜郭《ごりょうかく》(長野県佐久市)の構築を開始する。歴代のうち、乗謨は若年寄、陸軍奉行、老中、賞勲局総裁、博愛社(日本赤十字社の前身)の副社長などの要職を歴任した。

松平真乗 ─┬─ 家乗(三河西尾藩祖)
└─ 真次 ─ 乗次 ─ 乗成 ＝ 乗真 ─ 盈乗 ─ 乗穏 ─ 乗友 ＝ 乗尹 ＝ 乗羨 ─ 乗利 ─ 乗謨(恒)

松平(大給)家の系図

藩祖が石川姓を名乗る大給家の分家

まつだいら(おぎゅう・いしかわ)け

松平(大給石川)家

蔦(細輪に蔦)

藩名：美濃岩村藩(岐阜県恵那市)
藩祖：松平(大給石川)乗政
石高：3万石
大名になった年：延宝7年(1679)
本拠地：常陸小張陣屋→信濃小諸城→美濃岩村城
親疎の別：譜代
家格：城主
江戸城内の詰間：雁間
爵位：子爵

美濃岩村を治めた西尾松平の分家

三河《みかわ》西尾藩(愛知県西尾市)主・松平(大給)家の分家だが、藩祖・松平(大給石川)乗政《のりまさ》(乗寿《のりなが》の次男)が外戚の石川姓を名乗ったため、松平(大給石川)家と呼ばれている。乗政は延宝《えんぽう》7年(1679)に若年寄、1万石の常陸《ひたち》小張《おはり》藩(茨城県つくばみらい市)主となった。子孫は元禄《げんろく》15年(1702)に2万石(後に3万石)で美濃《みの》岩村藩へ入封し、定着した。歴代では乗政のほかに松平乗賢《のりかた》(乗紀《のりただ》の嫡子)が若年寄と老中を、松平乗保《のりやす》(朽木《くつき》玄綱《とおつな》の九男、乗薀《のりもり》の養子)が若年寄、大坂城代、西ノ丸老中を務めた。また、林述斎《はやしじゅっさい》(大学頭《だいがくのかみ》／乗薀の三男、錦峰《きんぽう》の養子)は林家《りんけ》を継いでいる。

松平乗寿 ─┬─ 乗久 ─ 乗春 ─ 乗邑 ─ 乗佑(三河西尾藩主)
└─ 石川乗政 ─ 松平乗紀 ─ 乗賢 ＝ 乗薀 ＝ 乗保 ─ 乗美 ─ 乗喬 ─ 乗命

松平(大給石川)家の系図

清康を助け広忠を逐った桜井家の嫡流

まつだいら(さくらい)け

松平(桜井)家

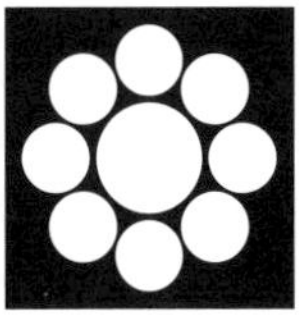

九曜(桜、蛇目)

藩名:摂津尼崎藩(兵庫県尼崎市)
藩祖:松平(桜井)忠頼
石高:4万石
大名になった年:慶長5年(1600)以降
本拠地:武蔵松山城→遠江浜松城→旗本となる→上総佐貫城→駿河田中城→遠江掛川城→信濃飯山城→遠江掛川城→摂津尼崎城
親疎の別:譜代
家格:城主
江戸城内の詰間:帝鑑間
爵位:子爵

三河桜井を本拠とした松平家の庶流

清和《せいわ》源氏《げんじ》義家《よしいえ》流の松平庶流《しょりゅう》で、家祖・松平信定《のぶさだ》(長親《ながちか》の三男)が三河《みかわ》桜井(愛知県安城《あんじょう》市)を本拠としたことから松平(桜井)家、桜井松平家と呼ばれている。

戦国時代中期、信定は三河岡崎城(愛知県岡崎市)主・松平清康《きよやす》(広忠《ひろただ》の父)に仕えて軍功が多かったが、清康の横死《おうし》後に松平広忠(清康の嫡子、徳川家康《とくがわいえやす》の父)を亡命に追い込んだこともある。

天正《てんしょう》18年(1590)の徳川家康の関東入封の際、松平(桜井)家広《いえひろ》(忠正《ただまさ》の長男)が1万石の武蔵《むさし》松山城(埼玉県東松山市)主となる。

しかし、慶長《けいちょう》5年(1600)の関ヶ原の戦いの戦勝後に家広が隠居し、藩祖・松平(桜井)忠頼《ただより》(忠吉《ただよし》の次男)が松山藩主となった。ちなみに、家広は病気を理由に隠居したとされているが(『寛永諸家系図《かんえいしょかけいず》伝《でん》』)、家康・徳川秀忠《ひでただ》父子から勘気《かんき》を受けた末に自刃を遂げたとする異説も残る。

次いで、忠頼は5万石の遠江《とおとうみ》浜松藩(静岡県浜松市)主に転じるが、その忠頼が慶長14年(1609)に旗本に斬殺《ざんさつ》されたため、お取り潰しの処分を受ける。

幸いにも、松平忠重《ただしげ》(忠頼の嫡子)が元《げん》和《な》8年(1622)、1万5000石の上総《かずさ》佐貫《さぬき》藩(千葉県富津市)主となった。

子孫は駿河《するが》田中藩(静岡県藤枝市)、遠江掛川藩(静岡県掛川市)、信濃《しなの》飯山藩(長野県飯山市)、掛川藩を経て、正徳《しょうとく》元年(1711)に4万石で摂津《せっつ》尼崎藩へ入封し、定着した。維新後、松平姓から桜井姓に改姓している。

余談ながら、通説では時代劇『松平長《ちょう》七郎《しちろう》江戸日記』の主人公・松平長七郎長《なが》頼《より》は上野《こうずけ》吉井藩(群馬県高崎市)主・松平(鷹司《たかつかさ》)家の家祖、もしくはその子とされている。これに対し、松平忠勝《ただかつ》(長七郎/忠頼の三男)を主人公のモデルとする異説も伝えられている。

松平長親—信定—清定—家次—忠正＝忠吉＝家広＝忠頼—忠重—忠倶—忠継—忠喬—忠名—忠告—忠宝—忠誨＝忠栄—忠興

松平(桜井)家の系図

故地から畿内北部へ転封した形原家の嫡流

まつだいら(かたのはら)け

松平(形原)家

丸に利字(蔦葉、八丁字)

藩名：丹波亀山藩(亀岡藩／京都府亀岡市)
藩祖：松平(形原)家信
石高：5万石
大名になった年：元和4年(1618)
本拠地：上総五井城→三河形原陣屋→摂津高槻城→下総佐倉城→摂津高槻城→丹波篠山城→丹波亀山城
親疎の別：譜代
家格：城主
江戸城内の詰間：帝鑑間
爵位：子爵

丹波亀山藩で定着した松平家の庶流

清和《せいわ》源氏《げんじ》義家《よしいえ》流の松平庶流《しょりゅう》で、家祖・松平与副《ともすけ》(信光《のぶみつ》の四男)が三河《みかわ》形原(愛知県蒲郡《がまごおり》市)を本拠としたため、松平(形原)家、形原松平家という。藩祖・松平(形原)家信《いえのぶ》(紀伊守《きいのかみ》家忠《いえただ》の子)が元和《げんな》4年(1618)、1万石の形原藩主となった。以後、各地を経て寛延《かんえん》元年(1748)に5万石で丹波亀山藩に定着した。歴代のうち、松平信庸《のぶつね》(典信《すけのぶ》の三男、信利《のぶとし》の養子)が京都所司代と老中を、松平信義《のぶよし》(庸煕の長男、信豪《のぶひで》の養子)が大坂城代と老中を務めた。明治2年(1869)、藩名を亀岡藩に改称した。

松平信光 ── 与副 ── 貞副 ── 親忠 ── 家広 ── 家忠(紀伊守) ── 家信 ── 康信 ── 典信 ─┐
└ 信利 ══ 信庸 ── 信岑 ══ 信直 ── 信道 ── 信彰 ══ 信志 ── 信豪 ══ 信義 ══ 信正

松平(形原)家の系図

伊予の北部で存続した松山藩の支封

まつだいら(ひさまつ)け

松平(久松)家

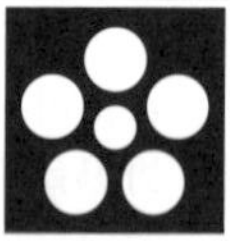

梅鉢(梅輪内、丸に士の字)

藩名：伊予今治藩(愛媛県今治市)
藩祖：松平(久松)定房
石高：3万5000石
大名になった年：寛永12年(1635)
本拠地：伊予今治城
親疎の別：譜代(親藩)
家格：陣屋
江戸城内の詰間：帝鑑間
爵位：子爵

今治を治めた久松松平家の分家

伊予《いよ》松山藩(愛媛県松山市)主・松平(久松)家の分家。藩祖・松平(久松)定房《さだふさ》(定勝《さだかつ》の五男)は寛永《かんえい》2年(1625)に7000石で旗本に列し、寛永12年(1635)に3万石の伊予今治《いまばり》藩主となった。石高《こくだか》は加増や分知《ぶんち》があり、3万5000石で確定する。歴代のうち、定房は江戸城大留守居役《おおるすいやく》を務めた。また、松平定剛《さだよし》(定休《さだやす》の子)が藩校・講書場(克明館《こくめいかん》)の創設を、松平勝道《かつつね》(池田政行《いけだまさゆき》の次男、定芝《さだしげ》の養子)が伯方島《はかたじま》(愛媛県今治市)の塩田《えんでん》開発をした。維新後、松平姓から久松姓へ復姓している。

松平定勝 ─┬ 定行(伊予松山藩主)
├ 定綱(伊勢桑名藩祖)
├ 定房 ── 定時 ── 定陳 ── 定基 ══ 定郷 ── 定恩 ── 定休 ── 定剛 ─┐
└ 定政(三河刈谷藩主／廃絶)
└ 定芝 ══ 勝道 ══ 定法

松平(久松)家の系図

分家2家が廃絶した能見家の本家

まつだいら(のみ)け

松平(能見)家

雪笹(七曜、分銅)

藩名：豊後杵築藩(大分県杵築市)
藩祖：松平(能見)重勝
石高：3万2000石
大名になった年：元和3年(1617)
本拠地：越後三条城→下総関宿城→遠江横須賀城→出羽上山城→摂津三田城→豊後龍王陣屋→豊後高田陣屋→豊後杵築城
親疎の別：譜代
家格：城主
江戸城内の詰間：帝鑑間
爵位：子爵

能見に本拠を置いていた松平家の庶流

清和源氏義家《せいわげんじよしいえ》流の松平庶流《しょりゅう》で、家祖・松平光親《みつちか》(信光《のぶみつ》の八男)が三河《みかわ》能見(愛知県岡崎市)を本拠としたことから松平(能見)家、能見松平家と呼ばれている。

藩祖・松平(能見)重勝《しげかつ》(重吉《しげよし》の四男)は越後《えちご》高田藩(新潟県上越《じょうえつ》市)主・松平忠輝《ただてる》(徳川家康《とくがわいえやす》の六男)の付家老《つけがろう》、2万石の越後三条領(新潟県三条市)主を務め、忠輝のお取り潰し、配流後の元和《げんな》3年(1617)に2万6000石の下総関宿《しもうさせきやど》藩(千葉県野田市)主となった。

なお、三条領主時代の重勝がすでに独立した大名であったとみなす説もある。

以後、重勝や子孫は遠江《とおとうみ》横須賀藩(静岡県掛川市)、出羽上山《でわかみのやま》藩(山形県上山市)、摂津三田《せっつさんだ》藩(兵庫県三田市)、豊後龍王《ぶんごりゅうおう》藩(大分県豊後高田市)と転封(国替え)を続けた。さらに、陣屋を移して豊後高田藩(豊後高田市)を興した後、正保《しょうほう》2年(1645)に3万2000石で豊後杵築《きつき》藩へ入封し、定着した。

歴代のうち、松平重忠《しげただ》(重勝の嫡子)は駿府《すんぷ》城代を務めている。また、松平親貞《ちかさだ》(親盈《ちかみつ》の嫡子)は天文学者で医学者の麻田《あさだ》剛立《ごうりゅう》を登用したことで名高い。

分家に松平重則《しげのり》(重勝の三男)に始まる下野《しもつけ》皆川藩(栃木市)と、松平勝隆《かつたか》(重勝の五男)に始まる上総佐貫《かずささぬき》藩(千葉県富津《ふっつ》市)があった。

しかし、皆川藩は跡取りの欠如、佐貫藩は失政を理由に、ともにお取り潰しとなっている。

松平信光──光親──重親──重吉──重勝┬重忠══重直──英親──重栄┐
├重則(下野皆川藩祖／廃絶)
└勝隆(上総佐貫藩祖／廃絶)
└重休══親純──親盈──親貞══親賢══親明──親良──親貴

松平(能見)家の系図

弟が祭祀を継いだ藤井家の本家

まつだいら(ふじい)け

松平(藤井)家

三つ葵(埋酸、五三桐、桜)

藩名：出羽上山藩(山形県上山市)
藩祖：松平(藤井)信一
石高：3万石
大名になった年：慶長5年(1600)以降
本拠地：下総布川城→常陸土浦城→上野高崎城→丹波篠山城→播磨明石城→大和郡山城→下総古河城→備中庭瀬陣屋→出羽上山城
親疎の別：譜代
家格：城主
江戸城内の詰間：帝鑑間
爵位：子爵

三河藤井を本拠とした松平家の庶流

清和源氏義家《せいわげんじよしいえ》流の松平庶流《しょりゅう》で、松平利《とし》長《なが》(長親《ながちか》の五男)が三河《みかわ》藤井(愛知県安城《あんじょう》市)を本拠としたことから松平(藤井)家、藤井松平家と呼ばれている。

藩祖・松平(藤井)信一《のぶかず》(利長の子)は徳《とく》川家康《がわいえやす》に仕え、天正《てんしょう》18年(1590)の家康の関東入封の際に5000石の下総布川《しもうさふかわ》城(茨城県利根町)主となる。この間、信一は主命により織田信長《おだのぶなが》の上洛《じょうらく》作戦に参加して軍功を残した。さらに、慶長《けいちょう》5年(1600)の関ヶ原の戦いでも家康に従った信一は、戦勝後に3万5000石の常陸《ひたち》土浦藩(茨城県土浦市)主となった。

以後、子孫は各地を経て8万石の下総古河《こが》藩(茨城県古河市)主に転じるが、元《げん》禄《ろく》6年(1693)に松平忠之《ただゆき》(信之《のぶゆき》の嫡子)の乱心を理由にお取り潰しとなる。幸いにも、大和興留《やまとおきとめ》藩(奈良県斑鳩《いかるが》町)主であった松平信通《のぶみち》(信之の子、忠之の弟)による名跡《みょうせき》の再興を認められ、3万石で備中庭《びっちゅうにわ》瀬《せ》藩(岡山市)主となった。

その後、信通は元禄10年(1697)に3万石で出羽上山《でわかみのやま》藩へ入封し、定着する。

歴代のうち、松平信之(忠国《ただくに》の次男)は儒者・熊沢蕃山《くまざわばんざん》への庇護《ひご》で名高い。また、松平信行《のぶゆき》(康哉《やすちか》の四男、信愛《のぶざね》の養子)は藩校・天輔館《てんぽかん》を創設した。

幕末期の松平信庸《のぶつね》(信宝《のぶたか》の子)は江戸市中の警備などで功績を残した。しかし、信庸が明治元年(慶応《けいおう》4年／1868)から始まる戊辰《ぼしん》戦争で奥羽越列藩《おううえつれっぱん》同盟に加担したため、削封《さくほう》(石高《こくだか》削減)により石高は2万7000石となっている。

分家に松平忠晴《ただはる》(信吉《のぶよし》の次男)に始まる信濃《しなの》上田藩(長野県上田市)と、先に触れた興留藩があった。

松平長親—利長—信一＝信吉┬忠国—信之┬忠之(下総古河藩主／廃絶)
　└信通—長恒＝信将—
　└忠晴(信濃上田藩祖)
—信亨—信古＝信愛＝信行—信宝—信庸＝信安

松平(藤井)家の系図

老中や若年寄を輩出した藤井家の一門

まつだいら(ふじい)け

松平(藤井)家

上田桐(五三桐、撫子、鳩酸草)

藩名：信濃上田藩(長野県上田市)
藩祖：松平(藤井)忠晴
石高：5万3000石
大名になった年：寛永19年(1642)
本拠地：駿河田中城→遠江掛川城→丹波亀山城→武蔵岩槻城→但馬出石城→信濃上田城
親疎の別：譜代
家格：城主
江戸城内の詰間：帝鑑間
爵位：子爵

藤井家第3代当主・松平信吉の子孫

出羽上山《でわかみのやま》藩(山形県上山市)主・松平(藤井)家の一門。藩祖・松平(藤井)忠晴《ただはる》(信《のぶ》吉《よし》の次男)が寛永《かんえい》19年(1642)に2万5000石の駿河《するが》田中藩(静岡県藤枝市)主となった。子孫は各地を経て、宝永《ほうえい》3年(1706)に4万8000石(後に5万3000石)で信濃《しなの》上田藩へ入封し、定着した。歴代のうち、松平忠《ただ》周《ちか》(忠晴の三男、忠昭《ただあき》の養子)が若年寄、京都所司代、老中を、松平忠順《ただより》(忠愛《ただざね》の嫡子)が寺社奉行と若年寄を、松平忠固《ただかた》(酒井忠実《さかいただみつ》の次男、忠学《ただざと》の養子)が大坂城代と老中を務めた。

松平信吉 ─┬─ 忠国 ── 信之 ── 信通(出羽上山藩主)
　　　　　 └─ 忠晴 ── 忠昭 ＝ 忠周 ── 忠愛 ── 忠順 ── 忠済 ＝ 忠学 ＝ 忠固 ── 忠礼

松平(藤井)家の系図

家祖が悲運に見舞われた久松家の筆頭

まつだいら(ひさまつ)け

松平(久松)家

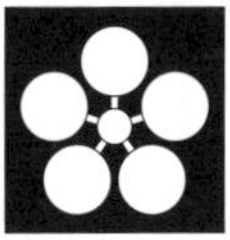
星梅鉢(立沢潟)

藩名：下総多古藩(千葉県多古町)
藩祖：松平(久松)勝以
石高：1万2000石
大名になった年：正徳3年(1713)
本拠地：下総多古陣屋
親疎の別：譜代
家格：陣屋
江戸城内の詰間：菊間
爵位：子爵

下総多古を治めた久松松平家の分家

伊予《いよ》松山藩(愛媛県松山市)主・松平(久松)家の一門。家祖・松平(久松)康俊《やすとし》(勝《かつ》俊《とし》／久松俊勝《としかつ》・伝通院《でんづういん》夫妻の三男、徳川《とくがわ》家康《いえやす》の異父弟)は甲斐《かい》(山梨県)の武田信《たけだしん》玄《げん》の膝下《しっか》で人質生活を経験し、脱出の際に凍傷《とうしょう》で両足の指全てを失うという悲運に見舞われる。子孫は上級の旗本(9000石)として存続し、藩祖・松平(久松)勝《かつ》以《ゆき》(勝義《かつよし》の九男、勝易《かつやす》の養子)が正徳《しょうとく》3年(1713)に1万3000石の下総多古《しもうさたこ》藩主となった。なお、勝以は小姓組番頭《こしょうぐみばんがしら》、大坂定番《じょうばん》などを歴任する。石高《こくだか》は後に分知《ぶんち》があり、1万2000石で確定した。最後の藩主・松平勝慈《かつなり》(勝行《かつゆき》の長男)は久松姓に復姓した。

伝通院
　‖ ─┬─ 松平康元(伊勢長島藩祖／廃絶)
　　　 ├─ 松平康俊(勝俊) ＝ 勝政 ── 勝義 ── 勝易 ＝ 勝以 ── 勝房 ＝ 勝尹 ── 勝全 ─┐
久松俊勝 └─ 松平定勝(伊予松山藩祖)　┌───────────────────────────┘
　　　　　　　　　　　　　　　　　 └─ 勝升 ＝ 勝権 ── 勝行 ── 勝慈

松平(久松)家の系図

元世子が興した新田藩に始まる家

まつだいら(おくだいら)け

松平(奥平)家

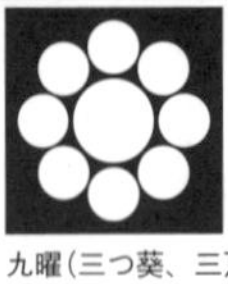

九曜(三つ葵、三蔦)

藩名：上野小幡藩(群馬県甘楽町)
藩祖：松平(奥平)忠尚
石高：2万石
大名になった年：元禄元年(1688)
本拠地：陸奥白河城下→陸奥桑折陣屋→上野篠塚陣屋→上野小幡陣屋
親疎の別：譜代
家格：陣屋
江戸城内の詰間：帝鑑間
爵位：子爵

譜代大名だった奥平家の分家

親藩《しんぱん》大名の武蔵忍《むさしおし》藩(埼玉県行田市)主・松平(奥平)家の分家。藩祖・松平(奥平)忠尚《ただなお》(乗久《のりひさ》の長男、忠弘《ただひろ》の養子)は当時は陸奥《むつ》白河藩(福島県白河市)主であった本家の世子《せいし》(次期藩主)となるが、わけあって元禄《げんろく》元年(1688)に2万石の陸奥白河新田《しんでん》藩主となった。以上の経緯により、親疎《しんそ》の別は譜代《ふだい》となる。以後、忠尚や子孫は陸奥桑折《むつこおり》藩(福島県桑折町)、上野《こうずけ》篠塚藩(群馬県邑楽《おうら》町)を経て、明和《めいわ》4年(1767)に2万石で上野小幡《おばた》藩へ入封し、定着した。歴代のうち、江戸時代後期、幕末維新期の松平忠恒《ただつね》(忠暁《ただあきら》の子)、松平忠福《ただよし》(忠恒の子)、松平忠恵《ただしげ》(忠房《ただふさ》の子、忠福の養子)の3代は、いずれも若年寄を務めている。

松平(奥平)家の系図

松平忠明 ── 忠弘 ┬ 清照 ── (6代略) ── 忠堯(武蔵忍藩主)
　　　　　　　　　 └ 忠尚 ＝ 忠暁 ── 忠恒 ── 忠福 ── 忠房 ── 忠恵 ── 忠恕

桜井へ転封し滝脇姓に改姓した家

まつだいら(たきわき)け

松平(滝脇)家

丸に桔梗(丸に蔦、沢瀉)

藩名：駿河小島藩(静岡県静岡市)
藩祖：松平(滝脇)信孝
石高：1万石
大名になった年：元禄2年(1689)
本拠地：武蔵国内ほか→駿河小島陣屋→上総桜井陣屋
親疎の別：譜代
家格：陣屋
江戸城内の詰間：菊間
爵位：子爵

滝脇に本拠を構えていた松平家

清和源氏義家《せいわげんじよしいえ》流の松平庶流《しょりゅう》で、家祖・松平乗清《のりきよ》(親忠《ちかただ》の九男)が三河《みかわ》滝脇(愛知県豊田市)を本拠としたことから松平(滝脇)家、滝脇松平家と呼ばれている。元《げん》禄《ろく》2年(1689)、藩祖・松平(滝脇)信孝《のぶなり》(典《すけ》信《のぶ》の次男、重信《しげのぶ》の養子)が1万石の大名となった。子孫は宝暦《ほうれき》元年(1751)に1万石で駿河小島《するがおじま》藩へ入封し、定着した。歴代のうち、信孝が若年寄に就任している。明治元年(慶応《けいおう》4年／1868)、上総《かずさ》桜井藩(千葉県木更津《きさらづ》市)へ転封(国替え)となり、明治2年(1869)には最後の藩主・松平信《のぶ》敏《とし》(内藤頼寧《ないとうよりやす》の四男、信書《のぶふみ》の養子)が滝脇姓へ改姓した。

松平(滝脇)家の系図

松平親忠 ── 乗清 ── 親正 ── 清房 ── 正忠 ── 正勝 ＝ 重信 ＝ 信孝 ＝ 信治 ＝ 信嵩 ── 昌信 ┐
└ ＝ 信義 ── 信圭 ── 信友 ＝ 信賢 ＝ 信進 ＝ 信書 ＝ 信敏

実力派の幕閣ふたりを輩出した家系

まなべけ

間部家

丸に三引両(横三引、丸に三銀杏)

藩名：越前鯖江藩(福井県鯖江市)
藩祖：間部詮房
石高：4万石
大名になった年：宝永3年(1706)
本拠地：相模国内→上野高崎城→越後村上城→越前鯖江陣屋
親疎の別：譜代
家格：陣屋
江戸城内の詰間：雁間
爵位：子爵

塩川、真鍋、間部と改姓した譜代大名

藤原《ふじわら》氏支流で、織豊《しょくほう》(安土桃山)時代の塩川詮光《しおかわあきみつ》は、母方の真鍋《まなべ》姓を名乗って徳《とく》川《がわ》家康《いえやす》に仕えた。子孫は数代のあいだ西《にし》田《だ》姓を名乗ったというが、江戸幕府に願い出て真鍋姓に改姓し、表記を間部に改めている。

藩祖・間部詮房《あきふさ》(西田清貞《きよさだ》の嫡子)は甲《か》斐《い》甲府藩(山梨県甲府市)主であった徳川家宣《いえのぶ》(綱豊《つなとよ》／綱重《つなしげ》の嫡子)に重用され、世《せい》子《し》(次期将軍)に据えられた家宣に従い旗本となった。宝永《ほうえい》3年(1706)に1万石の大名に進み、次いで宝永6年(1709)に家宣が第6代将軍となると、儒者・新井白石《あらいはくせき》とともに家宣、第7代将軍・徳川家継《いえつぐ》(家宣の四男)の政治(「正徳《しょうとく》の治《ち》」)を支えている。宝永7年(1710)、5万石の上野《こうずけ》高崎藩(群馬県高崎市)主に栄進した。

この間、詮房は若年寄格や老中格側用《そばよう》人《にん》などを歴任したが、家宣、さらに家継が病没したために享保《きょうほう》元年(1716)に失脚し、越後《えちご》村上藩(新潟県村上市)へ転封(国替え)となった。

さらに、享保5年(1720)に詮房が病没すると、間部詮言《あきとき》(西田清貞の五男、詮房の養子)が5万石で越前鯖江《えちぜんさばえ》藩への転封を命じられている。

歴代では詮房のほかに、幕末維新期の間部詮勝《あきかつ》(詮熈《あきひろ》の三男、詮允《あきさね》の養子)が大坂城代、京都所司代、老中を歴任している。なかでも詮勝は、老中・水野忠邦《みずのただくに》と衝突して老中を辞任した後、大老・井伊《いい》直弼《なおすけ》の要請で老中に復職し、勝手掛《かってがかり》(財政担当)、外国掛(外交担当)となって、将軍継嗣《けいし》問題や日米修好通商条約《にちべいしゅうこうつうしょう》勅許《ちょっきょ》問題などの難問に取り組む。

しかし、安政《あんせい》6年(1859)に失脚し、文《ぶん》久《きゅう》3年(1863)に老中在職中の失政を理由に1万石を削封《さくほう》(石高《こくだか》削減)された。なお、詮勝は隠居と蟄居《ちっきょ》も同時に命ぜられ、失意のうちに維新期を迎えている。

間部家の系図

西田清貞 ― 間部詮房 ＝ 詮言 ＝ 詮方 ― 詮央 ＝ 詮茂 ― 詮熈 ― 詮允 ＝ 詮勝 ― 詮実 ＝ 詮道

三百諸侯で唯一の公家の分流

まつだいら(たかつかさ)け

松平(鷹司)家

上野牡丹(丸に葉牡丹、六丁字)

藩名：上野吉井藩(群馬県高崎市)
藩祖：松平(鷹司)信清
石高：1万石
大名になった年：宝永6年(1709)
本拠地：上野矢田陣屋→上野吉井陣屋
親疎の別：譜代
家格：陣屋
江戸城内の詰間：大広間
爵位：子爵

公家から旗本を経て出世した定府大名

藤原北家《ふじわらほっけ》道長《みちなが》流の鷹司家(五摂家《ごせっけ》)の分家。関白《かんぱく》の家柄である松平(鷹司)信平《のぶひら》は、姉・本理院《ほんりいん》(ともに鷹司信房《のぶふさ》の子)が第3代将軍・徳川家光《とくがわいえみつ》の正室であることを縁に旗本(7000石)となり、松平姓を許される。宝永《ほうえい》6年(1709)、藩祖・松平(鷹司)信清《のぶきよ》(信正《のぶまさ》の子、信平の孫)が1万石の上《こう》野矢田《ずけやだ》藩(群馬県高崎市)主となった。後に子孫が陣屋を移して上野吉井藩を称した。なお、公家出身の大名であった関係で、1万石ながら江戸城内の詰間が大広間、官位が従四位下《じゅしいのげ》という国主並みの厚遇を受けた。参勤交代をしない定府《じょうふ》大名でもあった。維新後、吉井姓に改姓した。

松平(鷹司)家の系図

鷹司信房 ─┬─ 本理院(徳川家光正室)
　　　　　 └─ 松平信平 ─ 信正 ─ 信清 ─ 信友 ＝ 信有 ＝ 信明 ＝ 信成 ＝ 信充 ＝ 信敬 ＝ 信任 ＝ 信発 ＝ 信謹

長い歳月をかけ城を構築した大名

みうらけ

三浦家

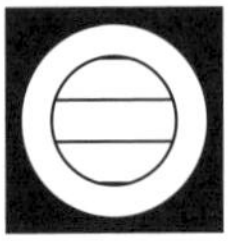

三浦三引両(三引、三沢潟)

藩名：美作勝山藩(真島藩／岡山県真庭市)
藩祖：三浦正次
石高：2万3000石
大名になった年：寛永7年(1630)
本拠地：下総矢作城→下野壬生城→日向延岡城→三河刈谷城→三河西尾城→美作勝山城
親疎の別：譜代
家格：城主
江戸城内の詰間：雁間
爵位：子爵

家光に重用されて大名となった譜代

桓武平氏《かんむへいし》良文《よしぶみ》流で、相模《さがみ》(神奈川県)で栄えた三浦家の末裔であるという。藩祖・三浦正次《まさつぐ》(正重《まさしげ》の子)は第3代将軍・徳川《とくがわ》家光《いえみつ》(秀忠《ひでただ》の嫡子)に仕えて六人衆(若年寄の前身)と若年寄を務め、幕政の安定に貢献する。この間の寛永《かんえい》7年(1630)、正次は1万石の大名となった。以後、下《しも》野壬生《つけみぶ》藩(栃木県壬生町)などを経て、明《めい》和《わ》元年(1764)に2万3000石で美作《みまさか》勝山藩へ入封し、定着した。歴代では正次のほかに、三浦明敬《あきひろ》(安次《やすつぐ》の嫡子)が若年寄を、三浦義理《よしさと》(明敬の五男、明喬《あきたか》の養子)が西ノ丸若年寄を務めている。維新後、藩名を真島《ましま》藩と改称している。

三浦家の系図

三浦正重 ─ 正次 ─ 安次 ─ 明敬 ─ 明喬 ＝ 義理 ＝ 明次 ＝ 矩次 ＝ 前次 ＝ 毗次 ＝ 誠次 ─ 峻次 ＝ 義次 ＝ 朗次 ＝ 弘次 ─ 顕次

政争などで転封を経験する悲運の大名

みずのけ

水野家

水野沢潟（立沢潟、丸に沢潟）

藩名：出羽山形藩（山形県山形市）
藩祖：水野忠元
石高：5万石
大名になった年：元和元年（1615）
本拠地：下総山川陣屋→駿河田中城→三河吉田城→三河岡崎城→肥前唐津城→遠江浜松城→出羽山形城→近江朝日山陣屋
親疎の別：譜代
家格：城主
江戸城内の詰間：雁間
爵位：子爵

天保改革を主導した忠邦を出した家

下総《しもうさ》結城《ゆうき》藩（茨城県結城市）主・水野家の分家。藩祖・水野忠元《ただもと》（忠守《ただもり》の三男）は徳川《とくがわ》家康《いえやす》、次いで徳川秀忠《ひでただ》（家康の三男）に仕え、元和《げんな》元年（1615）に1万石の下総山川藩（結城市）主となった。

以後、子孫は駿河《するが》田中藩（静岡県藤枝市）、三河《みかわ》吉田藩（愛知県豊橋市）、三河岡崎藩（愛知県岡崎市）、肥前《ひぜん》唐津《からつ》藩（佐賀県唐津市）と転封（国替え）が続く。

江戸時代後期の水野忠邦《ただくに》（忠光《ただあきら》の次男）は幕政への参画を望んで7万石で遠江《とおとうみ》浜松藩（静岡県浜松市）へ転封し、老中となって天保《てんぽう》改革を主導した。

しかし、忠邦の失脚後に、水野忠精《ただきよ》（忠邦の嫡子）は2万石の削封《さくほう》（石高《こくだか》削減）のうえ、5万石で出羽《でわ》山形藩へ転封を強いられている。

歴代では忠邦のほかに、江戸時代中期の水野忠之《ただゆき》（忠春《ただはる》の四男、忠盈《ただみつ》の養子）と忠精が、若年寄と老中を務めた。

なかでも、忠之は享保《きょうほう》改革を推進する第8代将軍・徳川吉宗《よしむね》を補佐したことで名高い。また、中期、後期の水野忠鼎《ただかね》（浅野《あさの》宗恒《むねつね》の次男、忠任《ただとう》の養子）は藩校・経誼館《きょうぎかん》を創設している。

なお、明治元年（慶応《けいおう》4年／1868）から始まる戊辰《ぼしん》戦争では、水野忠弘《ただひろ》（忠精の嫡子）が奥羽越列藩《おううえつれっぱん》同盟へ加担したためか、明治3年（1870）に近江《おうみ》朝日山藩（滋賀県長浜市）への転封を命じられている。

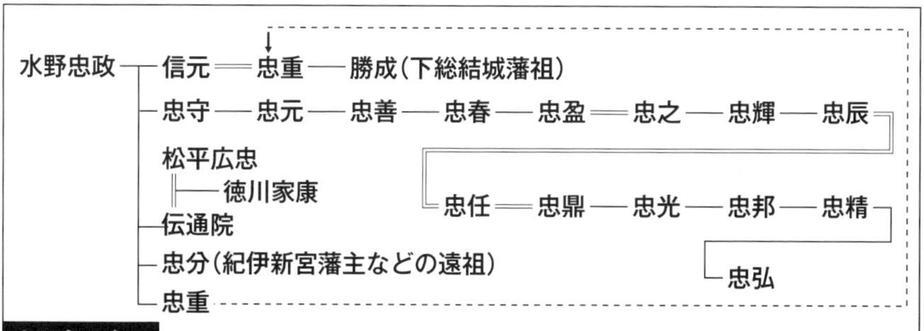

水野家の系図

家康の従弟が興した譜代大名

水野家《みずのけ》

水野沢瀉(丸に抱き沢瀉、丸に二本沢瀉、裏永楽銭)

藩名：下総結城藩(茨城県結城市)
藩祖：水野勝成
石高：1万8000石
大名になった年：慶長5年(1600)以降
本拠地：三河刈谷城→大和郡山城→備後福山城→能登西谷陣屋→下総結城城
親疎の別：譜代
家格：城主
江戸城内の詰間：帝鑑間
爵位：子爵

古くから徳川に仕えていた家康の母の実家

清和源氏満政流《せいわげんじみつまさ》で、水野姓は尾張《おわり》水野(愛知県瀬戸市)にちなむという。

戦国時代末期に伝通院《でんづういん》(水野忠政《ただまさ》の娘、松平広忠《まつだいらひろただ》の正室で徳川家康《とくがわいえやす》の母)が徳川家康を産んで以降、水野家は松平家(徳川将軍家)に仕えた。

その水野家は忠政の後、水野信元《のぶもと》(忠政の嫡子)、水野忠重《ただしげ》(忠政の九男、信元の養子)が継ぎ、三河刈谷《みかわかりや》城(愛知県刈谷市)主となる。

ところが、慶長《けいちょう》5年(1600)の関ヶ原の戦いの直前、忠重が豊臣《とよとみ》方の加賀野井秀望《かがのいひでもち》に斬殺《ざんさつ》されるという痛事が起こった。このため、父・忠重のもとを離れていた水野勝成《かつなり》(忠重の嫡子、家康の従弟《いとこ》)が、家康の命により刈谷城主となる。

やがて、美濃《みの》大垣城(岐阜県大垣市)の攻防戦などで軍功をあげた勝成は、3万石の刈谷藩主となった。

なお、水野信元は武田方への内通の嫌疑を受け、織田信長《おだのぶなが》の命により成敗《せいばい》されている。信長が信元の成敗を命じたり、豊臣方の刺客であったという秀望が忠重を斬殺したりしたのは、信元と忠重の2代が徳川方の諜報機関のトップであったからかもしれない。

ちなみに、家督を継ぐ前の勝成は豊臣秀吉《ひでよし》、佐々成政《さっさなりまさ》、小西行長《こにしゆきなが》、三村家親《みむらいえちか》らに相次いで仕えたが、これは家康の密命で敵方の動静を探ったのであるという。また、勝成も先に触れた大垣城攻防戦では謀略を用いて豊臣方の武将を寝返らせているし、勝成自身が変装して備後《びんご》(広島県東部)国内を探索したという伝承も残っている。

次いで、勝成は大和郡山《やまとこおりやま》藩(奈良県大和郡山市)主、さらに10万石の備後福山藩(広島県福山市)主となるが、子孫は元《げん》禄《ろく》11年(1698)に跡継ぎの欠如でお取り潰しとなる。

その後、再興が認められ1万石で能登《のと》西谷《にしやち》藩(石川県七尾《ななお》市)主となり、元禄13年(1700)に1万石(後に1万8000石)で下総《しもうさ》結城《ゆうき》藩へ入封し、定着した。

明治元年(慶応《けいおう》4年／1868)の戊辰《ぼしん》戦争の際、水野勝知《かつとも》(丹羽長富《にわながとみ》の八男、水野勝任《かつとう》の養子)は旧幕府方に身を投じ、藩士や彰義隊《しょうぎたい》の隊士とともに結城城へ籠城《ろうじょう》するものの、新政府軍の反撃により短時間で城は陥落した(「結城戦争」)。直後に勝知が隠居を強いられるが、結城藩は以上の勝知の行動を咎《とが》められ、1000石を削られている。

分家に水野忠清《ただきよ》（忠重の四男）に始まる駿河《するが》沼津藩（静岡県沼津市）、水野忠元《ただもと》（忠守《ただもり》の三男）に始まる出羽《でわ》山形藩（山形市）、水野忠位《ただたか》（忠増《ただます》の子）に始まる上総《かずさ》鶴牧《つるまき》藩（千葉県市原市）、水野分長《わけなが》（忠分《ただちか》の長男）に始まる上野安中《こうずけあんなか》藩（群馬県安中市）、水野忠幹《ただもと》（忠央《ただなか》の子）に始まる紀伊《きい》新宮《しんぐう》藩（和歌山県新宮市）があった。

また、水野忠胤《ただたね》（忠重の子）が興した家などもあったが、安中藩や忠胤が興した家はお取り潰しとなった。

亀城公園に建つ刈谷城址の石碑（愛知県刈谷市）

椎の木屋敷跡にある伝通院（於大の方）の銅像（愛知県刈谷市）

伝通院（於大の方）の墓碑（東京都文京区・伝通院）

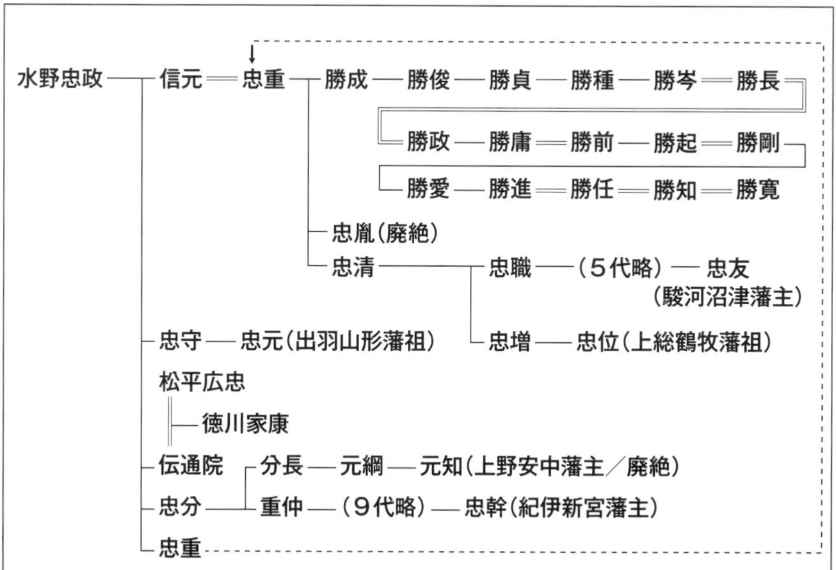

水野家の系図

お取り潰し後に老中を出した名家

みずのけ

水野家

水野沢瀉（太輪に立沢瀉、丸に沢瀉）

藩名：駿河沼津藩（静岡県沼津市）
藩祖：水野忠清
石高：5万石
大名になった年：慶長6年（1601）
本拠地：上野小幡陣屋→三河刈谷城→三河吉田城→信濃松本城→旗本となる→三河大浜陣屋→駿河沼津城→上総菊間陣屋
親疎の別：譜代
家格：城主
江戸城内の詰間：帝鑑間
爵位：子爵

駿河沼津を治めた水野家の分家

下総《しもうさ》結城《ゆうき》藩（茨城県結城市）主・水野家の分家。藩祖・水野忠清《ただきよ》（忠重《ただしげ》の四男）は第2代将軍・徳川秀忠《とくがわひでただ》（家康《いえやす》の三男）に仕え、慶長《けいちょう》6年（1601）に1万石の上野小幡《こうずけおばた》藩（群馬県甘楽《かんら》町）主となり、各地を経て寛永《かんえい》9年（1632）に7万石で信濃《しなの》松本藩（長野県松本市）へ入封する。

なお、貞享《じょうきょう》3年（1686）に水野忠直《ただなお》（忠職《ただもと》の次男）が年貢増徴を企てるが、多田嘉助《ただかすけ》らの一揆（「嘉助騒動」）を招いている。

さらに、享保《きょうほう》10年（1725）、水野忠恒《ただつね》（忠周《ただちか》の次男、忠幹《ただもと》の養子）が殿中（江戸城内）で長門《ながと》府中藩（山口県下関市）の世子《せいし》（次期藩主）・毛利師就《もうりもろなり》に刃傷に及んだため、水野家は一旦お取り潰しとなった。

明和《めいわ》5年（1768）、名跡《みょうせき》を継いでいた水野忠友《ただとも》（忠毅《ただよし》の長男）が1万3000石の三河《みかわ》大浜藩（愛知県碧南《へきなん》市）主となり、大名の座へ復帰する。次いで、忠友が安永《あんえい》6年（1777）に3万石で駿河《するが》沼津藩へ入封し、定着した。石高《こくだか》は後に加増があり、5万石で確定している。

歴代のうち、江戸時代中期の忠友が老中に、水野忠成《ただあきら》（岡野知暁の次男、忠友の養子）が老中に、幕末維新期の水野忠《ただ》寛《ひろ》（忠紹《ただつぐ》の子、忠良《ただなが》の養子）が側用人《そばようにん》に、水野忠誠《ただのぶ》（本多忠考《ほんだただなか》の四男、忠寛の養子）が老中に就任し、幕政の枢機《すうき》に参画している。

明治元年（慶応《けいおう》4年／1868）、駿河静岡藩（静岡市）の成立により、上総菊間《かずさきくま》藩（千葉県市原市）へ転封（国替え）となった。

分家に水野忠位《ただたか》（忠増《ただます》の長男）に始まる上総鶴牧《つるまき》藩（千葉県市原市）があった。

水野家の系図

水野忠重
- 勝成（下総結城藩祖）
- 忠胤（廃絶）
- 忠清
  - 忠職―忠直―忠周―忠幹＝忠恒＝忠毅―忠友＝忠成―忠義―忠武＝忠良＝忠寛＝忠誠＝忠敬
  - 忠増―忠位（上総鶴牧藩祖）

多くの若年寄を輩出した沼津藩の支封

みずのけ

水野家

水野沢潟(細輪に立沢潟、黒餅に沢潟)

- **藩名**：上総鶴牧藩(千葉県市原市)
- **藩祖**：水野忠位
- **石高**：1万5000石
- **大名になった年**：正徳元年(1711)
- **本拠地**：信濃国内ほか→安房北条陣屋→上総鶴牧陣屋
- **親疎の別**：譜代
- **家格**：陣屋
- **江戸城内の詰間**：雁間
- **爵位**：子爵

上総鶴牧を治めた駿河沼津藩の分家

駿河《するが》沼津藩(静岡県沼津市)主・水野家の分家。藩祖・水野忠位《ただたか》(忠増《ただます》の長男)は旗本(7000石)から累進し、正徳《しょうとく》元年(1711)に1万2000石の大名となった。子孫は安房北条《あわほうじょう》藩(千葉県館山市)を経て文《ぶん》政《せい》10年(1827)に1万5000石で上総鶴牧《かずさつるまき》藩へ入封し、定着する。歴代のうち、水野忠定《たださだ》(松平定重《まつだいらさだしげ》の十男、忠位の養子)、水野忠見《ただちか》(忠定の次男)、水野忠韶《ただてる》(忠見の次男)、水野忠実《ただしつ》《ただみつ》(酒井《さかい》忠徳《ただあり》の次男、忠韶の養子)がいずれも若年寄に就任し、幕政の枢機《すうき》に参画した。なお、水野忠順《ただより》(忠実の次男)は藩校・修成館《しゅうせいかん》を創設するなど、教育環境の整備に心を砕いている。

水野家の系図

水野忠清 ─┬─ 忠職 ── (5代略) ── 忠友(駿河沼津藩主)
　　　　　└─ 忠増 ── 忠位 ══ 忠定 ── 忠見 ── 忠韶 ══ 忠実 ── 忠順

紀伊藩付家老から大名になった家

みずのけ

水野家

永楽通寶銭(水野沢潟、黒餅に沢潟)

- **藩名**：紀伊新宮藩(和歌山県新宮市)
- **藩祖**：水野忠幹
- **石高**：3万5000石
- **大名になった年**：明治元年(慶応4年／1868)
- **本拠地**：常陸国内→遠江浜松城→紀伊新宮城
- **親疎の別**：譜代
- **家格**：城主
- **江戸城内の詰間**：—
- **爵位**：男爵

紀伊新宮を治めた下総結城藩の分家

下総結城《しもうさゆうき》藩(茨城県結城市)主・水野家などの一門で、お取り潰しとなった上野《こうづけ》安中《あんなか》藩(群馬県安中市)主・水野家の分家。家祖・水野重仲《しげなか》(忠分《ただちか》の三男)は紀伊《きい》藩(和歌山市)主・徳川頼宣《とくがわよりのぶ》(家康《いえやす》の十男)の付《つけ》家老《がろう》、3万5000石の紀伊新宮《しんぐう》城主となる。以後、歴代は付家老と新宮城主の座を世襲し、明治元年(慶応《けいおう》4年／1868)に水野忠幹《ただもと》(忠央《ただなか》の四男)が3万5000石の新宮藩主となった。なお、忠央(忠啓《ただあき》の嫡子)は妙音院《みょうおんいん》(忠啓の娘、忠央の妹)を第12代将軍・徳川家慶《いえよし》の側室とする一方、大老・井伊直弼《いいなおすけ》と結び紀伊藩主・徳川家茂《いえもち》を第14代将軍とすることに成功する。

水野家の系図

水野忠政 ── 忠分 ─┬─ 分長 ── 元親 ── 元知(上野安中藩主／廃絶)
　　　　　　　　　└─ 重仲 ── 重良 ── 重上 ══ 重期 ══ 忠昭 ── 忠興 ══ 忠奇 ── 範明 ─┐
　　　　　　　　　┌──────────────────────────────────────┘
　　　　　　　　　└─ 忠啓 ── 忠央 ── 忠幹

渡辺崋山を家老に登用した進取の家系

みやけけ

三宅家

三宅輪宝（島形の内児の字）

藩名：三河田原藩（愛知県田原市）
藩祖：三宅康貞
石高：1万2000石
大名になった年：慶長9年（1604）
本拠地：三河挙母城→伊勢亀山城→三河挙母城→三河田原城
親疎の別：譜代
家格：陣屋
江戸城内の詰間：帝鑑間
爵位：子爵

家康から一字を拝領した大名家

藤原《ふじわら》氏支流で、三宅姓は備前《びぜん》三宅（岡山県玉野市）にちなむという。藩祖・三宅康貞《やすさだ》（政貞《まささだ》の子）は徳川家康《とくがわいえやす》に仕えて「康」の一字を賜り、慶長《けいちょう》9年（1604）に1万石の三河挙母《みかわころも》藩（愛知県豊田市）主となった。以後、子孫は伊勢《いせ》亀山藩（三重県亀山市）、挙母藩を経て、寛文《かんぶん》4年（1664）に1万2000石で三河田原《たはら》藩へ入封し、定着した。歴代や一族のうち、三宅康直《やすなお》（酒《さか》井《い》忠実《ただみつ》の六男、康明《やすてる》の養子）と三宅友信《とものぶ》（康友《やすとも》の四男）は、家老に洋学者の渡辺《わたなべ》崋《か》山《ざん》（定静《さだやす》）を登用している。

三宅政貞──康貞──康信──康盛──康勝──康雄──康徳──康高＝康之──康武＝
＝康邦＝康友┬康和＝康明＝康直＝康保
　　　　　　├康信──康保 - - - →（康保）
　　　　　　└友信

三宅家の系図

秀忠に殉死した藩祖が興した家

もりかわけ

森川家

丸に鳩漿草（爐縁）

藩名：下総生実藩（千葉県千葉市）
藩祖：森川重俊
石高：1万石
大名になった年：寛永4年（1627）
本拠地：下総生実陣屋
親疎の別：譜代
家格：陣屋
江戸城内の詰間：菊間
爵位：子爵

秀忠に取り立てられた譜代大名

宇多源氏佐々木《うだげんじささき》氏支流で、かつては堀《ほり》部《べ》姓もしくは堀場《ほりば》姓を名乗っていたというが、森川氏俊《うじとし》（重俊《しげとし》の父）のときに母方の叔父《おじ》・森川家の名跡《みょうせき》を継ぎ、森川姓へ改姓した。江戸時代初期の藩祖・森川重俊（氏俊の三男）は第2代将軍・徳川秀忠《とくがわひでただ》（家康《いえやす》の三男）に仕えて旗本（3000石）となるが、「大久保忠隣《おおくぼただちか》事件」でお取り潰し、配流《はいる》を経験する。後に赦免《しゃめん》され、寛永《かんえい》4年（1627）に1万石の下総生実《しもうさおゆみ》藩主となり、定着した。なお、寛永9年（1632）に秀忠が病没した際、重俊は殉死《じゅんし》を遂げている。歴代のうち、重俊が老中に、森川俊胤《としたね》（重信《しげのぶ》の嫡子）が若年寄に、森川俊知《としとも》（俊《とし》輝《てる》の長男、俊孝《としたか》の養子）が西ノ丸若年寄に就任し、幕政の枢機《すうき》に参画した。

森川氏俊──重俊─重政─重信─俊胤─俊常＝俊令─俊孝＝俊知＝俊民─俊位＝
＝俊徳＝俊方

森川家の系図

将軍家の剣術師範役となった剣豪の家系

柳生家《やぎゅうけ》

和礼茂香(地楡に雀、柳生笹、雪笹、二階笠)

藩名：大和柳生藩(奈良県奈良市)
藩祖：柳生宗矩
石高：1万石
大名になった年：寛永13年(1636)
本拠地：大和柳生陣屋
親疎の別：譜代
家格：陣屋
江戸城内の詰間：菊間
爵位：子爵

大名として幕末まで存続した剣術師範役の家

菅原《すがわら》氏で、戦国時代の柳生宗厳《むねよし》(石舟《せきしゅう》斎《さい》／家厳《いえよし》の子)は上泉信綱《かみいずみのぶつな》(伊勢守《いせのかみ》)に師事した新陰流《しんかげりゅう》(柳生新陰流)の剣豪として名高い。

藩祖・柳生宗矩《むねのり》(但馬守《たじまのかみ》／宗厳の五男)は第3代将軍・徳川家光《とくがわいえみつ》(秀忠《ひでただ》の嫡子)らに仕え、寛永《かんえい》13年(1636)に1万石(後に1万2500石)の大和《やまと》柳生藩主となった。後年、柳生三厳《みつよし》(十兵衛《じゅうべえ》／宗矩の嫡子、宗冬《むねふゆ》の兄で養父)が分知《ぶんち》したため旗本(8300石)となるが、寛文《かんぶん》8年(1668)に1万石の大名に返り咲き、参勤交代をしない定府《じょうふ》大名となった。歴代は徳川将軍家の剣術師範役を務めたが、宗矩は初代惣目付《そうめつけ》(大目付)にも就任している。一方、三厳は家光の小姓《こしょう》を務めたが、辞職後に10数年間も国元・柳生に起居し、1万3600人以上の弟子を指導したとされる。ただし、先に触れた通り、三厳が分知をしたため、厳密には江戸時代の柳生家の13人の当主のうち、三厳だけは藩主(大名)ではない。

ちなみに、三厳、もしくは禅僧・烈堂《れつどう》義仙《ぎせん》(宗矩の子、三厳や宗冬らの弟)を諜報機関のトップとみなす説があるが、明らかにフィクションである。その三厳は慶安《けいあん》3年(1650)、鷹狩の最中に急死し、謎に満ちた生涯を閉じた。柳生家の菩提寺は江戸の広徳寺《こうとくじ》(現在は東京都練馬区)と、烈堂義仙が第一世住持《じゅうじ》を務めた芳徳寺《ほうとくじ》(奈良市)で、広徳寺には宗矩、三厳、宗冬の3代の墓碑が、芳徳寺には歴代の墓碑群が残る。一方、柳生利厳《としとし》(兵庫助《ひょうごのすけ》／宗厳の孫)の系統は尾張《おわり》藩(愛知県名古屋市)の剣術師範役となった。

天乃石立神社にある柳生宗厳(石舟斎)ゆかりの一刀石(奈良市)

柳生家の系図

柳生宗厳
- 厳勝 ― 利厳 ― 厳包(連也斎／尾張柳生家)
- 宗矩(但馬守)
  - 三厳 ＝ 宗冬 ― 宗在 ＝ 俊方 ＝ 俊平 ＝ 俊峯 ＝ 俊則 ＝ 俊豊 ― 俊章 ＝ 俊能 ＝ 俊順 ＝ 俊郎
  - 宗冬 ………→(宗冬)
  - 烈堂義仙

異例の大出世をした「元禄の昇り龍」

やなぎさわけ

柳沢家

柳沢花菱(菱、四菱、葉菱など)

藩名：大和郡山藩(奈良県大和郡山市)
藩祖：柳沢吉保
石高：15万1200石
大名になった年：元禄元年(1688)
本拠地：武蔵国内ほか→武蔵川越城→甲斐甲府城→大和郡山城
親疎の別：譜代
家格：城主
江戸城内の詰間：帝鑑間
爵位：伯爵

綱吉に取り立てられて出世した武田家の旧臣

清和源氏義家《せいわげんじよしいえ》流の武田《たけだ》支流で、甲斐《かい》(山梨県)の武田家の家臣を経て、江戸幕府の旗本(530石)となる。藩祖・柳沢吉保《よしやす》(保明《やすあきら》／安忠《やすただ》の子)は家督を相続後、上野《こうずけ》館林《たてばやし》藩(群馬県館林市)主であった徳川綱《とくがわつな》吉《よし》に仕えて重用された。次いで、綱吉が世子《せいし》(次期将軍)、さらに第5代将軍となると旗本に復帰し、異例の昇進と加増を重ねていく。元禄《げんろく》元年(1688)に吉保は1万石の大名となり、元禄7年(1694)には7万2000石の武蔵《むさし》川越藩(埼玉県川越市)主に栄進した。さらに、宝永《ほうえい》元年(1704)に甲斐《かい》甲府藩(山梨県甲府市)主・徳川家宣《いえのぶ》(綱豊《つなとよ》／綱重《つなしげ》の嫡子)が綱吉の世子に迎えられた後、吉保は15万1200石で甲府藩へ入封した。元来、甲府藩主には親藩《しんぱん》大名が就任するのが習わしとなっていたが、その慣例を破り、武田旧臣の子孫である吉保が甲府藩主となったのである。

この間、吉保は役職の面では側用人《そばようにん》、老中格、大老格となって権勢を振るい、元禄14年(1701)には吉保のみならず、柳沢吉里《よしさと》、柳沢経隆《つねたか》、柳沢時睦《ときちか》(以上、吉保の子)も松平姓を賜るという厚遇を受けた。しかし、そんな吉保も宝永6年(1709)に綱吉が病没すると失脚し、江戸の別邸・六義園《りくぎえん》(東京都文京区)で余生を送ることを強いられた。

吉保の没後の享保《きょうほう》9年(1724)、家督を継いでいた吉里は15万1200石で大和郡山《やまとこおりやま》藩へ転封(国替え)となる。なお、吉保、柳沢信鴻《のぶとき》(吉里の次男)、柳沢保光《やすみつ》(信鴻の子)などの歴代や、正親町町子《おおぎまちまちこ》(実豊《さねとよ》の娘、吉保の側室で経隆と時睦の母)などは、文芸や茶道を能《よ》くしたことで名高い。

分家には、経隆に始まる越後《えちご》黒川藩(新潟県胎内《たいない》市)と、時睦に始まる越後三日《みっか》市《いち》藩(新潟県新発田《しばた》市)があった。

ちなみに、吉保が綱吉から100万石のお墨付《すみつ》きを得ていた、吉里は実は綱吉の御落胤《ごらくいん》だったなどという説(「柳沢騒動」)もあるが、到底事実とは思えない。

柳沢家の系図

柳沢安忠——吉保——吉里——信鴻——保光——保泰——保興——保申
　　　　　　　　├経隆(越後黒川藩主)
　　　　　　　　└時睦(越後三日市藩主)

吉保の四男が興した譜代の小藩

やなぎさわけ

柳沢家

柳沢花菱(菱、四菱、葉菱など)

藩名：越後黒川藩(新潟県胎内市)
藩祖：柳沢経隆
石高：1万石
大名になった年：宝永6年(1709)
本拠地：甲斐甲府城下→越後黒川陣屋
親疎の別：譜代
家格：陣屋
江戸城内の詰間：帝鑑間
爵位：子爵

越後黒川で定着した柳沢家の分家

大和郡山《やまとこおりやま》藩(奈良県大和郡山市)主・柳沢家の分家。藩祖・柳沢経隆《つねたか》(吉保《よしやす》の四男)は第5代将軍・徳川綱吉《とくがわつなよし》の命で横井《よこい》姓を名乗るが、元禄《げんろく》14年(1701)に甲斐《かい》甲府藩(山梨県甲府市)主・柳沢吉保(経隆の父)らとともに松平《まつだいら》姓を許されている。次いで宝永《ほうえい》6年(1709)に経隆が1万石を分与され、大名となった。ちなみに、経隆の母・正親町町子《おおぎまちまちこ》(実豊《さねとよ》の娘、吉保の側室)は『松《まつ》蔭《かげ》日記』の著者として名高い。享保《きょうほう》9年(1724)、柳沢吉里《よしさと》(吉保の嫡子)の郡山藩への転封(国替え)に伴い、1万石で越後《えちご》黒川藩へ入封し、定着した。なお、参勤交代をしない定府《じょうふ》大名であった。

柳沢吉保 ─┬─ 吉里(大和郡山藩主)
├─ 経隆 ═ 里済 ═ 里旭 ═ 保卓 ─ 信有 ─ 光被 ═ 光昭 ═ 光邦
└─ 時睦(越後三日市藩主)

柳沢家の系図

吉保の五男が興した譜代の小藩

やなぎさわけ

柳沢家

柳沢花菱(菱、四菱、葉菱など)

藩名：越後三日市藩(新潟県新発田市)
藩祖：柳沢時睦
石高：1万石
大名になった年：宝永6年(1709)
本拠地：甲斐甲府城下→越後三日市陣屋
親疎の別：譜代
家格：陣屋
江戸城内の詰間：帝鑑間
爵位：子爵

越後三日市で定着した柳沢家の分家

大和郡山《やまとこおりやま》藩(奈良県大和郡山市)主・柳沢家の分家。元禄《げんろく》14年(1701)、藩祖・柳沢時睦《ときちか》(吉保《よしやす》の五男)は甲斐《かい》甲府藩(山梨県甲府市)主・柳沢吉保(時睦の父)らとともに、第5代将軍・徳川綱吉《とくがわつなよし》から松平《まつだいら》姓を許されている。次いで、時睦は宝永《ほうえい》6年(1709)に1万石を分与され、大名となった。ちなみに、時睦の母・正親町町子《おおぎまちまちこ》(実豊《さねとよ》の娘、吉保の側室)は『松蔭日記《まつかげ》』の著者として名高い。享保《きょうほう》9年(1724)、柳沢吉里《よしさと》(吉保の嫡子)の郡山藩への転封(国替え)に伴い、1万石で越後三日市《えちごみっかいち》藩へ入封し、定着した。なお、参勤交代をしない定府《じょうふ》大名であった。

柳沢吉保 ─┬─ 吉里(大和郡山藩主)
├─ 経隆(越後黒川藩主)
└─ 時睦 ═ 保経 ─ 信著 ═ 里之 ─ 里世 ═ 里顕 ─ 泰孝 ─ 徳忠

柳沢家の系図

お取り潰し後に旧領へ帰り咲いた家

やまぐちけ

山口家

山口菱(大内菱、竹の丸に飛雀二羽)

藩名：常陸牛久藩(茨城県牛久市)
藩祖：山口重政
石高：1万石
大名になった年：慶長5年(1600)以降
本拠地：常陸国内ほか→常陸牛久陣屋→旗本となる→常陸牛久陣屋
親疎の別：譜代
家格：陣屋
江戸城内の詰間：菊間
爵位：子爵

大久保忠隣事件に連坐した譜代

多々良《たたら》氏で、山口姓は周防《すおう》山口(山口市)にちなむという。藩祖・山口重政《しげまさ》(盛《もり》政《まさ》の子、重勝《しげかつ》の養子)は織田信雄《おだのぶかつ》(信長《のぶなが》の次男)などを経て徳川家康《とくがわいえやす》、次いで徳川秀忠《ひでただ》(家康の三男)に仕え、慶長《けいちょう》5年(1600)の関ヶ原の戦いの後に1万石(後に1万5000石)の常陸牛久《ひたちうしく》藩主となった。ところが、慶長18年(1613)に大久保忠隣《おおくぼただちか》との無断縁組を理由に、忠隣の失脚と同時にお取り潰しとなる(「大久保忠隣事件」)。その後、元和《げんな》元年(1615)の大坂夏の陣での奮戦を経て赦免《しゃめん》された重政は、幸いにも寛永《かんえい》6年(1629)に1万5000石(後に1万石)の牛久藩主に返り咲く。歴代には大坂加番《かばん》や大番頭《おおばんがしら》、近江水口《おうみみなくち》城(滋賀県甲賀《こうか》市)番などを務めた者が多い。

山口家の系図

山口重勝 ═ 重政 ─ 弘隆 ─ 重貞 ═ 弘豊 ═ 弘長 ═ 弘道 ═ 弘務 ═ 弘致 ─ 弘封 ═ 弘毅 ═ 弘敞 ─ 弘達

維新後に2度の転封をする大名

よねきづけ

米津家

米津棕櫚(十一葉棕櫚、五七桐、九曜)

藩名：出羽長瀞藩(山形県東根市)
藩祖：米津田盛
石高：1万1000石
大名になった年：寛文6年(1666)
本拠地：武蔵国内ほか→武蔵久喜陣屋→出羽長瀞陣屋→上総大網陣屋→常陸龍ケ崎陣屋
親疎の別：譜代
家格：陣屋
江戸城内の詰間：菊間
爵位：子爵

奉行などを歴任して大名に出世した譜代

織豊《しょくほう》(安土桃山)時代、江戸時代初期の米津田政《たまさ》(政信《まさのぶ》の四男)は徳川家康《とくがわいえやす》ら歴代将軍《ただまさ》に仕え、江戸の町奉行などを務める。また、藩祖・米津田盛《たもり》(田政の嫡子)は大坂定番《じょうばん》などを務め、寛文《かんぶん》6年(1666)に1万5000石の大名となった。子孫は武蔵久喜《むさしくき》藩(埼玉県久喜市)を経て寛政《かんせい》10年(1798)に1万1000石で出羽長瀞《でわながとろ》藩へ入封し、定着した。維新後の明治2年(1869)に上総《かずさ》大網《おおあみ》藩(千葉県大網白里市)、さらに常陸《ひたち》龍《りゅう》ケ崎《さき》藩(茨城県龍ケ崎市)と転封(国替え)している。

米津家の系図

米津勝政 ─ 政信 ─ 田政 ─ 田盛 ─ 政武 ─ 政矩 ═ 政容 ─ 政崇 ─ 通政 ─ 政懿 ═ 政易 ═ 政明 ─ 政敏

武田旧臣が興した江戸城に一番近い藩

よねくらけ

米倉家

隅切角に花菱(菱の実)

藩名:武蔵金沢藩(六浦藩/神奈川県横浜市)
藩祖:米倉昌尹
石高:1万2000石
大名になった年:元禄9年(1696)
本拠地:武蔵国内ほか→下野皆川陣屋→武蔵金沢陣屋
親疎の別:譜代
家格:陣屋
江戸城内の詰間:菊間
爵位:子爵

武田家から徳川家へ転じた譜代大名

清和源氏《せいわげんじ》義家《よしいえ》流の武田《たけだ》支流で、米倉姓は甲斐《かい》米倉(山梨県笛吹《ふえふき》市)にちなむという。織豊《しょくほう》(安土桃山)時代の米倉重継《しげつぐ》は武田信玄《しんげん》に仕えたが、子孫は徳川《とくがわ》家に仕え旗本となった。元禄《げんろく》9年(1696)、藩祖・米倉昌尹《まさただ》(昌純《まさずみ》の子)が若年寄に昇進し、1万石の大名となった。次いで、昌尹が1万5000石で下野《しもつけ》皆川藩(栃木市)を興すが、享保《きょうほう》7年(1722)に米倉忠仰《ただすけ》(柳沢吉保《やなぎさわよしやす》の子、昌照《まさてる》の養子)が1万2000石で武蔵金沢《むさしかなざわ》藩へ入封し、定着した。明治2年(1869)、藩《かねさわ》名を六浦《むつら》藩と改称している。歴代では、米倉昌晴《まさはる》(昌倫《まさみち》の次男、里矩《さとのり》の養子)も若年寄に就任している。

米倉重継——晴継══忠継══種継——清継——昌純——昌尹——昌明——昌照══忠仰——
——里矩══昌晴——昌賢══昌由══昌後══昌寿——昌言

米倉家の系図

「槍の半蔵」で知られた武功の家

わたなべけ

渡辺家

渡辺星(丸に三星一文字、日の丸三本骨の三扇)

藩名:和泉伯太藩(大阪府和泉市)
藩祖:渡辺吉綱
石高:1万3500石
大名になった年:寛文元年(1661)
本拠地:河内大井陣屋→武蔵野本陣屋→和泉大庭寺陣屋→和泉伯太陣屋
親疎の別:譜代
家格:陣屋
江戸城内の詰間:菊間
爵位:子爵

家康と各地を転戦した武将の家系

嵯峨源氏《さがげんじ》で、尾張《おわり》藩(愛知県名古屋市)の家老・渡辺家の一門。織豊《しょくほう》(安土桃山)時代の渡辺守綱《もりつな》(半蔵《はんぞう》/高綱《たかつな》の嫡子)と渡辺重綱《しげつな》(半蔵/守綱の嫡子)は徳川家康《とくがわいえやす》に仕え、尾張藩主・徳川義直《よしなお》(家康の九男)の家老となった。その後、家老の座は渡辺治綱《はるつな》(重綱の四男)や子孫が継いで維新後に男爵となる。一方、藩祖・渡辺吉綱《よしつな》(重綱の五男)は第2代将軍・徳川秀忠《ひでただ》(家康の三男)に仕え、寛文《かんぶん》元年(1661)に1万3500石の武蔵野本《むさしのもと》藩(埼玉県東松山市)主となった。子孫は各地を経て、享保《きょうほう》12年(1727)に和泉伯太《いずみはかた》藩へ入封し、定着している。

渡辺守綱——重綱——┬治綱(尾張藩家老)
　　　　　　　　　└吉綱——方綱══基綱——登綱——信綱——伊綱══豪綱——春綱══
══則綱——潔綱——章綱

渡辺家の系図

コラム 江戸幕府の高家と交代寄合

(ア)高家《こうけ》

江戸時代に徳川《とくがわ》将軍家へ仕える者のうち、石高《こくだか》1万石以上を大名、それ以下を旗本、御家人《ごけにん》という。さて、旗本のなかには大名並みの官位を与えられて幕政に関与した高家と、江戸幕府から大名並みの特別の権利、義務を認められた交代寄合がいた。

このうち、高家は江戸幕府の式部官僚で、儀礼の挙行、対朝廷工作、勅使《ちょくし》の接待、寺社への代参などをおもな職務としていた。現代の職務手当に相当する役高《やくだか》は1500石で、慶応《けいおう》3年(1867)以降は役高に代えて役金《やくきん》1500両を支給されたが、3000石以上の者は750両であったという。

さらに、高家には老中らに匹敵する官位を得て、重要事項を処理する肝煎《きもいり》がいた。たとえば、元禄《げんろく》14年(1701)に殿中(江戸城内)で播磨赤穂《はりまあこう》藩(兵庫県赤穂市)主・浅野《あさの》長矩《ながのり》(内匠頭《たくみのかみ》)に斬りつけられた吉良《きら》義央《よしひさ》(上野介《こうずけのすけ》)は当時、高家の肝煎であった。なお、肝煎は3人が任命されて職務にあたるため、三高《さんこう》とも呼ばれたとされる。

そんな高家に任命される家は28家であったが、吉良家(4500石)は元禄15年(1702)に義央が長矩の家臣である大石良雄《おおいしよしたか》(内蔵助《くらのすけ》)ら赤穂四十七士に討たれ、土岐《とき》家(700石)は元禄16年(1703)に素行不良が露顕し、ともにお取り潰しとなる。残る26家は次の通りである。このうち、大沢《おおさわ》家は明治元年(慶応《けいおう》4年／1868)に遠江《とおとうみ》堀江藩(静岡県浜松市)主となるが、提出した書類の不備が露顕し、明治5年(1872)に華族の身分を剥奪《はくだつ》された。

〔公家の子孫〕

有馬《ありま》家(600石)、大沢家(600石)、中条《ちゅうじょう》家(1000石)、戸田《とだ》家(700石)、長《なが》沢《さわ》家(1400石)、日野《ひの》家(1530石)、前田《まえだ》家(1400石)、前田家(1000石)、六《ろっ》角《かく》家(2000石)

〔武家の子孫〕

今川《いまがわ》家(1000石)、上杉《うえすぎ》家(1490石)、大沢家(3550石)、大友《おおとも》家(1000石)、織田《おだ》家(2700石)、織田家(2000石)、織田家(700石)、京極《きょうごく》家(1500石)、吉良(蒔田《まいた》)家(1420石)、品川《しながわ》家(300石)、武田《たけだ》家(500石)、土岐家(700石)、畠山《はたけやま》家(5000石)、畠山家(3120石)、宮原《みやはら》家(1140石)、由良《ゆら》家(1000石)、横瀬《よこぜ》家(1000石)

(イ)交代寄合《こうたいよりあい》

江戸幕府からさまざまな権利を許される一方で、参勤交代などの義務を負った旗本のことを交代寄合という。通常、旗本は若年寄の支配だが、交代寄合は老中の支配である。具体的には、特典とは屋形《やかた》と称する権利などをいい、義務とは参勤交代や、駿河《するが》久能山《くのうざん》(静岡市)、遠江《とおとうみ》気賀《けが》関(静岡県浜松市)の警備などを指す。殿中(江戸城内)における詰所(殿席《でんせき》)も、大名と同じ帝鑑間《ていかんのま》もしくは柳《やなぎの》間《ま》であった。そういった意味では大名並みの権利や義務を許されていたわけだが、事実、交代寄合のなかには中世の守護《しゅご》大名、戦国大名の子孫や、江戸幕府の成立後にお取り潰しとなった大名の子孫などが多い。

ところで、交代寄合の家数はおおむね30家前後であったというが、蝦夷《えぞ》松前藩(北海道松前町)主・松前家のように交代寄合から正式な大名になった者もいるし、交代寄合の身分を失った家もある。また、当初は明確な区分がなかったという交代寄合も、享保《きょうほう》・元文《げんぶん》年間(1716～1741)ころから交代寄合表向《おもてむき》御礼衆《おんれいしゅう》と交代寄合衆に区分されるようになった。

概して、交代寄合表向御礼衆は格式や石高が高く、石高が8000石の本堂《ほんどう》家、生駒《いこま》家、6700石の山名《やまな》家、6000石の池田《いけだ》家、5000石の平野《ひらの》家、山崎《やまざき》家などは、織豊《しょくほう》(安土桃山)時代、もしくは江戸時代初期には大名であった家である。以上の6家は明治元年(慶応《けいおう》4年／1868)前後の加増、高直《たかなお》しにより、それぞれ常陸志筑《ひたちしづき》藩(茨城県かすみがうら市)主、出羽《でわ》矢島藩(秋田県由利本荘《ゆりほんじょう》市)主、但馬《たじま》村岡藩(兵庫県香美《かみ》町)主、播磨福本藩(兵庫県神河《かみかわ》町)主、大和田原本《やまとたわらもと》藩(奈良県田原本町)主、備中成羽《びっちゅうなりわ》藩(岡山県高梁《たかはし》市)主に栄進している。

また、交代寄合衆のなかには四州《ししゅう》と呼ばれる次の諸家があった。石高は那須《なす》家などが3500石で、松平《まつだいら》家が440石であった。

〔**那須衆(4家)**／本拠地＝下野那須〕　那須家、福原《ふくはら》家、芦野《あしの》家、大田原《おおたわら》家
〔**信濃衆(3家)**／本拠地＝信濃伊那谷《いなだに》〕　知久《ちく》家、座光寺《ざこうじ》家、小笠原《おがさわら》家
〔**美濃衆(3家)**／本拠地＝美濃〕　高木《たかぎ》家(本家)、高木家(西家)、高木家(北家)
〔**三河衆(2家)**／本拠地＝三河〕　松平家、中島《なかじま》家

さらに、四州に準ずる家として日向米良《ひゅうがめら》(宮崎県中西部)の米良家、上野下田《こうずけしもた》島《じま》村(群馬県太田市)の岩松《いわまつ》(新田《にった》)家などがあった。以上のうち、大名となった6家と、清和源氏《せいわげんじ》の岩松家は、明治時代にいずれも男爵の爵位《しゃくい》を授けられている。

黄金堤跡に建つ吉良義央(上野介)の銅像(愛知県西尾市)

桶狭間古戦場公園に建つ今川義元の銅像(愛知県名古屋市)。子孫の今川家と品川家は高家として存続した

コラム 転封を重ねた江戸時代の大名たち

本来、国替え(転封、移封、改封)とは、平安時代に掾《じょう》や目《さかん》(ともに諸国の中級国司)が他国へ転任することを指すが、掾や目の国替えは希望に沿って行われていたという。江戸時代の大名にも自分で転封を希望した者がいるにはいる。

ただし、転封は従来の既得権をすべて手放したうえで、多額の費用を使って新たな地で藩政を確立しなければならない。また、要地や要衝《ようしょう》から僻地《へきち》への転封や、削封《さくほう》(石高《こくだか》削減)のうえで転封を命ぜられるという懲罰のような転封もあった。したがって、大部分の場合、大名は転封を嫌っている。

さて、大名のなかには薩摩《さつま》藩(鹿児島市)主・島津《しまづ》家や肥後人吉《ひごひとよし》藩(熊本県人吉市)主・相良《さがら》家のように、中世以来一度も転封を経験しなかった家があるが、一方では約50年のあいだに7回も転封を経験した大名家があった。

それは江戸時代前期の親藩《しんぱん》大名・松平直矩《まつだいらなおのり》である。この直矩は播磨姫路《はりまひめじ》藩(兵庫県姫路市)主の嫡子で、7歳で家督を相続して以後の約50年間に、越後《えちご》村上藩(新潟県村上市)、姫路藩、豊後日田《ぶんごひた》藩(大分県日田市)、出羽《でわ》山形藩(山形市)、陸奥《むつ》白河藩(福島県白河市)、姫路藩と転封を重ねている。さらに、直矩の没後も松平基矩《もとのり》(直矩の嫡子)がすぐに上野《こうずけ》前橋藩(群馬県前橋市)への転封を命じられている。

以上のうち、慶安《けいあん》2年(1649)の姫路藩から村上藩への転封は、直矩が7歳と幼少であったため、松平家の側が要地・姫路からの転出を望んだものといわれている。ところが、天和《てんな》2年(1682)の姫路藩(2度目)から日田藩への転封は、本家筋にあたる越後高田藩(新潟県上越《じょうえつ》市)主・松平家の御家騒動(「越後騒動」)を仲裁しなかったというのが転封の理由であった。

このときは石高を15万石から8万石に減らされ、姫路城から日田陣屋へ移ったのであるから、直矩も相当落ち込んだに違いない。それにもめげず、直矩は江戸幕府に命じられるまま、山形藩、白河藩、姫路藩と転封を続けた末に、元禄《げんろく》8年(1695)に54歳で病没した。

ちなみに、播磨赤穂《あこう》藩(兵庫県赤穂市)の藩士、赤穂四十七士の中村《なかむら》勘助《かんすけ》や矢頭《やこうべ》右衛門七《えもしち》は直矩の家臣のなかに親類がいた。ところが、元禄15年(1702)当時は直矩が白河藩主となっていたため、吉良《きら》邸討入の前に、勘助は妻、右衛門七は母らを伴って白河へ赴き、親類に妻や母らを預けることを強いられている。

姫路藩主時代の松平直矩が寄進した男山八幡宮の石鳥居(兵庫県姫路市)

第三章

外様大名の各家

秀吉らを経て再び家康に仕えた家

あおきけ

青木家

富士霞（富士山／三瓤、鳩酸草）

藩名：摂津麻田藩（大阪府豊中市）
藩祖：青木一重
石高：1万石
大名になった年：慶長5年（1600）以降
本拠地：摂津麻田陣屋
親疎の別：外様
家格：陣屋
江戸城内の詰間：柳間
爵位：子爵

織田信長らに仕え戦国を生き抜いた大名家

丹治《たんじ》氏で、織豊《しょくほう》（安土桃山）時代の青木重直《しげなお》は織田信長《おだのぶなが》、豊臣秀吉《とよとみひでよし》に、江戸時代前期の藩祖・青木一重《かずしげ》（重直の嫡子）は秀吉、徳川家康《とくがわいえやす》、豊臣秀頼《ひでより》（秀吉の次男）に仕える。慶長《けいちょう》5年（1600）の関ヶ原の戦いの後、一重が1万石の摂津《せっつ》麻田藩主となるが、秀頼に忠誠を尽くす。元和《げんな》元年（1615）の豊臣家滅亡後、一重は再び家康に仕えた。歴代のうち、江戸時代前期の青木重成《しげなり》（酒井忠勝《さかいただかつ》の孫、重兼《しげかね》の養子）は側衆《そばしゅう》などを歴任する。前期の青木重兼（一重の甥《おい》で養子）は禅僧・隠元隆琦《いんげんりゅうき》に師事する。中期、後期の青木一貞《かずさだ》（一貫《かずつら》の四男）は藩校・直方堂《ちょくほうどう》を創設した。

青木重直 — 一重 ＝ 重兼 ＝ 重成 — 重矩 — 一典 — 一都 ＝ 見典 ＝ 一新 ＝ 一貫 — 一貞 —
重龍 ＝ 一興 ＝ 一咸 ＝ 重義

青木家の系図

秋田城介の名跡を継ぐ安東家の末裔

あきたけ

秋田家

秋田扇（檜扇鷲羽／獅子に牡丹）

藩名：陸奥三春藩（福島県三春町）
藩祖：秋田（安東）実季
石高：5万石
大名になった年：慶長5年（1600）以降
本拠地：出羽久保田城→常陸宍戸陣屋→陸奥三春城
親疎の別：外様
家格：城主
江戸城内の詰間：帝鑑間
爵位：子爵

陸奥三春に定着した安東氏の子孫

安東《あんどう》氏で、戦国時代までは安東姓を名乗って出羽《でわ》（東北地方西部）で繁栄し、江戸時代前期の藩祖・秋田実季《さねすえ》（愛季《よしすえ》の子）が秋田城介《じょうのすけ》にちなみ、秋田姓へ改姓する。実季は慶長《けいちょう》5年（1600）の関ヶ原の戦いで徳川《とくがわ》方に属し、戦後5万石の常陸宍戸《ひたちししど》藩（茨城県笠間市）主となった。子孫は正保《しょうほう》2年（1645）に5万5000石（後に5万石）で陸《む》奥《つ》三春藩へ入封し、定着した。歴代のうち、江戸時代中期、後期の秋田倩季《よしすえ》（延《のぶ》季《すえ》の次男、定季《さだすえ》の養子）は藩校・明倫堂《めいりんどう》を創設している。

安東愛季 — 秋田実季 — 俊季 — 盛季 — 輝季 ＝ 頼季 — 延季 ＝ 定季 ＝ 倩季 — 長季 ＝
孝季 — 肥季 — 映季

秋田家の系図

上杉鷹山や種樹を生んだ名君の家系

あきづきけ

秋月家

三盛撫子（瞿麥／七宝に花角、唐菱）

藩名：日向高鍋藩（宮崎県高鍋町）
藩祖：秋月種長
石高：2万7000石
大名になった年：慶長5年（1600）以降
本拠地：（筑前古所山城→）日向高鍋城
親疎の別：外様
家格：城主
江戸城内の詰間：帝鑑間
爵位：子爵

江戸時代を生き抜いた九州北部の名族

大蔵《おおくら》氏で、秋月姓は筑前《ちくぜん》秋月荘《しょう》(福岡県朝倉市)にちなむ。織豊《しょくほう》(安土桃山)時代の秋月種実《たねざね》(種方《たねかた》の嫡子)は豊臣秀吉《とよとみひでよし》に敗れたが、幸いにも秀吉に名器「楢柴《ならしば》」を献上して許され、日向《ひゅうが》高鍋城主となる。次いで、慶長《けいちょう》5年(1600)の関ヶ原の戦いで藩祖・秋月種長《たねなが》(種実の嫡子)が徳川《とくがわ》方に属し、戦後3万石(後に2万7000石)の日向高鍋藩主となった。幕末維新期、明治時代の秋月種樹《たねたつ》(種任《たねただ》の三男、種殷《たねとみ》の養子)は将軍と明治天皇の侍読《じどく》、公議所議長、元老院《げんろういん》議官を歴任している。

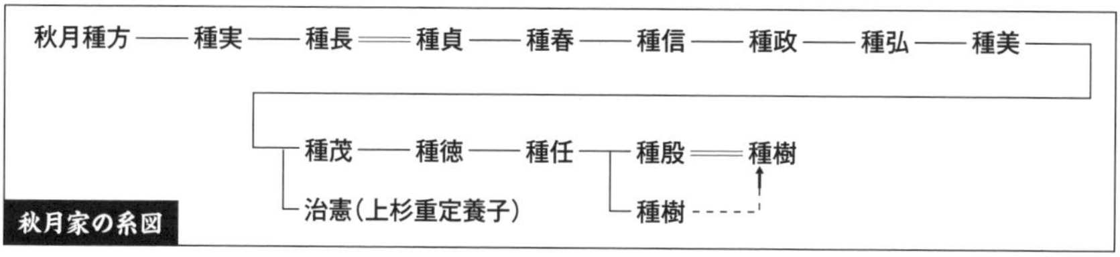

秋月家の系図

4藩のうち唯一存続した広島藩の分家

あさのけ

浅野家

芸州鷹羽（鷹羽打違／瓜の内に違鷹羽）

藩名：安芸広島新田藩（広島県広島市）
藩祖：浅野長賢
石高：3万石
大名になった年：享保15年（1730）
本拠地：安芸広島城下
親疎の別：外様
家格：陣屋
江戸城内の詰間：柳間
爵位：ー

江戸中期に立藩した浅野家の分家

安芸《あき》広島藩(広島市)主・浅野家の分家。江戸藩邸が青山(東京都港区)にあったため、青山内証《ないしょう》分家ともいう。享保《きょうほう》15年(1730)、藩祖・浅野長賢《ながかた》(綱長《つななが》の三男)が3万石を分与され、安芸広島新田《しんでん》藩主となった。歴代のうち、幕末期の浅野長訓《ながみち》(重晟《しげあきら》の孫、長容《ながかた》と慶熾《よしてる》の養子)と浅野長興《ながおき》(長勲《ながこと》／懋昭《としてる》の子、長訓の養子)は本家を相続し、中央政界でも幾多の足跡を残している。明治2年(1869)の版籍奉還《はんせきほうかん》の後、浅野長厚《ながあつ》(懋績《としつぐ》の四男、長訓の養子)が領地を本家へ返還し、廃藩となった。なお、長厚は明治6年(1873)に病没したため、爵位《しゃくい》も授けられていない。

浅野家の系図

秀吉の義弟・長政の嫡子が興した大藩

浅野家《あさのけ》

芸州鷹羽(鷹羽打違／瓜の内に違鷹羽)

藩名：安芸広島藩(広島県広島市)
藩祖：浅野幸長
石高：42万6500石
大名になった年：慶長5年(1600)以降
本拠地：甲斐甲府城→紀伊和歌山城→安芸広島城
親疎の別：外様
家格：国主
江戸城内の詰間：大広間
爵位：侯爵

忠臣蔵で有名な赤穂藩の本家

清和源氏頼光《せいわげんじよりみつ》流の土岐《とき》支流で、浅野姓は尾張《おわり》浅野(愛知県一宮市)、もしくは美《み》濃《の》浅野(岐阜県土岐市)にちなむという。

織豊《しょくほう》(安土桃山)時代に浅野長勝《ながかつ》(長生《ちょうせい》院《いん》の父、高台院《こうだいいん》と長政《ながまさ》の養父)が織田信《おだのぶ》長《なが》に仕えたが、高台院(お禰《ね》／杉原定利《すぎはらさだとし》の娘、長勝の養女、豊臣秀吉《とよとみひでよし》の正室)の縁で浅野長政(安井重継《やすいしげつぐ》の子、長勝の甥《おい》で養子)が豊臣秀吉に属し、豊臣家五奉行のひとりとして活躍する。

なお、長勝は太田牛一《おおたぎゅういち》(又介《またすけ》)や堀田孫《ほったまご》七《しち》とともに織田軍団の「弓三張《ゆみさんはり》」のひとりに選ばれたほどの名手であった(太田牛一『信長公記』)。父、もしくは継父が足《あし》軽《がる》であったという秀吉が長勝の娘婿になったことは、士分《しぶん》への昇格という点で重要な意味を持っていたはずである。

慶長《けいちょう》5年(1600)の関ヶ原の戦いでは藩祖・浅野幸長《よしなが》(長政の嫡子)が徳川《とくがわ》方に属し、戦勝後、加増のうえで紀伊《きい》藩(和歌山市)主となった。

子孫は元和《げんな》5年(1619)に42万6500石で

安芸広島藩の居城・広島城復興天守(広島市)

安芸《あき》広島藩主に転じ、定着した。なお、浅野光晟《みつあきら》(長晟《ながあきら》の嫡子)以降は、徳川将軍家から松平《まつだいら》姓と将軍の諱《いみな》(実名)の一字を拝領するのが慣例となる。幕末維新期に分家の安芸広島新田《しんでん》藩(広島市)主の浅野長訓《ながみち》(重晟《しげあきら》の孫、長容《ながかた》と慶熾《よしてる》の養子)、浅野長勲《ながこと》(長興《ながおき》／懋昭《としてる》の子、長訓の養子)を迎えている。このうち、長訓と長勲は第15代将軍・徳川慶喜《よしのぶ》に大政奉還を建言するなど、中央政界でも幾多の足跡を残した。一方、江戸時代中期の浅野吉長《よしなが》(綱《つな》長《なが》の嫡子)が藩校・講学館《こうがくかん》を創始するなど、歴代には賢君が多い。

分家には長政の隠居料に始まる播磨《はりま》赤穂《あこう》藩(兵庫県赤穂市)、長晟の興した備《びっ》中足守《ちゅうあしもり》藩(岡山市)、浅野長治《ながはる》(長晟の庶《しょ》長子《ちょうし》)に始まる備後三次《びんごみよし》藩(広島県三次市)、浅野長賢《ながかた》(綱長の三男)に始まる安芸広島新田藩(広島市)があったが、赤穂藩は浅野長矩《ながのり》(内匠頭《たくみのかみ》／長友《ながとも》の嫡子)の殿中刃傷事件、足守藩は本家相続、三次藩は無嗣《むし》(跡継ぎの欠如)によりお取り潰しとなっている。

さらに、お取り潰しとなった赤穂藩主・浅野家には、浅野長直《ながなお》(長重《ながしげ》の嫡子)の養子に始まる家原《いえはら》浅野家、若狭野《わかさの》浅野家、浅野長広《ながひろ》(大学《だいがく》／長友の次男、長矩の弟)に始まる安房《あわ》浅野家などの旗本となった分家があった。これらの家は本家のお取り潰しの後も明治維新まで存続した。

このうち、幕末維新期の家原浅野家の当主・浅野長祚《ながら》(梅堂《ばいどう》)は浦賀《うらが》奉行や京都町奉行を歴任した能吏《のうり》で、隠居後も文人として足跡を残している。

泉岳寺にある赤穂藩主・浅野長矩(内匠頭)の墓碑(東京都港区)

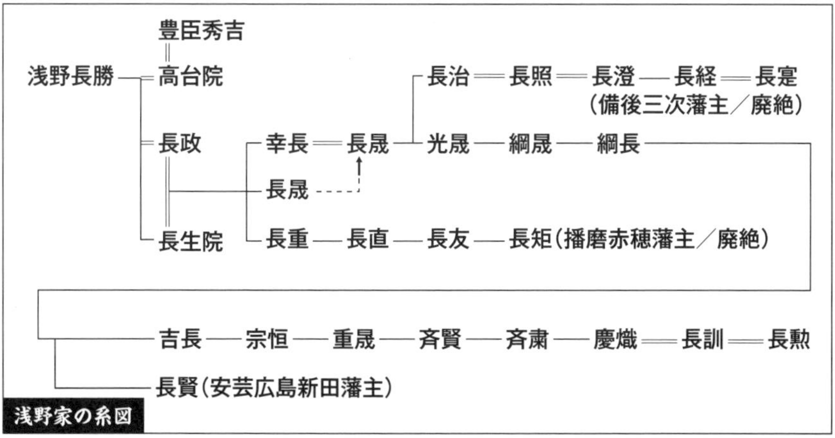

浅野家の系図

筑後の太守となった赤松家の支族

有馬家《ありまけ》

龍胆車（笹龍胆／五七桐、釘抜）

藩名：筑後久留米藩（福岡県久留米市）
藩祖：有馬豊氏
石高：21万石
大名になった年：慶長5年（1600）以降
本拠地：遠江横須賀城→丹波福知山城→筑後久留米城
親疎の別：外様
家格：国主
江戸城内の詰間：大広間
爵位：伯爵

見事な大名行列で著名な外様大名

村上源氏《むらかみげんじ》の赤松《あかまつ》支流で、有馬姓は摂津《せっつ》有馬荘《しょう》（兵庫県神戸市）にちなむ。なお、越前《えちぜん》丸岡藩（福井県坂井市）主・有馬家とは系譜が異なる。

織豊《しょくほう》（安土桃山）時代、江戸時代前期の有馬則頼《のりより》（赤松重則《しげのり》の子）と藩祖・有馬豊《とよ》氏《うじ》（則頼の次男）は豊臣秀吉《とよとみひでよし》に仕えるが、慶長《けいちょう》5年（1600）の関ヶ原の戦いでは徳川《とくがわ》方に属し、戦後、豊氏が6万石の丹波《たんば》福知山藩（京都府福知山市）主となった。

父子のうち、豊氏は慶長19年（1614）と元和《げんな》元年（1615）の大坂の陣で活躍し、元和6年（1620）に21万石で筑後久留米《ちくごくるめ》藩へ転封（国替え）し、定着している。

なお、久留米藩の上屋敷（藩邸）は赤坂（東京都港区）にあり、屋敷内には久留米水天宮《すいてんぐう》（福岡県久留米市）の分霊《ぶんれい》・水天宮が祀《まつ》られていた。江戸時代後期の有馬頼《より》徳《のり》（頼端《よりなお》の子、頼貴《よりたか》の養子）は文政《ぶんせい》元年（1818）、江戸幕府から江戸ッ子の参詣《さんけい》の許可を得ている。明治5年（1872）、水天宮は日本橋（東京都中央区）へ移転した。

歴代のうち、中期の有馬則維《のりふさ》（石野則《のり》員《かず》の次男、有馬則故《のりふる》と頼旨《よりむね》の養子）の大名行列は実に見事で、部屋住《へやずみ》時代の第8代将軍・徳川吉宗《よしむね》（松平頼方《まつだいらよりかた》）が憧《あこが》れたという逸話がある。

分家に有馬豊祐《とよすけ》（小出吉重《こいでよししげ》の子、有馬忠頼《ただより》の養子）に始まる筑後松崎藩（福岡県小郡市）と、有馬氏倫《うじのり》（義景《よしかげ》の子）に始まる下野吹上《しもつけふきあげ》藩（栃木市）があったが、松崎藩は親族に連坐《れんざ》しお取り潰しとなった。

ちなみに、吹上藩は久留米藩の分家だが、吉宗の側近であった氏倫が紀伊藩士と旗本を経て大名となった関係で、譜代《ふだい》大名の扱いを受けている。

有馬則頼 ―― 豊氏 ┬ 忠頼 ┬ 頼利 ＝ 頼元 ― 頼旨 ＝ 則維 ― 頼徸 ― 頼貴 ┐
　　　　　　　　　　│　　　└ 豊祐（筑後松崎藩主／廃絶）
　　　　　　　　　　└ 頼氏 ＝ 吉政 ＝ 義景 ― 氏倫（下野吹上藩祖）
└ 頼端 ― 頼徳 ― 頼永 ＝ 頼咸

有馬家の系図

肥前発祥のわが国最古の天守閣の主

ありまけ

有馬家

五瓜に剣唐花（左巴、丁字軸龍胆、五三桐）

藩名：越前丸岡藩（福井県坂井市）
藩祖：有馬晴信
石高：5万石
大名になった年：慶長5年（1600）以降
本拠地：肥前日之江城→日向延岡城→越後糸魚川陣屋→越前丸岡城
親疎の別：外様
家格：城主
江戸城内の詰間：帝鑑間
爵位：子爵

久留米藩とは系譜が異なる有馬家

藤原《ふじわら》氏で、有馬姓は肥前《ひぜん》有馬荘《しょう》（長崎県南島原市）にちなむ。織豊《しょくほう》（安土桃山）時代、江戸時代初期の藩祖・有馬晴信《はるのぶ》（義貞《よしさだ》の次男、義純《よしずみ》の養子）は慶長《けいちょう》5年（1600）の関ヶ原の戦いの後、4万石の肥前日之江《ひのえ》藩（日野江藩／南島原市）主となった。子孫は日向延岡《ひゅうがのべおか》藩（宮崎県延岡市）、越後糸魚川《えちごいといがわ》藩（新潟県糸魚川市）を経て、元禄《げんろく》8年（1695）に5万石で越前丸岡藩へ入封し、定着した。歴代のうち、幕末維新期の有馬道純《みちずみ》（本多忠鄰《ほんだただちか》の次男、有馬温《はる》純《ずみ》の養子）は若年寄を務めている。

有馬家の系図

有馬晴純 ― 義貞 ― 義純 ＝ 晴信 ― 直純 ― 康純 ― 清純 ― 一準 ― 孝純 ― 允純 ― 誉純 ＝ 徳純 ＝ 温純 ＝ 道純

輝政の四男の名跡を継ぐ岡山藩の支封

いけだけ

池田家

向い蝶（喰蝶／笹龍胆）

藩名：備前岡山新田藩（鴨方藩／岡山県岡山市）＊
藩祖：池田政言
石高：2万5000石
大名になった年：寛文12年（1672）
本拠地：備前岡山城下→備中鴨方陣屋
親疎の別：外様
家格：陣屋
江戸城内の詰間：柳間
爵位：子爵

岡山城下に本拠を置いた池田家の分家

備前《びぜん》岡山藩（岡山市）主・池田家の分家。歴代は岡山城下を本拠地としたが、領地が備中鴨方《びっちゅうかもがた》（岡山県浅口市）などにあったため、備中鴨方藩ともいう。寛文《かんぶん》12年（1672）、藩祖・池田政言《まさこと》（光政《みつまさ》の次男、政信《まさのぶ》の養子）が2万5000石を分与され、備前岡山新田《しんでん》藩主となった。江戸時代中期の池田政香《まさか》（政方《まさみち》の嫡子）は藩士で絵師の浦上玉堂《うらかみぎょくどう》を登用している。没後、政香の言行が『止仁録《しじんろく》』にまとめられた。

池田家の系図

池田光政 ┬ 綱政（備前岡山藩主）
├ 政言 ― 政倚 ＝ 政方 ― 政香 ＝ 政直 ― 政養 ― 政共 ＝ 政善 ＝ 章政（政詮） ― 政保
└ 輝録（備前岡山新田〔生坂〕藩主）

＊備前岡山新田藩はふたつあった

光政らの名君を輩出した山陽の大藩

池田家《いけだけ》

備前蝶（輪蝶／笹龍胆、星蝶、祇園守）

藩名：備前岡山藩（岡山県岡山市）
藩祖：池田輝政
石高：31万5000石
大名になった年：慶長5年（1600）以降
本拠地：（美濃大垣城→美濃岐阜城→）三河吉田城→播磨姫路城→因幡鳥取城→備前岡山城
親疎の別：外様
家格：国主
江戸城内の詰間：大広間
爵位：侯爵

家康の娘婿が藩祖となった外様大名

清和源氏《せいわげんじ》頼光《よりみつ》流だが、南北朝期の池田教依《のりより》は南朝の忠臣・楠木《くすのき》正行《まさつら》（正成《まさしげ》の嫡子）の御落胤《ごらくいん》とされている（「楠胤説《なんいんせつ》」）。

戦国時代、織豊《しょくほう》（安土桃山）時代の池田恒興《つねおき》（勝入斎《しょうにゅうさい》／恒利《つねとし》・養徳院《ようとくいん》夫妻の子）は乳兄弟《ちきょうだい》の織田《おだ》信長《のぶなが》に仕え、天正《てんしょう》10年（1582）の信長の自刃後は豊臣秀吉《とよとみひでよし》に属すが、恒興は天正12年（1584）の長久手《ながくて》の戦いで討ち死にした。

織豊時代、江戸時代前期の藩祖・池田輝政《てるまさ》（恒興の次男）は三河《みかわ》吉田城（愛知県豊橋市）主となるが、この時期に良正院《りょうしょういん》（督姫《とくひめ》／徳川家康《とくがわいえやす》の次女）を継室《けいしつ》（後妻）に迎える。次いで、慶長《けいちょう》5年（1600）の関ヶ原の戦いで徳川方に加わった輝政は、戦勝後、52万石の播磨姫路《はりまひめじ》藩（兵庫県姫路市）主となった。さらに、良正院の産んだ男子が相次いで大名に取り立てられた結果、輝政や一族の領地、良正院の化粧料の合計は100万石近くとなる。やがて、輝政は諸大名から「姫路宰相百万石」、あるいは「西国の将軍」という異名を頂戴するにいたった。

藩政面では筆頭家老・伊木忠次《いぎただつぐ》を総奉行に任命して姫路城を構築し、城下町の整備、商業の振興などにも取り組んだ。

ところが、元和《げんな》3年（1617）に池田光政《みつまさ》（利隆《としたか》の嫡子、輝政の孫）が幼少であることを理由に、32万石で因幡《いなば》鳥取藩（鳥取市）へ転封（国替え）となる。さらに、光政は寛永《かんえい》9年（1632）に31万5000石で備前《びぜん》岡山藩へ転じ、定着した。光政以降は、徳川将軍家から松平《まつだいら》姓と将軍の諱《いみな》（実名）の一字を拝領するのが慣例となる。

歴代のうち、光政と池田綱政《つなまさ》（光政の嫡子）は、儒者・熊沢蕃山《くまざわばんざん》や郡代《ぐんだい》・津田《つだ》永忠《ながただ》らを登用し、田原井堰《いぜき》、田原用水、百間川《ひゃっけんがわ》の建設、藩校・花畠教場《はなばたけきょうじょう》、郷学《ごうがく》（庶民の教育機関）・閑谷《しずたに》学校の創設などを行い、藩政の確立に努めた。

幕末維新期、池田茂政《もちまさ》（徳川斉昭《なりあき》の子、慶喜《よしのぶ》の弟）は第15代将軍・徳川慶喜（斉昭の子、茂政の兄）の弟であったため、大いに去就に迷う。それでも、池田家は明治元年（慶応《けいおう》4年／1868）以降、筆頭家老・伊木忠澄《ただずみ》（三猿斎《さんえんさい》／忠次の子孫）らの補佐を受け、新政府方へ転じている。

なお、岡山藩時代の分家に池田政言《まさこと》（光政の次男）に始まる備前岡山新田《しんでん》藩（鴨方《かもがた》藩／岡山市）、池田輝録《てるとし》（光政の三男）に始まる備前岡山新田藩（生坂《いくさか》藩／岡山市）があり、一門には池田忠継《ただつぐ》（輝政の次男）

に始まる鳥取藩（鳥取市）がある。ほかにも、播磨《はりま》山崎藩（兵庫県宍粟《しそう》市）、因幡鳥取東館《ひがしやかた》新田藩（鹿奴《しかの》藩／鳥取市）、因幡鳥取西館《にしやかた》新田藩（若桜《わかさ》藩／鳥取県若桜町）、播磨福本藩（兵庫県神河《かみかわ》町）、前期、後期の播磨赤穂《あこう》藩（兵庫県赤穂市）、備中《びっちゅう》松山藩（岡山県高梁《たかはし》市）、播磨新宮藩（兵庫県たつの市）があったが、無嗣《むし》（跡継ぎの欠如）、刃傷事件などにより多くはお取り潰しとなった。存続したのは岡山藩時代の分家2藩と、鳥取藩、鳥取東館新田藩、鳥取西館新田藩、福本藩の4藩である。

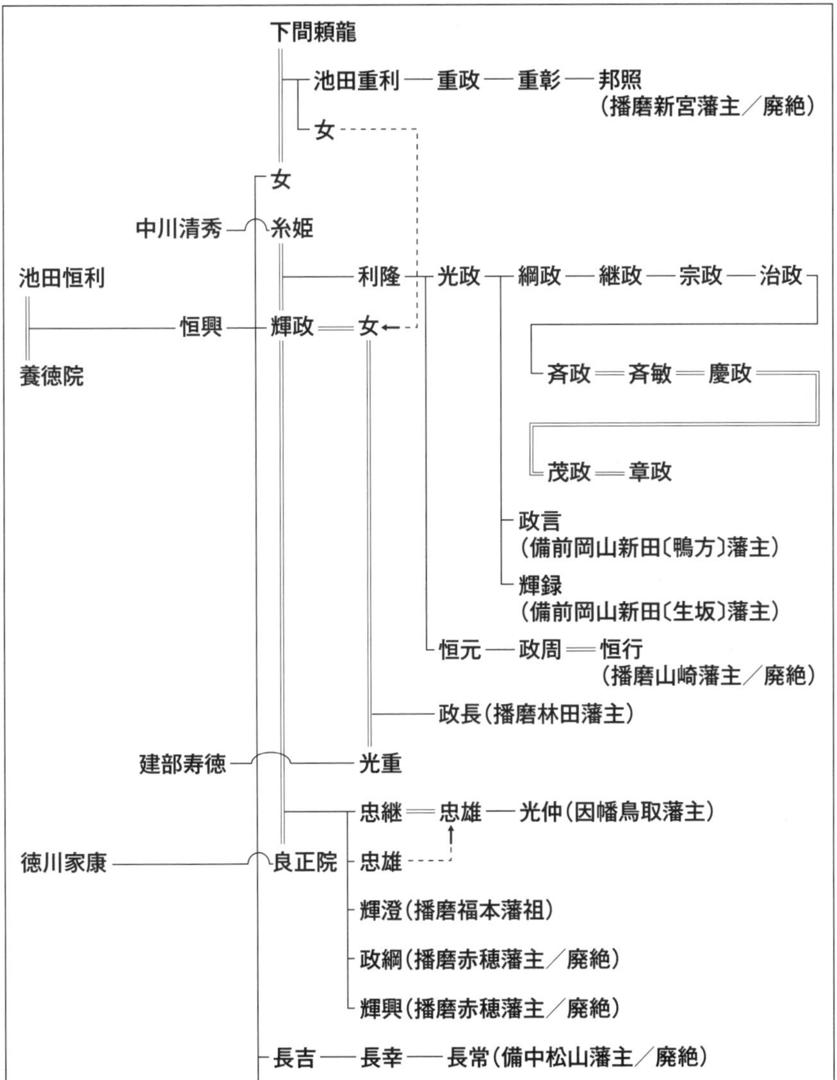

池田家の系図

光政の三男に始まるもうひとつの支封

池田家《いけだけ》

頭合せ三つ寄蝶(三蝶／三笹龍胆)

藩名：備前岡山新田藩(岡山御野新田藩、生坂藩／岡山県岡山市)＊
藩祖：池田輝録
石高：1万5000石
大名になった年：寛文12年(1672)
本拠地：備前岡山城下→備中生坂陣屋
親疎の別：外様
家格：陣屋
江戸城内の詰間：柳間
爵位：子爵

岡山城下に本拠地を置いたもうひとつの分家

備前《びぜん》岡山藩(岡山市)主・池田家の分家。歴代は岡山城下を本拠地としたが、領地が備中生坂《びっちゅういくさか》(岡山県倉敷市)などにあったため、備中生坂藩ともいう。寛文《かんぶん》12年(1672)、藩祖・池田輝録《てるとし》(光政《みつまさ》の三男)が1万5000石を分与され、備前岡山新田《しんでん》藩主となった。ちなみに、江戸時代中期の池田政晴《まさはる》(軌隆《のりたか》の長男、輝録の養子)の子に生まれた池田長恵《ながよし》(筑後守《ちくごのかみ》／政晴の四男、政倫《まさとも》の養子)は旗本の家を相続後、江戸幕府の京都町奉行、江戸の町奉行、大目付を歴任している。

池田家の系図

池田光政 ─┬─ 綱政(備前岡山藩主)
　　　　　├─ 政言(備前岡山新田〔鴨方〕藩主)
　　　　　└─ 輝録 ＝ 政晴 ─ 政員 ＝ 政弼 ─ 政恭 ─ 政範 ＝ 政和 ─ 政礼

＊備前岡山新田藩はふたつあった。当藩を岡山御野新田藩と呼ぶ場合がある

維新立藩で大名に復帰した交代寄合

池田家《いけだけ》

揚羽蝶(祇園守)

藩名：播磨福本藩(兵庫県神河町)
藩祖：池田輝澄
石高：1万500石
大名になった年：元和元年(1615)
本拠地：播磨山崎陣屋→因幡鹿奴陣屋→播磨福本陣屋→旗本となる→播磨福本陣屋
親疎の別：外様
家格：陣屋
江戸城内の詰間：―
爵位：男爵

削封で一度は旗本となった池田家の分家

備前《びぜん》岡山藩(岡山市)主・池田家の分家。元和《げんな》元年(1615)、藩祖・池田輝澄《てるずみ》(輝政《てるまさ》の四男)が3万8000石(後に6万8000石)を分与されて播磨《はりま》山崎藩(兵庫県宍粟《しそう》市)主となるが、家中騒動「伊木《いぎ》騒動」による削《さく》封《ほう》(石高《こくだか》削減)や遺領の分割により、寛文《かんぶん》5年(1665)に7000石(後に6000石)の旗本(交代寄合)となる。明治元年(慶応《けいおう》4年／1868)、池田喜通《よしみち》(喜長《よしなが》の子)が高直《たかなお》しにより1万500石の播磨福本藩主となった。

池田家の系図

池田輝政 ─┬─ 利隆 ─ 光政(備前岡山藩主)
　　　　　├─ 忠継 ＝ 忠雄 ─ 光仲(因幡鳥取藩主)
　　　　　├─ 忠雄 - - - ↑
　　　　　└─ 輝澄 ─ 政直 ＝ 政武 ─ 政森 ─ 喜以 ＝ 喜生 ＝ 輝名 ─ 喜長 ─ 喜通 ─ 徳潤

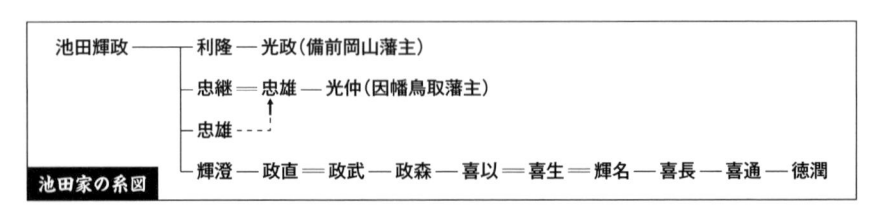

鳥取で繁栄した輝政の次男の家

いけだけ

池田家

因州蝶（丸に揚羽蝶／祇園守、菊水、菱）

藩名：因幡鳥取藩（鳥取県鳥取市）
藩祖：池田忠継
石高：32万石
大名になった年：慶長8年（1603）
本拠地：備前岡山城→因幡鳥取城
親疎の別：外様（準家門）
家格：国主
江戸城内の詰間：溜間
爵位：侯爵

因幡鳥取を治めた池田家の一門

備前《びぜん》岡山藩（岡山市）主・池田家の一門。慶長《けいちょう》8年（1603）、藩祖・池田忠継《ただつぐ》（輝政《てるまさ》の次男）が28万石を分与され、備前岡山藩主となった。忠継以降は徳川将軍家から松平《まつだいら》姓と将軍の諱《いみな》（実名）の一字を拝領し、準家門の待遇を受けるのが慣例となる。

寛永《かんえい》9年（1632）、池田光仲《みつなか》（忠雄《ただかつ》の嫡子）が32万石で因幡《いなば》鳥取藩主に転封（国替え）となり、定着した。なお、岡山藩から鳥取藩への転封は忠雄の家臣と旗本とのトラブルに起因するという見方もある。

やがて忠雄の家臣と旗本とのトラブルは、寛永11年（1634）の荒木《あらき》保和《やすかず》（又《また》右衛《え》門《もん》）による「伊賀越《いがごえ》の仇討（鍵屋辻《かぎやのつじ》の決闘）」に発展した。

歴代のうち、光仲は半世紀の長きにわたって藩主の座にあり、藩政の確立に功績を残している。分家に池田仲澄《なかずみ》（光仲の次男）に始まる因幡鳥取東館新田《ひがしやかたしんでん》藩（鹿《しか》奴《の》藩／鳥取市）と、池田清定《きよさだ》（光仲の五男）に始まる因幡鳥取西館《にしやかた》新田藩（若桜《わかさ》藩／鳥取県若桜町）があった。

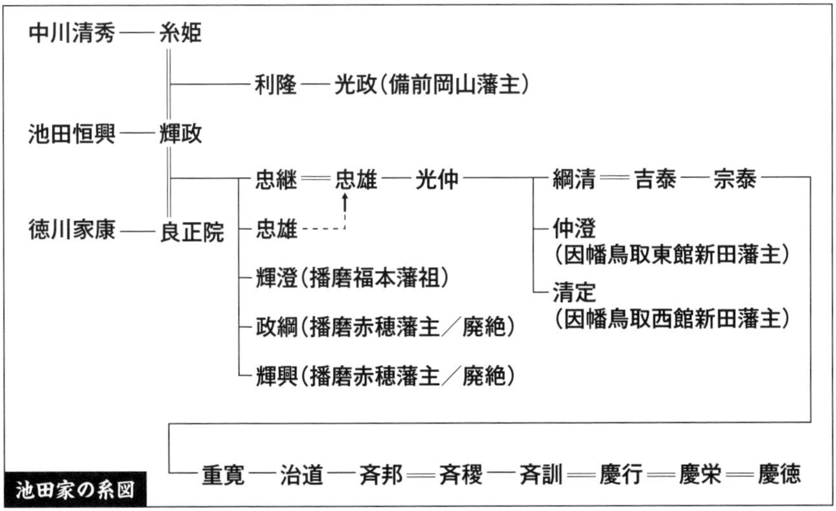

池田家の系図

松平姓を許された鳥取藩の支封

いけだけ

池田家

五瓜に因州(揚羽)蝶(瓜の内に蝶／祇園守、菊水)

藩名：因幡鳥取東館新田藩(鹿奴藩／鳥取県鳥取市)
藩祖：池田仲澄
石高：3万石
大名になった年：貞享2年(1685)
本拠地：因幡鳥取城下〈東館〉→因幡鹿奴陣屋
親疎の別：外様(準家門)
家格：陣屋
江戸城内の詰間：柳間
爵位：子爵

鳥取東館新田を治めた鳥取藩の分家

因幡《いなば》鳥取藩(鳥取市)主・池田家の分家で、徳川《とくがわ》将軍家から松平《まつだいら》姓を許されていた。貞享《じょうきょう》2年(1685)、藩祖・池田仲澄《なかずみ》(光《みつ》仲《なか》の次男)が2万5000石(後に3万石)を分与され、因幡鳥取東館新田《ひがしやかたしんでん》藩主となった。歴代は鳥取城下の東館を本拠地としたが、因幡鹿奴《しかの》(鹿野／鳥取市)にちなみ、明治元年(慶応《けいおう》4年／1868)に藩名を因幡鹿奴藩と改称した。明治2年(1869、一説に3年〈1870〉)に池田徳澄《のりずみ》(仲諟の三男、仲建《なかたつ》の養子)が領地を本家へ返還し、廃藩となっている。

池田家の系図

池田光仲 ┬ 綱清(因幡鳥取藩主)
　　　　 ├ 仲澄 ― 仲央 ― 仲庸 ― 澄延 ＝ 延俊 ＝ 澄時 ＝ 仲雅 ＝ 仲律 ― 仲建 ＝ 徳澄
　　　　 └ 清定(因幡鳥取西館新田藩主)

学者大名・松平冠山を生むもうひとつの支封

いけだけ

池田家

菊輪に因州(揚羽)蝶(祇園守、菊水)

藩名：因幡鳥取西館新田藩(若桜藩／鳥取県若桜町)
藩祖：池田清定
石高：2万石
大名になった年：元禄13年(1700)
本拠地：因幡鳥取城下〈西館〉→因幡若桜陣屋
親疎の別：外様(準家門)
家格：陣屋
江戸城内の詰間：柳間
爵位：子爵

鳥取西館新田を治めた鳥取藩の分家

因幡《いなば》鳥取藩(鳥取市)主・池田家の分家で、徳川《とくがわ》将軍家から松平《まつだいら》姓を許されていた。元禄《げんろく》13年(1700)、藩祖・池田清定《きよさだ》(光仲《みつなか》の五男)が1万5000石(後に2万石)を分与され、因幡鳥取西館新田《にしやかたしんでん》藩主となった。歴代は鳥取城下の西館を本拠地としたが、因幡若桜《わかさ》(鳥取県若桜町)にちなみ、明治元年(慶応《けいおう》4年／1868)に藩名を因幡若桜藩と改称した。江戸時代中期、後期の池田定常《さだつね》(松平冠山《かんざん》／政勝《まさかつ》の次男、定《さだ》得《のり》の養子)は「柳間《やなぎのま》の三学者」のひとりとして名高い。

池田家の系図

池田光仲 ┬ 綱清(因幡鳥取藩主)
　　　　 ├ 仲澄(因幡鳥取東館新田藩主)
　　　　 └ 清定 ＝ 定賢 ― 定就 ― 定得 ＝ 定常(冠山) ― 定興 ― 定保 ＝ 清直 ＝ 清緝 ＝ 徳定

生駒騒動を経験した豊臣家恩顧の大名

いこまけ

生駒家

生駒扇(波引車、三亀甲)

藩名：出羽矢島藩(秋田県由利本荘市)
藩祖：生駒親正
石高：1万5000石
大名になった年：慶長5年(1600)以降
本拠地：(近江高島城→播磨赤穂城〈加里屋城〉→)讃岐高松城→出羽矢島陣屋→旗本となる→出羽矢島陣屋
親疎の別：外様
家格：陣屋
江戸城内の詰間：—
爵位：男爵

維新後に大名へ復帰した外様大名

藤原《ふじわら》氏で、生駒姓は大和《やまと》生駒荘《しょう》(奈良県生駒市)にちなむ。藩祖・生駒親正《ちかまさ》(親《ちか》重《しげ》の子)は慶長《けいちょう》5年(1600)の関ヶ原の戦いの後に17万1800石の讃岐《さぬき》高松藩(香川県高松市)主となった。ところが、寛永《かんえい》17年(1640)に生駒高俊《たかとし》(正俊《まさとし》の子)が御家騒動(「生駒騒動」)を理由に1万石の出羽《でわ》矢島藩主となる。子孫は万治《まんじ》元年(1658)の遺領分割で8000石の旗本(交代寄合)となるが、明治元年(慶応《けいおう》4年／1868)に生駒親敬《ちかゆき》(親道《ちかみち》の子)が高直《たかなお》しを受け、1万5000石で矢島藩主に復帰している。

生駒親正 ── 一正 ─ 正俊 ─ 高俊 ─ 高清 ＝ 親興 ─ 正親 ＝ 親猶 ─ 親賢 ＝ 親信 ＝ 親睦 ─ 親章 ＝ 親孝 ＝ 親愛 ＝ 親道 ─ 親敬

生駒家の系図

幕末期に藩名を改めた美濃発祥の大名

いちはしけ

市橋家

三つ盛菱(菱三餅／丸餅、重三餅、柊葉)

藩名：近江西大路藩(仁正寺藩／滋賀県日野町)
藩祖：市橋長勝
石高：1万7000石
大名になった年：慶長5年(1600)以降
本拠地：美濃今尾城→伯耆矢橋城→越後三条城→近江西大路〈仁正寺〉陣屋
親疎の別：外様
家格：陣屋
江戸城内の詰間：柳間
爵位：子爵

各地を経て西大路藩に定着した外様大名

藤原《ふじわら》氏支流で、市橋姓は美濃《みの》市橋(岐阜県池田町)にちなむ。藩祖・市橋長勝《ながかつ》(長利《ながとし》の子)は豊臣秀吉《とよとみひでよし》に仕え、美濃今尾城(岐阜県海津《かいづ》市)主となる。慶長《けいちょう》5年(1600)の関ヶ原の戦いでは徳川《とくがわ》方に加担し、戦後に1万石の美濃今尾藩主となった。その後、伯耆矢橋《ほうきやばせ》藩(鳥取県琴浦《ことうら》町)、越《えち》後《ご》三条藩(新潟県三条市)と転封(国替え)が続き、元和《げんな》6年(1620)に2万石(後に1万7000石)で近江仁正寺《おうみにんしょうじ》藩主となり、定着した。文久《ぶんきゅう》2年(1862)、藩名を近江西大路藩と改めている。

市橋長利 ── 長勝 ＝ 長政 ─ 政信 ＝ 信直 ＝ 直方 ＝ 直挙 ＝ 長璉 ─ 長昭 ─ 長発 ＝ 長富 ＝ 長義(長和)

市橋家の系図

薩摩の島津家に抗した闘将の家

いとうけ

伊東家

庵に木瓜（月に星九曜、一文字）

藩名：日向飫肥藩（宮崎県日南市）
藩祖：伊東祐慶
石高：5万1000石
大名になった年：慶長5年（1600）以降
本拠地：日向飫肥城
親疎の別：外様
家格：城主
江戸城内の詰間：柳間
爵位：子爵

戦国時代からの領地を守った外様大名

藤原《ふじわら》氏為憲《ためのり》流で、伊東姓は伊豆《いず》伊東荘《しょう》（静岡県伊東市）にちなむ。子孫のうち、伊東祐継《すけつぐ》の系統は日向《ひゅうが》（宮崎県）へ移り住むが、薩摩《さつま》（鹿児島県西部）の島津《しまづ》家の北上により元亀《げんき》3年（1572）に失領した。織《しょく》豊《ほう》（安土桃山）時代の伊東祐兵《すけたか》《すけたけ》（義祐《よしすけ》の次男）は豊臣秀吉《とよとみひでよし》に仕え、日向飫肥《おび》城主に復帰する。慶長《けいちょう》5年（1600）の関ヶ原の戦いでは、祐兵と藩祖・伊東祐慶《すけのり》（祐兵の次男）が徳川《とくがわ》方として行動し、戦後に祐慶が5万7000石（後に5万1000石）の日向飫肥藩主となった。歴代のうち、幕末期の伊東祐相《すけとも》（祐民《すけたみ》の次男、祐丕《すけひろ》の養子）は藩校・振徳堂《しんとくどう》を創設している。

伊東家の系図

伊東義祐 ― 祐兵 ― 祐慶 ― 祐久 ― 祐由 ＝ 祐実 ＝ 祐永 ― 祐之 ＝ 祐隆 ― 祐福 ― 祐鐘 ―
― 祐民 ＝ 祐丕 ＝ 祐相 ― 祐帰

日向とは無縁の豊臣家恩顧の家

いとうけ

伊東家

庵に木瓜（丸に折入、九曜）

藩名：備中岡田藩（岡山県倉敷市）
藩祖：伊東長実
石高：1万石
大名になった年：元和元年（1615）
本拠地：（備中国内→）備中岡田陣屋
親疎の別：外様
家格：陣屋
江戸城内の詰間：柳間
爵位：子爵

大坂の陣で豊臣について許された外様大名

藤原《ふじわら》氏為憲《ためのり》流で、伊東姓は伊豆《いず》伊東荘《しょう》（静岡県伊東市）にちなむ。子孫のうち、伊東祐家《すけいえ》の系統は尾張《おわり》（愛知県西部）へ移り住み、織豊《しょくほう》（安土桃山）時代には豊臣秀《とよとみひで》吉《よし》らに仕えた。織豊時代、江戸時代前期の藩祖・伊東長実《ながざね》（長次《ながつぐ》／長久《ながひさ》の子）は、慶長《けいちょう》19年（1614）と元和《げんな》元年（1615）の大坂の陣で豊臣方に身を投じたが、許されて1万石の備中《びっちゅう》岡田藩主となった。なお、長実は豊臣家の黄母衣衆《きほろしゅう》で備中（岡山県西部）に1万石を与えられていたという。歴代のうち、江戸時代中期、後期の伊東長寛《ながとも》（長詮《ながよし》の嫡子）は藩校・敬学館《けいがくかん》と、武道稽古所《けいこじょ》・演武場《えんぶじょう》を創設した。

伊東家の系図

伊東長久 ― 長実（長次）― 長昌 ― 長治 ― 長貞 ― 長救 ― 長丘 ― 長詮 ― 長寛 ― 長之 ＝
＝ 長裕 ＝ 長〓

九州で続いた老将・一鉄の家系

いなばけ

稲葉家

隅切折敷に三文字(角折敷に三文字／桐)

藩名：豊後臼杵藩(大分県臼杵市)
藩祖：稲葉貞通
石高：5万石
大名になった年：慶長5年(1600)以降
本拠地：(美濃曽良城→)美濃八幡城〈郡上城〉→豊後臼杵城
親疎の別：外様
家格：陣屋
江戸城内の詰間：柳間
爵位：子爵

豊後臼杵を治めた稲葉良通の子孫

越智《おち》氏の河野《こうの》支流で、譜代《ふだい》大名の山城《やましろ》淀《よど》藩(京都市伏見区)主・稲葉家、安房《あわ》館山藩(千葉県館山市)主・稲葉家の一門。美濃《みの》(岐阜県南部)に住んで稲葉姓を称し、戦国時代、織豊《しょくほう》(安土桃山)時代の稲葉良《よし》通《みち》(一鉄《いってつ》／通則《みちのり》の子)は斎藤道三《さいとうどうさん》、織田信《おだのぶ》長《なが》、豊臣秀吉《とよとみひでよし》らに重く用いられる。慶長《けいちょう》5年(1600)の関ヶ原の戦いでは藩祖・稲葉貞通《さだみち》(良通の子)が途中で徳川《とくがわ》方へ転じ、戦後に5万石の豊後臼杵《ぶんごうすき》藩主となった。

このとき、徳川家康《いえやす》の重臣・井伊直政《いいなおまさ》の取りなしがあったというが、居城・臼杵城と城下町は関ヶ原の戦いの前後に戦禍を受けていた。そこで、良通は城郭の修復に取り組むとともに、城下町の復興にも心を砕いている。ちなみに、石高《こくだか》は当初は4万石であったというが、入封直後の検地で打ち出した5万石がそのまま認められ、以後、臼杵藩の表高《おもてだか》(正式な石高)となった。

なお、稲葉家には先に触れた淀藩主、館山藩主の両稲葉家のほかに、稲葉道通《みちとお》(重通の五男、利貞《としさだ》の養子)に始まる丹波《たんば》福知山藩(京都府福知山市)主・稲葉家、稲葉通重《みちしげ》(重通の次男)に始まる美濃清水《きよみず》藩(岐阜県揖斐川《いびがわ》町)もあったが、福知山藩と清水藩は狙撃事件や狼藉《ろうぜき》を理由にお取り潰しとなる。

歴代のうち、江戸時代後期の稲葉幾通《いくみち》(雍通《てるみち》の三男、尊通《もとみち》の養子)は藩校・学古《がっこ》堂《どう》を創設し、稲葉観通《あきみち》(通孚の長男、幾通の養子)は砲台を構築している。

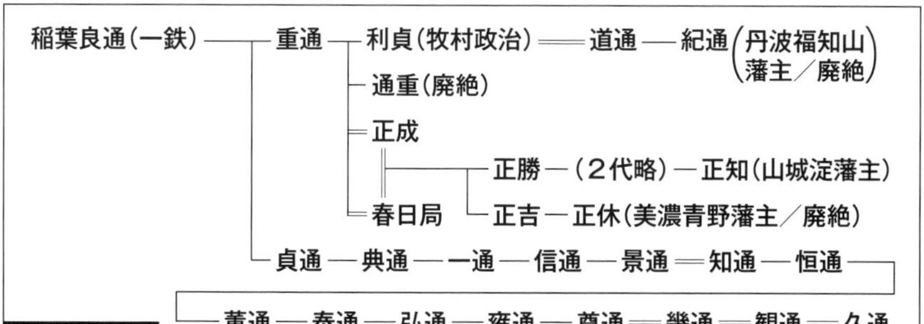

稲葉家の系図

関東管領の名跡を継いだ謙信の系譜

うえすぎけ

上杉家

上杉笹（竹に飛雀／菊、桐）

藩名：出羽米沢藩（山形県米沢市）
藩祖：上杉景勝
石高：18万石
大名になった年：慶長5年（1600）以降
本拠地：（越後春日山城→）陸奥会津城〈若松城〉→出羽米沢城
親疎の別：外様
家格：国主
江戸城内の詰間：大広間
爵位：伯爵

上杉景勝が藩祖となった外様大名

戦国時代までは長尾《ながお》姓を称していたが、越後《えちご》（新潟県）の戦国大名・上杉謙信《けんしん》（長尾景虎《かげとら》／長尾為景《ためかげ》の子）が関東管領《かんれい》・上杉家の名跡《みょうせき》を継いで上杉姓に改姓する。

なお、相模《さがみ》長尾（神奈川県横浜市）ゆかりの長尾家は平氏《へいし》（桓武《かんむ》平氏）良文《よしぶみ》流、丹《たん》波《ば》上杉荘《しょう》（京都府綾部《あやべ》市）ゆかりの上杉家は藤原《ふじわら》氏良門《よしかど》流であった。

米沢城跡（上杉神社）に建つ上杉謙信の銅像（山形県米沢市／撮影：上田良治）

謙信は越後統一後に諸国へ出兵を重ね、信濃《しなの》川中島（長野市ほか）で武田信玄《たけだしんげん》と対陣を重ねた。天正《てんしょう》6年（1578）の謙信の急死後、上杉景勝《かげかつ》（長尾政景《まさかげ》の子、謙信の甥《おい》で養子）と上杉景虎《かげとら》（北条氏康《ほうじょううじやす》の七男、謙信の養子）のふたりが家督をめぐって争った。生前の謙信は自らを軍神の生まれ変わりと考えて妻帯しなかったのであるという。しかし、相模（神奈川県）の戦国大名・北条氏政《うじまさ》（北条氏康の嫡子、景虎の兄）からの援軍が到着せず、景勝が勝利を収めた（「御館《おだて》の乱」）。

次いで、景勝は豊臣秀吉《とよとみひでよし》に仕え、慶長《けいちょう》3年（1598）に120万石の陸奥会津《むつあいづ》城（福島県会津若松市）主、豊臣家の五大老のひとりに抜擢された。

同年に秀吉が病没した後、景勝ははからずも実力者・徳川家康《とくがわいえやす》と対立し、慶長5年（1600）には家康による会津征伐が開始された。さらに、同年初夏には上方《かみがた》で豊臣方の石田三成《いしだみつなり》らが挙兵したため、景勝は徳川方と激闘を演じる。

けれども、豊臣方の主力が関ヶ原の戦いで大敗したことから、景勝は30万石の出羽《でわ》米沢藩主となった。

大幅な削封《さくほう》（石高《こくだか》削減）を受けながらも家臣の解き放ち（リストラ）をしなかった

ため、藩政の確立は容易ではなかったが、重臣・直江《なおえ》兼続《かねつぐ》が大鉈《おおなた》を振るった結果、どうにか藩政の確立に漕ぎ着けている。なお、兼続は嫡子・直江景明《かげあき》の病没前、本多《ほんだ》政重《まさしげ》(直江勝吉《かつよし》／本多正信《まさのぶ》の次男)を養子に迎えていたが、政重が米沢藩を出《しゅっ》奔《ぽん》してしまう。

そんななか、兼続の病没後には上杉定《さだ》勝《かつ》(景勝の嫡子)の懇望《こんもう》により、お船《せん》の方《かた》(直江景綱《かげつな》の娘、兼続の正室)が定勝の後見役を務めたとされている。寛文《かんぶん》4年(1664)、上杉綱勝《つなかつ》(定勝の子)が急死したが、会津藩主・保科《ほしな》正之《まさゆき》(綱勝の岳父《がくふ》)の尽力で、上杉綱憲《つなのり》(吉良《きら》義央《よしひさ》の子、綱勝の甥で養子)による相続が認められた。

ただし、このとき米沢藩の石高は15万石となった。石高は慶応《けいおう》2年(1866)の加増で18万石に達したが、明治元年(慶応4年／1868)の奥羽越《おううえつ》列藩《れっぱん》同盟への加担を理由に14万石に減らされている。

歴代のうち、江戸時代中期の上杉治憲《はるのり》(鷹山《ようざん》／秋月《あきづき》種美《たねみ》の次男、上杉重定《しげさだ》の養子)は藩政改革をなし遂げた賢君として名高い。具体的には、治憲は藩政改革に際して儒者・細井《ほそい》平洲《へいしゅう》を招聘《しょうへい》したが、自ら藩境まで出向いて平伏《へいふく》して平洲を迎えている。また、隠居した後には藩主としての心構えを説いた「伝国《でんこく》の辞《じ》」をしたため、上杉治広《はるひろ》(重定の四男、治憲の養子)に贈った。

この間、重臣らが他家出身の治憲を侮《あなど》るという出来事(「七家《しちか》騒動」)もあったが、平洲や側近の竹俣《たけのまた》当綱《まさつな》、莅戸《のぞきど》善政《よしまさ》(太華《たいか》)らの助力を得た治憲は、困難な藩政改革に成功している。

分家に上杉勝周《かつちか》(綱憲の四男)に始まる出羽米沢新田《しんでん》藩があった。

松岬神社に建つ上杉治憲(鷹山)の銅像(山形県米沢市)

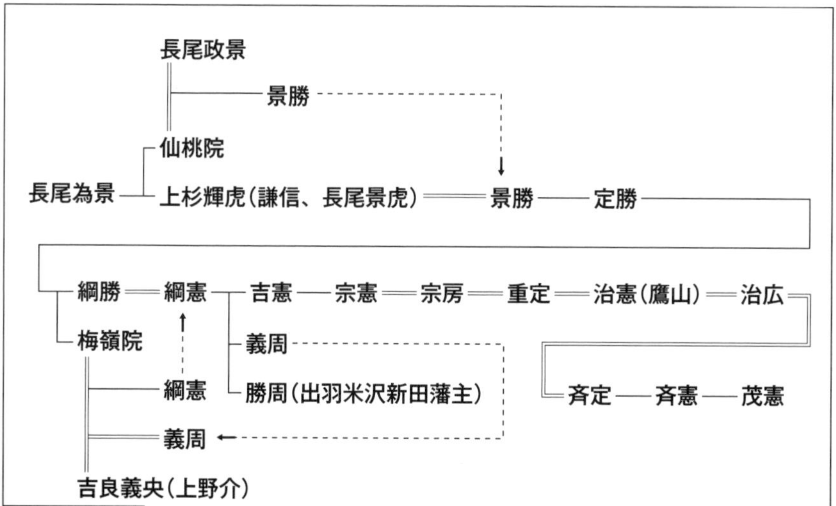

上杉家の系図

佐竹義宣の弟を藩祖とする外様大名

いわきけ

岩城家

岩城連子に月(角引両、丸引両、五七桐)

藩名：出羽亀田藩(秋田県由利本荘市)
藩祖：岩城貞隆
石高：2万石
大名になった年：元和2年(1616)
本拠地：陸奥岩城平城→お取り潰し→信濃川中島領→出羽亀田陣屋
親疎の別：外様
家格：陣屋
江戸城内の詰間：柳間
爵位：子爵

一度はお取り潰しとなった佐竹家一族の家系

平氏《へいし》(桓武《かんむ》平氏)繁盛《しげもり》流で、岩城姓は陸《む》奥《つ》磐城《いわき》郡(福島県南東部)にちなむ。常陸《ひたち》(茨城県)の佐竹《さたけ》家に属し、織豊《しょくほう》(安土桃山)時代、江戸時代初期の藩祖・岩城貞《さだ》隆《たか》(佐竹義重《よししげ》の三男、岩城常隆《つねたか》の養子)は陸奥岩城《いわき》平《たいら》城(福島県いわき市)主となるが、慶長《けいちょう》5年(1600)の関ヶ原の戦いで徳《とく》川《がわ》方に参加せず、お取り潰しとなった。幸いにも、元和《げんな》2年(1616)に1万石の信濃《しなの》川中島藩(長野市ほか)主となり、子孫が元和9年(1623)に2万石の出羽《でわ》亀田藩主に転じ、定着している。

岩城常隆＝貞隆─吉隆(義隆)＝宣隆─重隆─景隆─秀隆＝隆韶＝隆恭─隆恕─隆喜─隆永＝隆信＝隆政＝隆邦＝隆彰

岩城家の系図

吉良上野介の孫が藩祖の米沢藩の支封

うえすぎけ

上杉家

上杉笹(竹に飛雀／菊、桐)

藩名：出羽米沢新田藩(山形県米沢市)
藩祖：上杉勝周
石高：1万石
大名になった年：享保4年(1719)
本拠地：出羽米沢城下
親疎の別：外様
家格：陣屋
江戸城内の詰間：柳間
爵位：子爵

出羽米沢新田を治めた上杉家の分家

出羽《でわ》米沢藩(山形県米沢市)主・上杉家の分家。享保《きょうほう》4年(1719)、藩祖・上杉勝《かつ》周《ちか》(綱憲《つなのり》の四男)が1万石を分与され、出羽米沢新田《しんでん》藩主となった。ちなみに、元《げん》禄《ろく》15年(1702)に赤穂《あこう》四十七士に討たれた高家《こうけ》・吉良《きら》義央《よしひさ》(上野介《こうずけのすけ》／綱憲の父)は、勝周の外祖父にあたる。男子に恵まれなかったため、第3代以降の藩主全員が本家から養子を迎えた。江戸時代後期、幕末維新期の上杉勝道《かつみち》(斉定《なりさだ》の四男、勝義《かつよし》の養子)は明治元年(慶応《けいおう》4年／1868)の戊《ぼ》辰《しん》戦争では新政府方に身を投じた。戊辰戦争の終結後、勝道は奥羽越列藩《おううえつれっぱん》同盟に加わった本家の赦免《しゃめん》に奔走《ほんそう》している。

上杉綱憲─┬─吉憲(出羽米沢藩主)
　　　　　└─勝周─勝丞＝勝定＝勝義＝勝道

上杉家の系図

化学者大名を輩出した関東最北の藩

おおぜきけ

大関家

大関沢瀉(柊囲み沢瀉、柊丸のうち立沢瀉／柊、朧月、流鼓〔龍鼓〕)

藩名：下野黒羽藩(栃木県大田原市)
藩祖：大関資増
石高：1万8000石
大名になった年：慶長5年(1600)以降
本拠地：下野黒羽陣屋
親疎の別：外様
家格：陣屋
江戸城内の詰間：柳間
爵位：子爵

関ヶ原後で徳川につき大名になった小藩

丹治《たんじ》氏で、織豊《しょくほう》(安土桃山)時代の大関高増《たかます》(右衛門佐《えもんのすけ》／大田原資清《おおたわらすけきよ》の子)が豊臣《とよとみ》秀吉《ひでよし》に仕え、下野黒羽《しもつけくろばね》城主となる。慶長《けいちょう》5年(1600)の関ヶ原の戦いでは藩祖・大関資増《すけます》(高増の三男)が徳川《とくがわ》方に属し、戦後2万石(後に1万8000石)の下野黒羽藩主となった。歴代のうち、江戸時代後期の大関増業《ますなり》(加藤泰衛《かとうやすみち》の子、大関増陽《ますはる》の養子)は化学者大名として名高いが、藩政面では藩校・何陋館《かろうかん》を創設している。

大関家の系図

大関高増(右衛門佐) — 清増 ＝ 晴増 ＝ 資増 ＝ 政増 — 高増(土佐守) — 増親 ＝ 増栄 — 増茂 — 増恒 — 増興 — 増備 — 増輔 — 増陽 ＝ 増業 ＝ 増儀 — 増昭 ＝ 増徳 ＝ 増裕 ＝ 増勤

歴代が駿河加番を務めた下野の小藩

おおたわらけ

大田原家

丸に釘抜(輪の内釘抜／朧月、九曜、五三桐)

藩名：下野大田原藩(栃木県大田原市)
藩祖：大田原晴清
石高：1万1400石
大名になった年：慶長5年(1600)以降
本拠地：下野大田原城
親疎の別：外様
家格：城主
江戸城内の詰間：柳間
爵位：子爵

下野大田原を治め続けた外様大名

丹治《たんじ》氏で、大田原姓は下野大俵《しもつけおおたわら》(大田原／栃木県大田原市)にちなむ。織豊《しょくほう》(安土桃山)時代、江戸時代初期の藩祖・大田原晴清《はるきよ》(綱清《つなきよ》の子)が豊臣秀吉《とよとみひでよし》に仕え、下野大田原城主となる。慶長《けいちょう》5年(1600)の関ヶ原の戦いでは晴清が徳川《とくがわ》方に属して陸奥会津《むつあいづ》城(福島県会津若松市)主・上杉景勝《うえすぎかげかつ》の南下に備え、戦後に1万2400石(後に1万1400石)の下野大田原藩主となった。江戸時代中期の大田原友清《ともきよ》(扶清《すけきよ》の六男)など、歴代には駿河加番《するがかばん》を務めた者が多いが、大坂加番を務めた者もいる。江戸時代後期の大田原愛清《よしきよ》(庸清《やすきよ》の三男、光清《みつきよ》の養子)は絵画を能《よ》くした。

大田原家の系図

大田原綱清 — 晴清 — 政清 — 高清 ＝ 典清 — 純清 ＝ 清信 ＝ 扶清 — 友清 — 庸清 — 光清 ＝ 愛清 — 広清 ＝ 富清 — 一清(勝清)

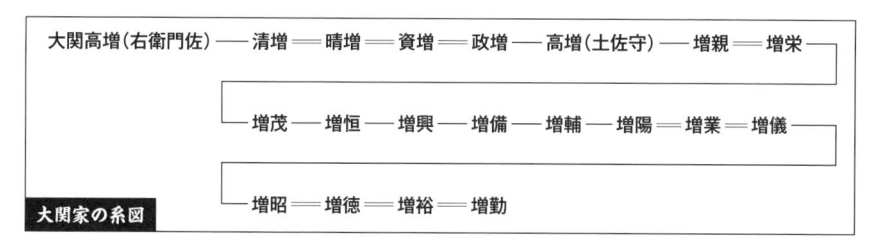

出羽で続いた信長の次男・信雄の子孫

おだけ

織田家

織田木瓜(窠〔瓜〕／揚羽蝶、桐、菊、引両筋、永楽通寶銭、無の字)

藩名：出羽天童藩(山形県天童市)

藩祖：織田信雄

石高：2万石

大名になった年：元和元年(1615)

本拠地：(伊勢田丸城→伊勢松ケ島城→)尾張清洲城→お取り潰し→大和松山城→上野小幡城→出羽高畠陣屋→出羽天童陣屋

親疎の別：外様

家格：陣屋

江戸城内の詰間：柳間

爵位：子爵

連綿と続いた信長の系譜

織田信雄《のぶかつ》(信長《のぶなが》の次男)の子孫で、『寛政《かんせい》重修諸家譜《ちょうしゅうしょかふ》』では平氏《へいし》(桓武《かんむ》平氏)清盛《きよもり》流とされているが、本姓については諸説があるものの、織田高長《たかなが》(信雄の五男)に始まる丹波《たんば》柏原《かいばら》藩(後期柏原藩／兵庫県丹波市)とともに織田家の嫡流とみなされている。

なお、織田姓は越前《えちぜん》織田荘《おたしょう》(福井県越前町)にちなむ。

戦国時代に織田信秀《のぶひで》(信長や長益《ながます》らの父)が尾張《おわり》(愛知県西部)の守護代《しゅごだい》(副知事)・清洲《きよす》織田家に仕えて実権を握った。

織豊《しょくほう》(安土桃山)時代の織田信長(信秀の嫡子)は今川義元《いまがわよしもと》、斎藤龍興《さいとうたつおき》(道三《どうさん》の孫)、浅井長政《あざいながまさ》、朝倉義景《あさくらよしかげ》、武田勝頼《たけだかつより》(信玄《しんげん》の四男)らを相次いで攻め滅ぼし、上洛《じょうらく》して東海から畿内《きない》(近畿地方)にまたがる広大な版図を手中にする。

ところが、天正《てんしょう》10年(1582)に重臣・明《あけ》智《ち》光秀《みつひで》の謀叛に遭遇し、本能寺《ほんのうじ》で自刃して果てた(「本能寺の変」)。

一方、信雄は100万石の尾張清洲城(愛知県清須《きよす》市)主となるが、天正18年(1590)に豊臣秀吉《とよとみひでよし》の逆鱗《げきりん》に触れてお取り潰しとなる。幸いにも、信雄は豊臣方へ加担しなかった点を評価され、元和《げんな》元年(1615)に5万石の大和《やまと》松山藩(奈良県宇陀《うだ》市)主となる。

さらに、同年に織田信良《のぶよし》(信雄の四男)が2万石を分与され、上野《こうずけ》小幡《おばた》藩(群馬県甘楽《かんら》町)主となった。

ただし、松山藩主の座は高長が継いだため、どちらが本家か分家かについて、信良の子孫である出羽天童《でわてんどう》藩と、高長の子孫である柏原藩(後期柏原藩)とが争ったこともあったという。

ともあれ、信良の子孫は出羽高畠《たかはた》藩(山形県高畠町)主を経て、文政《ぶんせい》11年(1828)に天童藩主に転じ、定着した。

このうち小幡藩から高畠藩への転封(国替え)は、織田信邦《のぶくに》(信栄《のぶよし》の四男、信《のぶ》富《よし》の養子)が「明和《めいわ》事件」の首謀者・山県《やまがた》大弐《だいに》に共鳴して弟子を家老に登用し、藩内で騒擾《そうじょう》(「小幡騒動」)が続いたことを原因とする。

この転封により、織田家は従来、江戸幕府から許されていた国主格の家格を失っている。

歴代のうち、幕末維新期、明治時代の織田信敏《のぶとし》(信学《のぶみち》の子)は明治3年(1870)、舞鶴山(山形県天童市)に健織田社《たけしおりたのやしろ》(建勲《たていさお》神社の前身)を創建した。

一門・一族に、先に触れた柏原藩(後期柏原藩)、織田信包《のぶかね》(信秀の子)の子孫である柏原藩(前期柏原藩)、伊勢《いせ》林藩(三重県津市)、織田長益(有楽斎《うらくさい》／信秀の子)の子孫である美濃《みの》野村藩(岐阜県大野町)、大和芝村藩(奈良県桜井市)、大和柳本藩(奈良県天理市)、津田信成《つだのぶなり》(盛月《もりつき》の次男)に始まる山城御牧《やましろみまき》藩(京都府久御山《くみやま》町)があった。

また、慶長《けいちょう》5年(1600)の関ヶ原の戦いの当時は織田秀信《ひでのぶ》(三法師《さんぼうし》／信忠《のぶただ》の嫡子、信長の嫡孫)が美濃岐阜城(岐阜市)主、織田秀雄《ひでかつ》(信雄の嫡子)が越前大野城(福井県大野市)主、藤懸永勝《ふじかけながかつ》(永継《ながつぐ》の子)が丹波上林《たんばかんばやし》城(京都府綾部《あやべ》市)主であった。

さらに、晩年の長益は江戸幕府から1万石の隠居料を受けていたが、廃藩置県《はいはんちけん》まで存続したのは信雄の子孫である天童藩、柏原藩と、長益の子孫である芝村藩、柳本藩の4藩だけである。

ただし、一門・一族の織田、津田、藤懸、島《しま》、中川《なかがわ》の各家のなかには、江戸幕府の高家《こうけ》、旗本、諸藩の重臣として存続した家も多い。

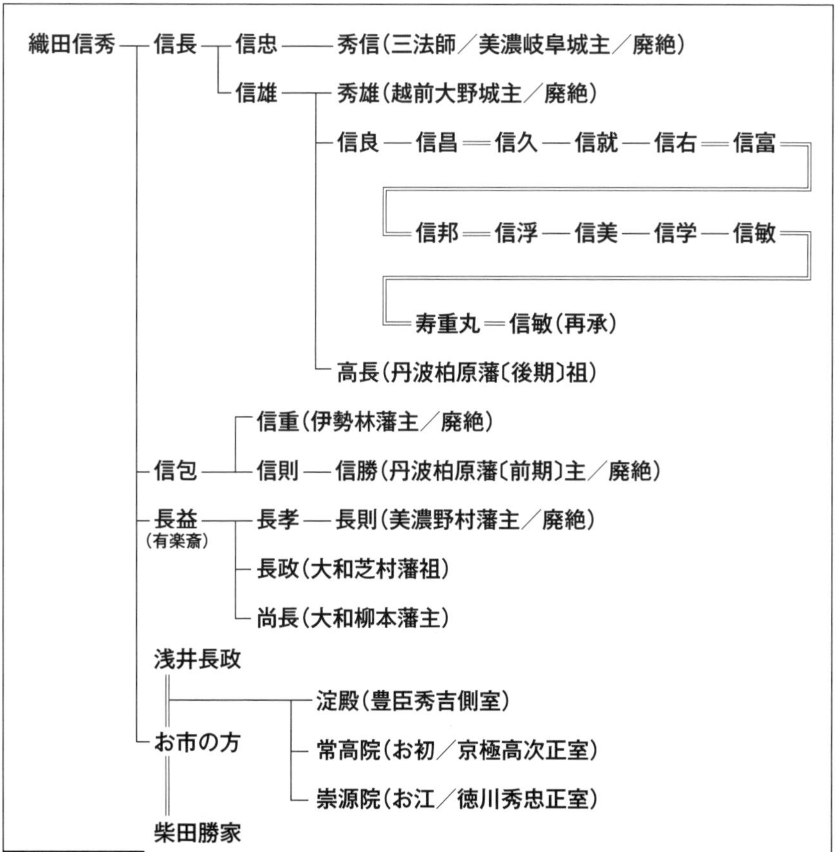

織田家の系図

キリスト教とかかわりが深い肥前の大名

おおむらけ

大村家

大村木瓜（瓜、瓜葉）

藩名：肥前大村藩（長崎県大村市）
藩祖：大村喜前
石高：2万7900石
大名になった年：慶長5年（1600）以降
本拠地：肥前大村城
親疎の別：外様
家格：城主
江戸城内の詰間：柳間
爵位：伯爵

賢君を多く出した肥前の外様大名

藤原《ふじわら》氏長良《ながよし》流で、大村姓は肥前《ひぜん》大村にちなむ。戦国時代には肥前西部（長崎県）の戦国大名・有馬晴純《ありまはるずみ》に接近し、大村純《すみ》忠《ただ》（晴純の次男、純前《すみあき》の養子）を当主に迎える。慶長《けいちょう》5年（1600）の関ヶ原の戦いでは藩祖・大村喜前《よしあき》（純忠の子）が徳川《とくがわ》方に属し、戦後2万7900石の肥前大村藩主となった。なお、純忠はキリスト教に入信し、教会への土地寄進、天正遣欧《てんしょうけんおう》少年使節の派遣などを行っている。歴代のうち、江戸時代後期の大村純顕《すみあき》（純昌《すみよし》の四男）は儒者・広瀬淡窓《ひろせたんそう》を登用している。また、幕末期の大村純熙《すみひろ》（純昌の八男、純顕の養子）は江戸幕府の長崎総奉行を務めた。

大村純前 ═ 純忠 ─ 喜前 ─ 純頼 ─ 純信 ═ 純長 ─ 純尹 ═ 純庸 ─ 純富 ─ 純保 ─ 純鎮 ─ 純昌 ─ 純顕 ═ 純熙
↑
有馬晴純 ─ 純忠

大村家の系図

大和から丹波へ転じた天童藩の一門

おだけ

織田家

織田木瓜（窠／揚羽蝶、桐、菊、引両筋、永楽通寶銭、無の字）

藩名：丹波柏原藩（兵庫県丹波市）
藩祖：織田高長。一説に織田信雄
石高：2万石
大名になった年：寛永7年（1630）。一説に元和元年（1615）
本拠地：大和松山城→丹波柏原陣屋
親疎の別：外様
家格：陣屋
江戸城内の詰間：柳間
爵位：子爵

丹波柏原を治めた出羽天童藩の分家

出羽天童藩《でわてんどう》（山形県天童市）主・織田家の一門。寛永《かんえい》7年（1630）、藩祖・織田高《たか》長《なが》（信雄《のぶかつ》《のぶお》の五男）が織田信雄（信長《のぶなが》の次男）の遺領を相続し、2万石の大和《やまと》松山藩（奈良県宇陀《うだ》市）主となった。元禄《げんろく》7年（1694）、織田信武《のぶたけ》（長頼《ながより》の子）が重臣を粛清後に自刃したため、子孫は元禄8年（1695）に丹《たん》波《ば》柏原《かいばら》藩へ転封（国替え）となる。

織田信長 ─ 信雄 ┬ 秀雄（越前大野城主／廃絶）
├ 信良 ─（7代略）─ 信美（出羽天童藩主）
└ 高長 ─ 長頼 ─ 信武 ─ 信休 ─ 信朝 ═ 信旧 ═ 信憑 ─ 信守 ═ 信古 ═ 信貞 ═ 信敬 ═ 信民 ═ 信親

織田家の系図

茶人・有楽斎の四男に始まる名家

おだけ

織田家

織田木瓜(窠／揚羽蝶、五三の桐、引両筋)

藩名：大和芝村藩(奈良県桜井市)
藩祖：織田長政
石高：1万石
大名になった年：元和元年(1615)
本拠地：大和戒重陣屋→大和芝村〈岩田〉陣屋
親疎の別：外様
家格：陣屋
江戸城内の詰間：柳間
爵位：子爵

大和芝村を治めた信長の弟の系譜

お取り潰しとなった美濃《みの》野村藩(岐阜県大野町)主・織田家の分家で、織田長《なが》益《ます》(有楽斎《うらくさい》／信秀《のぶひで》の子、信長《のぶなが》の弟)の子孫。元和《げんな》元年(1615)、藩祖・織田長政《ながまさ》(長益の四男)が1万石を分与され、大和戒重《やまとかいじゅう》藩(奈良県桜井市)主となった。宝永《ほうえい》元年(1704)、子孫が陣屋を移し、新たに大和芝村藩を興している。茶人大名・長益の子孫であるため、歴代には茶道や蹴鞠《けまり》などを能《よ》くした者が多い。

織田家の系図

織田長益(有楽斎)
- 長孝 ― 長則(美濃野村藩主／廃絶)
- 長政 ― 長定 ― 長明 ＝ 長清 ― 長弘 ＝ 長亮 ― 輔宣 ＝ 長教 ― 長宇 ― 長恭 ＝ 長易
- 尚長(大和柳本藩主)

文武に長けた藩主が多い芝村藩の支封

おだけ

織田家

織田木瓜(窠／揚羽蝶、五三の桐、引両筋)

藩名：大和柳本藩(奈良県天理市)
藩祖：織田尚長
石高：1万石
大名になった年：元和元年(1615)
本拠地：大和柳本陣屋
親疎の別：外様
家格：陣屋(城主格)
江戸城内の詰間：柳間
爵位：子爵

大和柳本を治めた信長の弟の系譜

お取り潰しとなった美濃《みの》野村藩(岐阜県大野町)主・織田家の分家で、織田長《なが》益《ます》(有楽斎《うらくさい》／信秀《のぶひで》の子、信長《のぶなが》の弟)の子孫。元和《げんな》元年(1615)、藩祖・織田尚長《なおなが》(長益の五男)が1万石を分与され、大和《やまと》柳本藩主となった。歴代には茶道や文武を能《よ》くした者が多い。江戸時代中期の織田秀親《ひでちか》(秀一《ひでかず》の子)は宝永《ほうえい》6年(1709)、寛永寺《かんえいじ》(東京都台東区)で加賀大聖寺新田《だいしょうじしんでん》藩(石川県加賀市)主・前田利昌《まえだとしまさ》に斬殺《ざんさつ》された。

織田家の系図

織田長益(有楽斎)
- 長孝 ― 長則(美濃野村藩主／廃絶)
- 長孝(大和芝村藩祖)
- 尚長 ― 長種 ― 秀一 ― 秀親 ＝ 成純 ＝ 秀行 ＝ 信方 ― 秀賢 ＝ 長恒 ＝ 秀綿 ― 信陽 ― 信成 ＝ 信及

将軍家の茶道師範役を務めた茶人大名

かたぎりけ

片桐家

片桐違矢(鷹の割羽／亀甲の内に花菱)

藩名：大和小泉藩(奈良県大和郡山市)
藩祖：片桐貞隆
石高：1万1100石
大名になった年：元和元年(1615)
本拠地：大和小泉陣屋
親疎の別：外様
家格：陣屋
江戸城内の詰間：柳間
爵位：子爵

大和小泉藩主として残った忠臣の家

清和源氏満快《せいわげんじみつよし》流で、無嗣《むし》(跡継ぎの欠如)でお取り潰しとなった大和龍田《やまとたつた》藩(奈良県斑鳩《いかるが》町)主・片桐家の分家。織豊《しょくほう》(安土桃山)時代、江戸時代初期の片桐且元《かつもと》と藩祖・片桐貞隆《さだたか》(ともに直貞《なおさだ》の子)は豊《とよ》臣秀吉《とみひでよし》に仕え、慶長《けいちょう》5年(1600)の関ヶ原の戦いの後に且元が4万石の龍田藩主、貞隆が1万6000石(後に1万1100石)の大和小泉藩主となった。以後も且元・貞隆兄弟は豊臣秀頼《ひでより》(秀吉の次男)に忠誠を尽くすが、慶長19年(1614)の方広寺鐘銘《ほうこうじしょうめい》事件で兄弟揃って失脚した。

片桐直貞 ─┬ 且元 ─ 孝元 ─ 為元 ─ 為次(大和龍田藩主／廃絶)
　　　　　└ 貞隆 ─ 貞昌(石州) ─ 貞房 ＝ 貞起 ─ 貞音 ─ 貞芳 ─ 貞彰 ─ 貞信 ─ 貞中 ＝ 貞照 ＝ 貞利 ＝ 貞篤

片桐家の系図

文武に長けた藩主が相次いで出た家

かとうけ

加藤家

蛇目(上藤、鰹木)

藩名：伊予大洲藩(愛媛県大洲市)
藩祖：加藤貞泰
石高：6万石
大名になった年：慶長5年(1600)以降
本拠地：美濃黒野城→伯耆米子城→伊予大洲城
親疎の別：外様
家格：城主
江戸城内の詰間：柳間
爵位：子爵

清正とは別流の外様大名の家

藤原《ふじわら》氏利仁《としひと》流で、藩祖・加藤貞泰《さだやす》(光《みつ》泰《やす》の嫡子)は慶長《けいちょう》5年(1600)の関ヶ原の戦いで徳川《とくがわ》方に属し、美濃《みの》黒野藩(岐阜市)主となった。慶長15年(1610)、貞泰は黒野へ史上最後の楽市令《らくいちれい》を発している。伯耆米子《ほうきよなご》藩(鳥取県米子市)を経て、元和《げんな》3年(1617)に6万石の伊予大洲《いよおおず》藩主となり、定着した。歴代のうち、江戸時代中期の加藤泰衑《やすみち》(泰都《やすさと》の長男、泰温《やすあつ》の養子)は、藩校・止善《しぜん》書院明倫堂《めいりんどう》を創設した。分家に加藤直泰《なおやす》(貞泰の次男)に始まる伊予新《いよにい》谷《や》藩(愛媛県大洲市)があった。

加藤光泰 ─ 貞泰 ─┬ 泰興 ─ 泰義 ─ 泰恒 ─ 泰統 ─ 泰温 ＝ 泰衑 ＝ 泰武 ＝ 泰行 ＝ 泰候 ─ 泰済 ─ 泰幹 ─ 泰祉 ＝ 泰秋
　　　　　　　　　└ 直泰(伊予新谷藩主)

加藤家の系図

財政運営に苦しんだ大洲藩の支封

かとうけ

加藤家

上藤（蛇目）

藩名：伊予新谷藩（愛媛県大洲市）
藩祖：加藤直泰
石高：1万石
大名になった年：元和9年（1623）
本拠地：伊予新谷城
親疎の別：外様
家格：陣屋
江戸城内の詰間：柳間
爵位：子爵

伊予新谷を治めた加藤家の分家

伊予大洲《いよおおず》藩（愛媛県大洲市）主・加藤家の分家。元和《げんな》9年（1623）、藩祖・加藤直《なお》泰《やす》（貞泰《さだやす》の次男）が1万石を分与され、伊予新谷《にいや》藩主となった。なお、直泰は家督相続をめぐり、本家の大洲藩主・加藤泰《やす》興《おき》（貞泰の嫡子）と争ったという。歴代のうち、江戸時代中期、後期の加藤泰賢《やすまさ》（泰《やす》宦《のぶ》の子）は藩校・求道軒《きゅうどうけん》を創設した。前期、中期の加藤泰觚《やすかど》（泰義《やすよし》の子、直泰の養子）、中期の加藤泰貫《やすつら》（泰觚の子）、加藤泰広《やすひろ》（泰恒《やすつね》の七男、泰貫の養子）、加藤泰宦（泰広の子）らは駿河加番《するがかばん》を務めた。

加藤光泰 ── 貞泰 ┬ 泰興（伊予大洲藩主）
└ 直泰 ＝ 泰觚 ── 泰貫 ＝ 泰広 ── 泰宦 ── 泰賢 ── 泰儔 ── 泰理 ── 泰令

加藤家の系図

大名として存続した尼子家の旧臣

かめいけ

亀井家

隅立四目結（四目結／井桁の内に稲穂）

藩名：石見津和野藩（島根県津和野町）
藩祖：亀井茲矩
石高：4万3000石
大名になった年：慶長5年（1600）以降
本拠地：因幡鹿奴城〈鹿野城〉→石見津和野城
親疎の別：外様
家格：城主
江戸城内の詰間：柳間
爵位：伯爵

石見津和野で続いた尼子家家臣の系譜

宇多源氏佐々木《うだげんじささき》支流で、戦国時代には出雲《いずも》（島根県東部）の戦国大名・尼子《あまご》家に仕えた。尼子家の滅亡後、藩祖・亀井茲《これ》矩《のり》（湯《ゆ》永綱《ながつな》の子、亀井秀綱《ひでつな》の娘婿）は山中《やまなか》幸盛《ゆきもり》（鹿介《しかのすけ》）の主家再興運動に協力する。慶長《けいちょう》5年（1600）の関ヶ原の戦いでは、茲矩は徳川《とくがわ》方に属し、3万8000石の因幡鹿《いなばしか》奴《の》藩（鳥取市）主となった。元和《げんな》3年（1617）、子孫が4万3000石の石見《いわみ》津和野藩主となり、定着する。歴代のうち、江戸時代中期、後期の亀井矩賢《のりかた》（矩貞《のりさだ》の子）は藩校・養老館《ようろうかん》を創設した。幕末維新期の亀井茲《これ》監《み》（有馬《ありま》頼徳《よりのり》の子、亀井茲方《これかた》の養子）は新政府で活躍している。

亀井茲矩 ── 政矩 ── 茲政 ── 茲親 ── 茲満 ＝ 茲延 ＝ 茲胤 ＝ 矩貞 ── 矩賢 ＝ 茲尚 ┐
└ 茲方 ＝ 茲監

亀井家の系図

維新期に大名となった毛利家の一門

吉川家《きっかわけ》

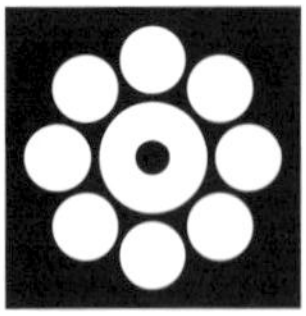

九曜

藩名：周防岩国藩(山口県岩国市)
藩祖：吉川経幹
石高：6万石
大名になった年：明治元年(慶応4年／1868)
本拠地：出雲月山富田城→周防岩国城
親疎の別：外様
家格：城主
江戸城内の詰間：—
爵位：男爵→子爵

存続した「毛利の両川」の系譜

藤原《ふじわら》氏で、吉川姓は駿河《するが》吉香《きっかわ》(静岡市)にちなむ。

子孫は安芸《あき》(広島県西部)へ移り住むが、戦国時代には妙玖《みょうきゅう》(吉川国経《くにつね》の娘、毛利《もうり》元就《もとなり》の正室)が同国の戦国大名・毛利元就に嫁ぎ、吉川元春《もとはる》(元就・妙玖夫妻の次男)が吉川家を相続している。以後、元春は小早川隆景《こばやかわたかかげ》(元就・妙玖夫妻の三男)とともに毛利家を支え、「毛利の両川《りょうせん》」と呼ばれた。

ところが、慶長《けいちょう》5年(1600)の関ヶ原の戦いで吉川広家《ひろいえ》(元春の三男)が布陣しながら傍観したため、広家は長州《ちょうしゅう》藩(山口県萩市)主・毛利家の一門、3万石の周防《すおう》岩国領主となった。

歴代のうち、幕末期の吉川経幹《つねまさ》(経章《つねあきら》の嫡子)は国事に奔走《ほんそう》したことから、病没後の明治元年(慶応《けいおう》4年／1868)、6万石の周防岩国藩主に取り立てられている。

なお、正式な大名ではないが、江戸時代前期の吉川広嘉《ひろよし》(広家の孫)は河口の干拓、銅山の開発、製紙業の奨励などを行うと同時に、延宝《えんぽう》元年(1673)から翌年にかけて城下の錦川《にしきがわ》に名橋《めいきょう》・錦帯橋《きんたいきょう》を架橋《かきょう》するなど、多くの功績を残した。

周防岩国城復興天守(山口県岩国市)

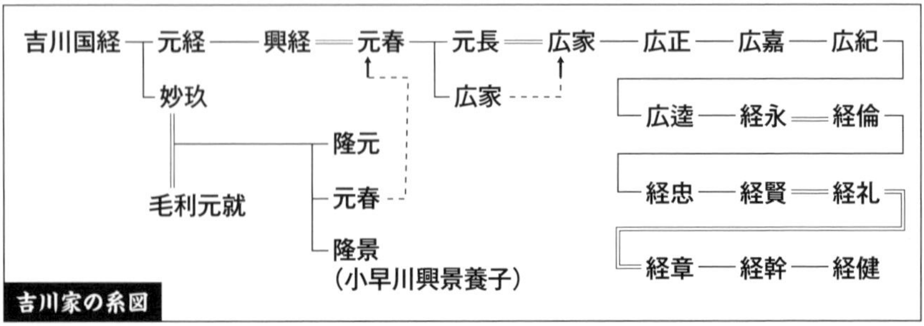

吉川家の系図

10万石格を許された室町将軍家の別流

きつれがわけ

喜連川家

五七桐(桐／菊、二引龍)

藩名：下野喜連川藩(栃木県さくら市)
藩祖：喜連川(足利)頼氏＊
石高：10万石格(5000石)
大名になった年：慶長5年(1600)以降
本拠地：下野喜連川陣屋
親疎の別：外様
家格：陣屋
江戸城内の詰間：—
爵位：子爵

江戸幕府に優遇されて大名になった元鎌倉公方家

清和源氏《せいわげんじ》義家《よしいえ》流の足利《あしかが》流で、鎌倉(古《こ》河《が》)公方《くぼう》の名跡《みょうせき》を継承する家。なお、織《しょく》豊《ほう》(安土桃山)時代前期まで足利姓であったが、足利姓は下野《しもつけ》足利(栃木県足利市)、喜連川姓は下野喜連川にちなむ。

室町時代、足利将軍家は相模《さがみ》鎌倉(神奈川県鎌倉市)へ室町幕府の出先機関・鎌倉府をもうけ、その長官・鎌倉公方に一族の男子を入れた。

後に、子孫は下野古河(茨城県古河市)を本拠として古河公方を称したが、下総《しもうさ》小弓《おゆみ》(千葉市)を本拠とする小弓御所《ごしょ》や戦国大名らの登場により零落《れいらく》する。

織豊時代後期、豊臣秀吉《とよとみひでよし》の命で喜連川(足利)国朝《くにとも》、次いで喜連川(足利)頼氏《よりうじ》(ともに小弓御所・足利頼純《よりずみ》の子)が古河公方・足利氏姫《うじひめ》(鴻巣《こうのす》御所《ごしょ》／義氏《よしうじ》の娘)と結婚し、秀吉によって3500石の喜連川領主に封じられる。さらに、慶長《けいちょう》5年(1600)の関ヶ原の戦いの後、頼氏は加増により石高《こくだか》が4500石となるが、江戸幕府は鎌倉公方の名跡を継承する喜連川家を10万石格の下野喜連川藩主として優遇した。

石高は寛政《かんせい》元年(1789)に加増があり、5000石で確定している。以後、喜連川家は軍役《ぐんやく》、参勤交代などの義務を免除されたが、官位、官職の面では無位無官であった。歴代のうち、江戸時代前期の喜連川尊信《たかのぶ》(義親《よしちか》の子)のとき、家臣団内に抗争(「喜連川騒動」)が起こっている。

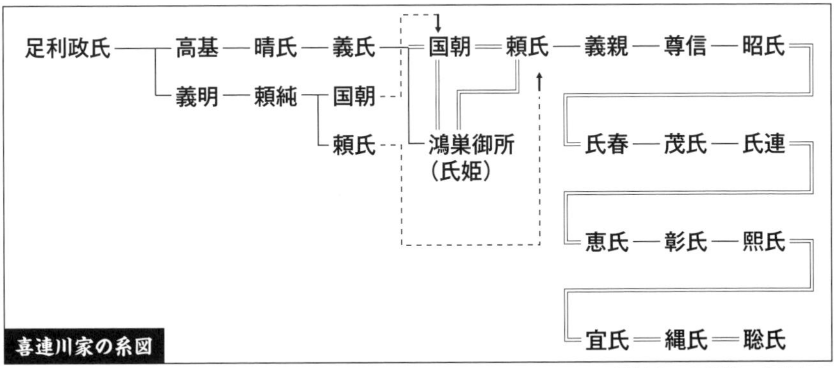

喜連川家の系図

＊維新後、足利姓に復姓した

山陽で続いた高台院(お禰)の実家

きのしたけ

木下家

五七桐(桐菊、沢潟、沢潟胡馬)

藩名：備中足守藩(岡山県岡山市)
藩祖：木下家定
石高：2万5000石
大名になった年：慶長5年(1600)以降
本拠地：播磨姫路城→備中足守陣屋
親疎の別：外様
家格：陣屋
江戸城内の詰間：柳間
爵位：子爵

文武の名手を輩出した小藩

高台院《こうだいいん》(お禰《ね》／杉原定利《すぎはらさだとし》の娘、豊臣秀吉《とよとみひでよし》の正室)の実家で、『寛政重修諸家譜《かんせいちょうしゅうしょかふ》』では豊臣氏に収められている。

織豊《しょくほう》(安土桃山)時代の藩祖・木下家定《いえさだ》(定利の子)は義弟の豊臣秀吉に属して播磨姫路城《はりまひめじ》(兵庫県姫路市)主に封じられた。慶長《けいちょう》3年(1598)の秀吉の病没を経て、慶長5年(1600)の関ヶ原の戦いでは一族の多くが豊臣方に属しているが、家定は処分を免れて2万5000石の備中足守《びっちゅうあしもり》藩主となった。ところが、木下勝俊《かつとし》(長嘯子《ちょうしょうし》／家定の嫡子)の専横により、足守藩はいったんお取り潰しとなる。

幸いにも、元和《げんな》元年(1615)に木下利房《としふさ》(家定の次男)が再興を認められ、2万5000石の足守藩主となった。

歴代のうち、勝俊と近代の木下利玄《としはる》(利永《としなが》の子、利恭《としもと》の養子)は詩歌の分野で足跡を残す。江戸時代前期の木下利当《としまさ》(利房の嫡子)は、藩校・追琢館《たいたくかん》と槍術《そうじゅつ》の流派・自得流《じとくりゅう》を創始している。

なお、存続した分家に木下延俊《のぶとし》(家定の三男)に始まる豊後日出《ぶんごひじ》藩(大分県日出町)があった。ほかに杉原長房《ながふさ》(高台院の従弟《いとこ》)に始まる但馬《たじま》豊岡藩(兵庫県豊岡市)があり、さらに慶長5年(1600)当時は木下俊定《としさだ》(家定の子)の興した家もあったが、豊岡藩は無嗣《むし》(跡取りの欠如)、勝俊や俊定の興した家は豊臣方への加担を理由にお取り潰しとなる。

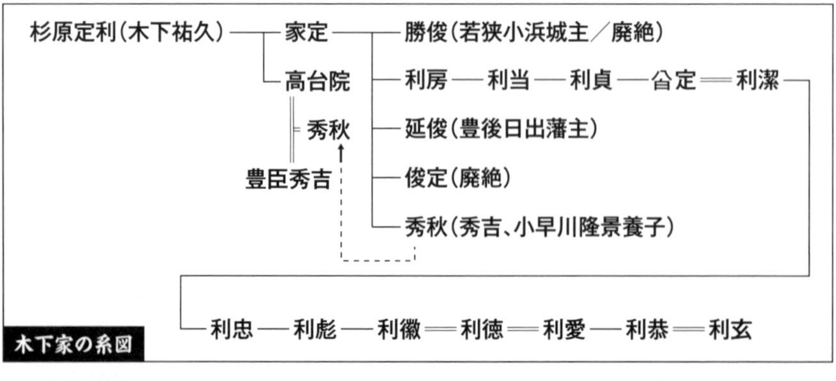

木下家の系図

九州北部で存続した足守藩の支封

きのしたけ

木下家

木下独楽(胡馬／沢瀉、十六葉菊、五三桐、五七桐)

藩名：豊後日出藩(大分県日出町)
藩祖：木下延俊
石高：2万5000石
大名になった年：慶長5年(1600)以降
本拠地：播磨国内→豊後日出陣屋
親疎の別：外様
家格：陣屋
江戸城内の詰間：柳間
爵位：子爵

豊後日出を治めた木下家の分家

備中足守藩《びっちゅうあしもり》(岡山市)主・木下家の分家。織豊《しょくほう》(安土桃山)時代、江戸時代初期の藩祖・木下延俊《のぶとし》(家定《いえさだ》の三男)が慶長《けいちょう》5年(1600)の関ヶ原の戦いで徳川《とくがわ》方に身を投じ、戦後3万石(後に2万5000石)の豊後日《ぶんごひ》出《じ》藩主となった。歴代のうち、江戸時代中期、後期の木下俊懋《としまさ》(俊胤《としたね》の子)は藩校・稽古堂《けいこどう》を創設した。また、後期の木下俊《とし》敦《あつ》(俊懋の十男、俊良《としよし》の養子)は藩儒《はんじゅ》・帆《ほ》足万里《あしばんり》を重用している。

木下家の系図

杉原定利(木下祐久)──家定┬─勝俊(若狭小浜城主／廃絶)
├─利房(備中足守藩主)
└─延俊──俊治──俊長──俊量──俊在══長保══長監══俊能══俊泰══俊胤──俊懋──俊良══俊敦──俊方══俊程══俊愿

交通の要衝を発展させた丸亀藩の支封

きょうごくけ

京極家

隅立四目結(角四目結／五七桐)

藩名：讃岐多度津藩(香川県多度津町)
藩祖：京極高通
石高：1万石
大名になった年：元禄7年(1694)
本拠地：讃岐丸亀城下→讃岐多度津陣屋
親疎の別：外様
家格：陣屋
江戸城内の詰間：柳間
爵位：子爵

讃岐多度津を治めた京極家の分家

讃岐《さぬき》丸亀藩(香川県丸亀市)主・京極家の分家。元禄《げんろく》7年(1694)、藩祖・京極高《たか》通《みち》(壱岐守《いきのかみ》／高豊《たかとよ》の子)は生母が側室であったために分家し、1万石を分与されて讃岐多度津《たどつ》藩主となった。なお、当初は藩主の居館が丸亀城内にあったが、京極高賢《たかかた》(高文《たかぶみ》の嫡子)が文政《ぶんせい》10年(1827)から多度津陣屋の整備、さらに学館、射場の構築に着手し、藩庁の機能を移している。歴代のうち、江戸時代中期の京極高文(高慶《たかよし》の子)は駿河加番《するがかばん》を務めた。後期、維新期の京極高琢《たかてる》(高賢の次男)は多度津港の整備に心を砕き、藩政を安定させている。以後、多度津港は昭和時代にいたるまで、瀬戸内海屈指の要港として機能した。

京極家の系図

京極高豊┬─高通(壱岐守)──高慶──高文──高賢──高琢══高典
└─高或(讃岐丸亀藩主)

四国で続いた崇源院(お江)の姉の嫁ぎ先

きょうごくけ

京極家

平四目結(角四目結、丸に角四目結／五三桐、蔦)

藩名:讃岐丸亀藩(香川県丸亀市)
藩祖:京極高次
石高:5万1500石
大名になった年:慶長5年(1600)以降
本拠地:近江大津城→若狭小浜城→出雲松江城→播磨龍野城→讃岐丸亀城
親疎の別:外様
家格:城主
江戸城内の詰間:柳間
爵位:子爵

徳川方につき家を守った大名家

宇多源氏《うだげんじ》佐々木《ささき》支流で、京極姓は京都の京極高辻《たかつじ》にちなむ。南北朝期、佐々木(京極)高氏《たかうじ》(道誉《どうよ》)が出て権勢を振るうが、戦国時代には被官《ひかん》(家臣)、姻族であるはずの浅井《あざい》家に圧迫されて零落《れいらく》する。

天正《てんしょう》元年(1573)の浅井家の滅亡後、藩祖・京極高次《たかつぐ》と京極高知《たかとも》(ともに高吉《たかよし》の子)が豊臣秀吉《とよとみひでよし》に仕え、高次が近江《おうみ》大津城(滋賀県大津市)主、高知が信濃《しなの》飯田城(長野県飯田市)主に抜擢された。

常高寺にある常高院の墓碑(福井県小浜市／撮影:上田良治)

慶長《けいちょう》5年(1600)の関ヶ原の戦いでは兄弟揃って徳川《とくがわ》方に属し、高次は大津城攻防戦、高知は関ヶ原の決戦で奮戦する。戦後、高次は8万5000石(後に9万2000石)を与えられ、若狭《わかさ》小浜《おばま》藩(福井県小浜市)主となった。

なお、松《まつ》の丸殿《まるどの》(高吉の娘、高次らの姉)は秀吉の側室で、常高院《じょうこういん》(お初《はつ》／浅井長《なが》政《まさ》の次女、淀殿《よどどの》の妹、崇源院《すうげんいん》の姉)は高次に嫁いでいる。

このうち、松の丸殿は慶長2年(1597)の醍醐《だいご》の花見で淀殿(長政の長女、常高院と崇源院の姉、秀吉の側室)と盃《さかずき》を受ける順番を争うなど、秀吉の生前には権勢を誇っていた。

松の丸殿と淀殿ら3姉妹は従姉妹《いとこ》の間柄だが、京極家は浅井家の主筋にあたる。松の丸殿は日頃からこの点を鼻にかけていたのかもしれないが、大津城攻防戦では居所が豊臣方の砲撃にさらされ、松の丸殿も疲労困憊《こんぱい》したという。

一方、常高院は大坂の陣で徳川方の使者・雲光院《うんこういん》(阿茶局《あちゃのつぼね》／徳川家康の側室)と和睦交渉を行ったが、交渉決裂後の夏の陣では徳川方の猛攻が続くなか、命からがら城内を彷徨《ほうこう》するという悲運に見舞われている。おそらく常高院も心中で、敵方の崇源院(お江《ごう》/長政の三女、淀殿と常高院の妹、徳川秀忠の正室)のことを恨《うら》んだことであろう。

やがて、京極忠高《ただたか》(高次の嫡子)が26万4000石の出雲《いずも》松江藩(島根県松江市)主に転じるが、寛永《かんえい》14年(1637)に無嗣《むし》(跡継ぎの欠如)でお取り潰しとなった。幸いにも、京極高和《たかかず》(高政《たかまさ》の子、忠高の養子)が再興を認められ、播磨《はりま》龍野藩(兵庫県たつの市)を経て万治《まんじ》元年(1658)に6万石の讃岐《さぬき》丸亀藩主へ入封する。後に分知《ぶんち》により、石高《こくだか》は5万1500石で確定する。

分家、一門に、京極高通《たかみち》(壱岐守《いきのかみ》/高《たか》豊《とよ》の子)に始まる讃岐多度津《たどつ》藩(香川県多度津町)、高知に始まる丹後《たんご》宮津藩(京都府宮津市)、京極高三《たかみつ》(高知の三男)に始まる但馬《たじま》豊岡藩(兵庫県豊岡市)、京極高《たか》通《みち》(主膳正《しゅぜんのかみ》/朽木《くつき》宣綱《のぶつな》の次男、京極高知の養子)に始まる丹後峯山《みねやま》藩(京都府京丹後市)があったが、宮津藩はお取り潰しとなっている。

国重要文化財の讃岐丸亀城天守(香川県丸亀市)

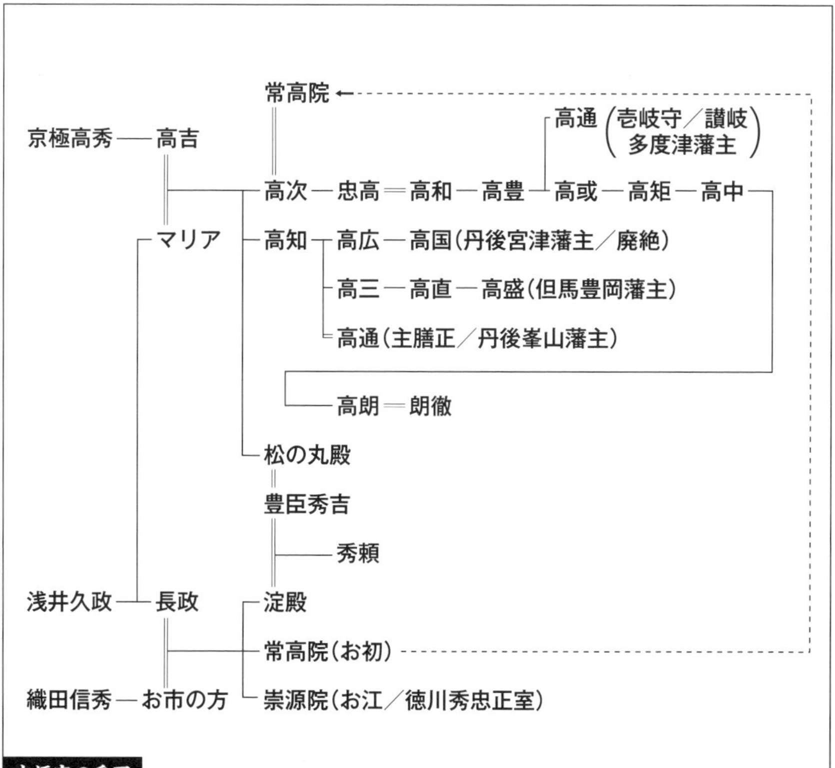

京極家の系図

お取り潰しを経験した高次の弟の子孫

きょうごくけ

京極家

隅立四目結(四目結／五七桐、十六葉菊、二引龍、雪薺)

藩名：但馬豊岡藩(兵庫県豊岡市)
藩祖：京極高三
石高：1万5000石
大名になった年：元和8年(1622)
本拠地：丹後田辺城→但馬豊岡陣屋
親疎の別：外様
家格：陣屋
江戸城内の詰間：柳間
爵位：子爵

本家がお取り潰しとなった京極家一門

お取り潰しとなった丹後《たんご》宮津藩(京都府宮津市)主・京極家の分家で、丹後峯《みね》山《やま》藩(京都府京丹後市)主・京極家の一門。元和《げんな》8年(1622)、藩祖・京極高三《たかみつ》(高知《たかとも》の三男)が3万5000石を分与され、丹後田辺藩(京都府舞鶴市)主となる。享保《きょうほう》11年(1726)に無嗣《むし》(跡取りの欠如)によりお取り潰しとなった後、京極高品《たかかず》(高永《たかなが》の長男)が名跡《みょうせき》の再興を許され、1万5000石の但馬《たじま》豊岡藩主となった。

京極家の系図

京極高知 ─ 高広 ─ 高国(丹後宮津藩主／廃絶)
　├ 高三 ─ 高直 ─ 高盛 ＝ 高住 ─ 高栄 ─ 高寛 ＝ 高永 ─ 高品 ＝ 高有 ─ 高行 ─ 高厚
　└ 高通(主膳正／丹後峯山藩主)

もうひとりの高通が興した豊岡藩の一門

きょうごくけ

京極家

繋ぎ四目結(四目結／五七桐、蛇目、雪薺)

藩名：丹後峯山藩(京都府京丹後市)
藩祖：京極高通
石高：1万1000石
大名になった年：元和8年(1622)
本拠地：丹後峯山陣屋
親疎の別：外様
家格：陣屋
江戸城内の詰間：柳間
爵位：子爵

お取り潰しとなった丹後宮津藩の分家

お取り潰しとなった丹後《たんご》宮津藩(京都府宮津市)主・京極家の分家。元和《げんな》8年(1622)、藩祖・京極高通《たかみち》(主膳正《しゅぜんのかみ》／朽木《くつき》宣綱《のぶつな》の次男、高知《たかとも》の養子)が1万石を分与され、1万300石の丹後峯山《みねやま》藩主となった。後に分知《ぶんち》があり、石高《こくだか》は1万1000石で確定する。歴代のうち、江戸時代前期、中期の京極高之《たかゆき》(高明《たかあき》の子)は丹後縮緬《ちりめん》を奨励し、中期、後期の京極高久《たかひさ》(高庭《たかなお》の四男、高長《たかなが》の養子)は若年寄を務めた。

京極家の系図

京極高知 ─ 高広 ─ 高国(丹後宮津藩主／廃絶)
　├ 高三 ─ 高直 ─ 高盛(但馬豊岡藩主)
　└ 高通(主膳正) ─ 高供 ─ 高明 ─ 高之 ＝ 高長 ＝ 高久 ─ 高備 ─ 高倍 ＝ 高鎮 ＝ 高景 ─ 高富 ＝ 高陳

内陸の三田へ定着した伊勢水軍の末裔

くきけ

九鬼家

七曜（七星／五三桐、裏銭）

藩名：摂津三田藩（兵庫県三田市）
藩祖：九鬼守隆
石高：3万6000石
大名になった年：慶長5年（1600）以降
本拠地：志摩鳥羽城→摂津三田陣屋
親疎の別：外様
家格：陣屋
江戸城内の詰間：柳間
爵位：子爵

親子で分かれて家を守った大名家

藤原《ふじわら》氏支流で、九鬼姓は紀伊《きい》九鬼浦《うら》（三重県尾鷲《おわせ》市）にちなむ。慶長《けいちょう》5年（1600）の関ヶ原の戦いでは九鬼嘉隆《よしたか》が豊臣方、藩祖・九鬼守隆《もりたか》（嘉隆の嫡子）が徳川《とくがわ》方に身を投じ、守隆が5万5000石の志摩鳥羽《しまとば》藩（三重県鳥羽市）主となった。寛永《かんえい》9年（1632）、家督争いの末に本家は3万6000石の摂津《せっつ》三田《さんだ》藩主、九鬼隆季《たかすえ》（守隆の三男）に始まる分家は丹波綾部《たんばあやべ》藩（京都府綾部市）主となる。歴代のうち、江戸時代中期の九鬼隆由《たかより》（隆寛《たかのぶ》の三男、隆抵《たかやす》の養子）は藩校・国光館《こっこうかん》を創設した。

九鬼家の系図

九鬼嘉隆 ―― 守隆 ┬ 良隆 ＝ 久隆 ― 隆昌 ＝ 隆律 ＝ 副隆 ＝ 隆久 ＝ 隆抵 ＝ 隆由 ＝ 隆邑 ―
　　　　　　　　　├ 隆季（丹波綾部藩主）
　　　　　　　　　└ 久隆（→良隆の養子）
― 隆張 ― 隆国 ― 隆徳 ― 精隆 ＝ 隆義

家督争いの末に成立した三田藩の支封

くきけ

九鬼家

三頭左巴（九文字）

藩名：丹波綾部藩（京都府綾部市）
藩祖：九鬼隆季
石高：1万9500石
大名になった年：寛永10年（1633）
本拠地：丹波綾部城
親疎の別：外様
家格：城主
江戸城内の詰間：柳間
爵位：子爵

丹波綾部を治めた九鬼家の分家

摂津三田《せっつさんだ》藩（兵庫県三田市）主・九鬼家の分家。寛永《かんえい》9年（1632）に志摩鳥羽《しまとば》藩（三重県鳥羽市）主・九鬼守隆《もりたか》（嘉隆《よしたか》の嫡子）が病没した際、家督をめぐり九鬼久隆《ひさたか》（守隆の五男、良隆《よしたか》の養子）と九鬼隆季《たかすえ》（守隆の三男）の兄弟が争う。このとき、江戸幕府の裁定で久隆が家督を相続し、隆季は寛永10年（1633）に2万石（後に1万9500石）の丹波綾部《たんばあやべ》藩主となった。歴代のうち、江戸時代後期の九鬼隆都《たかひろ》（隆郷《たかさと》の子、隆《たか》度《のり》の養子）は佐藤信淵《さとうのぶひろ》を招聘《しょうへい》する一方、江戸幕府の講武所《こうぶしょ》総裁に就任している。

九鬼家の系図

九鬼嘉隆 ―― 守隆 ┬ 良隆 ＝ 久隆（摂津三田藩主）
　　　　　　　　　└ 隆季 ― 隆常 ＝ 隆直 ＝ 隆寛 ― 隆貞 ＝ 隆祺 ＝ 隆郷 ― 隆度 ＝ 隆都 ―
― 隆備

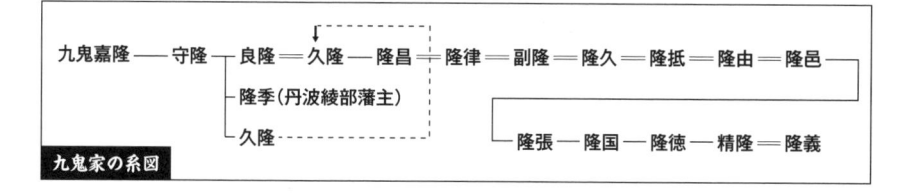

九州に定着した伊予・村上水軍の末裔

くるしまけ

久留島家

折敷に縮三文字(側折敷に縮三文字／軍配団扇、三軍配団扇、丸に三軍配団扇)

藩名：豊後森藩(大分県玖珠町)
藩祖：来島(久留島)長親
石高：1万2500石
大名になった年：慶長5年(1600)以降
本拠地：伊予来島城→豊後森陣屋
親疎の別：外様
家格：陣屋
江戸城内の詰間：柳間
爵位：子爵

お取り潰しから許された来島水軍の子孫

越智《おち》氏の河野《こうの》庶流で、久留島(来島)姓は伊予《いよ》来島(愛媛県今治《いまばり》市)にちなむ。戦国時代には水軍を率いて活躍し、織豊《しょくほう》(安土桃山)時代の来島通総《みちふさ》(村上通康《むらかみみちやす》の四男)は朝鮮出兵で討ち死にした。江戸時代前期の藩祖・来島長親《ながちか》(通総の子)は慶《けい》長《ちょう》5年(1600)の関ヶ原の戦いで豊臣方に加担してお取り潰しとなる。幸いにも、長親は福島正則《ふくしままさのり》らの口添えで許され、1万4000石(後に1万2500石)の豊後《ぶんご》森藩主となった。なお、久留島通春《みちはる》(長親の子)は表記を久留島に統一したが、歴代のうち、江戸時代後期の久留島通嘉《みちひろ》(通同《みちとも》の子)は藩校・修身舎《しゅうしんしゃ》を創設している。

村上通康 ― 来島通総 ― 長親 ― 久留島通春 ― 通清 ― 通政 ＝ 光通 ― 通祐 ＝ 通同 ― 通嘉 ―

― 通容 ＝ 通明 ＝ 通胤 ― 通靖

久留島家の系図

長崎警備を担当した福岡藩の支封

くろだけ

黒田家

黒田藤巴(藤巴／三橘)

藩名：筑前秋月藩(福岡県朝倉市)
藩祖：黒田長興
石高：5万石
大名になった年：元和9年(1623)
本拠地：筑前秋月陣屋
親疎の別：外様
家格：陣屋
江戸城内の詰間：柳間
爵位：子爵

筑前秋月を治めた黒田家の分家

筑前《ちくぜん》福岡藩(福岡市)主・黒田家の分家。元和《げんな》9年(1623)、黒田長興《ながおき》(長政《ながまさ》の三男)が5万石を分与され、筑前秋月藩主となった。本家の福岡藩主が幼少の場合、秋月藩主が肥前《ひぜん》長崎(長崎市)の警備を務めている。歴代のうち、前期、中期の黒田長重《ながしげ》(長興の次男)、中期の黒田長貞《ながさだ》(野《の》村祐春《むらすけはる》の次男、長軌《ながのり》の養子)、中期、後期の黒田長舒《ながのぶ》(秋月種茂《あきづきたねしげ》の次男、黒田長《なが》堅《かた》の養子)らは藩政改革に心を砕いている。

黒田長政 ―┬ 忠之(筑前福岡藩主)
　　　　　├ 長興 ― 長重 ― 長軌 ＝ 長貞 ― 長邦 ― 長恵 ＝ 長堅 ＝ 長舒 ― 長韶 ＝ 長元 ―
　　　　　└ 高政(筑前東蓮寺〔直方〕藩主／廃絶)

― 長義 ＝ 長徳

黒田家の系図

丹波で存続した秀吉の従弟の子孫

小出家《こいでけ》

小出額(園部額、丸に額形／額内二八の字)

藩名：丹波園部藩(京都府南丹市)
藩祖：小出吉親
石高：2万6700石
大名になった年：慶長18年(1613)
本拠地：但馬出石城→丹波園部城
親疎の別：外様
家格：城主
江戸城内の詰間：柳間
爵位：子爵

豊臣家滅亡後も存続した秀吉の親戚

藤原《ふじわら》氏支流で、小出姓は信濃《しなの》小井《こいで》氏(長野県伊那《いな》市)にちなむ。

織豊《しょくほう》(安土桃山)時代の小出秀政《ひでまさ》(正重《まさしげ》の子、豊臣秀吉《とよとみひでよし》の叔父《おじ》)は豊臣秀吉と同郷で、現在、秀吉の生誕地といわれる中村公園(愛知県名古屋市)に小出秀政邸址の石碑も建立されている。

成人後、栄松院《えいしょういん》(秀吉の叔母《おば》)を正室に迎えた秀政は、高台院《こうだいいん》(お禰《ね》／杉原定利《すぎはらさだとし》の娘、浅野長勝《あさのながかつ》の養女、秀吉の正室)の化粧料(扶養手当)の代官なども務めていたという。いずれにしても、福島正則《ふくしままさのり》、加藤清正《かとうきよまさ》、青木秀以《あおきひでもち》(一矩《かずのり》／いずれも秀吉の従弟《いとこ》)らの母も秀吉の叔母といわれているが、叔母の配偶者のなかで大名となったのは秀政だけである。

その秀政は慶長《けいちょう》5年(1600)の関ヶ原の戦いで豊臣方に属すが、和泉《いずみ》岸和田藩(大阪府岸和田市)主となる。一方、藩祖・小出吉親《よしちか》(吉政《よしまさ》の次男、秀吉の従弟)は慶長18年(1613)、2万9000石(後に2万6700石)の丹波《たんば》園部藩主となった。歴代のうち、小出英持《ふさよし》(英貞《ふささだ》の子)は若年寄を、小出英《ふさ》尚《なお》(英教《ふさのり》の子)は京都見廻役《みまわりやく》を務めている。

なお、秀政に始まる但馬出石《たじまいずし》藩(兵庫県豊岡市)と、小出三尹《みつまさ》(秀政の四男、秀《ひで》家《いえ》の養子)に始まる一門の和泉陶器《とうき》藩(大阪府堺市)はお取り潰しとなった。

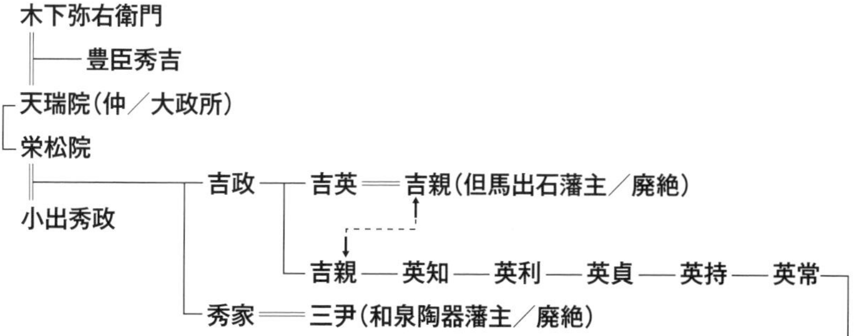

小出家の系図

関ヶ原の大勝利を演出した智将の家系

くろだけ

黒田家

黒田藤巴（白餅〔黒餅〕／永楽銭）

藩名：筑前福岡藩（福岡県福岡市）
藩祖：黒田長政
石高：52万3100石
大名になった年：慶長5年（1600）以降
本拠地：豊前中津城→筑前福岡城
親疎の別：外様
家格：国主
江戸城内の詰間：大広間
爵位：侯爵

織豊時代に活躍した孝高と長政の子孫

宇多源氏佐々木庶流《うだげんじささきしょりゅう》で、黒田姓は近江《おうみ》黒田（滋賀県長浜《ながはま》市）にちなむという。室町時代に備前《びぜん》福岡（岡山県瀬戸内市）、次いで播磨《はりま》（兵庫県中央部）へ移り住み、黒田職隆《もとたか》（小寺重隆《こでらしげたか》の子）は播磨の武将・小寺家の重臣となる。

天正《てんしょう》年間（1573～1592）前期、織田信長《おだのぶなが》の重臣・豊臣秀吉《とよとみひでよし》が播磨へ進撃すると、黒田孝高《よしたか》（官兵衛《かんべえ》、如水《じょすい》／職隆の嫡子）は秀吉に属した。

この後、孝高は竹中重治《たけなかしげはる》（半兵衛《はんべえ》）や蜂須賀正勝《はちすかまさかつ》（小六《ころく》）とともに秀吉の軍団で重きをなすが、荒木村重《あらきむらしげ》の謀叛で孝高は長く辛い幽閉生活を経験する。

天正10年（1582）、「本能寺《ほんのうじ》の変」で信長が自刃すると孝高は秀吉に弔《とむら》い合戦を進言し、直後の山崎の戦いで奮戦して勝利に貢献した。以後、孝高は秀吉の天下統一事業に協力し、天正15年（1587）の九州征伐の後に18万2000石の豊前《ぶぜん》中津城（大分県中津市）主に抜擢される。

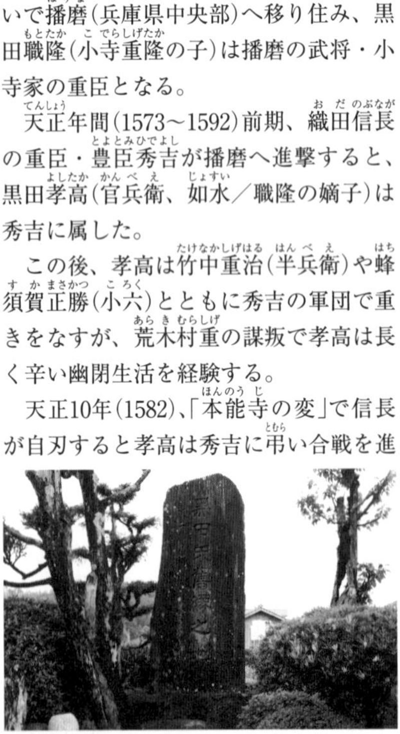

黒田家発祥の地に建つ黒田氏旧縁之地の石碑（滋賀県長浜市）

慶長《けいちょう》5年（1600）の関ヶ原の戦いでは、孝高と藩祖・黒田長政《ながまさ》（孝高の嫡子）はともに徳川《とくがわ》方に身を投じ、孝高が豊後《ぶんご》（大分県）で大友義統《おおともよしむね》（宗麟《そうりん》の嫡子）を撃破し、長政が関ヶ原の決戦で奮戦した。長政は豊臣方の小早川秀秋《こばやかわひであき》（木下家定《きのしたいえさだ》の子、秀吉と小早川隆景《たかかげ》の養子）らを裏切らせるなどの殊勲もあげたが、孝高は徳川方と豊臣方との戦いが長引いた際には天下を奪う魂胆《こんたん》であったという。

ともあれ、戦勝後、長政は52万3100石の筑前《ちくぜん》名島藩（福岡市）主となった。次いで、慶長6年（1601）には筑前福崎《ふくさき》へ新たな居城、城下町を開始し、地名を改めて筑前福岡藩を興している。この福岡への地名の改称は、先祖ゆかりの備前福岡にちなんだものという。

後に、分家への分知《ぶんち》や還付、新田《しんでん》の増加などがあり、石高《こくだか》は52万3100石で確定した。なお、孝高・長政父子は栗山利安《くりやまとしやす》（備後守《びんごのかみ》）、後藤基次《ごとうもとつぐ》（又兵衛《またべえ》）、母里友信《もりとものぶ》（太兵衛《たへえ》）らの「黒田二十四騎」と呼ばれた重臣の補佐を受けたが、寛永《かんえい》9年(1632)には黒田忠之《ただゆき》(長政の嫡子)と重臣の栗山利章《としあき》(大膳《だいぜん》／利安の子)らが対立する「黒田(筑前)騒動」が起こっている。

歴代のうち、忠之以降は徳川将軍家から松平《まつだいら》姓を許され、将軍の諱《いみな》(実名)の一字を拝領するのが慣例となる。

江戸時代前期の黒田光之《みつゆき》(忠之の嫡子)は儒者・貝原益軒《かいばらえっけん》に命じ、黒田家の歴史を記した『黒田家譜』などを編纂《へんさん》させた。

後期の黒田斉清《なりきよ》(斉隆《なりたか》の子)と幕末維新期の黒田長溥《ながひろ》(島津《しまづ》重豪《しげひで》の九男、斉清の養子)は本草《ほんぞう》学者、博物学者として著名で、薩摩《さつま》藩(鹿児島市)主・島津重豪(長溥の父)の紹介で来日していたシーボルトらの知遇を得ている。

ちなみに、後期の黒田斉隆(徳川治済《はるさだ》の次男、徳川家斉《いえなり》の弟、黒田治高《はるたか》の養子)の病没後に世子《せいし》(次期藩主)がいなかったため、秘かに斉隆の娘と分家の筑前秋月《あきづき》藩(福岡県朝倉市)主・黒田長舒《ながのぶ》(秋月種《たね》茂《しげ》の次男、黒田長堅《ながかた》の養子)の四男・松《まつ》次郎《じろう》を取り替え、松次郎を斉隆の実子(後の斉清)として江戸幕府に届け出たという。こういった経緯からか、斉清の藩主就任後、長舒が斉清の後見役を務めた。

一方、長溥は実家・薩摩藩の影響もあって討幕路線を歩む。維新後の明治4年(1871)、福岡藩で紙幣(太政官札《だじょうかんさつ》)贋造《がんぞう》事件が起こり、福岡藩知事(知藩事)であった黒田長知《ながとも》(藤堂高猷《とうどうたかゆき》の次男、黒田長溥の養子)が解任されている。

分家に黒田長興《ながおき》(長政の三男)に始まる秋月藩、黒田高政《たかまさ》(長政の四男)に始まる筑前東蓮寺《とうれんじ》藩(直方《のおがた》藩／福岡県直方市)があった。このうち、東蓮寺藩は無嗣《むし》(跡継ぎの欠如)により享保《きょうほう》5年(1720)にお取り潰しとなるが、明治29年(1896)に黒田長和《ながとし》(長知の四男)が名跡《みょうせき》を再興し、男爵の爵位《しゃくい》を授けられている。

享和2年(1802)に筑前福岡藩主・黒田斉清が建立した黒田家廟所(兵庫県姫路市・御着公園)。左が黒田重隆(孝高の祖父)の墓碑、右が明石氏(孝高の生母)の墓碑

天王寺公園にある筑前福岡藩大坂蔵屋敷の長屋門(大阪市天王寺区)。かつては中之島(大阪市北区)にあったが、昭和8年(1933)に現在地へ移築された

黒田家の系図

小寺重隆―黒田職隆―孝高(官兵衛)―長政―忠之―光之―綱政

長政の子：長興(筑前秋月藩主)

長政の子：高政(筑前東蓮寺〔直方〕藩主／廃絶)

綱政―宣政＝継高＝治之＝治高＝斉隆―斉清＝長溥＝長知

五島列島を治めたわが国最西端の藩

ごとうけ

五島家

丸に花菱（丸に武田菱／二引）

藩名：肥前福江藩（五島藩／長崎県福江市）
藩祖：五島玄雅
石高：1万2500石
大名になった年：慶長5年（1600）以降
本拠地：肥前福江城
親疎の別：外様
家格：城主
江戸城内の詰間：柳間
爵位：子爵

関ヶ原で東軍につき大名となった小藩

清和《せいわ》源氏《げんじ》義光《よしみつ》流の武田《たけだ》支流で、当初は宇久《うく》姓を名乗り、後に五島列島へ移り住んで五島姓を称した。織豊《しょくほう》（安土桃山）時代の五島純玄《すみはる》（宇久純堯《すみたか》の嫡子）は豊臣秀《とよとみひで》吉《よし》に仕え、城地を安堵された。織豊時代、江戸時代初期の藩祖・五島玄雅《はるまさ》（宇久純《すみ》定《さだ》の三男、純玄の養子）は慶長《けいちょう》5年（1600）の関ヶ原の戦いで徳川《とくがわ》方に属し、戦後、1万5500石（後に1万2500石）の肥前《ひぜん》福江藩（五島藩）主となった。わが国最西端の藩であったが、早くから藩財政の悪化に苦しめられ、冗費《じょうひ》の削減、新田《しんでん》開発、特産物の奨励などを繰り返すが、異国船の警備にも時間を奪われた。

宇久純堯 ― 五島純玄 ＝ 玄雅 ＝ 盛利 ― 盛次 ― 盛勝 ― 盛暢 ― 盛佳 ― 盛道 ― 盛運 ― 盛繁 ― 盛成 ― 盛徳

五島家の系図

転封をしなかった九州屈指の名族

さがらけ

相良家

相良瓜（瓜の内六引／剣梅鉢）

藩名：肥後人吉藩（熊本県人吉市）
藩祖：相良頼房（長毎）
石高：2万2100石
大名になった年：慶長5年（1600）以降
本拠地：肥後人吉城
親疎の別：外様
家格：城主
江戸城内の詰間：柳間
爵位：子爵

人吉を治め続けた肥後の名族

藤原《ふじわら》氏為憲《ためのり》流で、相良姓は遠江《とおとうみ》相良荘《しょう》（静岡県牧之原《まきのはら》市）にちなむ。鎌倉時代に肥後人吉《ひごひとよし》荘の地頭《じとう》となって以降、一度も失領や転封（国替え）を経験せず、廃藩置《はいはんち》県《けん》まで存続したという九州屈指の名族である。織豊《しょくほう》（安土桃山）時代、江戸時代初期の藩祖・相良頼房《よりふさ》（長毎《ながつね》／義陽《よしひ》の次男）は島津《しまづ》家の圧迫に苦しむが、天正《てんしょう》15年（1587）の豊臣秀吉《とよとみひでよし》の九州征伐の後に人吉城主の座を安堵される。慶長《けいちょう》5年（1600）の関ヶ原の戦いでは徳川《とくがわ》方に属し、戦後、頼房が2万2100石の肥後人吉藩主となった。

相良義陽 ┬ 忠房 ＝ 長毎 ― 頼寛 ― 頼喬 ＝ 頼福 ― 長興 ＝ 長在 ― 頼峰 ＝ 頼央 ＝ 晃長 ＝ 頼完 ＝ 福将 ＝ 長寛 ― 頼徳 ― 頼之 ― 長福 ＝ 頼基
　　　　 └ 長毎 ‐‐‐↑

相良家の系図

歴代が産業育成に腐心した名君の家系

さたけけ

佐竹家

扇に月（五本骨の扇に月／源氏香の図）

藩名：出羽秋田藩（久保田藩／秋田県秋田市）
藩祖：佐竹義宣
石高：20万5800石
大名になった年：慶長5年（1600）以降
本拠地：（常陸太田城→）常陸水戸城→出羽秋田城〈久保田城〉
親疎の別：外様
家格：国主
江戸城内の詰間：大広間
爵位：侯爵

出羽秋田を治めた北関東出身の名族

清和源氏《せいわげんじ》義光《よしみつ》流で、佐竹姓は常陸《ひたち》佐竹（茨城県常陸太田市）にちなむ。

織豊《しょくほう》（安土桃山）時代、江戸時代初期の藩祖・佐竹義宣《よしのぶ》（義重《よししげ》の嫡子）は豊臣秀吉《とよとみひでよし》に仕えて54万石の常陸水戸城（茨城県水戸市）主となったが、慶長《けいちょう》5年（1600）の関ヶ原の戦いで徳川《とくがわ》方に属してはいない。義宣はこれを理由に削封《さくほう》（石高《こくだか》削減）、転封（国替え）となり、20万5800石の出羽《でわ》秋田藩（久保田藩）主となった。

歴代のうち、江戸時代後期の佐竹義和《よしまさ》（義敦《よしあつ》の嫡子）は、藩校・明道館《めいどうかん》（後の明《めい》徳館《とくかん》）や郷学《ごうがく》（庶民の教育機関）を創設する。また、義宣は茶道、中期の佐竹義敦（曙山《しょざん》／義明《よしはる》の嫡子）は絵画を能《よ》くしたが、義敦は西洋絵画にも詳しかった平賀源内《ひらがげんない》に師事したことで名高い。

分家や一門に佐竹義都《よしくに》（義寘《よしき》の子）に始まる秋田新田《しんでん》藩（前期秋田新田藩／秋田市）、佐竹義長《よしなが》（義隆《よしたか》の四男）に始まる秋田新田藩（後期秋田新田藩）、岩城《いわき》貞隆《さだたか》（義重の三男、岩城常隆《つねたか》の養子）に始まる出羽亀田藩（秋田県由利本荘《ゆりほんじょう》市）があったが、前期秋田新田藩はお取り潰しとなった。

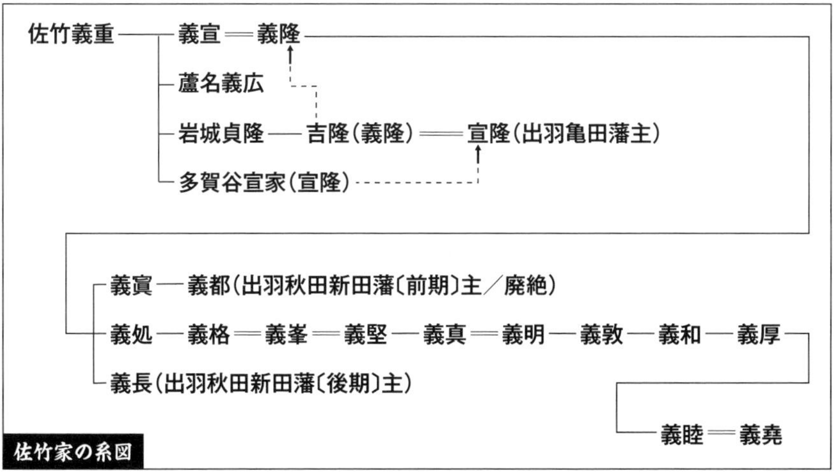

佐竹家の系図

討幕をなし遂げる南九州の雄藩

しまづけ

島津家

丸に十文字(牡丹、桐)

藩名:薩摩藩(薩摩鹿児島藩/鹿児島県鹿児島市)
藩祖:島津家久(薩摩守、忠恒)
石高:72万8700石
大名になった年:慶長5年(1600)以降
本拠地:薩摩鶴丸城
親疎の別:外様
家格:国主
江戸城内の詰間:大広間
爵位:公爵

連綿と続いた守護大名の系譜

『寛政重修諸家譜《かんせいちょうしゅうしょかふ》』では清和源氏《せいわげんじ》為義《ためよし》流とされているが、近衛《このえ》家の家司《けいし》(家臣)の一族・島津(惟宗《これむね》)忠久《ただひさ》(惟宗広言《ひろこと》の長男、一説に源 頼朝《みなもとのよりとも》の御落胤《ごらくいん》)を家祖とする。

鎌倉時代初期、忠久が薩摩《さつま》、大隅《おおすみ》(ともに鹿児島県)、日向《ひゅうが》(宮崎県)にまたがる島津荘《しょう》の下司職《げすしき》(管理人)となって以降、子孫は薩摩などの守護《しゅご》(県知事)の職を世襲し、九州南部で繁栄した。

室町時代や戦国時代には分家の伊作《いざく》家や相州《そうしゅう》家などが有力となり、両家の当主を兼ねた戦国時代末期の島津忠良《ただよし》(日新《じっしん》斎《さい》/善久《よしひさ》の嫡子、運久《よきひさ》の養子)が実権を握り、島津貴久《たかひさ》(忠良の嫡子、勝久《かつひさ》の養子)が本家を相続して戦国大名への脱皮に成功する。また、島津義久《よしひさ》、島津義弘《よしひろ》、島津歳久《としひさ》、島津家久《いえひさ》(中務大輔《なかつかさだいぶ》/以上、貴久の子)がいずれも勇将で、織豊《しょくほう》(安土桃山)時代前期には日向の伊東《いとう》家や豊後《ぶんご》(大分県)の大友《おおとも》家などを攻め滅ぼし、九州の過半を版図に収めた。

JR伊集院駅前に建つ島津義弘の銅像(鹿児島県日置市)

けれども、豊臣秀吉《とよとみひでよし》による天正《てんしょう》15年(1587)の九州征伐に敗れたため、薩摩、大隅の両国と、日向の一部を残し、大幅な削封《さくほう》(石高《こくだか》削減)を甘受する。

慶長《けいちょう》5年(1600)、義弘と島津豊久《とよひさ》(中務大輔家久の嫡子)ははからずも関ヶ原の戦いで豊臣方に属したが、あえて決戦に参加せずに敵中突破を敢行《かんこう》した。

戦後、どうにかお取り潰しを免れた藩祖・島津家久《いえひさ》(薩摩守《さつまのかみ》、忠恒《ただつね》/義弘の長男、義久の甥《おい》で養子)が、薩摩藩(薩摩鹿児島藩)主となった。石高は一般に77万石などと喧伝《けんでん》されているが、これは正式な石高ではない。正しくは慶長14年(1609)に琉球《りゅうきゅう》(沖縄県)の石高が組み込まれ、72万8700石で確定した。江戸時代前期の島津光久《みつひさ》(薩摩守家久の嫡子)以降は徳川《とくがわ》将軍家から松平《まつだいら》姓を許され、将軍の諱《いみな》(実名)の一字を拝領するのが慣例となる。

歴代のうち、江戸時代後期の島津重豪《しげひで》(重年《しげとし》の嫡子)は広大院《こうだいいん》(寔子《ただこ》/重豪の娘、徳川家斉《いえなり》の正室)が、幕末期の島津斉彬《なりあきら》

(斉興《なりおき》の嫡子、天璋院《てんしょういん》の従兄《いとこ》で養父)は天璋院(忠剛《ただたけ》の娘、斉彬の従妹《いとこ》で養女)が、それぞれ第11代将軍・徳川家斉の正室、第13代将軍・徳川家定《いえさだ》(家斉の孫)の継室《けいしつ》(後妻)となる。この関係で重豪は「下馬《げば》将軍」と呼ばれ、斉彬は老中首座・阿部《あべ》正弘《まさひろ》のブレーンを務めた。

斉彬と、幕末維新期の国父・島津久光《ひさみつ》(斉興の次男、種子島久輔《たねがしまひさすけ》と島津忠公《ただきみ》の養子)、最後の藩主・島津忠義《ただよし》(久光の長男、斉彬の甥で養子)らが小松帯刀《こまつたてわき》、西《さい》郷隆盛《ごうたかもり》、大久保利通《おおくぼとしみち》らの有能な人材を積極的に藩政面や軍事面に登用し、藩政改革、さらには討幕を成功に導いている。

ただし、この間に島津斉興(斉宣《なりのぶ》の嫡子、斉彬と久光の父)は近思録崩《きんしろくくず》れ(文化朋党《ほうとう》事件、秩父《ちちぶ》崩れ)を、斉彬・久光兄弟はお由羅《ゆら》騒動(嘉永《かえい》朋党事件、高崎崩れ)や寺田屋騒動などの痛事を経験した。

斉彬は藩政面では西洋式の技術と科学の導入を目指して集成館《しゅうせいかん》を創設し、わが国の産業育成に貢献した。

後に、久光は朝廷の朝議《ちょうぎ》参与、新政府の内閣顧問、左大臣《さだいじん》などを務めたが、斉彬は自身の急死、久光は新政府内部の抗争などにより、中央政界では思い描くような活躍はできていない。

分家に島津以久《もちひさ》(忠将《ただまさ》の子)に始まる日《ひゅ》向佐土原《うがさどわら》藩(宮崎市)があった。また、織豊時代に中務大輔家久・豊久父子が佐土原城主を務めたが、この家は豊久が関ヶ原の戦いで討ち死にしたため、お取り潰しとなった。

さらに、薩摩藩には御一門、一所持《いっしょもち》・一所持格《かく》などの家格があり、1万石以上の知行を与えられた重富《しげとみ》家(越前《えちぜん》家)、加《か》治木《じき》家、垂水《たるみず》家、今和泉《いまいずみ》家(和泉家)の4家は、御一門四家として優遇されている。

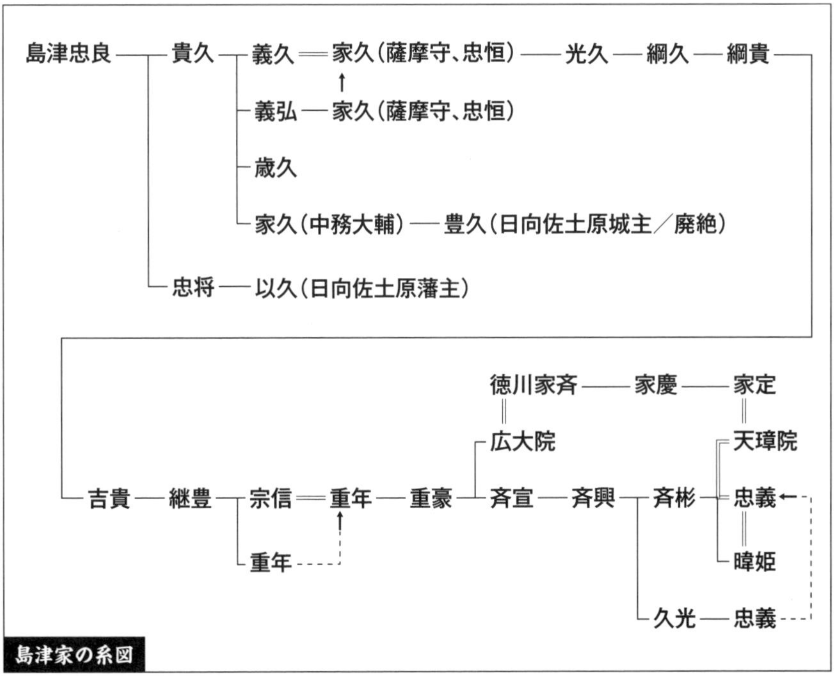

島津家の系図

松代を治めた真田信繁(幸村)の生家

さなだけ

真田家

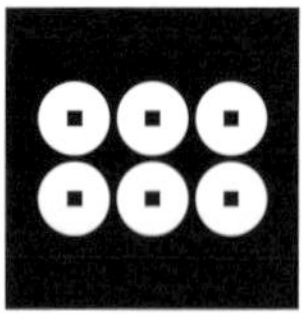

六連銭(洲浜、雁金)

藩名：信濃松代藩(長野県長野市)
藩祖：真田信之
石高：10万石
大名になった年：慶長5年(1600)以降
本拠地：信濃上田城→信濃松代城
親疎の別：外様
家格：城主
江戸城内の詰間：帝鑑間
爵位：伯爵

徳川方についた昌幸の嫡男・信之の子孫

滋野《しげの》氏の子孫で、真田姓は戦国時代の真田幸隆《ゆきたか》(幸綱《ゆきつな》)が信濃《しなの》真田(長野県上田市)を本拠としたことにちなむ。

幸隆と織豊《しょくほう》(安土桃山)時代の真田昌幸《まさゆき》(幸隆の三男)は甲《か》斐《い》(山梨県)の戦国大名・武田信玄《たけだしんげん》に仕え、昌幸は武田家滅亡後に豊臣秀吉《とよとみひでよし》らに仕えた。信濃上田城(上田市)を居城とした昌幸、それに真田信《のぶ》繁《しげ》(幸村《ゆきむら》／昌幸の次男、信之《のぶゆき》の弟)は、天《てん》正《しょう》13年(1585)と慶長《けいちょう》5年(1600)の上田城の戦い、慶長19年(1614)と元《げん》和《な》元年(1615)の大坂の陣などで徳川《とくがわ》方を大いに苦しめたことで名高い。

一方、藩祖・真田信之(昌幸の嫡子、信繁の兄)は慶長5年(1600)には徳川秀忠《ひでただ》に属し、戦後9万5000石の信濃上田藩主となった。元和8年(1622)に信之は13万5000石で信濃松代《まつしろ》藩主に転じ、定着している。石高《こくだか》は分家への分知《ぶんち》、返還などがあり、最終的に10万石で確定した。

歴代のうち、江戸時代後期の真田幸貫《ゆきつら》(松平定信《まつだいらさだのぶ》の次男、幸専《ゆきたか》の養子)は、老中として洋学者・佐久間象山《さくまぞうざん》を登用し海防《かいぼう》(国土、沿岸の防衛)の強化を目指す一方、藩校・文武学校の創設を実現した。

分家には信之に始まる上野《こうずけ》沼田藩(群馬県沼田市)、真田信政《のぶまさ》(信之の三男)に始まる信濃松代分封《ぶんぽう》藩(埴科《はにしな》藩)があったが、沼田藩は苛政《かせい》、松代分封藩は無嗣《むし》(跡継ぎの欠如)を理由にお取り潰しとなる。

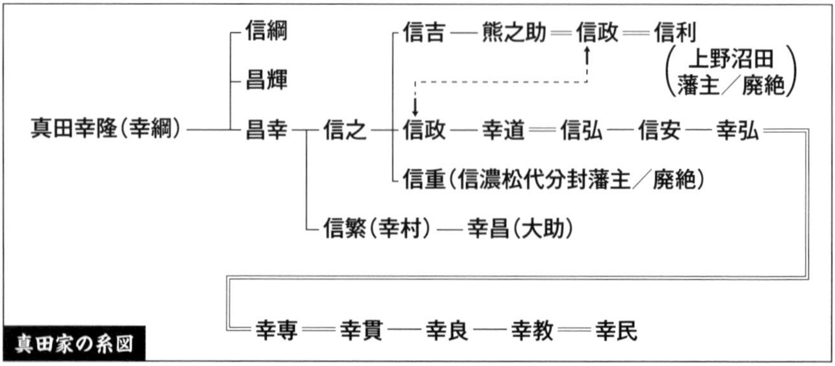

真田家の系図

「鳥越様」と呼ばれた秋田藩の支封

さたけけ

佐竹家

扇に月丸（輪の内に五本骨扱扇に月）

藩名：出羽秋田新田藩（岩崎藩／秋田県秋田市）
藩祖：佐竹義長
石高：2万石
大名になった年：元禄14年（1701）
本拠地：出羽秋田城下
親疎の別：外様
家格：陣屋
江戸城内の詰間：柳間
爵位：子爵

出羽秋田新田を治めた佐竹家の分家

出羽《でわ》秋田藩（久保田藩／秋田市）主・佐竹家の分家。元禄《げんろく》14年（1701）、藩祖・佐竹義長《よしなが》（義隆《よしたか》の四男）が2万石を分与され、出羽秋田新田《しんでん》藩（後期秋田新田藩）主となった。江戸藩邸が鳥越《とりごえ》（東京都台東区）にあったため、周囲からは「鳥越様」と呼ばれている。明治3年（1870）、藩名を出羽岩崎藩と改称した。

佐竹家の系図

佐竹義隆（吉隆）
- 義寘 —— 義都（出羽秋田新田藩〔前期〕主／廃絶）
- 義処（出羽秋田藩主）
- 義長 —— 義道 —— 義忠 ＝＝ 義祇 —— 義知 ＝＝ 義純 ＝＝ 義核（義堯）＝＝ 義諶 ＝＝ 義理

城主の格式を許された薩摩藩の分家

しまづけ

島津家

丸に十文字（牡丹、鳩酸草）

藩名：日向佐土原藩（宮崎県宮崎市）
藩祖：島津以久
石高：2万7000石
大名になった年：慶長8年（1603）
本拠地：大隅垂水城→日向佐土原城
親疎の別：外様
家格：陣屋（城主格）
江戸城内の詰間：大広間
爵位：伯爵

日向佐土原を治めたもうひとつの島津家

薩摩藩（鹿児島市）主・島津家の分家。織豊《しょくほう》（安土桃山）時代、江戸時代初期の藩祖・島津以久《もちひさ》（忠将《ただまさ》の子）が慶長《けいちょう》8年（1603）に3万石を分与され、日向佐土原《ひゅうがさどわら》藩主となった。石高《こくだか》は元・番代《ばんだい》（藩主代理）の島津久寿《ひさとし》（久富《ひさとみ》の長男）への分知《ぶんち》により2万7000石で確定する。歴代のうち、後期の島津忠徹《ただゆき》（忠持《ただもち》の嫡子）は藩校・学習館などを創設し、幕末維新期の島津忠寛《ただひろ》（忠徹の子）は討幕に貢献している。

島津家の系図

島津忠良
- 貴久 —— 義久 ＝＝ 家久（薩摩守、忠恒／薩摩藩主）
- 忠将 —— 以久 —— 忠興
  - 久雄 —— 忠高 —— 惟久 —— 忠雅 —— 久柄 —— 忠持 —— 忠徹 —— 忠寛
  - 久富 —— 久寿（番代＝藩主代理）

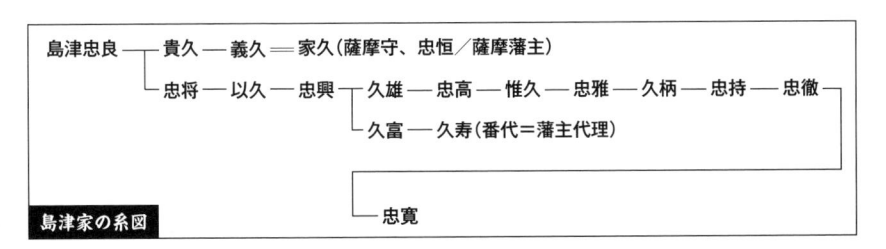

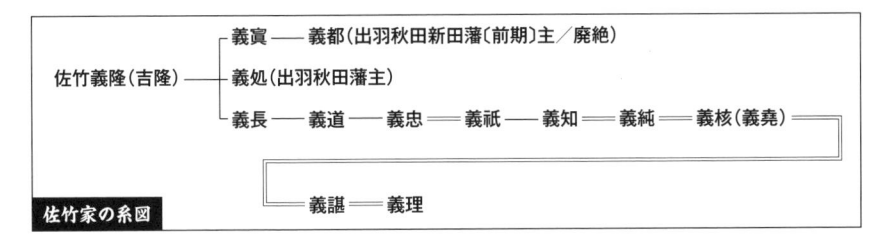

お取り潰しや削封を経験した小藩

しんじょうけ

新庄家

三つ藤巴（左藤巴／橘、揚羽蝶、菱葉、夕顔花）

藩名：常陸麻生藩（茨城県行方市）
藩祖：新庄直頼
石高：1万石
大名になった年：慶長9年（1604）
本拠地：摂津高槻城→常陸麻生陣屋
親疎の別：外様
家格：陣屋
江戸城内の詰間：柳間
爵位：子爵

再興を2度も認められた外様大名

藤原《ふじわら》氏秀郷《ひでさと》流で、新庄姓は近江《おうみ》新庄（滋賀県米原《まいばら》市）にちなむという。織豊《しょくほう》（安土桃山）時代、江戸時代初期の藩祖・新庄直頼《なおより》（直昌《なおまさ》の嫡子）は摂津《せっつ》高槻《たかつき》城（大阪府高槻市）主となるが、慶長《けいちょう》5年（1600）の関ヶ原の戦いでは豊臣方に属したため、お取り潰しを経験する。慶長9年（1604）、直頼は許され、3万石の常陸麻生《ひたちあそう》藩主となった。しかし、延宝《えんぽう》4年（1676）に無嗣《むし》（跡継ぎの欠如）によりお取り潰しとなる。幸いにも、同年に隠居の新庄直時《なおとき》（直房《なおふさ》の次男、直好《なおよし》の養子）が再興を認められ、1万石の麻生藩主となった。歴代には大《おお》番頭《ばんがしら》や使番《つかいばん》などを務めた者が多い。

新庄家の系図

新庄直昌—直頼—直定—直好＝直時＝直矩＝直時（再承）—直詮—直祐—直隆＝直侯＝直規—直計—直彪—直頒＝直敬

備中で続いた赤穂藩主・森家の分家

せきけ

関家

関鳳凰の丸（揚羽蝶、五三桐）

藩名：備中新見藩（岡山県新見市）
藩祖：関長政
石高：1万8000石
大名になった年：万治2年（1659）。一説に承応元年（1652）
本拠地：美作宮川陣屋→備中新見陣屋
親疎の別：外様
家格：陣屋
江戸城内の詰間：柳間
爵位：子爵

備中新見を治めた森家の分家

播磨赤穂《はりまあこう》藩（兵庫県赤穂市）主・森《もり》家の分家。関家は藤原《ふじわら》氏支流で、戦国時代末期、織豊《しょくほう》（安土桃山）時代以降、森家と縁組を重ねる。万治《まんじ》2年（1659）もしくは承《じょう》応《おう》元年（1652）、藩祖・関長政《ながまさ》（成次《なりつぐ》の次男、森長継《ながつぐ》の弟）が美作《みまさか》津山藩（岡山県津山市）主・森長継（成次の長男、長政の兄）から1万8700石を分与され、美作宮川藩（津山市）主となった。元禄《げんろく》10年（1697）に、1万8000石で備中新見《びっちゅうにいみ》藩主に転じる。歴代のうち、関政富《まさとみ》（長広《ながひろ》の嫡子）は藩校・思誠館《しせいかん》を創設した。

関家の系図

関長重—成政—成次—長継（森忠政養子）
成次—長政＝長治＝長広—政富—政辰＝長誠—長輝—成煥＝長道＝長克

李氏朝鮮との外交を受け持った名族

そうけ

宗家

五七桐(桐／菊、丸に四目結)

藩名：対馬府中藩(対馬藩・厳原藩／長崎県対馬市)
藩祖：宗義智
石高：10万石格(3万3300石／異説あり)
大名になった年：慶長5年(1600)以降
本拠地：対馬府中城〈厳原城〉
親疎の別：外様
家格：国主
江戸城内の詰間：大広間
爵位：伯爵

李氏朝鮮との窓口として対馬を治めた大名

『寛政重修諸家譜《かんせいちょうしゅうしょかふ》』では平氏繁盛《へいししげもり》流とされているが、宗姓が惟宗《これむね》氏の「宗」にちなむという説がある。中世には対馬《つしま》(長崎県対馬市)の守護代《しゅごだい》(副知事)、次いで守護(県知事)の座を世襲する。

織豊《しょくほう》(安土桃山)時代、江戸時代初期の藩祖・宗義智《よしとし》(将盛《まさもり》の五男、義純《よしずみ》の養子)は豊臣秀吉《とよとみひでよし》に仕え、慶長《けいちょう》5年(1600)の関ヶ原の戦いでは豊臣方に属したが、幸いにも処分を免れ、戦後、1万石の対馬府中藩主となった。

後に、石高《こくだか》は加増、分家への分知《ぶんち》などにより慶長10年(1605)に1万1800石、正《しょう》徳《とく》元年(1711)に1万3300石、文化《ぶんか》14年(1817)に3万3300石(以上、石高に異説あり)となっている。

ただし、李氏《りし》朝鮮との外交に従事していた関係で、異例にも江戸幕府から10万石の格式を許された。さらに、維新後には新政府の命に従い、豊後《ぶんご》(大分県)などの3万石余の管理も受け持つ。

明治2年(1869)に藩名を対馬厳原《いずはら》藩と改称しているが、歴代は李氏朝鮮との交易で藩財政の維持を目指した。

なお、義智、江戸時代前期の宗義成《よしなり》(義智の嫡子)、宗義真《よしざね》(義成の子)らは李氏朝鮮との外交の面で活躍し、なかでも義智は李氏朝鮮との国交回復と、己酉《きゆう》条約(慶長条約)の締結に功績を残す。

このような義智をはじめとする歴代藩主の奔走《ほんそう》が実り、徳川《とくがわ》将軍家の代替わりなどの際、李氏朝鮮が外交使節である朝鮮使節(来聘使《らいへいし》、通信使)を江戸へ派遣することが慣例化する。

一方、藩政の面では前期には重臣との対立に端を発する家中騒動・柳川《やながわ》一件に、幕末期にはロシア艦隊対馬占拠事件などに苦しめられた。

宗義純＝義智―義成―義真―義倫＝義方＝義誠＝方熙＝義如＝義蕃＝義暢―義功(＝義功)―義質―義章＝義和―重正

宗家の系図

御家騒動で削封を経験する外様大名

せんごくけ

仙石家

丸に無の字（永楽銭、五三桐、桔梗花、桜、九曜）

藩名：但馬出石藩（兵庫県豊岡市）
藩祖：仙石久秀
石高：3万石
大名になった年：慶長5年（1600）以降
本拠地：（讃岐高松城→）信濃小諸城→信濃上田城→但馬出石城
親疎の別：外様
家格：城主
江戸城内の詰間：柳間
爵位：子爵

但馬出石に定着した仙石久秀の子孫

清和《せいわ》源氏《げんじ》頼光《よりみつ》流の土岐《とき》支流で、仙石（千石）姓は織豊《しょくほう》（安土桃山）時代に藩祖・仙石久秀《ひさひで》が1000石の知行を得たことにちなむ。織田信長《おだのぶなが》の自刃後、豊臣秀吉《とよとみひでよし》に仕えた久秀は慶長《けいちょう》5年（1600）の関ヶ原の戦いで徳川《とくがわ》方に属し、6万石の信濃小諸《しなのこもろ》藩（長野県小諸市）主となった。子孫は信濃上田藩（長野県上田市）への転封（国替え）や分知《ぶんち》を経て、宝永《ほうえい》3年（1706）に5万8000石の但馬出石《たじまいずし》藩主に転じる。天保《てんぽう》6年（1835）、「出石騒動」を理由に2万8000石を削封《さくほう》（石高削減《こくだか》）された。

仙石家の系図

仙石秀久 ― 忠政 ― 政俊 ― 忠俊 ― 政明 ＝ 政房 ＝ 政辰 ＝ 久行 ― 久道 ― 政美 ＝ 久利 ＝ 政固

池田輝政の口添えで大名となった家

たけべけ

建部家

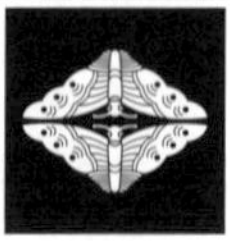

建部蝶（蝶菱／三蝶、笠）

藩名：播磨林田藩（兵庫県姫路市）
藩祖：建部政長
石高：1万石
大名になった年：元和元年（1615）
本拠地：摂津尼崎城→播磨林田陣屋
親疎の別：外様
家格：陣屋
江戸城内の詰間：柳間
爵位：子爵

大坂の陣の後に取り立てられた外様大名

平氏《へいし》清盛《きよもり》流で、建部姓は近江《おうみ》建部（滋賀県八日市市）にちなむ。織豊《しょくほう》（安土桃山）時代の建部寿徳《じゅとく》（高光《たかみつ》）は豊臣秀吉《とよとみひでよし》らに仕え、畿内《きない》（近畿）の郡代《ぐんだい》を務める。慶長《けいちょう》5年（1600）の関ヶ原の戦いでは建部光重《みつしげ》（寿徳の子）が豊臣方に属すが、処分を免れた。慶長15年（1610）に藩祖・建部政長《まさなが》（光重の三男）が摂津《せっつ》尼崎（兵庫県尼崎市）の郡代となり、慶長19年（1614）と元和《げんな》元年（1615）の大坂の陣で尼崎を守り、播磨《はりま》姫路《ひめじ》藩（兵庫県姫路市）主・池田輝政《いけだてるまさ》（政長の義祖父）の口添えで、政長が1万石の摂津尼崎藩主となった。元和3年（1617）、同石高《こくだか》で播磨林田藩主に転じている。江戸時代中期の建部政宇《まさのき》（政長の五男、政《まさ》明《あき》の養子）は伏見奉行を務めた。

建部家の系図

建部寿徳（高光）― 光重 ― 政長 ― 政明 ＝ 政宇 ― 政周 ― 政民 ― 長教 ＝ 政賢 ― 政醇 ― 政和 ＝ 政世

水郷・柳河を発展させた名君の家系

たちばなけ

立花家

立花守(祇園守、扇祇園守／嚢容〔杏葉〕)

藩名：筑後柳河藩(福岡県柳川市)
藩祖：立花宗茂
石高：10万9600石
大名になった年：慶長8年(1603)
本拠地：筑後柳河城→お取り潰し→陸奥棚倉城→筑後柳河城
親疎の別：外様
家格：城主
江戸城内の詰間：大広間
爵位：伯爵

筑後柳河へ復帰した猛将の系譜

中世に豊後《ぶんご》(大分県)の守護《しゅご》(県知事)を務めた大友《おおとも》家の庶流《しょりゅう》で、立花姓は筑前《ちくぜん》立花山城(福岡市ほか)主を世襲したことにちなむ。なお、大友家は藤原北家《ふじわらほっけ》だが、『寛政重修諸家譜《かんせいちょうしゅうしょかふ》』は家祖・大友能直《よしなお》(中《なか》原親能《はらちかよし》の子)を源頼朝《みなもとのよりとも》の御落胤《ごらくいん》とみなし、清和源氏為義《せいわげんじためよし》流としている。

戦国時代末期、立花鑑載《あきとし》が主君・大友宗麟《そうりん》の圧迫で自刃した後、宗麟の功臣・立花道雪《どうせつ》(戸次《べっき》鑑連《あきつら》／戸次親家《ちかいえ》の子)が立花家の名跡《みょうせき》を継ぐ。その後、道雪は立花宗茂《むねしげ》(高橋紹運《たかはしじょううん》の長男、道雪の養子)に家督を譲るが、島津《しまづ》方の猛攻を受け天正《てんしょう》13年(1585)に道雪が陣没し、翌年には高橋紹運(吉弘鎮種《よしひろしげたね》／宗茂や立花直次《なおつぐ》らの父)が討ち死にする。次いで、宗茂は天正15年(1587)の豊臣秀吉《とよとみひでよし》の九州征伐で活躍し、戦勝後に13万2000石の筑後《ちくご》柳河城主に栄進した。

ところが、宗茂は慶長《けいちょう》5年(1600)の関ヶ原の戦いで豊臣方に属したため、お取り潰しの処分を受ける。

幸いにも、宗茂は慶長8年(1603)に1万石の陸奥《むつ》棚倉《たなぐら》藩(福島県棚倉町)主となった。そして、元和《げんな》6年(1620)に10万9600石の柳河藩主へ転じている。

歴代のうち、宗茂は近江《おうみ》大津城(滋賀県大津市)攻防戦や大坂の陣、立花忠茂《ただしげ》(直次の四男、宗茂の甥《おい》で養子)は天草・島原の乱で自ら陣頭に立って奮戦した。

分家に立花種次《たねつぐ》(直次の嫡子)に始まる陸奥下手渡《しもてど》藩(福島県伊達市)があった。

立花家の系図

立花道雪(戸次鑑連) ― 誾千代
　　　　　　　　　　　‖
　　　　　　　　　　宗茂 ＝ 忠茂 ― 鑑虎 ― 鑑任 ＝ 貞俶 ― 貞則 ＝
　　　　　　　　　　　　　　↑
　　　　　　　　　　　　　忠茂
高橋紹運(吉弘鎮種) ― 直次 ― 種次(陸奥下手渡藩祖)

＝ 鑑通 ― 鑑寿 ＝ 鑑賢 ― 鑑広 ＝ 鑑備 ＝ 鑑寛

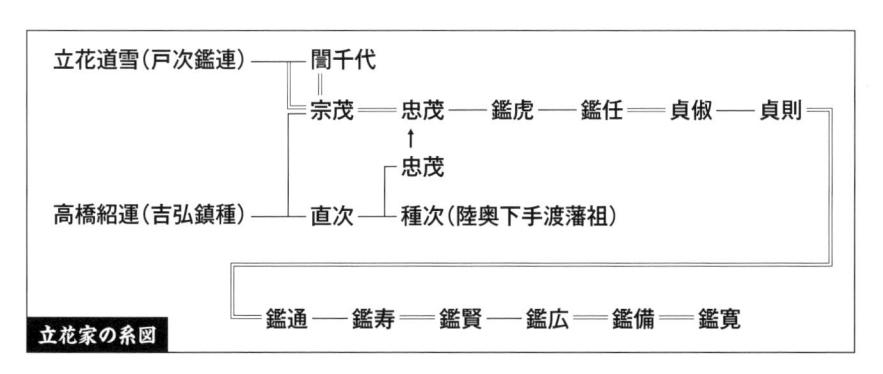

独眼竜・政宗が興した奥羽の雄藩

伊達家《だてけ》

仙台笹(竹雀／三引両、牡丹、菊、桐、九曜、雪薄)

藩名：陸奥仙台藩(宮城県仙台市)
藩祖：伊達政宗
石高：62万石
大名になった年：慶長5年(1600)以降
本拠地：(陸奥会津城→)陸奥岩出山城→陸奥仙台城〈青葉城〉
親疎の別：外様
家格：国主
江戸城内の詰間：大広間
爵位：伯爵

仙台を開いた奥羽随一の大大名

藤原《ふじわら》氏山陰《やまかげ》流で、伊達姓は鎌倉時代初期に、伊佐朝宗《いさともむね》が 源 頼朝《みなもとのよりとも》に陸奥《むつ》伊達郡(福島県北東部)を与えられたことにちなむ。

子孫は南北朝期、室町時代に勢力を拡大し、戦国時代初期には伊達稙宗《たねむね》(尚宗《なおむね》の子)が陸奥(東方地方東部)の守護《しゅご》(県知事)の地位を得た。

さらに、稙宗は戦国家法《かほう》『塵芥集《じんかいしゅう》』を制定し、戦国大名への脱皮に成功する。

次いで、織豊《しょくほう》(安土桃山)時代、江戸時代初期の藩祖・伊達政宗《まさむね》(輝宗《てるむね》の嫡子)は保春院《ほしゅんいん》(最上義光《もがみよしあき》の妹、輝宗の正室、政宗や小次郎《こじろう》らの生母)や伊達小次郎(輝宗の次男)との対立などを経験しつつ、蘆《あし》名《な》、二階堂《にかいどう》、石川《いしかわ》などの各家を滅亡、もしくは屈伏させて版図拡大に成功した。

ところが、天正《てんしょう》18年(1590)の豊臣秀吉《とよとみひでよし》の小田原征伐に遅参したため、陸奥会津《あいづ》郡(福島県南西部)などを没収される。

当時、政宗の本拠は陸奥会津城(黒川城／福島県会津若松市)であったが、やがて陸奥岩出山《いわでやま》城(宮城県大崎市)へ居城を移した。

慶長《けいちょう》5年(1600)の関ヶ原の戦いでは徳《とく》川《がわ》方に身を投じ、豊臣方に属した上杉景《うえすぎかげ》勝《かつ》(謙信《けんしん》の甥《おい》で養子)を攻める。戦後、60万石(後に62万石)の陸奥岩出山藩主となった。次いで、慶長8年(1603)には居城を仙台(青葉)城へ移し、陸奥仙台藩を興している。なお、政宗は米の江戸への輸送を目指して北上川の舟運《しゅううん》を整備する一方、家臣・支倉常長《はせくらつねなが》をメキシコやイスパニア(スペイン)などへ派遣して、交易の道を模索させたりもした。

ただし、政宗、松平忠輝《まつだいらただてる》(徳川家康《いえやす》の六男、政宗の娘婿)、大久保長安《おおくぼながやす》(家康と忠輝の側近)の三者とイスパニアが結託し、江戸幕府の転覆を謀ったという説もある。

歴代のうち、江戸時代前期の伊達忠宗《ただむね》(政宗の次男)以降は徳川将軍家から松平姓を許され、将軍の諱《いみな》(実名)の一字を拝領するのが慣例となる。

しかし、前期の伊達綱村《つなむら》(綱宗《つなむね》の嫡子)は幼少で家督を継いだため、家臣団の内部で動揺が続く。やがて、江戸幕府の命により陸奥一関藩(岩手県一関市)主・伊達宗勝《むねかつ》(兵部《ひょうぶ》／政宗の子)と陸奥岩沼藩(宮城県岩沼市)主・田村宗良《たむらむねよし》(伊達忠宗の三男)が綱村の後見役に就任するが、次第に宗勝の専横が目立ち、一門の伊達宗重《むねしげ》(安芸《あき》)と伊達宗倫《むねとも》(式部《しきぶ》)との対立が激化した。以上の騒擾《そうじょう》は、ついに仙台藩の一門と重臣がいくつかの派に分かれて抗争する「伊達騒動（寛文《かんぶん》事件）」へと発展する。寛文11年（1671）、大老・酒井忠清《さかいただきよ》の江戸藩邸で関係者の事情聴取が行われたが、聴取の最中に奉行（家老）・原田宗《はらだむね》輔《すけ》（甲斐《かい》）が突然抜刀して宗重を斬殺《ざんさつ》した。この後、宗輔も斬殺されたが、綱村は処分を免れている。

次に、中期の伊達吉村《よしむら》（宗房《むねふさ》の長男、綱村の養子）は藩政改革や特産品の奨励などの面で足跡を残した。後期の伊達斉《なり》村《むら》（重村《しげむら》の次男）、伊達周宗《ちかむね》（斉村の嫡子）、伊達斉宗《なりむね》（斉村の次男、周宗の養子）、伊達斉義《なりよし》（田村村資《むらすけ》の三男、斉宗の養子）、伊達斉邦《なりくに》（吉村の孫、斉義の養子）の5代は、いずれも30歳以下で若死にしている。

幕末維新期の伊達慶邦《よしくに》（斉義の次男、斉邦の養子）は明治元年（慶応《けいおう》4年／1868）から始まる戊辰《ぼしん》戦争で奥羽越列藩《おううえつれっぱん》同盟に参加したため、仙台藩は一旦お取り潰しとなった。幸いにも、同年に伊達宗基《むねもと》（慶邦の四男）が、28万石で再興を認められている。

分家や一門には、伊達秀宗《ひでむね》（政宗の庶《しょ》長子《ちょうし》）に始まる伊予《いよ》宇和島藩（愛媛県宇和島市）、伊達宗純《むねずみ》（秀宗の五男）に始まる伊予吉田藩（宇和島市）、宗勝に始まる一関藩、宗良に始まる一関藩、伊達村和《むらより》（綱宗の次男、宗景《むねかげ》の養子）に始まる陸奥《むつ》水沢藩（中津山藩／宮城県石巻《いしのまき》市）があったが、一関藩は「伊達騒動」、水沢藩は旗本との争論を理由に、ともにお取り潰しとなった。

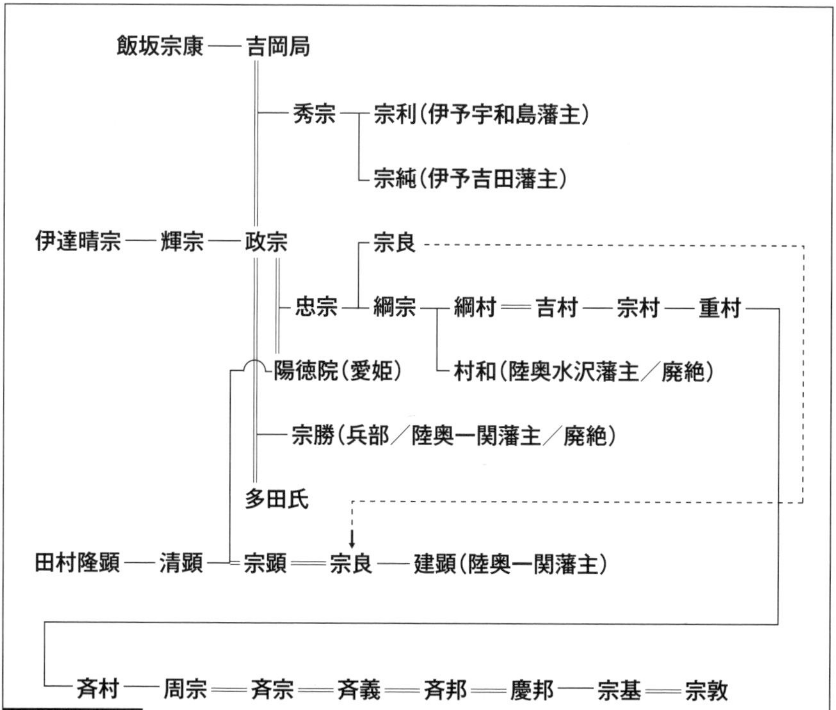

伊達家の系図

政争で転封を強いられた柳河藩の支封

たちばなけ

立花家

立花守（祇園守／七宝のうち花菱）

藩名：陸奥下手渡藩（福島県伊達市）
藩祖：立花種次
石高：1万石
大名になった年：元和7年（1621）
本拠地：筑後内山城→筑後三池陣屋→陸奥下手渡城→筑後三池陣屋
親疎の別：外様
家格：陣屋
江戸城内の詰間：柳間
爵位：子爵

陸奥下手渡を治めた立花家の分家

筑後《ちくご》柳河藩（福岡県柳川市）主・立花家の分家。家祖・立花直次《なおつぐ》（高橋紹運《たかはしじょううん》の次男）は慶長《けいちょう》5年（1600）の関ヶ原の戦い後にお取り潰しとなる。藩祖・立花種次《たねつぐ》（直次の嫡子）は元和《げんな》7年（1621）の加増で1万石の筑後三池《みいけ》藩（福岡県大牟田《おおむた》市）主となった。幕末維新期の立花種恭《たねゆき》（種善《たねよし》の甥《おい》、種《たね》温《はる》の養子）は若年寄などを務めたが、陸奥《むつ》下手渡《しもてど》藩へ転封（国替え）となり、明治元年（慶応《けいおう》4年／1868）に三池藩へ復帰した。

高橋紹運（吉弘鎮種）—┬ 立花宗茂（筑後柳河藩主）
└ 立花直次 — 種次 — 種長 — 種明 — 貫長 — 長熙 — 種周 — 種善 — 種温 ＝ 種恭

立花家の系図

維新期に去就に迷った宇和島藩の支封

だてけ

伊達家

仙台笹（竹雀／三段頭、九曜）

藩名：伊予吉田藩（愛媛県宇和島市）
藩祖：伊達宗純
石高：3万石
大名になった年：明暦3年（1657）
本拠地：伊予吉田陣屋
親疎の別：外様
家格：陣屋
江戸城内の詰間：柳間
爵位：子爵

伊予吉田を治めた宇和島藩の分家

伊予《いよ》宇和島藩（愛媛県宇和島市）主の分家で、陸奥《むつ》仙台藩（宮城県仙台市）主・伊達家の一門。明暦《めいれき》3年（1657）、藩祖・伊達宗純《むねずみ》（秀宗《ひでむね》の五男）が3万石を分与され、伊予吉田藩主となった。歴代のうち、江戸時代中期の伊達村芳《むらよし》（村賢《むらやす》の次男）は藩校・時観堂《じかんどう》の創設と経営に心を砕いた。幕末維新期の伊達宗孝《むねみち》（山口直勝《やまぐちなおかつ》の三男、宗城《むねなり》の弟、宗翰《むねもと》の養子）は大いに去就に悩んだが、兄で宇和島藩主の伊達宗城の奔走《ほんそう》で新政府方に身を投じ、明治天皇の侍従に就任している。

伊達秀宗 —┬ 宗利（伊予宇和島藩主）
└ 宗純 — 宗保 ＝ 村豊 — 村信 — 村賢 — 村芳 ＝ 宗翰 ＝ 宗孝 ＝ 宗敬

伊達家の系図

四国で続いた政宗の庶長子の系統

伊達家《だてけ》

仙台笹（竹雀／三引両、鴛鴦湾）

藩名：伊予宇和島藩（愛媛県宇和島市）
藩祖：伊達秀宗
石高：10万石
大名になった年：慶長19年（1614）
本拠地：伊予宇和島城
親疎の別：外様
家格：城主（国主格）
江戸城内の詰間：大広間
爵位：伯爵→侯爵

伊予宇和島を治めた伊達家の分家

陸奥《むつ》仙台藩（宮城県仙台市）主・伊達家の分家。藩祖・伊達秀宗《ひでむね》（政宗《まさむね》の庶長子《しょちょうし》）は生母が側室であったために本家を継がず、慶長《けいちょう》19年（1614）に分家し、10万石の伊予《いよ》宇和島藩主となった。

なお、石高《こくだか》は明暦《めいれき》3年（1657）の分家・伊予吉田藩（愛媛県宇和島市）への分知《ぶんち》により7万石となったが、元禄《げんろく》9年（1696）に新田《しんでん》を加えて10万石を回復する。

歴代のうち、中期、後期の伊達村候《むらとき》（村年《むらとし》の嫡子）と伊達村寿《むらなが》（村候の四男）は藩校・内徳館《ないとくかん》（後の敷教館《ふきょうかん》、明倫館《めいりんかん》）を創設、運営するなど、藩政の面で多くの業績を残す。

後期、幕末維新期の伊達宗紀《むねただ》（村寿の嫡子）、伊達宗城《むねなり》（山口直勝《やまぐちなおかつ》の次男、宗紀の養子）、伊達宗徳《むねえ》（宗紀の長男、宗城の養子）の3代はいずれも名君だが、なかでも宗城は中央政界で活躍し、「幕末の四賢侯《しけんこう》」のひとりにあげられた。

さらに、維新後の宗城は閣僚である民部卿《みんぶきょう》、大蔵卿、全権大使などの要職も歴任する。特に、幕末期には土佐《とさ》藩（高知市）主・山内豊信《やまうちとよしげ》（容堂《ようどう》）とともに公武合体運動の中心人物として活躍し、全権大使としては日清修好条規《にっしんしゅうこうじょうき》の締結を実現させたことで名高い。

以上の理由により、宗城が伯爵の爵位《しゃくい》を授けられたが、後に宗徳が侯爵に陞爵《しょうしゃく》（爵位の上昇）している。これにより、爵位の面においては、宇和島藩主・伊達家は本家を上回ったことになる。

先に触れた通り、分家には伊達宗純《むねずみ》（秀宗の五男）に始まる吉田藩があった。

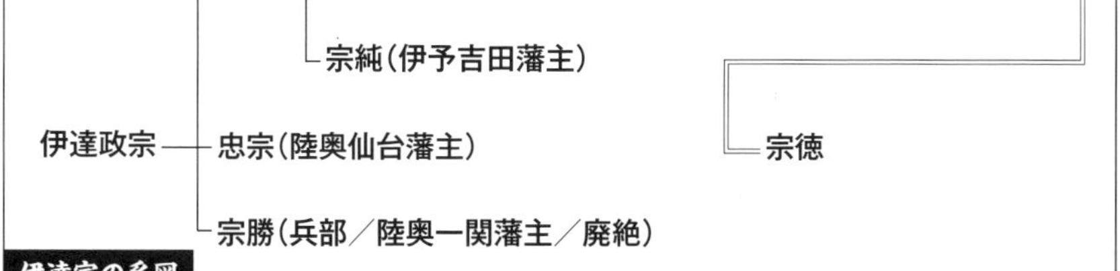

伊達家の系図

6000石を分家に分け与えた武功の家

たにけ

谷家

揚羽蝶（五三桐、円餅）

藩名：丹波山家藩（京都府綾部市）
藩祖：谷衛友
石高：1万石
大名になった年：慶長5年（1600）以降
本拠地：丹波山家陣屋
親疎の別：外様
家格：陣屋
江戸城内の詰間：柳間
爵位：子爵

徳川方に転じて領地を守った外様大名

宇多源氏《うだげんじ》の佐々木《ささき》支流で、谷姓は近江《おうみ》谷郷《ごう》（比定地不詳）にちなむという。織豊《しょくほう》（安土桃山）時代の谷衛好《もりよし》と藩祖・谷衛友《もりとも》（衛好の子）が豊臣秀吉《とよとみひでよし》に仕え、天正《てんしょう》19年（1591）に衛友が1万6000石の丹波山家《たんばやまが》城主となった。なお、衛好は天正6年（1578）の播磨《はりま》三木城（兵庫県三木市）の攻防戦で討ち死にしている。衛友は慶長《けいちょう》5年（1600）の関ヶ原の戦いで、当初は豊臣方に属して細川藤孝《ほそかわふじたか》（幽斎《ゆうさい》）の籠もる丹後《たんご》田辺城（京都府舞鶴市）を攻めたが、後に徳川《とくがわ》方へ転じ、戦後、1万6000石の丹波山家藩主となった。寛永《かんえい》5年（1628）、6000石を分与したため、石高《こくだか》は1万石で確定する。

谷衛好――衛友―衛政―衛利―衛広―照憑―衛衝―衛将＝衛秀―衛量―衛万＝衛弥＝衛昉＝衛弼＝衛滋

谷家の系図

政宗の孫を藩祖とする仙台藩の一門

たむらけ

田村家

田村車前草（車前草、丸車前草／巻龍、菊、桐、左巴、蝶、剣梅鉢、竹に雀、丸に三引）

藩名：陸奥一関藩（岩手県一関市）
藩祖：田村宗良
石高：3万石
大名になった年：万治3年（1660）
本拠地：陸奥岩沼陣屋→陸奥一関城
親疎の別：外様
家格：城主
江戸城内の詰間：柳間
爵位：子爵

名跡を再興した仙台藩の分家

坂上田村麻呂《さかのうえのたむらまろ》の子孫で、陸奥《むつ》仙台藩（宮城県仙台市）主・伊達《だて》家の一門。陽徳院《ようとくいん》（愛姫《めごひめ》／田村清顕《きよあき》の娘、伊達政宗《まさむね》の正室）の遺言によって田村宗良《むねよし》（伊達忠宗《ただむね》の三男、政宗・陽徳院夫妻の孫）が名跡《みょうせき》を再興し、万治《まんじ》3年（1660）に3万石の陸奥岩沼藩（宮城県岩沼市）主となった。天和《てんな》2年（1682）、田村建顕《たけあき》（宗良の次男）が陸奥一関藩主となり、定着する。なお、宗良は「伊達騒動」の際に閉門を経験した。

田村隆顕―清顕＝宗顕＝宗良―建顕＝誠顕＝村顕＝村隆＝村資＝宗顕―邦顕＝邦行―通顕＝邦栄＝崇顕

田村家の系図

津軽の地に君臨した名将の子孫

つがるけ

津軽家

津軽牡丹(魚葉牡丹〔杏葉牡丹〕／枝牡丹)

藩名：陸奥弘前藩(津軽藩／青森県弘前市)
藩祖：津軽為信
石高：10万石
大名になった年：慶長5年(1600)以降
本拠地：陸奥大浦城→陸奥堀越城→陸奥弘前城〈高岡城〉
親疎の別：外様
家格：城主
江戸城内の詰間：大広間
爵位：伯爵

時勢を見極め家を守った陸奥の名族

『寛政重修諸《かんせいちょうしゅうしょ》家譜《かふ》』では藤原《ふじわら》氏頼通《よりみち》流とされているが、津軽姓は陸奥《むつ》津軽郡(青森県東北部)にちなむ。

織豊《しょくほう》(安土桃山)時代、江戸時代初期の藩祖・津軽為信《ためのぶ》(大浦守信《おおうらもりのぶ》の子、津軽為《ため》則《のり》の養子)は、当初は陸奥大浦城(青森県弘前《ひろさき》市)主で、天正《てんしょう》18年(1590)の小田原征伐の際に豊臣秀吉《とよとみひでよし》のもとへ馳《は》せ参《さん》じ、津軽郡一帯を安堵された。

後に、為信は居城を陸奥堀越城(弘前市)へ移すが、慶長《けいちょう》5年(1600)の関ヶ原の戦いの際にはわずかな手勢を率いて徳川《とくがわ》家康《いえやす》のもとへ馳せ参じた。戦勝後、為信は2000石の加増を受け、4万7000石の陸奥堀越藩主となった。慶長16年(1611)、居城を陸奥弘前(高岡)城へ移し、陸奥弘前藩(津軽藩)を興している。石高《こくだか》は文化《ぶんか》5年(1808)の高直《たかなお》しで10万石となった。

歴代のうち、江戸時代後期の津軽順承《ゆきつぐ》(順徳《ゆきのり》／松平信明《まつだいらのぶあきら》の三男、親足《ちかたり》と信順《のぶゆき》の養子)は、藩政改革や西洋式軍備の導入などの面で多くの業績を残した。ちなみに、陸奥盛岡藩(岩手県盛岡市)主・南部《なんぶ》家と官位争いをしたため、後期の津軽寧《やす》親《ちか》(著高《あきたか》の長男、信明《のぶあきら》の養子)は文政《ぶんせい》4年(1821)、盛岡藩士・下斗米秀之進《しもとまいひでのしん》(相馬《そうま》大作《だいさく》)に襲撃された(「桧山《ひやま》騒動」)。

分家に津軽親足(黒田直亨《くろだなおゆき》の四男、典《つね》暁《とし》の養子)に始まる陸奥黒石藩(青森県黒石市)があった。

大浦政信───津軽為則══為信──信枚
　　　　└─守信──為信（→為信）
信枚──信義──信政──信寿──信興──信著──信寧──信明══寧親──信順
　　　└─信英──(6代略)══親足(陸奥黒石藩主)
信順══順承(順徳)══承昭

津軽家の系図

本州最北の地を治めた弘前藩の支封

つがるけ

津軽家

津軽牡丹(丸に五葉牡丹／亜)

藩名：陸奥黒石藩(青森県黒石市)
藩祖：津軽親足
石高：1万石
大名になった年：文化6年(1809)
本拠地：陸奥黒石陣屋
親疎の別：外様
家格：陣屋
江戸城内の詰間：柳間
爵位：子爵

陸奥黒石を治めた津軽家の分家

陸奥《むつ》弘前《ひろさき》藩(津軽藩／青森県弘前市)主・津軽家の分家。明暦《めいれき》2年(1656)、家祖・津軽信英《のぶふさ》(信枚《のぶひら》の子)が分家し、旗本(5000石)となった。無嗣《むし》(跡取りの欠如)によるお取り潰しを経て、元禄《げんろく》11年(1698)に津軽政兕《まさたけ》(信敏《のぶとし》の子、吉良《きら》義央《よしひさ》の娘婿)が4000石で再興する。なお、政兕は釣りの書『何羨録《かせんろく》』を残している。文化《ぶんか》6年(1809)、藩祖・津軽親足《ちかたり》(黒田《くろだ》直亨《なおゆき》の四男、典暁《つねとし》の養子)が本家から蔵米《くらまい》6000石を分与されて石高《こくだか》が1万石に達し、陸奥黒石藩主となった。

津軽信枚 ― 信義(陸奥弘前藩主)
　└ 信英 ― 信敏 ― 政兕 ＝ 寿世 ― 著高 ― 寧親 ― 典暁 ＝ 親足 ＝ 順徳(順承) ＝ 承保 ＝ 承叙

津軽家の系図

本家相続者が数多く出た津藩の支封

とうどうけ

藤堂家

丸に藤堂蔦(丸に蔦／丸に鳩酸草)

藩名：伊勢久居藩(三重県津市)
藩祖：藤堂高通
石高：5万3000石
大名になった年：寛文9年(1669)
本拠地：伊勢久居陣屋
親疎の別：外様
家格：陣屋
江戸城内の詰間：柳間
爵位：子爵

伊勢久居を治めた藤堂家の分家

伊勢《いせ》津藩(安濃津《あのつ》藩／三重県津市)主・藤堂家の分家。寛文《かんぶん》9年(1669)、藩祖・藤堂高通《たかみち》(高次《たかつぐ》の子)が5万石を分与され、伊勢久居《ひさい》藩主となった。歴代のうち、藩祖の高通は北村《きたむら》季吟《きぎん》に師事した風雅の人として名高い。また、幕末維新期の藤堂高邦《たかくに》(長徳《ながのり》の次男、高聴《たかより》の養子)は句読所《くどくしょ》(久居藩校)を創設した。

藤堂高虎 ― 高次 ― 高久(伊勢津藩主)
　└ 高通 ＝ 高堅 ― 高陳 ＝ 高治 ＝ 高豊(高朗) ＝ 高雅 ＝ 高敦(高嶷) ＝ 高朶 ＝ 高興 ＝ 高衡 ＝ 高矗 ＝ 高兌 ＝ 高邁 ＝ 高秭 ＝ 高聴 ＝ 高邦

藤堂家の系図

譜代並みに活躍した異色の外様大名

とうどうけ

藤堂家

藤堂蔦（蔦／丸に鳩酸草）

藩名：伊勢津藩（安濃津藩／三重県津市）
藩祖：藤堂高虎
石高：32万3900石
大名になった年：慶長5年（1600）以降
本拠地：伊予板島城〈宇和島城〉→伊予国府城→伊予今治城→伊勢津城〈安濃津城〉
親疎の別：外様
家格：国主
江戸城内の詰間：大広間
爵位：伯爵

戦国を生き抜き出世した高虎の子孫

本姓は中原《なかはら》氏であったというが、後に藤原《ふじわら》氏支流へ改めたとされ、藤堂姓は近江《おうみ》藤堂（滋賀県甲良《こうら》町）にちなむ。

織豊《しょくほう》（安土桃山）時代、江戸時代初期の藩祖・藤堂高虎《たかとら》（虎高《とらたか》の子）は浅井長政《あざいながまさ》、織田信澄《おだのぶずみ》（信長《のぶなが》の甥《おい》）、豊臣秀長《とよとみひでなが》（秀吉《ひでよし》の弟）、豊臣秀保《ひでやす》（秀吉と秀長の甥、秀長の養子）らに歴仕し、高虎は秀長・秀保父子の重臣を務めた。秀長・秀保父子の病没後、豊臣秀吉に仕えて文禄《ぶんろく》3年（1594）に8万1000石の伊予板島《いよいたじま》城（宇和島城／愛媛県宇和島市）主となる。

次いで、慶長《けいちょう》5年（1600）の関ヶ原の戦いで徳川《とくがわ》方として奮戦した高虎は、戦勝後に20万石の伊予国府《こくふ》藩（愛媛県今治《いまばり》市）主となるが、間もなく新たに今治城を築城して今治藩主となっている。慶長12年（1607）、高虎は22万石で伊勢《いせ》津藩（安濃《あの》津《つ》藩）主に転じたが、以後も大坂の陣や東福門院《とうふくもんいん》（和子《まさこ》／徳川秀忠《ひでただ》の五女、第108代・後水尾《ごみずのお》天皇の中宮《ちゅうぐう》）の入内《じゅだい》などの際に譜代《ふだい》大名並みに活躍した。

以上のような功績により高虎が再三加増を受けた結果、津藩の石高《こくだか》は32万3900石で確定している。

歴代のうち、江戸時代前期の藤堂高次《たかつぐ》（高虎の嫡子）が伊賀《いが》焼を庇護《ひご》し、後期の藤堂高兌《たかさわ》（高嶷《たかさと》の子、高矗《たかなお》の養子）が藩校・有造館《ゆうぞうかん》を、藤堂高猷《たかゆき》（高兌の子）が郷学《ごうがく》（庶民の教育機関）・修文館《しゅうぶんかん》を創設した。

また、藤堂高潔《たかきよ》（高猷の子）は家督を相続する以前、幕末期の天誅組《てんちゅうぐみ》の乱、禁門《きんもん》（蛤御門《はまぐりごもん》）の変の際に父の名代《みょうだい》として活躍している。

分家に藤堂高通《たかみち》（高次の次男）に始まる伊勢久居《ひさい》藩（三重県津市）があった。

藤堂家の系図

藤堂虎高―高虎―┬高吉（丹羽長秀男、豊臣秀長、高虎養子）
　　　　　　　　└高次―┬高久＝高睦＝高敏＝高治＝高朗＝高般＝
　　　　　　　　　　　　└高通（伊勢久居藩主）
＝高悠＝高嶷―高兌―高猷―高潔

美濃の谷間を治めた遠山七党の末裔

とおやまけ

遠山家

丸に二引両（丸に九字）

藩名：美濃苗木藩（岐阜県中津川市）
藩祖：遠山友政
石高：1万石
大名になった年：慶長5年（1600）以降
本拠地：美濃苗木城
親疎の別：外様
家格：城主
江戸城内の詰間：柳間
爵位：子爵

美濃苗木を治め続けた外様大名

藤原《ふじわら》氏利仁《としひと》流の加藤景廉《かとうかげかど》の子孫で、遠山姓は美濃《みの》遠山荘《しょう》（岐阜県恵那《えな》市）にちなむ。中世には枝分かれして遠山七党《しちとう》と呼ばれたが、やがて美濃苗木《なえぎ》の苗木遠山家が有力となり、同家出身の藩祖・遠山友《とも》政《まさ》（友忠《ともただ》の三男）が慶長《けいちょう》5年（1600）の関ヶ原の戦いで徳川《とくがわ》方に属し、戦勝後に1万500石の美濃苗木藩主となった。石高《こくだか》は享保《きょうほう》7年（1722）に分知《ぶんち》したため、1万石で確定している。歴代のうち、江戸時代後期、幕末維新期の遠山友禄《ともよし》（友寿《ともひさ》の三男）は奏者番《そうじゃばん》と若年寄を務めた。ほかには大坂加番《かばん》や駿河《するが》加番などを務めた者が複数いる。

遠山家の系図

遠山友忠 ― 友政 ― 秀友 ― 友貞 ― 友春 ― 友由 ― 友将 ＝ 友央 ＝ 友明 ＝ 友清 ＝ 友隋 ＝ 友福 ― 友寿 ― 友禄

歴代当主が学術振興に熱心だった家

なかがわけ

中川家

中川柏（三柏／砦）

藩名：豊後岡藩（大分県竹田市）
藩祖：中川秀成
石高：7万400石
大名になった年：慶長5年（1600）以降
本拠地：（摂津茨木城→）播磨三木城→豊後岡城
親疎の別：外様
家格：城主
江戸城内の詰間：柳間
爵位：伯爵

豊後岡を治めた中川清秀の子孫

清和源氏《せいわげんじ》頼光《よりみつ》流で、藩祖・中川秀成《ひでなり》（賤《しず》ヶ嶽《たけ》の戦いで討ち死にした清秀《きよひで》の次男）は6万6000石（後に7万400石）の豊後《ぶんご》岡城主となり、慶長《けいちょう》5年（1600）の関ヶ原の戦いで徳川《とくがわ》方に属して岡藩主となった。江戸時代前期の中川久清《ひさきよ》（久盛《ひさもり》の嫡子）は儒者・熊沢蕃山《くまざわばんざん》を招聘《しょうへい》し、中期の中川久貞《ひささだ》（松平信祝《まつだいらのぶとき》の次男、久慶《ひさよし》の養子）は藩校・由学館《ゆうがくかん》を創設するなど、歴代の藩主には学術振興に熱心だった者が多い。

中川家の系図

中川重清 ― 清秀 ┬ 秀政 ＝ 秀成 ― 久盛 ― 久清 ― 久恒 ― 久通 ― 久忠 ＝ 久慶 ＝ 久貞 ― 久徳 ― 久持 ＝ 久貴 ＝ 久教 ＝ 久昭 ― 久成
　　　　　　　　└ 秀成 - - - ↑

藩祖が新陰流の剣豪だった佐賀藩の支封

なべしまけ

鍋島家

小城花杏葉（角に花杏葉、入角の内嚢荷丸／四目結）

藩名：肥前小城藩（佐賀県小城市）
藩祖：鍋島元茂
石高：7万3000石
大名になった年：元和3年（1617）
本拠地：肥前小城城主
親疎の別：外様
家格：陣屋
江戸城内の詰間：柳間
爵位：子爵

肥前小城を治めた鍋島家の分家

肥前《ひぜん》佐賀藩（肥前藩／佐賀市）主・鍋島家の分家。藩祖・鍋島元茂《もとしげ》（勝茂《かつしげ》の長男）は生母が側室であったために本家を相続せず、元和《げんな》3年（1617）に7万3000石を分与されて肥前小城《おぎ》藩主となった。歴代のうち、元茂は大和柳生《やまとやぎゅう》藩（奈良市）主の柳生宗矩《むねのり》（但馬守《たじまのかみ》）に師事した新陰《しんかげ》流の剣豪で、元和4年（1618）には兵法《ひょうほう》免状を受け、第3代将軍・徳川家光《とくがわいえみつ》（秀忠《ひでただ》の嫡子）の打太刀《うちだち》なども務めている。

鍋島勝茂
- 元茂—直能—元武—元延＝直英—直員—直愈—直知＝直堯—直亮＝直虎
- 忠直—光茂（肥前佐賀藩主）
- 直澄（肥前蓮池藩主）

鍋島家の系図

本家・佐賀藩と対立を続けた異色の支封

なべしまけ

鍋島家

鍋島杏葉（杏葉、嚢荷丸／十二日足）

藩名：肥前蓮池藩（佐賀県佐賀市）
藩祖：鍋島直澄
石高：5万2600石
大名になった年：寛永16年（1639）
本拠地：肥前蓮池陣屋
親疎の別：外様
家格：陣屋
江戸城内の詰間：柳間
爵位：子爵

肥前蓮池を治めた鍋島家の分家

肥前《ひぜん》佐賀藩（肥前藩／佐賀市）主・鍋島家の分家。藩祖・鍋島直澄《なおずみ》（勝茂《かつしげ》の三男）は島原の乱で本家の名代《みょうだい》を務め、寛永《かんえい》16年（1639）に3万5600石の肥前蓮池《はすのいけ》藩主となった。石高《こくだか》は後に5万2600石で確定する。歴代のうち、江戸時代前期の鍋島直之《なおゆき》（直澄の嫡子）と中期の鍋島直恒《なおつね》（直称《なおのり》の子）は本家の対応に反発して対立を続け、本家との関係を定めた『三家格式』の制定などを経験した。

鍋島勝茂
- 元茂（肥前小城藩主）
- 忠直—光茂（肥前佐賀藩主）
- 直澄—直之＝直称—直恒—直興＝直寛—直温＝直与—直紀

鍋島家の系図

龍造寺家の家臣団を引き継いだ家

なべしまけ

鍋島家

鍋島杏葉（杏葉、嚢荷丸／桐）

藩名：肥前佐賀藩（肥前藩／佐賀県佐賀市）
藩祖：鍋島勝茂
石高：35万7000石
大名になった年：慶長5年（1600）以降
本拠地：肥前佐賀城
親疎の別：外様
家格：国主
江戸城内の詰間：大広間
爵位：侯爵

大躍進した肥前の闘将の系譜

『寛政重修諸家譜《かんせいちょうしゅうしょかふ》』では藤原《ふじわら》氏秀郷《ひでさと》流となっているが、宇多源氏佐々木《うだげんじささき》氏の長岡経秀《ながおかつねひで》の子孫ともいう。なお、鍋島姓は肥前《ひぜん》鍋島（佐賀市）にちなむ。

戦国時代の鍋島清房《きよふさ》（清久《きよひさ》の次男）は肥前東部（佐賀県）の戦国大名・龍造寺《りゅうぞうじ》家に仕えて合戦で奮戦し、重臣を務めた。

やがて、清房は華溪《かけい》（龍造寺家純《いえすみ》の娘）を正室に迎えて鍋島直茂《なおしげ》（清房の嫡子）をもうけ、主君・龍造寺周家《ちかいえ》（家純の嫡子）の没後には慶誾尼《けいぎんに》（龍造寺胤和《たねかず》の娘、周家の正室、隆信《たかのぶ》の生母）と再婚する。次いで、重臣となった直茂が龍造寺隆信（周家の嫡子）を支え、龍造寺家の版図拡大に貢献した。

天保9年（1838）に再建され、現存する佐賀城鯱の門（佐賀市／提供：佐賀県観光連盟）

さらに、島津《しまづ》・有馬《ありま》方との天正《てんしょう》12年（1584）の沖田畷《おきたなわて》の戦いで隆信が討ち死にすると、直茂が幼い主君・龍造寺政家《まさいえ》（隆信の嫡子）に代わって龍造寺家の家臣団、軍団を指揮するようになる。

また、天正15年（1587）の九州征伐の後、直茂は豊臣秀吉《とよとみひでよし》から実質的な龍造寺軍団の指揮官として認められる。

慶長《けいちょう》5年（1600）の関ヶ原の戦いでは、直茂と藩祖・鍋島勝茂《かつしげ》（直茂の嫡子）が豊臣方に属したために窮地に陥るが、途中から徳川《とくがわ》方に転じて豊臣方の掃討作戦に従事し、勝茂が徳川家康《いえやす》に実質的な肥前佐賀藩主と認められた。

そして、慶長12年（1607）には龍造寺高房《たかふさ》（政家の嫡子）が自殺、政家が急死したため、勝茂は名実ともに35万7000石の佐賀藩主となる。鍋島家は結果として主君を押《お》し退《の》けるようなかたちで大名となったが、こういった事例は三百諸侯《しょこう》のなかでもほかに例がない。

後年、政家の子孫による御家再興運動が起こったが、江戸幕府は耳を傾けなかった。この御家騒動は鍋島騒動（佐賀騒動、化猫《ばけねこ》騒動）などとして文学などに取り入れられたが、ストーリーにはフィクションの部分が多い。

歴代のうち、江戸時代前期の鍋島光茂《みつしげ》(忠直《ただなお》の子、勝茂の孫)以降は徳川将軍家から松平《まつだいら》姓を許され、将軍の諱《いみな》(実名)の一字を拝領するのが慣例となる。

この光茂は和歌に造詣《ぞうけい》が深く、『古今和《こきんわ》歌集《かしゅう》』に関する秘事「古今伝授」を受けたが、光茂が藩主に就任する際、鍋島直澄《なおずみ》(勝茂の三男)を支持する者も多かったという。ちなみに、直茂・勝茂・光茂の3代の時代の士風を書き留めたものに、山《やま》本常朝《もとつねとも》口述、田代陳基《たしろつらもと》筆記の『葉隠《はがくれ》(葉隠聞書《ききがき》)』があり、佐賀藩の士風そのものを「葉隠武士道」などと呼ぶ場合がある。

中期、後期の鍋島治茂《はるしげ》(直煕《なおひろ》/宗茂《むねしげ》の十男、直郷《なおさと》と重茂《しげもち》の養子)は藩校・弘道《こうどう》館《かん》を創設した。

幕末維新期の鍋島直正《なおまさ》(閑叟《かんそう》/斉直《なりなお》の十七男)は、藩政改革、特産品の育成、西洋式の技術、軍備の導入に成功し、佐賀藩を雄藩《ゆうはん》(=有力な藩)のひとつに押し上げることに成功した。さらに、直正は幕末期には公武合体派として行動し、維新後には新政府の開拓使《かいたくし》(北海道庁の前身)の長官を務めた。加えて、維新期の鍋島直大《なおひろ》(直正の次男)も新政府の特命全権公使を務めるなど、直正・直大父子は中央政界でも足跡を残している。

分家に鍋島元茂《もとしげ》(勝茂の長男)に始まる肥前小城《おぎ》藩(佐賀県小城市)、直澄に始まる肥前蓮池《はすのいけ》藩(佐賀市)、鍋島忠茂《ただしげ》(直茂の次男)に始まる肥前鹿島藩(佐賀県鹿島市)があったが、本家と3つの分家とが対立した時期もあり、本家が『三家格式』を制定したり、分家を謹慎させたりしたこともあった。

佐賀藩蔵屋敷跡の遠景(大阪市北区)。現在は大阪裁判所合同庁舎(大阪法曹ビル)が建っており、手前を高速道路が貫いている。堂島川に面しており、付近は藩主の姓にちなんで鍋島浜と呼ばれ、夏期には夕涼みする浪花ッ子で賑わった

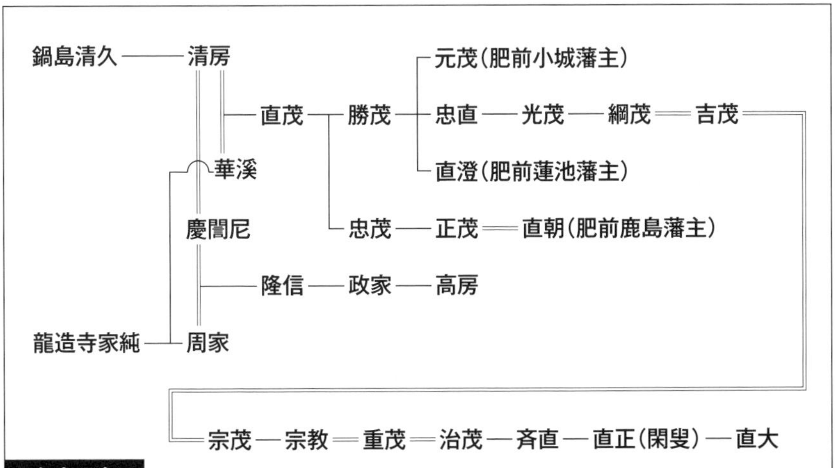

鍋島家の系図

本家と争い削封も経験したもうひとつの支封

なべしまけ

鍋島家

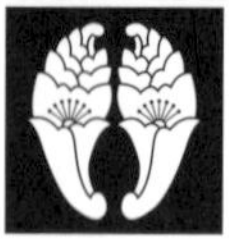

鍋島杏葉（杏葉／日に日足）

藩名：肥前鹿島藩（佐賀県鹿島市）
藩祖：鍋島忠茂
石高：2万石
大名になった年：慶長15年（1610）
本拠地：肥前鹿島陣屋
親疎の別：外様
家格：陣屋
江戸城内の詰間：柳間
爵位：子爵

肥前鹿島を治めた鍋島家の分家

肥前《ひぜん》佐賀藩（肥前藩／佐賀市）主・鍋島家の分家。藩祖・鍋島忠茂《ただしげ》（直茂《なおしげ》の次男）は旗本（5000石）を経て、慶長《けいちょう》15年（1610）に2万5000石の肥前鹿島藩主となった。ところが、鍋島正茂《まさしげ》（忠茂の嫡子）が本家と争い、寛永《かんえい》19年（1642）にお取り潰しとなる。幸いにも、同年に鍋島直朝《なおとも》（勝茂《かつしげ》の九男、正茂の養子）が2万石を与えられ、鹿島藩が復活する。歴代のうち、幕末維新期の鍋島直彬《なおよし》（直永《なおなが》の長男、直賢《なおさか》の養子）は本家の名代《みょうだい》として活躍し、維新後には沖縄県令（県知事）を務めている。

鍋島家の系図

鍋島直茂──勝茂（肥前佐賀藩主）
└忠茂──正茂＝直朝──直条──直堅──直郷＝直熙（治茂）＝直宜＝直彝＝直永＝直晴＝直賢＝直彬

江戸後期に大名となった盛岡藩の支封

なんぶけ

南部家

南部鶴（向い鶴胸に九曜／割菱）

藩名：陸奥盛岡新田藩（七戸藩／岩手県盛岡市）
藩祖：南部信鄰
石高：1万1300石
大名になった年：文政2年（1819）
本拠地：陸奥盛岡城下→陸奥七戸陣屋
親疎の別：外様
家格：陣屋
江戸城内の詰間：柳間
爵位：子爵

陸奥盛岡新田を治めた南部家の分家

陸奥《むつ》盛岡藩（岩手県盛岡市）主・南部家の分家。領地6700石が陸奥七戸《しちのへ》（青森県七戸町）などにあったことから、藩名は陸奥七戸藩ともいう。江戸時代中期に家祖・南部政信《まさのぶ》（重信《しげのぶ》の子）が5000俵《ぴょう》を分与され、子孫は旗本となる。文政《ぶんせい》2年（1819）、南部信鄰《のぶちか》（信喜《のぶよし》の子）が6000俵（異説あり）の加増を受け、1万1300石の陸奥盛岡新《しん》田《でん》藩主となった。定府《じょうふ》大名だが、南部信《のぶ》誉《のり》（信鄰の嫡子）が安政《あんせい》6年（1859）ごろに立藩《りっぱん》したとする説もある。明治元年（慶《けい》応《おう》4年／1868）の戊辰《ぼしん》戦争では盛岡藩とともに奥羽越列藩《おううえつれっぱん》同盟に加担し、700石の削封《さくほう》（石高削減《こくだか》）を甘受した。

南部家の系図

南部重信──行信（陸奥盛岡藩主）
└政信＝信弥＝信伝──信喜──信鄰──信誉＝信民＝信方

陸奥で繁栄した武田支流の名族

なんぶけ

南部家

南部鶴（丸にむかい鶴胸に九曜、割菱）

藩名：陸奥盛岡藩（南部藩／岩手県盛岡市）
藩祖：南部利直
石高：20万石
大名になった年：慶長5年（1600）以降
本拠地：陸奥盛岡城（→陸奥白石城→陸奥盛岡城）
親疎の別：外様
家格：城主
江戸城内の詰間：大広間
爵位：伯爵

徳川について家を繁栄させた東北の雄藩

清和源氏義光《せいわげんじよしみつ》流の小笠原《おがさわら》支流で、南部姓は甲斐《かい》南部郷《ごう》（山梨県南部町）にちなむ。

早くから陸奥《むつ》糠部《ぬかのぶ》郡（青森県東南部、岩手県北部）へ移住して繁栄し、後に陸奥三戸《さんのへ》城（青森市）の三戸南部家と、陸奥八戸《はちのへ》根《ね》城（青森県八戸市）の八戸南部家に分かれた。織豊《しょくほう》（安土桃山）時代の南部信《のぶ》直《なお》（石川高信《いしかわたかのぶ》の子、南部晴政《はるまさ》の娘婿）は家臣団の支持を得て三戸南部家を相続し、豊臣秀吉《とよとみひでよし》から本領を安堵され、新たな居城・陸奥盛岡城の築城を開始した。

藩祖・南部利直《としなお》（信直の嫡子）は慶長《けいちょう》5年（1600）の関ヶ原の戦いで徳川《とくがわ》方に属して上杉景勝《うえすぎかげかつ》（謙信《けんしん》の甥《おい》で養子）と対峙《たいじ》し、10万石の陸奥盛岡藩主となった。石高《こくだか》は分家への分与、高直《たかなお》しにより、文化《ぶんか》5年（1808）に20万石で確定している。

ただし、この間に陸奥弘前《ひろさき》藩（津軽藩／青森県弘前市）主・津軽為信《つがるためのぶ》の独立などといった衝撃的な出来事が続いた。明治元年（慶応《けいおう》4年／1868）からの戊辰《ぼしん》戦争では奥羽越列藩《おううえつれっぱん》同盟に加担してお取り潰し、10万石の削封《さくほう》（石高削減）のうえで陸奥白石（宮城県白石市）への転封（国替え）を命ぜられたが、幸いにも転封は沙汰止《さたや》みとなっている。

分家に直房《なおふさ》（利直の七男）に始まる陸奥八戸藩（青森県八戸市）と、南部信鄰《のぶちか》（信《のぶ》喜《よし》の子）に始まる陸奥盛岡新田《しんでん》藩（七戸《しちのへ》藩／岩手県盛岡市）があった。

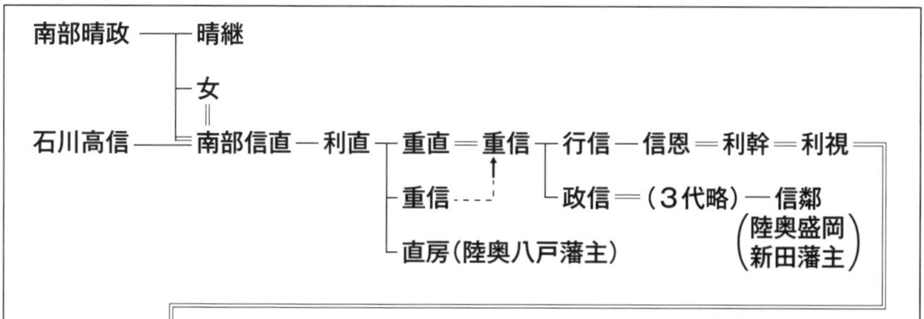

南部家の系図

裁定の末に誕生した盛岡藩の支封

なんぶけ

南部家

南部鶴（丸に向い鶴胸に九曜）

藩名：陸奥八戸藩（青森県八戸市）
藩祖：南部直房
石高：2万石
大名になった年：寛文4年（1664）
本拠地：陸奥八戸陣屋
親疎の別：外様
家格：陣屋
江戸城内の詰間：柳間
爵位：子爵

陸奥八戸を治めた南部家の分家

陸奥《むつ》盛岡藩（岩手県盛岡市）主・南部家の分家。寛文《かんぶん》4年（1664）に盛岡藩主・南部重直《しげなお》（利直《としなお》の三男）が跡継ぎを決めないまま病没したため、南部重信《しげのぶ》（利直の五男）と南部直房《なおふさ》（利直の七男）が家督を争う。このとき、江戸幕府の裁定で重信が8万石の盛岡藩主、直房が2万石の陸奥八《はちの》戸《へ》藩主となった。歴代のうち、江戸時代前期の南部直政《なおまさ》（直房の嫡子）は外様《とざま》大名の身で異例にも、江戸幕府の側衆《そばしゅう》や側用《そばよう》人《にん》などを歴任する。幕末維新期の南部信《のぶ》順《ゆき》（島津《しまづ》重豪《しげひで》の五男、信真《のぶまさ》の養子）は京都御所の警備などの功績により、江戸城内の詰間を大広間とされている。なお、信順は奥羽越列藩《おううえつれっぱん》同盟に加担するが、生家と連絡を取り、難局の打開に成功した。

南部利直 ─┬─ 重信（陸奥盛岡藩主）
　　　　　└─ 直房 ── 直政 ＝ 通信 ── 広信 ── 信興 ── 信依 ── 信房 ＝ 信真 ＝ 信順

南部家の系図

存続した加賀藩主・前田家の縁者

ひじかたけ

土方家

左三つ巴（三頭左巴／九曜、五三桐）

藩名：伊勢菰野藩（三重県菰野町）
藩祖：土方雄氏
石高：1万1000石
大名になった年：慶長5年（1600）以降
本拠地：伊勢菰野陣屋
親疎の別：外様
家格：陣屋
江戸城内の詰間：柳間
爵位：子爵

加賀・前田家ゆかりの外様大名

清和源氏頼親《せいわげんじよりちか》流で、織豊《しょくほう》（安土桃山）時代の土方雄久《かつひさ》（信治《のぶはる》の子）は前田利家《まえだとしいえ》・芳《ほう》春院《しゅいん》夫妻の甥《おい》にあたる。藩祖・土方雄氏《かつうじ》（雄久の嫡子）が慶長《けいちょう》5年（1600）の関ヶ原の戦いの戦勝後、1万2000石（後に1万1000石）の伊勢菰野《いせこもの》藩主となった。なお、父・雄久が加賀野々市《ののいち》藩（石川県野々市市）主となり、雄久の跡を継いだ土方雄重《かつしげ》（雄久の次男）が陸奥《むつ》窪田藩（福島県いわき市）へ転じたが、窪田藩は貞享《じょうきょう》元年（1684）に御家騒動により惜しくもお取り潰しとなっている。

土方信治 ── 雄久 ─┬─ 雄氏 ── 雄高 ＝ 雄豊 ── 豊高 ── 豊義 ── 雄房 ＝ 雄端 ── 雄年 ＝ 雄貞 ＝
　　　　　　　　　└─ 雄重 ── 雄次 ── 雄隆（陸奥窪田藩主／廃絶）

＝ 雄苗 ── 雄興 ── 雄嘉 ── 雄永 ＝ 雄志

土方家の系図

戊辰戦争で奮戦した名将・長秀の嫡流

にわけ

丹羽家

丹羽直違（直棒／三葉笹、三木瓜）

藩名：陸奥二本松藩（福島県二本松市）
藩祖：丹羽長重
石高：10万700石
大名になった年：慶長8年（1603）
本拠地：（近江佐和山城→越前北ノ庄城→越前松任城→）加賀小松城→常陸古渡陣屋→陸奥棚倉城→陸奥白河城→陸奥二本松城
親疎の別：外様
家格：陣屋
江戸城内の詰間：大広間
爵位：子爵

陸奥二本松に定着した織田家重臣の末裔

藤原《ふじわら》氏道隆《みちたか》流で丹羽姓は尾張《おわり》丹羽郡（愛知県西北部）にちなむが、譜代《ふだい》大名の播磨《はりま》三草《みくさ》藩（兵庫県加東市）主・丹羽家とは系譜が異なる。

織豊《しょくほう》（安土桃山）時代の丹羽長秀《ながひで》（長政《ながまさ》の嫡子）は織田信長《おだのぶなが》に仕えて重臣を務め、天正《てんしょう》10年（1582）の信長の自刃後は豊臣秀《とよとみひで》吉《よし》に属して100万石（70万石とも）の越前《えちぜん》北《きた》ノ庄《しょう》城（福井市）主となった。

しかし、藩祖・丹羽長重《ながしげ》（長秀の嫡子）は慶長《けいちょう》5年（1600）の関ヶ原の戦いでの豊臣方への加担を理由としたお取り潰しなど、何度か失脚を経験する。それでも、長重は慶長8年（1603）に赦免《しゃめん》されて1万石の常陸古渡《ひたちふっと》藩（茨城県稲敷《いなしき》市）主となった。

次いで、長重は陸奥《むつ》棚倉《たなぐら》藩（福島県棚倉町）主を経て、10万700石の陸奥白河藩（福島県白河市）主に栄進した。寛永《かんえい》20年（1643）、丹羽光重《みつしげ》（長重の嫡子）が陸奥二本松藩へ転封（国替え）となり、定着した。

歴代のうち、江戸時代後期の丹羽長富《ながとみ》（長祥《ながあきら》の嫡子）は藩校・敬学所《けいがくしょ》を創設している。また、幕末維新期の丹羽長国《ながくに》（長富の嫡子）と丹羽長裕《ながひろ》（上杉斉憲《うえすぎなりのり》の九男、長国の養子）は明治元年（慶応《けいおう》4年／1868）の戊辰《ほしん》戦争で奥羽越列藩《おううえつれっぱん》同盟に加担して新政府軍と戦う。

このときには若年の藩士や子弟らからなる二本松少年隊も奮戦したが、戦後に新政府によって5万石を削封《さくほう》（石高《こくだか》削減）された。

なお、越前東郷《とうごう》城（福井市）主・丹羽長《なが》正《まさ》（長秀の次男）が興した家は、関ヶ原の戦いの後にお取り潰しとなった。

丹羽長秀─┬─長重─光重─長次＝長之─秀延＝高寛─高庸─長貴─┐
　　　　　└─長正（越前東郷城主／廃絶）
┌───────────────────────────────────┘
└─長祥─長富─長国＝長裕

丹羽家の系図

阿波一国を統治した小六正勝の家系

はちすかけ

蜂須賀家

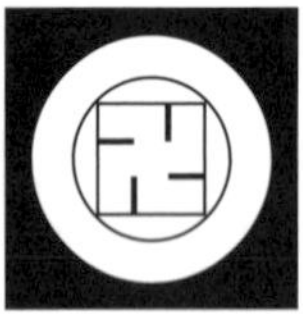

丸に卍字（五三桐、柏丸）

藩名：阿波藩（阿波徳島藩／徳島県徳島市）
藩祖：蜂須賀至鎮
石高：25万7900石
大名になった年：慶長5年（1600）以降
本拠地：（播磨龍野城→）阿波一宮城→阿波徳島城
親疎の別：外様
家格：国主
江戸城内の詰間：大広間
爵位：侯爵

阿波と淡路を治めた織田家家臣の子孫

清和源氏《せいわげんじ》支流の斯波《しば》家の子孫で、蜂須賀姓は尾張《おわり》蜂須賀（愛知県あま市）にちなむ。織豊《しょくほう》（安土桃山）時代の家祖・蜂須賀正勝《まさかつ》（小六《ころく》／正利《まさとし》の子）は斎藤道三《さいとうどうさん》、織田《おだ》信長《のぶなが》を経て、豊臣秀吉《とよとみひでよし》に属して功績をあげた。天正《てんしょう》10年（1582）の信長の自刃後は秀吉に仕え、毛利《もうり》方との和平交渉や、天正13年（1585）の四国征伐などで活躍した。四国征伐の後、正勝は阿波《あわ》（徳島県）一国を与えられたが、蜂須賀家政《いえまさ》（蓬庵《ほうあん》／正勝の嫡子）が阿波一宮城（徳島市）主、次いで17万6000石の阿波徳島城主となる。

慶長《けいちょう》5年（1600）の関ヶ原の戦いでは去就に迷うが、藩祖・蜂須賀至鎮《よししげ》（家政の嫡子）が手勢を率いて徳川《とくがわ》方として奮戦したことが考慮され、戦後に至鎮が阿波藩主となった。なお、家政は隠居後も藩政に強い発言権を保持し続けたため、阿波藩関係の史料では家政を藩祖とするものも少なくない。石高《こくだか》は元和《げんな》元年（1615）の大坂夏の陣の後に淡路《あわじ》（兵庫県淡路地方）を加増され、25万7900石となる。

歴代のうち、蜂須賀忠英《ただてる》（至鎮の嫡子）以降は徳川将軍家から松平《まつだいら》姓と将軍の諱《いみな》（実名）の一字を拝領するのが慣例となった。幕末維新期の蜂須賀斉裕《なりひろ》（第11代将軍・徳川家斉《いえなり》の二十三男、斉昌《なりまさ》の養子）は江戸幕府の陸軍総裁兼海軍総裁を、蜂須賀茂韶《もちあき》（斉裕の子）は新政府の東京府知事と貴族院議長を務めている。

分家に蜂須賀隆重《たかしげ》（忠英の次男）に始まる阿波富田藩（徳島市）があったが、蜂須賀正員《まさかず》（宗員《むねかず》／綱矩《つなのり》の長男、隆長《たかなが》の養子）の本家相続によりお取り潰しとなった。

蜂須賀正利─正勝（小六）─家政─至鎮─忠英─
　├光隆─綱通═綱矩─宗員（正員）═宗英═宗鎮═至央═重喜─
　└隆重═隆長═正員（宗員／阿波富田藩主／廃絶）
　　└治昭─斉昌═斉裕─茂韶

蜂須賀家の系図

伊予国内の飛地を削られた悲運の家

ひとつやなぎけ

一柳家

一柳釘抜(丸に二重釘抜、隅切角縮三文字)

藩名：播磨小野藩(兵庫県小野市)
藩祖：一柳直家
石高：1万石
大名になった年：寛永13年(1636)
本拠地：播磨小野陣屋
親疎の別：外様
家格：陣屋
江戸城内の詰間：柳間
爵位：子爵

お取り潰しとなった伊予西条藩の分家

越智《おち》氏の河野庶流《こうのしょりゅう》で、お取り潰しとなった伊予《いよ》西条藩(愛媛県西条市)主・一柳家の分家。江戸時代初期の一柳直盛《なおもり》(直《なお》高《たか》の子)は慶長《けいちょう》5年(1600)の関ヶ原の戦いで徳川《とくがわ》方に属し、伊勢神戸《かんべ》藩(三重県鈴《すず》鹿《か》市)主を経て6万8600石の西条藩主となる。寛永《かんえい》13年(1636)、藩祖・一柳直家《なおいえ》(直盛の次男)が2万8600石を分与され、播磨《はりま》小野藩主となった。ところが、寛永19年(1642)の直家の病没後に伊予(愛媛県)国内の飛地《とびち》など1万8600石を削られ、石高《こくだか》は1万石にまで減少する。一門に一柳直《なお》頼《より》(直盛の三男)に始まる伊予小松藩(西条市)があった。

一柳家の系図

直高 — 直盛 ┬ 直重 — 直興(伊予西条藩主／廃絶)
├ 直家 ＝ 直次 — 末礼 — 直昌 — 末昆 — 末栄 — 末英 ＝ 末昭 — 末周 — 末延 ┐
└ 直頼(伊予小松藩主)
└ 末彦 ＝ 末徳

家祖の遺領を受け継いだ小野藩の一門

ひとつやなぎけ

一柳家

一柳釘抜(丸に釘抜、折敷三文字、一鱗)

藩名：伊予小松藩(愛媛県西条市)
藩祖：一柳直頼
石高：1万石
大名になった年：寛永13年(1636)
本拠地：伊予小松陣屋
親疎の別：外様
家格：陣屋
江戸城内の詰間：柳間
爵位：子爵

存続した伊予西条藩の分家

お取り潰しとなった伊予《いよ》西条藩(愛媛県西条市)主・一柳家の分家で、播磨《はりま》小野藩(兵庫県小野市)主・一柳家の一門。寛永《かんえい》13年(1636)、藩祖・一柳直頼《なおより》(直盛《なおもり》の三男)が1万石を分与され、伊予小松藩主となった。なお、本家で隣藩の西条藩は寛文《かんぶん》5年(1665)にお取り潰しとなるが、この時期の一柳直治《なおはる》(直頼の嫡子)は新田《しんでん》開発に努めた。また、江戸時代中期の一柳頼徳《よりのり》(直治の嫡子)は書道を能《よ》くしたという。一方、後期の一柳頼親《よりちか》(頼欽《よりよし》の嫡子)は藩校・養正館《ようじょうかん》の充実に努めている。

一柳家の系図

一柳直盛 ┬ 直重 — 直興(伊予西条藩主／廃絶)
├ 直家(播磨小野藩主)
└ 直頼 — 直治 — 頼徳 ＝ 頼邦 — 頼寿 — 頼欽 — 頼親 ＝ 親紹 — 頼明

智将・北条早雲の血を引く外様の名家

ほうじょうけ

北条家

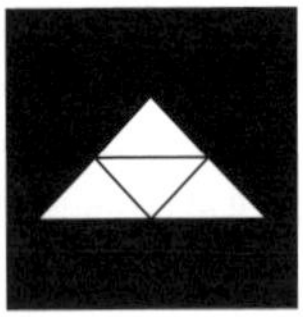

北条鱗(三鱗／角折敷の内二文字)

藩名：河内狭山藩(大阪府大阪狭山市)
藩祖：北条氏盛
石高：1万1000石
大名になった年：慶長5年(1600)以降
本拠地：摂津久宝寺陣屋→河内狭山陣屋
親疎の別：外様
家格：陣屋
江戸城内の詰間：柳間
爵位：子爵

河内狭山藩として残った後北条家の血筋

『寛政重修諸家譜』《かんせいちょうしゅうしょかふ》では平氏《へいし》(桓武《かんむ》平氏)維将《これまさ》流とされているが、滅亡した相模《さがみ》(神奈川県)の戦国大名・北条家(後北条《ごほうじょう》家)の分家にあたる。

本家の北条家は早雲《そううん》(伊勢宗瑞《いせそうずい》)、氏《うじ》綱《つな》、氏康《うじやす》、氏政《うじまさ》の歴代当主がいずれも名将で、戦国時代末期、織豊《しょくほう》(安土桃山)時代に関東南部を版図に収めて繁栄した。

けれども、天正《てんしょう》18年(1590)に豊臣秀吉《とよとみひでよし》による小田原征伐の際に、氏政や北条氏《うじ》直《なお》(氏政の嫡子)らが自刃、病死し、惜しくも滅亡を遂げた。このとき、幸いにも北条氏規《うじのり》(氏康の五男)と北条氏勝《うじかつ》(氏繁《うじしげ》の子)は連坐を免れ、慶長《けいちょう》5年(1600)の関ヶ原の戦いの後に藩祖・北条氏盛《うじもり》(氏規の嫡子、氏直の養子)が1万1000石の河内《かわち》狭山《さやま》藩主に、氏勝の子孫が各地を経て3万石の遠江《とおとうみ》掛川藩(静岡県掛川市)主になった。なお、関係史料には氏規を藩祖、御歴代外藩祖とするものがある。

狭山藩の歴代のうち、江戸時代中期の北条氏朝《うじとも》(氏利《うじとし》の子、氏治《うじはる》の養子)は伏見《ふしみ》奉行と寺社奉行を、後期の北条氏喬《うじたか》(氏《うじ》昉《あきら》の嫡子)は大番頭《おおばんがしら》を務めた。

なかでも、氏喬は天保《てんぽう》8年(1837)の大《おお》塩平八郎《しおへいはちろう》の乱の討伐の際に活躍している。

一方、中期の北条氏彦《うじよし》(氏貞《うじさだ》の嫡子)のときに家臣団内に動揺があり、「狭山騒動」に発展した。

なお、一門である掛川藩主・北条家は、万治《まんじ》元年(1658)に無嗣《むし》(跡継ぎの欠如)でお取り潰しとなっている。

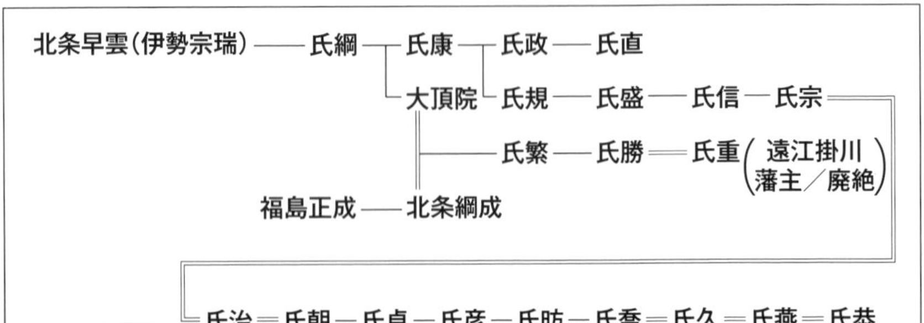

北条家の系図

賤ヶ嶽七本槍の一将が家祖の元旗本

平野家《ひらのけ》

丸に三鱗形(三鱗／九曜、木瓜)

藩名：大和田原本藩(奈良県田原本町)
藩祖：平野長裕
石高：1万石
大名になった年：明治元年(慶応4年／1868)
本拠地：大和田原本陣屋
親疎の別：外様(譜代)
家格：陣屋
江戸城内の詰間：ー
爵位：男爵

明治になって旗本から大名になった外様大名

平氏《へいし》(桓武《かんむ》平氏)維将《これまさ》流の北条《ほうじょう》支胤《しいん》で、織豊《しょくほう》(安土桃山)時代の平野長治《ながはる》(清原枝《きよはらし》賢《けん》の子、万久《まんきゅう》の養子)と平野長泰《ながやす》(長治の子)は豊臣秀吉《とよとみひでよし》に仕えた。父子のうち、長泰は天正《てんしょう》11年(1583)の賤《しず》ヶ嶽《たけ》の戦いで活躍し、「賤ヶ嶽七本槍《しちほんやり》」の一将に数えられる。次いで、長泰は文禄《ぶんろく》4年(1595)に5000石の大和田原本《やまとたわらもと》城主となり、慶長《けいちょう》5年(1600)の関ヶ原の戦いで徳川《とくがわ》方に属した。戦後、長泰は5000石を安堵され、子孫は江戸幕府の旗本(交代寄合)として存続する。明治元年(慶応《けいおう》4年／1868)、平野長裕《ながひろ》(長発《ながゆき》の次男)が5000石の加増を受け、1万石の田原本藩主となった。

平野万久 ══ 長治 ── 長泰 ── 長勝 ══ 長政 ── 長英 ══ 長暁 ══ 長里 ── 長純 ── 長興 ─┐
└ 長発 ── 長裕

平野家の系図

文芸に長けた藩主が出た熊本藩の支封

細川家《ほそかわけ》

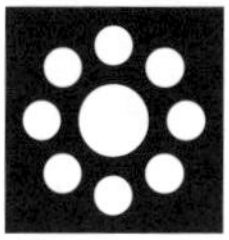

細川九曜(九曜、五三桐)

藩名：肥後宇土藩(熊本県宇土市)
藩祖：細川行孝
石高：3万石
大名になった年：正保3年(1646)
本拠地：肥後宇土陣屋
親疎の別：外様
家格：陣屋
江戸城内の詰間：柳間
爵位：子爵

肥後宇土を治めた細川家の分家

肥後《ひご》熊本藩(熊本市)主・細川家の分家。正保《しょうほう》3年(1646)、藩祖・細川行孝《ゆきたか》(立孝《たつたか》の子)が3万石を分与され、肥後宇土《うと》藩主となった。歴代のうち、江戸時代前期の細川有孝《ありたか》(行孝の三男)は第5代将軍・徳川《とくがわ》綱吉《つなよし》の時代に奥詰《おくづめ》を務めている。また、中期の細川興文《おきのり》(興生《おきなり》の三男、興里《おきさと》の養子)は、藩政改革や藩校・温知館《おんちかん》の創設などの業績で名高いが、細川興里(興生の嫡子)・興文父子は詩歌などに長けた文人大名として三百諸侯《しょこう》のあいだに知れ渡っていたという。

細川忠興(三斎) ─┬─ 忠利(肥後熊本藩主)
└ 立孝 ── 行孝 ── 有孝 ── 興生 ── 興里 ══ 興文 ── 立礼(斉茲) ── 立之 ─┐
└ 立政(斉護) ══ 行芬 ── 立則 ══ 行真

細川家の系図

文武を愛した幽斎・忠興父子の嫡流

ほそかわけ

細川家

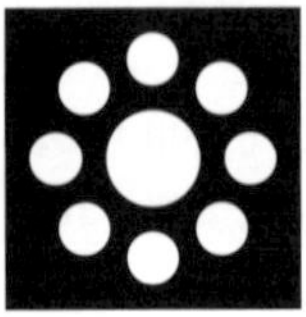

細川九曜（松葉菱、桐、九曜、桜）

藩名：肥後熊本藩（熊本県熊本市）
藩祖：細川忠興
石高：54万石
大名になった年：慶長5年（1600）以降
本拠地：丹後宮津城→豊前中津城→豊前小倉城→肥後熊本城
親疎の別：外様
家格：国主
江戸城内の詰間：大広間
爵位：侯爵

加藤家改易後に熊本に定着した大大名

清和《せいわ》源氏《げんじ》足利《あしかが》庶流《しょりゅう》で、細川姓は三河《みかわ》細川郷《ごう》（愛知県岡崎市）にちなむ。

南北朝期に足利尊氏《たかうじ》に属して以降、一族が室町幕府の管領《かんれい》（閣僚）、諸国の守護《しゅご》（県知事）を世襲して繁栄した。

応仁《おうにん》元年（1467）の応仁の乱では吉兆家《きっちょう》（細川家の嫡流）の細川勝元《かつもと》（持之《もちゆき》の子）が東軍の大将を務め、細川政元《まさもと》（勝元の子）は乱後に実権を握るが、戦国時代に三好《みよし》長慶《ちょうけい》らのために没落した。その後、一族を継いだ細川藤孝《ふじたか》（幽斎《ゆうさい》／三淵晴員《みつぶちはるかず》の三男、元常《もとつね》の甥《おい》で養子）と藩祖・細川忠興《ただおき》（三斎《さんさい》／藤孝の嫡子）父子が慶長《けいちょう》5年（1600）の関ヶ原の戦いで徳川《とくがわ》方として奮戦し、戦勝後に忠興が30万石（後に39万9000石）の豊前《ぶぜん》小倉藩（福岡県北九州市）主となった。子孫は寛永《かんえい》9年（1632）に54万石の肥後《ひご》熊本藩主となり、定着する。

細川忠利《ただとし》（忠興の嫡子）以降は徳川将軍家から将軍の諱《いみな》（実名）の一字を拝領するのが慣例となった。歴代のうち、藤孝は第12代将軍・足利義晴《よしはる》の御落胤《ごらくいん》ともいわれるが、「古今《こきん》伝授」を受けた文人大名として名高い。また、細川ガラシア（明智《あけち》光秀《みつひで》の娘、忠興の正室）はキリスト教信仰を貫いた賢婦人、江戸時代中期の細川綱利《つなとし》（光尚《みつなお》の嫡子）と細川重賢《しげかた》（宣紀《のぶのり》の五男、宗孝《むねたか》の養子）らは藩政を充実させた名君として名高い。

分家に細川行孝《ゆきたか》（立孝《たつたか》の子）に始まる肥後宇土《うと》藩（熊本県宇土市）、細川利重《とししげ》（光尚の三男）に始まる肥後熊本新田《しんでん》藩、細川興元《おきもと》（藤孝の次男）に始まる常陸谷田部《ひたちやたべ》藩（茨城県つくば市）があった。

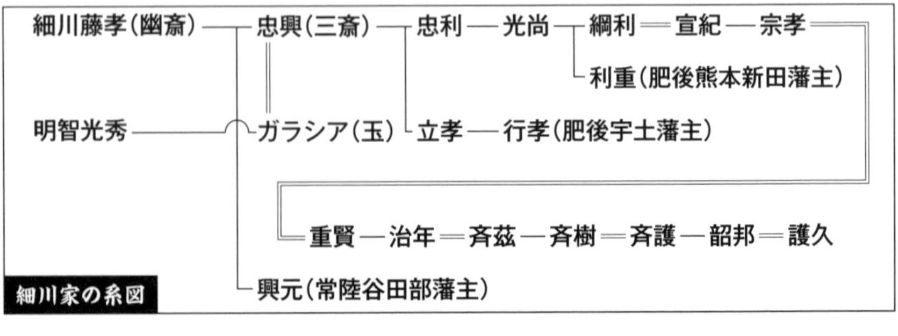

細川家の系図

早くに領地を返納した熊本藩の支封

ほそかわけ

細川家

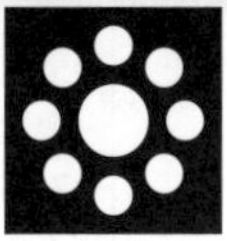

細川九曜（九曜／五三桐、桜、二引両）

藩名：肥後熊本新田藩（高瀬藩／熊本県熊本市）
藩祖：細川利重
石高：3万5000石
大名になった年：寛文6年（1666）
本拠地：肥後熊本城下
親疎の別：外様
家格：陣屋
江戸城内の詰間：柳間
爵位：子爵

肥後熊本新田を治めた細川家の分家

肥後《ひご》熊本藩（熊本市）主・細川家の分家。藩名は高瀬藩ともいうが、石高《こくだか》が3万5000石もあったにもかかわらず、異例にも参勤交代をしない定府《じょうふ》大名であった。寛文《かんぶん》6年（1666）、藩祖・細川利重《としじげ》（光尚《みつなお》の三男）が3万5000石を分与され、肥後熊本新田《しんでん》藩主となった。歴代のうち、江戸時代中期の細川利庸《としつね》（利寛《としひろ》の四男、利致《としゆき》の養子）は藩校・成章館《せいしょうかん》を創設したが、利庸ら中期、後期の藩主は一族からの養子が多い。明治元年（慶応《けいおう》4年／1868）に陣屋を肥後高瀬（熊本県玉名市）にもうけて高瀬藩を称すが、明治3年（1870）に本家・熊本藩へ領地を返還して廃藩となる。

細川家の系図

細川光尚 ─┬─ 綱利（肥後熊本藩主）
　　　　　└─ 利重 ─ 利昌 ─ 利恭 ＝ 利寛 ─ 利致 ＝ 利庸 ─ 利国 ＝ 利愛 ＝ 利用 ＝ 利永

関東に本拠地を置いたもうひとつの支封

ほそかわけ

細川家

九曜（蛇目九曜、五三桐、桜）

藩名：常陸谷田部藩（茨城県つくば市）
藩祖：細川興元
石高：1万6300石
大名になった年：慶長15年（1610）
本拠地：下野茂木陣屋→常陸谷田部陣屋→下野茂木陣屋
親疎の別：外様
家格：陣屋
江戸城内の詰間：柳間
爵位：子爵

常陸谷田部を治めた細川家の分家

肥後《ひご》熊本藩（熊本市）主・細川家の分家。織田信長《おだのぶなが》、豊臣秀吉《とよとみひでよし》、徳川家康《とくがわいえやす》に歴仕した藩祖・細川興元《おきもと》（藤孝《ふじたか》の次男）は、慶長《けいちょう》15年（1610）に1万6200石（後に1万6300石）を与えられ、常陸谷田部《ひたちやたべ》藩主となった。歴代のうち、江戸時代中期、後期の細川興徳《おきのり》（興晴《おきはる》の嫡子）は二宮尊徳《にのみやそんとく》（金次郎《きんじろう》）に藩政改革を委嘱《いしょく》した。明治4年（1871）、下野茂木《しもつけもてぎ》（栃木県茂木町）へ陣屋を移し、茂木藩を興している。

細川家の系図

細川藤孝（幽斎）─┬─ 忠興（三斎／肥後熊本藩主）
　　　　　　　　└─ 興元 ─ 興昌 ─ 興隆 ─ 興栄 ＝ 興誠 ─ 興虎 ─ 興晴 ─ 興徳 ＝ 興建 ─ 興貫

信濃に定着した名将・堀秀政の末裔

ほりけ

堀家

三つ盛亀甲に花菱(梅花の丸、抱沢潟、抱茗荷)

藩名：信濃飯田藩(長野県飯田市)
藩祖：堀親良
石高：1万5000石
大名になった年：慶長5年(1600)以降
本拠地：越後蔵王堂城→下野真岡陣屋→下野烏山城→信濃飯田城
親疎の別：外様
家格：城主
江戸城内の詰間：柳間
爵位：子爵

小藩として続いた堀秀政の次男の系譜

藤原《ふじわら》氏利仁《としひと》流で、お取り潰しとなった越後《えちご》福島藩(新潟県上越《じょうえつ》市)主・堀家の分家。戦国時代、織豊《しょくほう》(安土桃山)時代の堀秀政《ひでまさ》(秀重《ひでしげ》の嫡子)は織田信長《おだのぶなが》と豊臣秀吉《とよとみひでよし》に仕える。次いで、堀秀治《ひではる》(秀政の嫡子)は慶長《けいちょう》5年(1600)の関ヶ原の戦いで徳川《とくがわ》方に属して上杉景勝《うえすぎかげかつ》(謙信《けんしん》の甥《おい》で養子)に備え、戦勝後に45万石の越後春日山《かすがやま》藩(上越市)主となった。ところが慶長15年(1610)に、家臣団内の騒動を理由に福島藩主に転じていた堀忠俊《ただとし》(秀治の嫡子)がお取り潰しとなる。

一方、藩祖・堀親良《ちかよし》(秀政の次男)は関ヶ原の戦いの戦勝後、4万石の越後蔵王《ざおう》堂《どう》藩(新潟県長岡市)主となった。

子孫は寛文《かんぶん》12年(1672)に2万石(後に1万5000石)の信濃《しなの》飯田藩主となり、定着している。

歴代のうち、江戸時代後期の堀親審《ちかしげ》(親長《ちかなが》の五男、親民《ちかたみ》の養子)は若年寄と老中格を務めた。

一門に堀利重《とししげ》(秀重の子)に始まる常陸《ひたち》玉取《たまどり》藩(茨城県つくば市)、堀鶴千代《つるちよ》(秀治の次男、親良の養子)に始まる蔵王堂藩があったが、乱心や無嗣《むし》(跡継ぎの欠如)を理由にお取り潰しとなった。

ちなみに、秀政・秀治父子は重臣の堀直政《なおまさ》(奥田《おくだ》直純《なおずみ》の子)に堀姓を与えたが、直政の子孫のうち、堀直時《なおとき》(直寄《なおより》の次男)に始まる越後村松藩(新潟県五泉《ごせん》市)、堀直重《なおしげ》(直政の四男)に始まる信濃須坂《すざか》藩(長野県須坂市)、堀直景《なおかげ》(直之《なおゆき》の嫡子)に始まる譜代大名の越後椎谷《しいや》藩(新潟県柏崎市)の3藩は存続した。

堀秀重─秀政─秀治─忠俊(越後福島藩主／廃絶)
　　　　　　　　　　＝鶴千代(越後蔵王堂藩主／廃絶)
　　　　　　─親良＝親昌─親貞＝親常＝親賢─親庸＝親蔵─
　　　─利重─利長＝通周(常陸玉取藩主／廃絶)
─親長─親忠＝親民＝親審─親義＝親広

堀家の系図

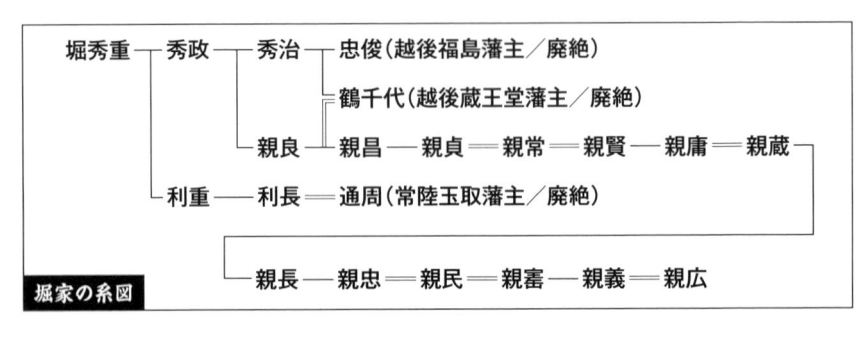

直政の家祀を受け継ぐ奥田姓堀家の旗頭

ほりけ

堀家

釘抜(亀甲の丸に花菱)

藩名:越後村松藩(新潟県五泉市)
藩祖:堀直時。一説に堀直寄＊
石高:3万石
大名になった年:寛永16年(1639)
本拠地:越後坂戸陣屋→信濃飯山城→越後蔵王陣屋→越後長岡城→越後村上城→越後安田陣屋→越後村松陣屋
親疎の別:外様
家格:陣屋
江戸城内の詰間:柳間
爵位:子爵

お取り潰しとなった越後村上藩の分家

本来は藤原《ふじわら》氏利仁《としひと》流の奥田《おくだ》姓で、奥田姓は尾張《おわり》奥田(愛知県一宮市)にちなむ。名将・堀直政《なおまさ》(奥田直純《なおずみ》の子)の子孫で、お取り潰しとなった越後《えちご》村上藩(新潟県村上市)主・堀家の分家。寛永《かんえい》16年(1639)、藩祖・堀直時《なおとき》(直寄《なおより》の次男)が3万石で越後安田藩(新潟県阿賀野《あがの》市)主となり、子孫は寛永21年(1644)に越後村松藩主へ転じ、定着した。幕末期の堀直賀《なおよし》(直教《なおのり》の孫、直休《なおやす》の養子)は明治元年(慶応《けいおう》4年/1868)の奥羽越列藩《おううえつれっぱん》同盟で敗走を経験する。維新後、子孫が奥田姓へ復姓した。

奥田直純―堀直政―直寄┬直次―直定(越後村上藩主/廃絶)
　　　　　　　　　　　└直時―直吉―直利―直為―直堯―直教＝直方―直庸＝直央―直休＝直賀＝直弘

堀家の系図

＊直時が村上藩(直政の嫡流)の名跡を継いだと見る説がある

旗本から大名になった村松藩の一族

ほりけ

堀家

亀甲に卍字(二重亀甲に花菱)

藩名:信濃須坂藩(長野県須坂市)
藩祖:堀直重
石高:1万石
大名になった年:元和元年(1615)
本拠地:下総矢作城→信濃須坂陣屋
親疎の別:外様
家格:陣屋
江戸城内の詰間:柳間
爵位:子爵

信濃須坂を治めた堀家

本来は藤原《ふじわら》氏利仁《としひと》流の奥田《おくだ》姓で、奥田姓は尾張《おわり》奥田(愛知県一宮市)にちなむ。名将・堀直政《なおまさ》(奥田直純《なおずみ》の子)の子孫で、お取り潰しとなった越後《えちご》村上藩(新潟県村上市)主・堀家の分家にあたる。江戸時代初期の藩祖・堀直重《なおしげ》(直政の四男)は旗本(2000石)を経て、慶長《けいちょう》19年(1614)と元和《げんな》元年(1615)の大坂の陣で活躍し、元和元年に1万2000石(後に1万石)の信濃須《しなのす》坂《ざか》藩主となった。幕末期の堀直虎《なおとら》(直格《なおただ》の五男、直武《なおたけ》の養子)は困難な時代に若年寄と外国惣奉行《そうぶぎょう》に就任し、明治元年(慶応《けいおう》4年/1868)に江戸城内で自刃している。維新後、子孫が奥田姓へ復姓した。

奥田直純―堀直政―直重―直升―直輝―直佑＝直英―直寛―直堅＝直郷＝直晧―直興＝直格―直武＝直虎＝直明

堀家の系図

三百諸侯随一の石高を誇った大藩

前田家《まえだけ》

加賀梅鉢(剣梅輪内、菊、桐)

藩名：加賀藩(加賀金沢藩／石川県金沢市)
藩祖：前田利長
石高：102万2700石
大名になった年：慶長5年(1600)以降
本拠地：(越前府中城→能登七尾城→)加賀金沢城
親疎の別：外様
家格：国主
江戸城内の詰間：大廊下
爵位：侯爵

加賀百万石を誇った前田利家の子孫

本姓は菅原《すがわら》氏で、前田姓は美濃《みの》前田(岐阜県神戸《ごうど》町)にちなむという。

織豊《しょくほう》(安土桃山)時代の前田利家《としいえ》(利昌《としまさ》の四男)は織田信長《おだのぶなが》に仕えて頭角を現し、命により前田家の当主、尾張荒子《おわりあらこ》城(愛知県名古屋市)主となった。

次いで、柴田勝家《しばたかついえ》の与力となった利家は北陸各地で軍功をあげ、能登七尾《のとななお》城(石川県七尾市)主に抜擢される。信長が天《てん》正《しょう》10年(1582)に本能寺《ほんのうじ》で自刃した後は勝家に従うが、天正11年(1583)の賤《しず》ヶ嶽《たけ》の戦いのときから豊臣秀吉《とよとみひでよし》に仕えた。戦後、75万石前後で加賀《かが》金沢城(石川県金沢市)主となった利家は、秀吉の晩年には五大老のひとり、豊臣秀頼《ひでより》(秀吉の次男)の傅《もり》役《やく》(養育係)として重きをなす。

ところが、慶長《けいちょう》3年(1598)に秀吉、翌年に利家が病没すると、同じく五大老のひとりである徳川家康《とくがわいえやす》の専横が顕著となる。さらに、藩祖・前田利長《としなが》(利家の嫡子)が謀叛を企てているというデマが流れ、利長と家康との関係が悪化した。

このとき、芳春院《ほうしゅんいん》(お松《まつ》／利家の正室、利長らの生母)が自ら人質となって武蔵《むさし》江戸城(東京都千代田区)へ赴き、家康との関係改善に成功している。次いで、慶長5年(1600)の関ヶ原の戦いで徳川方として豊臣方と交戦した利長は、戦勝後に大幅な加増を受けて119万2700石の加賀藩主となった。石高《こくだか》は分知《ぶんち》により減少するが、三百諸侯《しょこう》随一の102万2700石を誇り、加賀百万石の大守として全国津々浦々《つつうらうら》にその存在を知られるにいたる。

歴代のうち、江戸時代前期の前田綱紀《つなのり》(光高《みつたか》の嫡子)は藩政面で改作法《かいさくほう》などの諸改革を導入し、儒者・木下順庵《きのしたじゅんあん》らの学者を招聘《しょうへい》した名君として名高い。また、前期の前田利常《としつね》(利家の四男、利長の養子)が天徳院《てんとくいん》(珠姫《たまひめ》、子々姫《ねねひめ》／第2代将軍・徳川秀忠《ひでただ》の次女)を、後期の前田斉泰《なりやす》(斉広《なりなが》の嫡子)が景徳院《けいとくいん》(溶姫《ようひめ》／第11代将軍・徳川家斉《いえなり》の娘)を正室に迎えるなど、徳川将軍家との縁組を重ねている。

以上により、光高以降は徳川将軍家から松平《まつだいら》姓と将軍の諱《いみな》(実名)の一字を拝領するのが慣例となった。ただし、外様《とざま》大名に警戒心を抱く徳川将軍家を欺《あざむ》くべく、利常は鼻毛を伸ばす、人前で放尿《ほうにょう》をするなどしてわざと暗愚《あんぐ》を装ったという話も伝えられている。ちなみに、大名の正室となった将軍の娘のことを御守殿《ごしゅでん》といい、御守殿のいる大名は江戸藩邸に御守殿門という格式ある門の構築を許された。

　現存する東京大学（東京都文京区）の赤門（国重要文化財）こそ、景徳院が輿入《こしい》れした際に構築された御守殿門である。

　分家には、前田利次《としつぐ》（利常の次男）に始まる越中《えっちゅう》富山藩（富山市）、前田利治《としはる》（利常の三男）に始まる加賀大聖寺《だいしょうじ》藩（石川県加賀市）、前田利孝《としたか》（利家の五男）に始まる上野七日市《こうずけなのかいち》藩（群馬県富岡市）、前田利《とし》昌《まさ》（利明《としあき》の四男）に始まる加賀大聖寺新田《しんでん》藩があった。また、前田利政《としまさ》（利家の次男）は慶長5年（1600）当時に七尾城主となっていたが、利政は豊臣方への加担、利昌に始まる大聖寺新田藩は殿中刃傷事件により、ともにお取り潰しとなった。

　後に、前田長種《ながたね》（利家の娘婿）や利政の子孫は加賀藩の家臣となり、明治時代に男爵の爵位《しゃくい》を授けられている。

　一方、前田利大《としおき》（利太《としおき》、慶次郎《けいじろう》／滝川《たきがわ》益氏《ますうじ》もしくは一益《かずます》の子、前田利久《としひさ》の養子）は陸奥会津《むつあいづ》城（福島県会津若松市）主時代の上杉景勝《うえすぎかげかつ》（謙信《けんしん》の養子）に仕えたが、文武に長けながらも奇抜な行動を重ねた好人物として知られている。

加賀金沢城菱櫓（石川県金沢市）

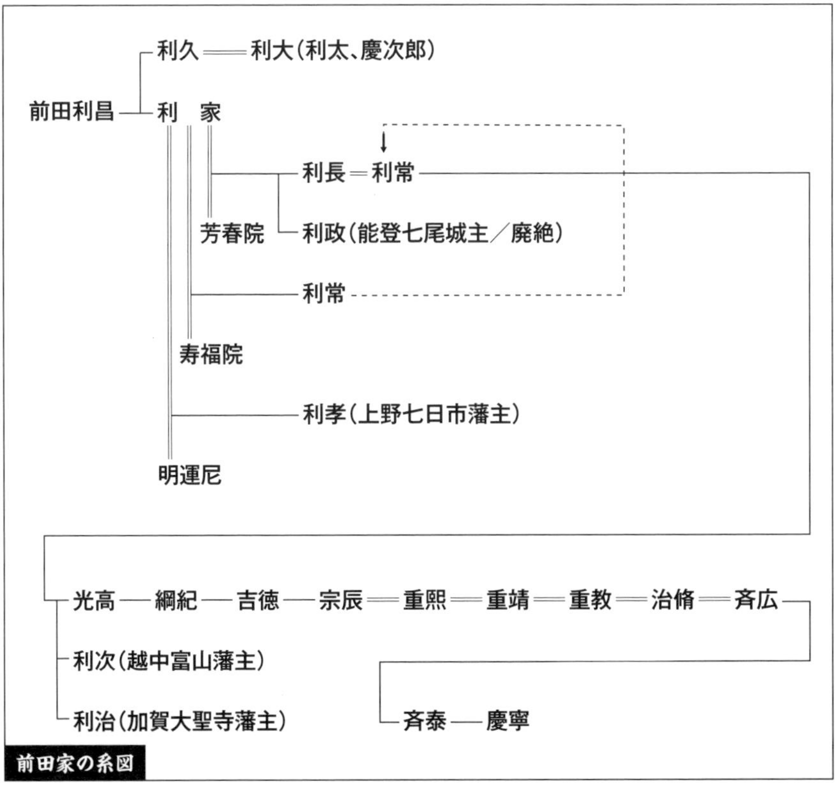

前田家の系図

往時は2万5000石余を領有した名家

ほんどうけ

本堂家

八つ石畳（八鑿、笹龍胆）

藩名：常陸志筑藩（茨城県かすみがうら市）
藩祖：本堂親久
石高：1万100石
大名になった年：明治元年（慶応4年／1868）
本拠地：出羽本堂城→常陸志筑陣屋
親疎の別：外様（譜代）
家格：陣屋
江戸城内の詰間：－
爵位：男爵

常陸志筑を治めた小藩

清和源氏為義《せいわげんじためよし》流の和賀《わが》氏の支流で、本堂姓は出羽《でわ》本堂（秋田県美郷《みさと》町）にちなむという。本堂家は織豊《しょくほう》（安土桃山）時代前期には2万5000石（一説に5万5000石）前後を領有していたというが、その後、本堂茂親《しげちか》（忠親《ただちか》の子）が徳川家康《とくがわいえやす》に仕えて旗本（交代寄合）となり、正保《しょうほう》2年（1645）に常陸《ひたち》志筑《しづき》へ陣屋を構えている。石高《こくだか》は分知《ぶんち》などの末に、8100石（一説に8000石）となる。明治元年（慶応《けいおう》4年／1868）に藩祖・本堂親久《ちかひさ》（親道《ちかみち》の嫡子）が加増を受け、1万100石の常陸志筑藩主となった。

本堂朝親 ― 忠親 ― 茂親 ― 栄親 ― 玄親 ― 伊親 ＝ 苗親 ― 豊親 ＝ 頼房 ― 親庸 ― 親道 ― 親久

本堂家の系図

富山の薬売りを保護した加賀藩の支封

まえだけ

前田家

富山梅鉢（梅輪内）

藩名：越中富山藩（富山県富山市）
藩祖：前田利次
石高：10万石
大名になった年：寛永16年（1639）
本拠地：越中百塚陣屋＊→越中富山城
親疎の別：外様
家格：城主
江戸城内の詰間：大広間
爵位：伯爵

越中富山を治めた前田家の分家

加賀《かが》藩（石川県金沢市）主・前田家の分家。寛永《かんえい》16年（1639）に藩祖・前田利次《としつぐ》（利常《としつね》の次男）が10万石を分与され、万治《まんじ》3年（1660）に越中《えっちゅう》富山藩主となった。歴代のうち、江戸時代前期の前田正甫《まさとし》（利次の次男）や後期の前田利保《としやす》（利謙《としのり》の次男、利幹《としもと》の養子）らは薬学などを含む本草学《ほんぞうがく》に造詣《ぞうけい》が深く、富山の薬売りの保護に心を砕いている。なかでも利保は西洋医・宇田川榕庵《うだがわようあん》に師事し、『本草通串《ほんぞうつうかん》』などを執筆した。ほかにも歴代には文武の奨励などに取り組んだ藩主が多い。

前田利常 ┬ 光高（加賀藩主）
├ 利次 ― 正甫 ― 利興 ＝ 利隆 ― 利幸 ＝ 利与 ＝ 利久 ＝ 利謙 ＝ 利幹 ＝ 利保 ― 利友 ＝ 利声 ＝ 利同
└ 利治（加賀大聖寺藩主）

前田家の系図

＊この時期の利次を百塚藩（富山市）主と見る説もある

藩祖が九谷焼を保護した加賀藩の支封

まえだけ

前田家

加賀梅鉢(梅輪内)

藩名：加賀大聖寺藩(石川県加賀市)
藩祖：前田利治
石高：10万石
大名になった年：寛永16年(1639)
本拠地：加賀大聖寺城
親疎の別：外様
家格：城主
江戸城内の詰間：大広間
爵位：伯爵

加賀大聖寺を治めた前田家の分家

加賀《かが》藩(石川県金沢市)主・前田家の分家。寛永《かんえい》16年(1639)、藩祖・前田利治《としはる》(利常《としつね》の三男)が7万石を分与され、加賀大聖寺《だいしょうじ》藩主となった。石高《こくだか》は文政《ぶんせい》4年(1821)に10万石となり、確定する。歴代のうち、利治は茶人で備中《びっちゅう》松山藩(岡山県高梁《たかはし》市)の小堀政一《こぼりまさかず》(遠州《えんしゅう》)に師事して、藩内で陶土《とうど》を採掘し、藩外から陶工《とうこう》を招いて陶器を製作させた。これが名陶《めいとう》・九谷《くたに》焼の濫觴《らんしょう》とされている。分家の前田利昌《としまさ》(利明《としあき》の四男)に始まる大聖寺新田《しんでん》藩はお取り潰しとなっている。

前田家の系図

100分の1の石高だったもうひとつの支封

まえだけ

前田家

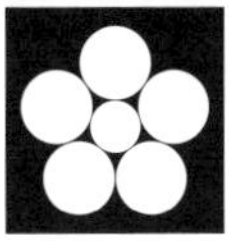

梅鉢(寄梅輪内／桐)

藩名：上野七日市藩(群馬県富岡市)
藩祖：前田利孝
石高：1万石
大名になった年：元和2年(1616)
本拠地：上野七日市陣屋
親疎の別：外様
家格：陣屋
江戸城内の詰間：柳間
爵位：子爵

上野七日市を治めた前田家の分家

加賀《かが》藩(石川県金沢市)主・前田家の分家。藩祖・前田利孝《としたか》(利家《としいえ》の五男)は慶長《けいちょう》19年(1614)と元和《げんな》元年(1615)の大坂の陣に出陣し、元和2年(1616)に1万石の上野《こうずけ》七日市《なのかいち》藩主となった。天明《てんめい》3年(1783)には浅間山の噴火で大きな被害を受けたため、前田利見《としあきら》(利尚《としひさ》の次男)は復興に全力で取り組んでいる。また、幕末維新期の藩主・前田利豁《としあきら》(利幹《としつよ》の八男、利和《としよし》の養子)は、藩校・成器館《せいきかん》を創設した。

前田家の系図

現在の天皇家と有縁の外様の名物大名

まつらけ

松浦家

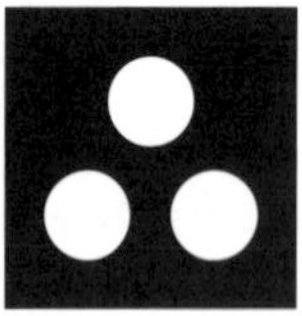

三つ星(三星／二引両、梶葉)

藩名：肥前平戸藩(長崎県平戸市)
藩祖：松浦鎮信(法印)
石高：6万1700石
大名になった年：慶長5年(1600)以降
本拠地：肥前平戸城
親疎の別：外様
家格：城主
江戸城内の詰間：柳間
爵位：伯爵

肥前平戸に君臨した外様大名

嵯峨源氏《さがげんじ》の源融《みなもとのとおる》の子孫で、松浦姓は肥前《ひぜん》松浦郡(佐賀県西部、長崎県東部)にちなむ。

戦国時代末期の松浦隆信《たかのぶ》(道可《どうか》／興信《おきのぶ》の子)は肥前平戸《ひらど》城を本拠に版図の拡大などに成功する。織豊《しょくほう》(安土桃山)時代、江戸時代初期の藩祖・松浦鎮信《しげのぶ》(法印《ほういん》／道可の嫡子)は慶長《けいちょう》5年(1600)の関ヶ原の戦いで徳川《とくがわ》方に属し、戦後に6万3000石(後に6万1700石)の平戸藩主となった。江戸時代後期の松浦清《きよし》(静山《せいざん》／政信《まさのぶ》の子、誠信《さねのぶ》の養子)は藩政の面では財政改革、新田《しんでん》開発、藩校・維新館《いしんかん》の創設などの功績を残し、私的な面では儒者・林述斎《はやしじゅっさい》らと交遊する一方、心形刀流《しんぎょうとうりゅう》剣術の修行に没頭した。清が述斎の勧めで執筆した『甲子夜話《かっしやわ》』は、当時の風俗などを知るうえで極めて有用な随筆集である。また、愛子《あいこ》(清の十一女)が公家・中山忠能《なかやまただやす》に嫁して中山慶子《よしこ》を産むが、慶子は第121代・孝明《こうめい》天皇の寵愛《ちょうあい》を受け第122代・明治天皇を産んでいる。

分家には松浦昌《まさし》(天祥の次男)に始まる肥前平戸新田藩があった。

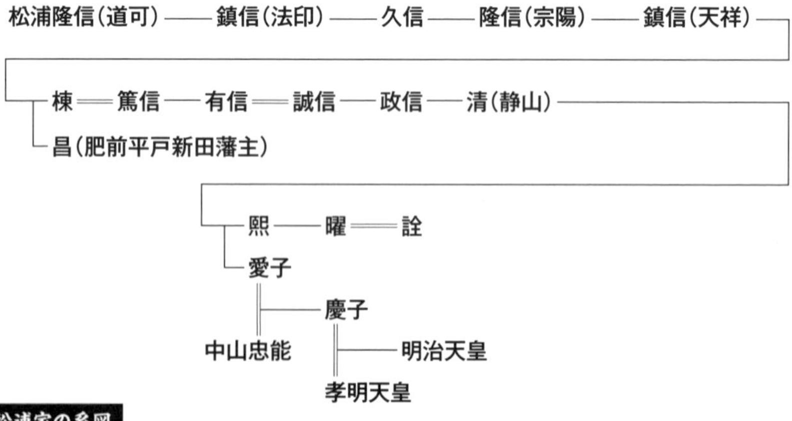

松浦家の系図

植松藩と改称した平戸藩の支封

まつらけ

松浦家

松浦梶葉(角の内一梶葉、三星)

藩名:肥前平戸新田藩(平戸館山藩、植松藩/長崎県平戸市)
藩祖:松浦昌
石高:1万石
大名になった年:元禄2年(1689)
本拠地:肥前平戸城下
親疎の別:外様
家格:陣屋
江戸城内の詰間:柳間
爵位:子爵

肥前平戸新田を治めた松浦家の分家

藩名は平戸館山《ひらどたてやま》藩、植松《うえまつ》藩ともいう。肥前《ひぜん》平戸藩主・松浦家の分家。元禄《げんろく》2年(1689)、藩祖・松浦昌《まさし》(鎮信《しげのぶ》〈天祥《てんしょう》〉の次男)が1万石を分与され、肥前平戸新田《しんでん》藩主となった。歴代の藩主は大和守《やまとのかみ》、伊予守《いよのかみ》などの受領《ずりょう》を得ているが、跡継ぎに恵まれないことが多く、幕末期の松浦皓《ひかる》(清《きよし》の四男、良《ちかし》の養子)など3人が、本家である平戸藩などから養子に入っている。維新後、藩名を植松藩と改称した後、明治3年(1870)に本家へ領地を返還し、廃藩となった。

松浦鎮信(天祥)─┬─棟(肥前平戸藩主)
└─昌──邑──鄰══致──宝──矩══良══皓──脩

松浦家の系図

越後屈指の家格を誇った武功派大名

みぞぐちけ

溝口家

溝口菱(掻摺菱、菱井桁)

藩名:越後新発田藩(新潟県新発田市)
藩祖:溝口秀勝
石高:10万石
大名になった年:慶長5年(1600)以降
本拠地:(若狭高浜城→加賀大聖寺城→)越後新発田城
親疎の別:外様
家格:城主
江戸城内の詰間:大広間
爵位:伯爵

越後新発田に定着した外様大名

清和源氏義光《せいわげんじよしみつ》流で、溝口姓は尾張《おわり》溝口(愛知県稲沢市)にちなむという。藩祖・溝口秀勝《ひでかつ》(勝政《かつまさ》の子)は慶長《けいちょう》3年(1598)に6万石の越後新発田《えちごしばた》城主となった。慶長5年(1600)の関ヶ原の戦いで上杉遺民《うえすぎいみん》一揆の平定に活躍し、6万石(後に10万石)の越後新発田藩主となった。分家に溝口善《よし》勝《かつ》(秀勝の次男)に始まる越後沢海《そうみ》藩(新潟市)があったが、不行跡でお取り潰しとなっている。

溝口秀勝─┬─宣勝──宣直──重雄──重元──直治══直温──直養══直信──直侯──直諒─┐
└─善勝──政勝──政良══政親(越後沢海藩主/廃絶)
└─直溥──直正

溝口家の系図

多くの偉人を輩出した外様の名門

毛利家《もうりけ》

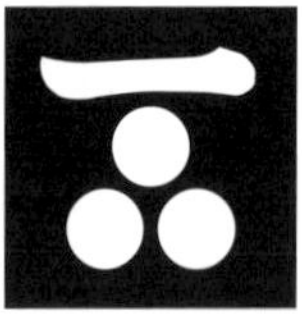

一文字に三つ星(沢瀉)

藩名：長州藩(長門萩藩／山口県萩市)
藩祖：毛利秀就
石高：36万9400石
大名になった年：慶長5年(1600)以降
本拠地：(安芸吉田城→)安芸広島城→長門萩城→周防山口城(→長門萩城→周防山口城)
親疎の別：外様
家格：国主
江戸城内の詰間：大広間
爵位：公爵

徳川家を倒した元就の子孫

大江《おおえ》氏の子孫で、平安時代の学者・大江維時《これとき》(音人《おとんど》の孫)、大江匡衡《まさひら》(維時の孫)、女流歌人の赤染衛門《あかぞめえもん》(匡衡の妻)、鎌倉幕府の重臣・大江広元《ひろもと》(維光《これみつ》の子、中原広《なかはらひろ》季《すえ》の養子)らの子孫にあたる。

なお、毛利姓は毛利季光《すえみつ》(広元の四男)が相模《さがみ》毛利荘《しょう》(森荘／神奈川県厚木市ほか)を領したことにちなむ。

後に季光の子孫は安芸《あき》吉田荘(広島県安芸高田市)へ移住し、戦国時代中期、末期の毛利元就《もとなり》(弘元《ひろもと》の次男)のときに、山陰と山陽を版図に収める戦国大名へ脱皮した。

具体的には、元就は吉川元春《きっかわもとはる》と小早川《こばやかわ》隆景《たかかげ》(ともに元就の子)に、安芸(広島県西部)の名族である吉川家と、竹原《たけはら》・沼《ぬ》田《た》の両小早川家を相続させて、元春と隆景(「毛利の両川《りょうせん》」)が毛利家を支える体制を作り、安芸の武田《たけだ》(安芸武田)家、出雲《いずも》(島根県東部)の尼子《あまご》家、周防《すおう》(山口県東部)の大内《おおうち》家、陶《すえ》家といった守護《しゅご》大名、戦国大名、有力武将を相次いで攻め滅ぼしている。

ちなみに、陶隆房《たかふさ》(晴賢《はるかた》)との厳島《いつくしま》(広島県廿日市《はつかいち》市)の戦い、尼子義久《よしひさ》との月《がっ》山富田《さんとだ》城(島根県安来《やすぎ》市)の攻防戦などは、戦国時代を代表する激闘として語り継がれている。

次いで、永禄《えいろく》6年(1563)に当主となった毛利輝元《てるもと》(隆元《たかもと》の嫡子、元就の孫)は豊《とよ》臣秀吉《とみひでよし》によって120万石の安芸広島城(広島市)主、豊臣家の五大老のひとりとなった。

しかし、輝元は慶長《けいちょう》5年(1600)の関ヶ原の戦いで豊臣方の大将として摂津《せっつ》大坂城(大阪市)へ入城するものの、関ヶ原での決戦で毛利秀元《ひでもと》(元清《もときよ》の子、輝元の従弟《いとこ》で養子)らの傍観や、小早川秀秋《ひであき》(秀吉の甥《おい》で養子、隆景の養子)の裏切りなどが原因で豊臣方が大敗する。

戦後、輝元は隠居し、藩祖・毛利秀就《ひでなり》(輝元の嫡子)が36万9400石の長州《ちょうしゅう》藩(長《なが》門《と》萩《はぎ》藩)主となった。ただし、輝元の隠居の年月には異説もある。なお、毛利綱《つな》広《ひろ》(秀就の四男)以降の藩主は、徳川《とくがわ》将軍家から松平《まつだいら》姓と将軍の諱《いみな》(実名)の一字を拝領するのが慣例となった。

歴代のうち、江戸時代初期の毛利吉広《よしひろ》(綱広の次男、吉就《よしもと》の養子)は三田尻塩田《みたじりえんでん》(山口県防府《ほうふ》市)の創設、中期の毛利吉元《よしもと》(綱元《つなもと》の長男、吉広の養子)は藩校・明倫《めいりん》館《かん》の創設と『萩藩閥閲録《ばつえつろく》』の編纂《へんさん》、毛利重《しげ》就《なり》(匡広《まさひろ》の十男、宗広《むねひろ》の養子)は殖産興業や検地(「宝暦《ほうれき》検地」)などの功績を残している。さらに、幕末維新期の毛利敬親《たかちか》(斉元《なりもと》の長男、斉広の養子)と毛利元徳《もとのり》(広鎮《ひろしげ》の十男、敬親の養子)は村田清風《むらたせいふう》、木戸孝允《きどたかよし》(桂小五郎《かつらこごろう》)、大村益次郎《おおむらますじろう》らの有能な人材を積極的に藩政面や軍事面に登用し、藩政改革、さらには討幕を成功に導いている。

ちなみに、萩城は日本海に近く、海防《かいぼう》(国土、海岸の防衛)の面で脆弱《ぜいじゃく》であったため、文久《ぶんきゅう》3年(1863)に新たに居城・山口城を築城し、山口政事堂《せいじどう》(政庁)をもうけて周防山口藩(山口市)を興したが、後に居城を萩城へ戻す方針を表明する。

分家や一門に毛利就隆《なりたか》(輝元の次男)に始まる周防徳山藩(山口県周南《しゅうなん》市)、秀元に始まる長門長府《ちょうふ》藩(山口県下関市)、毛利元知《もととも》(秀元の三男)に始まる長門清末《きよすえ》藩(下関市)、元春の子孫の吉川家、隆景の子孫の小早川家、筑後久留米《ちくごくるめ》城(福岡県久留米市)主・毛利(小早川)秀包《ひでかね》(元就の子、隆景の養子)に始まる家などがあったが、小早川家は備前《びぜん》岡山藩(岡山市)主・小早川秀秋の没後に無嗣《むし》(跡継ぎの欠如)、秀包に始まる家は豊臣方への加担により、ともにお取り潰しとなった。

一方、吉川家は幕末期の吉川経幹《つねもと》(経《つね》章《あき》の嫡子)のときに周防岩国藩(山口県岩国市)主となった。徳山藩と長府藩、清末藩を含む分家・一門の4藩は廃藩置県《はいはんちけん》まで存続する。さらに、1万石以上を領有していた一族や重臣のうち、右田《みぎた》毛利家(元政《もとまさ》の子孫)や吉敷《よしき》毛利家(秀包の子孫)などは、維新後に男爵の爵位《しゃくい》を授けられている。

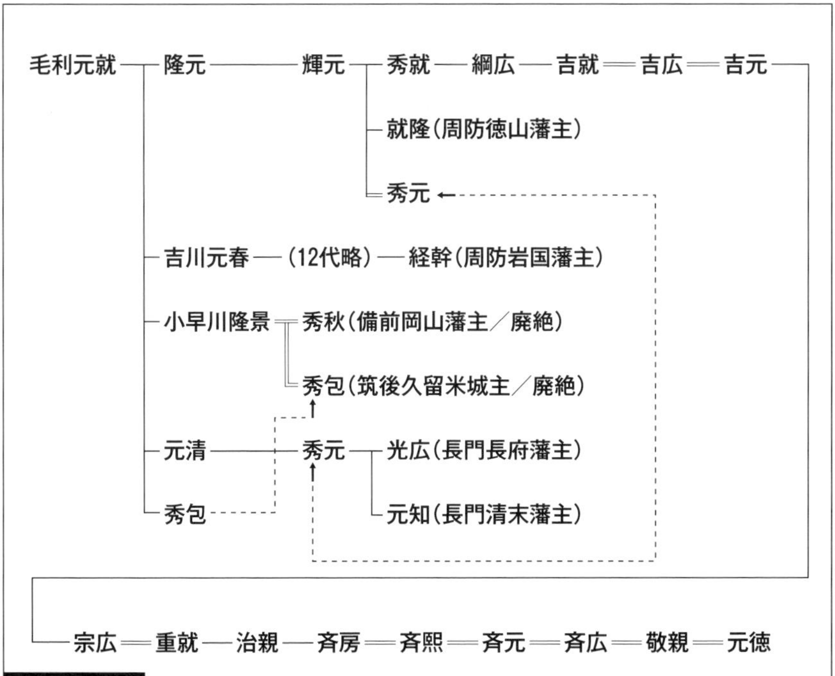

毛利家の系図

長く石高を持たなかった異色の大名

まつまえけ

松前家

丸に武田菱（丸に花菱、丸に割菱）

藩名：蝦夷松前藩（福山藩、館藩／北海道松前町）
藩祖：松前矩広。一説に松前慶広
石高：3万石
大名になった年：享保4年（1719）。一説に慶長5年（1600）以降
本拠地：蝦夷松前館〈福山館〉→陸奥梁川城→蝦夷松前城〈福山城〉→蝦夷館城
親疎の別：外様
家格：城主格
江戸城内の詰間：柳間
爵位：子爵

蝦夷地にあった唯一の大名家

藩名は福山藩、館《たて》藩ともいう。室町時代末期、若狭《わかさ》武田《たけだ》家（清和《せいわ》源氏《げんじ》義光《よしみつ》流）の武田信広《のぶひろ》が蝦夷地《えぞち》（北海道）へ移り住み蠣《かき》崎《ざき》姓を称したが、戦国時代の当主・松前慶広《よしひろ》（信広の玄孫《やしゃご》）が松前姓に改称した。

慶広は豊臣秀吉《とよとみひでよし》、徳川家康《とくがわいえやす》に仕えて蝦夷一円の独占交易権を認められる。江戸幕府の成立後は旗本（交代寄合）となるが、石高《こくだか》と無縁の場所が領地であったため、松前家は世人から無高《むだか》とみなされた。

享保《きょうほう》4年（1719）、松前矩広《のりひろ》（高広《たかひろ》の嫡子）が江戸幕府に正式な大名（1万石格）と認められる。なお、当時の松前藩では、一定の区域の交易権を知行として藩士に与える商場《あきないば》知行制が採用されていた。

江戸時代後期の松前章広《あきひろ》（道広《みちひろ》の嫡子）は文化《ぶんか》4年（1807）に1万8000石の陸奥《むつ》梁川《やながわ》藩（福島県伊達市）主となるが、文政《ぶんせい》4年（1821）に松前へ復帰する。幕末維新期の松前崇広《たかひろ》（章広の六男、昌広《まさひろ》の養子）は安《あん》政《せい》2年（1855）に松前周辺以外の地を上知《じょうち》（召し上げ）され、梁川や出羽《でわ》東根《ひがしね》（山形県東根市）に3万石を与えられた。このとき、崇広は海防《かいぼう》の見地から新たに松前（福山）城の築城に着手するが、藩財政は一気に悪化していく。他方、崇広は異例にも江戸幕府の老中格兼陸海軍総奉行、老中兼陸海軍総裁となって手腕を振るったが、日米修好通商条約《にちべいしゅうこうつうしょう》の勅許《ちょっきょ》問題、兵庫開港問題で失脚している。

明治元年（慶応《けいおう》4年／1868）、榎本武揚《えのもとたけあき》率いる旧幕府方の上陸の報を受け、松前徳広《のりひろ》（昌広の長男、崇広の養子）は本州への脱出を余儀なくされる。明治2年（1869）、松前修広《ながひろ》（徳広の嫡子）が蝦夷館城（松前町）へ入城し、藩名を館藩と改称した。

松前家の系図

武田信広─蠣崎光広─義広─季広─松前慶広─盛広─公広─氏広─高広─矩広＝邦広─資広─道広─章広─見広─良広＝昌広＝崇広＝徳広─修広

元世子・秀元が興した長州藩の支封

毛利家《もうりけ》

一文字に三つ星（沢瀉）

藩名：長門長府藩（府中藩、豊浦藩／山口県下関市）
藩祖：毛利秀元
石高：5万石
大名になった年：慶長5年（1600）以降
本拠地：周防山口城→長門長府〈府中、串崎〉陣屋
親疎の別：外様
家格：城主（城主格）
江戸城内の詰間：柳間
爵位：子爵

長門長府を治めた毛利家の分家

長州藩《ちょうしゅう》（山口県萩市）主・毛利家の分家。藩祖・毛利秀元《ひでもと》（元清《もときよ》の子、輝元《てるもと》の従弟《いとこ》で養子）は毛利輝元（元就《もとなり》の孫）の世子《せいし》（次期当主）を経て、別家を立てる。

次いで、慶長《けいちょう》5年（1600）の関ヶ原の戦いへ出陣したが、秀元は徳川《とくがわ》方の要請で毛利勢とともに決戦に参加せず、豊臣《とよとみ》方大敗の一因を作る。

戦後、秀元は20万石の周防《すおう》山口城（山口市）主から3万6200石の周防長府《ちょうふ》藩（府中藩）主となった。

なお、本家の長州藩では輝元が隠居後も藩政の後見役を務めたが、その輝元も元和《げんな》9年（1623）ごろに後見役をやめた。この後、秀元は若き長州藩主・毛利秀就《ひでなり》（輝元の嫡子、秀元の義弟）が成長するまで藩政の後見役を務め、長州藩政の確立に貢献している。

その傍ら、秀元は新たに居館の構築や城下町の整備に着手する一方、医師で儒者の菅玄正《すがげんしょう》を京都から招聘《しょうへい》するなど、長府藩政の確立にも心を砕いた。

天明《てんめい》3年（1783）、毛利匡芳《まさよし》（重就《しげなり》の五男、匡満《まさみつ》の養子）のとき、長府藩主・毛利家の石高《こくだか》が5万石、家格が城主格となっている。

歴代のうち、江戸時代後期の毛利元義《もとよし》（匡芳の子）は、清元《きよもと》『梅の香』の作詞者と見られている。明治2年（1869）、藩名を長門《ながと》豊浦《とようら》藩と改称した。

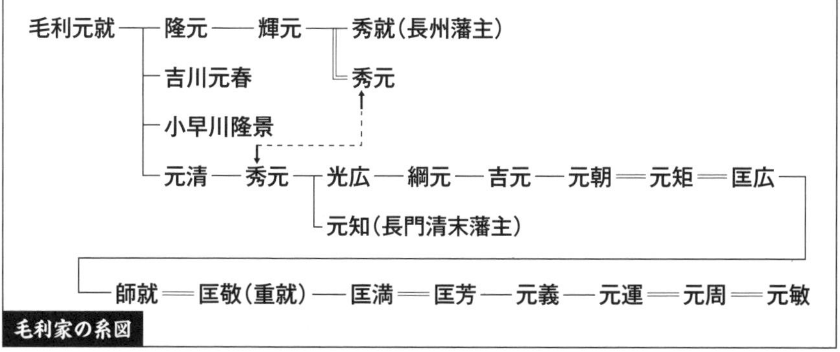

毛利家の系図

お取り潰しを経験した長州藩の支封

もうりけ

毛利家

一文字に三つ星(沢潟)

藩名：周防徳山藩(山口県周南市)
藩祖：毛利就隆
石高：4万石
大名になった年：寛永11年(1634)
本拠地：周防下松陣屋→周防徳山陣屋
親疎の別：外様
家格：陣屋(城主格)
江戸城内の詰間：柳間
爵位：子爵

周防徳山を治めた毛利家の分家

長州《ちょうしゅう》藩(山口県萩市)主・毛利家の分家。寛永《かんえい》11年(1634)、藩祖・毛利就隆《なりたか》(輝元《てるもと》の次男)が4万5000石を分与されて周防下《すおうくだ》松《まつ》藩(山口県下松市)主となり、慶安《けいあん》3年(1650)に陣屋を移して周防徳山藩主に転じた。ところが、毛利元次《もとつぐ》(就隆の四男、元賢《もとかた》の弟)が本家・長州藩と境界争いを起こしたため、徳山藩は享保《きょうほう》元年(1716)に一旦お取り潰しとなる。幸いにも、享保4年(1719)に毛利元堯《もとたか》(元次の次男)が3万石で徳山藩を再興した。江戸時代後期、維新期の毛利広鎮《ひろしげ》(就馴《なりよし》の次男)は天保《てんぽう》7年(1836)に1万石の加増を受け、城主格の家格を許されている。

毛利輝元 ─┬─ 秀就(長州藩主)
　　　　　└─ 就隆 ─ 元賢 ＝ 元次 ─ 元堯 ＝ 広豊 ─ 広寛 ＝ 就馴 ─ 広鎮 ─┬─ 元蕃
　　　　　　　　　　　　　　　　　　　　　　　　　　　　　　　　　　　└─ 元徳

毛利家の系図

本州最西端に位置したもうひとつの支封

もうりけ

毛利家

一文字に三つ星(抱沢瀉、五七の桐)

藩名：長門清末藩(山口県下関市)
藩祖：毛利元知
石高：1万石
大名になった年：承応2年(1653)
本拠地：長門清末陣屋
親疎の別：外様
家格：陣屋
江戸城内の詰間：柳間
爵位：子爵

長門清末を治めた長門長府藩の分家

長門長府《ながとちょうふ》藩(山口県下関市)主・毛利家の分家で、長州《ちょうしゅう》藩(山口県萩市)主・毛利家の分家の分家にあたる。承応《じょうおう》2年(1653)、藩祖・毛利元知《もととも》(秀元《ひでもと》の三男)が1万石を分与され、長門清末《きよすえ》藩主となった。歴代のうち、江戸時代後期の毛利政明《まさあき》(増山《ましやま》正賢《まさかた》の次男、匡邦《まさくに》の養子)は藩校・育英《いくえい》館《かん》を創設し、毛利元世《もとよ》(堀田《ほった》正敦《まさあつ》の六男、政明の養子)は大番頭《おおばんがしら》を務めた。また、幕末維新期の毛利元純《もとずみ》(木下俊敦《きのしたとしあつ》の四男、元承《もとつぐ》の養子)は四境《しきょう》戦争(幕府方の呼称は長州征伐)で活躍している。

毛利秀元 ─┬─ 光広(長門長府藩主)
　　　　　└─ 元知 ─ 元平(匡広) ─ 政苗 ─ 匡邦 ＝ 政明 ＝ 元世 ＝ 元承 ＝ 元純

毛利家の系図

輝元から姓を賜った尾張出身の大名

もうりけ

毛利家

丸に矢筈(矢羽図／鶴丸、五三桐)

藩名：豊後佐伯藩(大分県佐伯市)
藩祖：毛利高政
石高：2万石
大名になった年：慶長5年(1600)以降
本拠地：豊後隈府城→豊後佐伯城
親疎の別：外様
家格：城主
江戸城内の詰間：柳間
爵位：子爵

森姓から改姓した尾張の毛利家

藤原《ふじわら》氏支流だが、もとは宇多源氏佐々《うだげんじささ》木《き》支流で、鯰江《なまずえ》姓、森《もり》姓を称していた。藩祖・毛利高政《たかまさ》(高次《たかつぐ》の子)は毛利輝元《てるもと》から毛利姓を許される。次いで、高政は文《ぶん》禄《ろく》4年(1595)に2万石の豊後隈府《ぶんごわいふ》城(大分県日田《ひた》市)主となり、慶長《けいちょう》5年(1600)の関ヶ原の戦いの後に2万石の豊後佐伯藩主となった。歴代のうち、江戸時代中期の毛利高標《たかすえ》(高丘《たかおか》の次男)は、「柳間《やなぎのま》の三学者」のひとりに数えられるほどの学問好きで、藩校・四教堂《しこうどう》を創設し、蔵書(佐伯文庫)の充実に努めたことでも名高い。

鯰江定秀 ── 毛利(森)高次 ─┬─ 毛利高政 ── 高成 ── 高直(高尚) ── 高重 ＝ 高久 ＝ 高慶 ─┐
└─ 毛利重政

└─ 高通 ── 高丘 ── 高標 ── 高誠 ── 高翰 ── 高泰 ── 高謙

毛利家の系図

剛気な殿様を生んだ赤穂藩の支封

もりけ

森家

鶴の丸(舞鶴／五三桐、根笹)

藩名：播磨三日月藩(兵庫県佐用町)
藩祖：森長俊
石高：1万5000石
大名になった年：延宝4年(1676)
本拠地：美作津山城下→播磨三日月陣屋
親疎の別：外様
家格：陣屋
江戸城内の詰間：柳間
爵位：子爵

播磨三日月を治めた森家の分家

播磨赤穂《はりまあこう》藩(兵庫県赤穂市)主・森家の分家。延宝《えんぽう》4年(1676)に藩祖・森長俊《ながとし》(長《なが》継《つぐ》の四男)が1万5000石の美作《みまさか》津山新田《しんでん》藩(岡山県津山市)主となり、元禄《げんろく》10年(1697)の本家のお取り潰し、再興、転封(国替え)に伴い播磨三日月藩へ転封となった。歴代のうち、森長記《ながのり》(長俊の嫡子)は剛気な性格で、深夜に箱根《はこね》関所を通行し、「森の夜鷹《よたか》」の異名を得たという。江戸時代後期の森快温《はやあつ》(浅野《あさの》重晟《しげあきら》の次男、俊韶《としつぐ》の養子)は藩士の教育環境を整備するべく、藩校・広業館《こうぎょうかん》の創設を手がけている。なお、本行寺《ほんぎょうじ》(東京都大田区)に森家の見事な墓碑群が現存する。

森長継 ─┬─ 長武 ＝ 長成 ＝ 長継(再承) ── 長直(播磨赤穂藩主)
└─ 長俊 ── 長記 ── 俊春 ── 俊韶 ＝ 快温 ＝ 長義 ＝ 長篤 ＝ 長国 ── 俊滋

森家の系図

森蘭丸の弟が興した外様の名門

もりけ

森家

鶴の丸（舞鶴／二鶴、桐、根笹）

藩名：播磨赤穂藩（兵庫県赤穂市）
藩祖：森忠政
石高：2万石
大名になった年：慶長5年（1600）以降
本拠地：美濃金山城→信濃松代城〈待城、海津城〉→美作津山城→備中西江原陣屋→播磨赤穂城
親疎の別：外様
家格：城主
江戸城内の詰間：柳間
爵位：子爵

美濃から移り播磨に定着した森氏の末裔

清和源氏《せいわげんじ》義隆《よしたか》流で、森姓は相模《さがみ》毛利荘《もうりしょう》（森荘／神奈川県厚木市ほか）にちなむ。

戦国時代以降、森可成《よしなり》、森長可《ながよし》や森長《なが》定《さだ》（成利《なりとし》、蘭丸《らんまる》／ともに可成の子）らが織《お》田《だ》信長《のぶなが》に仕えた。

このうち、可成は美濃《みの》（岐阜県南部）の攻略作戦、上洛《じょうらく》作戦などで活躍し、永禄《えいろく》11年（1568）に信長が上洛を果たすと、近江《おうみ》宇佐山《うさやま》城（坂本城／滋賀県大津市）に置かれている。

また、長可は武田《たけだ》家討伐などで軍功をあげ、信濃《しなの》海津《かいづ》城（松代《まつしろ》城の前身／長野市）に封じられた。

さらに、長定は若年ながら信長の側近を務め、美濃金山《かねやま》よなだ島《じま》（岐阜県可児《かに》市、美濃加茂《かも》市付近）の領主、もしくは美濃岩村城（岐阜県恵那《えな》市）主に抜擢されたという。

しかし、長定ら3兄弟は天正《てんしょう》10年（1582）の本能寺《ほんのうじ》の変で討ち死にし、可成や長可も戦場で討ち死にを遂げた。

美濃金山城（可児市）主となった藩祖・森忠政《ただまさ》（可成の六男）は慶長《けいちょう》5年（1600）に信濃松代藩（待城《まつしろ》藩、川中島藩／長野市）主となり、関ヶ原の戦いの際は徳川秀忠《とくがわひでただ》（家康《いえやす》の三男）に従い、慶長8年（1603）に18万6500石の美作《みまさか》津山藩（岡山県津山市）主に栄進する。

ところが、元禄《げんろく》10年（1697）の藩主・森長成《ながなり》（長継《ながつぐ》の孫）の病没後、世子《せいし》（次期藩主）・関衆利《せきあつとし》（長継の子）が発病したため、お取り潰しとなった。

その後、隠居の森長継（忠政の孫、長《なが》俊《とし》らの父）が2万石で備中西江原《びっちゅうにしえばら》藩（岡山県井原市）に入封して名跡《みょうせき》を再興し、森長直《ながなお》（長継の六男）が宝永《ほうえい》3年（1706）に播磨赤穂《はりまあこう》藩（兵庫県赤穂市）へ転封（国替え）し、定着した。

赤穂入封後の歴代は、文教政策や塩の専売などに心を砕いている。

なかでも、江戸時代中期の森忠洪《ただひろ》（正《まさ》典《のり》の子、政房《まさふさ》の養子）は儒者・赤松滄洲《あかまつそうしゅう》を登用し、森忠興《ただおき》（忠洪の嫡子）は藩校・博文館《はくぶんかん》を創設した。一方、中期、後期の森忠賛《ただすけ》（忠洪の三男、忠興の養子）と森忠《ただ》敬《よし》（忠賛の子）は塩田開発や塩の専売に実をあげている。

分家に森長俊（長継の四男）に始まる播磨三日月藩（兵庫県佐用町）と、関長政《ながまさ》（忠政の孫、長継の弟）に始まる備中新見《にいみ》藩（岡山県新見市）があり、森長武《ながたけ》（長継の子）も2万俵《びょう》の隠居料を受けていたが、長武の隠居料は森長基《ながもと》(長継の子、長武の弟で養子)への相続が多病や失態などを理由に認められず、お取り潰しとなっている。

大阪青山大学に建つ森長定(蘭丸)の銅像(兵庫県川西市)

森長可と森忠政の居城だった海津城(松代城)址之碑(長野市)

津山城跡に建つ藩祖・森忠政の銅像(岡山県津山市)

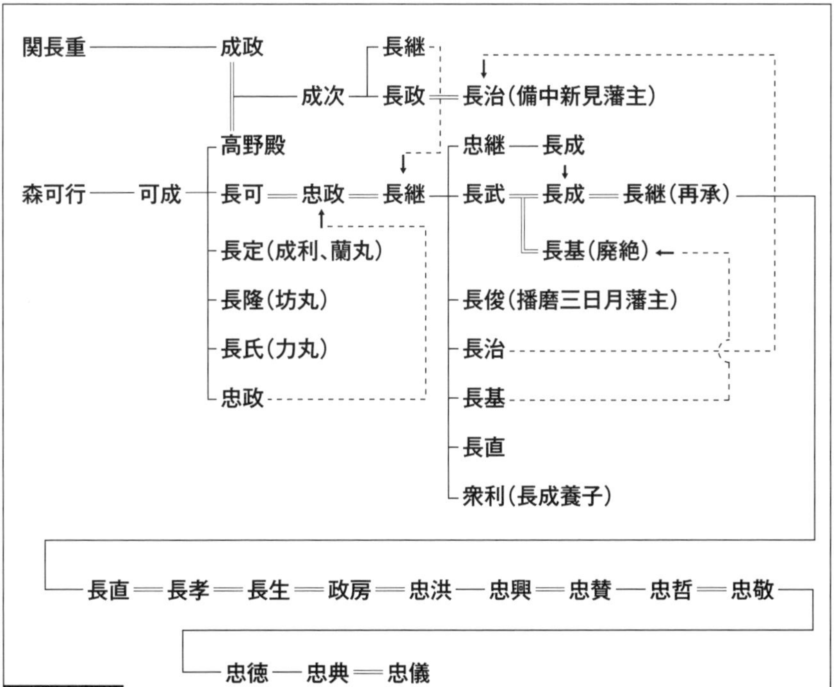

森家の系図

藩祖の正室の内助の功で名高い大藩

やまうちけ

山内家

土佐柏（丸に三葉柏／白黒一文字）

藩名：土佐藩（土佐高知藩／高知県高知市）
藩祖：山内一豊
石高：20万2600石
大名になった年：慶長5年（1600）以降
本拠地：（近江長浜城→）遠江掛川城→土佐浦戸城→土佐高知城
親疎の別：外様
家格：国主
江戸城内の詰間：大広間
爵位：侯爵

幕末維新期に活躍した四国の大藩

藤原《ふじわら》氏秀郷《ひでさと》流で、山内姓は相模《さがみ》山内荘《しょう》（神奈川県鎌倉市）にちなむ。

戦国時代末期、山内盛豊《もりとよ》は尾張《おわり》（愛知県西部）の守護代《しゅごだい》（副知事）・織田信安《おだのぶやす》の家老を務めるが討ち死にしたため、山内一豊《かずとよ》（盛豊の次男）は織田信長《のぶなが》に仕え、豊《とよ》臣秀吉《とみひでよし》に属した。次いで、秀吉の天下統一事業に参加した一豊は、近江長浜《おうみながはま》城（滋賀県長浜市）主を経て、5万石の遠江《とおとうみ》掛川城（静岡県掛川市）主に抜擢される。

さらに、慶長《けいちょう》5年（1600）の関ヶ原の戦いの際には徳川家康《とくがわいえやす》に味方し、いち早く城地を家康に差し出す旨《むね》を表明して高評価を得た。なお、一豊を支えた正室・見《けん》性院《しょういん》の「内助の功」は有名である。美濃《みの》岐阜城（岐阜市）の攻防戦などで奮戦した一豊は、戦勝後に土佐藩主となった。

ところで、入封時の土佐藩の石高《こくだか》は一般に20万2600石とされているが、近年では10万石前後と見る説も主張されている。なお、後に徳川将軍家から松平姓を拝領するのが慣例となる。

歴代のうち、幕末期の山内豊信《とよしげ》（容堂《ようどう》／豊著《とよあきら》の長男、豊惇《とよあつ》の養子）は公武合体運動など、中央政界で活躍した。

分家に山内忠直《ただなお》（忠義《ただよし》の次男）に始まる土佐中村藩（高知県四万十《しまんと》市）と、山内豊《とよ》産《ただ》（豊明《とよあきら》の孫、豊清《とよきよ》の養子）に始まる土佐高知新田《しんでん》藩（高知市）主があったが、中村藩はお取り潰しとなっている。

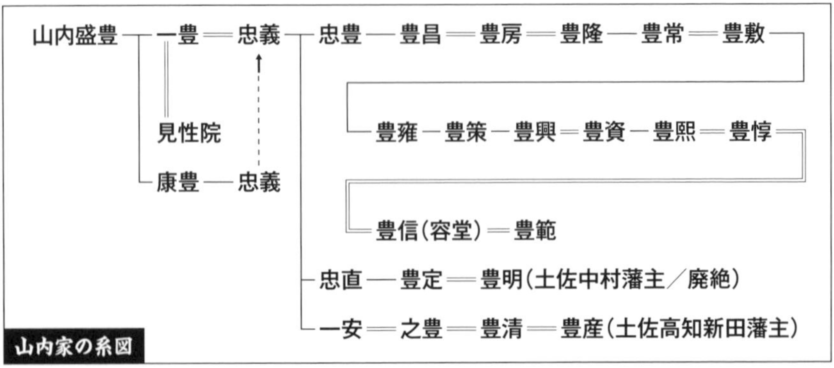

山内家の系図

幕末期に藩主夫妻が自刃した土佐藩の支封

やまうちけ

山内家

土佐柏(丸に三葉柏／白黒一文字、桐)

藩名：土佐高知新田藩(高知県高知市)
藩祖：山内豊産
石高：1万3000石
大名になった年：安永9年(1780)
本拠地：土佐高知城下
親疎の別：外様
家格：陣屋
江戸城内の詰間：柳間
爵位：子爵

土佐高知新田を治めた山内家の分家

土佐藩(高知市)主・山内家の分家。家祖・山内一安《かずやす》(忠義《ただよし》の三男)は旗本(3000石)となり、安永《あんえい》9年(1780)に藩祖・山内豊産《とよただ》(豊明《とよあきら》の孫、豊清《とよきよ》の養子)が1万俵《びょう》を加増されて1万3000石の土佐高知新田《しんでん》藩主となった。歴代のうち、幕末期の山内豊福《とよよし》(黒田長元《くろだながもと》の次男、豊賢《とよかた》の養子)は土佐藩主・山内豊信《とよしげ》(容堂《ようどう》)とともに国事に奔走する。しかし、江戸幕府の主戦派の鎮撫《ちんぶ》に努めるも失敗し、明治元年(慶応《けいおう》4年／1868)に正室・典子《のりこ》(松平信庸《まつだいらのぶつね》の娘)とともに自刃している。

山内忠義 ─┬─ 忠豊(土佐藩主)
├─ 忠直 ─ 豊定 ＝ 豊明(土佐中村藩主／廃絶)
└─ 一安 ＝ 之豊 ＝ 豊清 ＝ 豊産 ＝ 豊泰 ─ 豊武 ─ 豊賢 ＝ 豊福 ＝ 豊誠

山内家の系図

丸亀城天守閣を構築した武門の家柄

やまざきけ

山崎家

山崎扇(緋扇の内に四目結)

藩名：備中成羽藩(岡山県高梁市)
藩祖：山崎治正
石高：1万2700石
大名になった年：明治元年(慶応4年／1868)
本拠地：備中成羽陣屋
親疎の別：外様(譜代)
家格：陣屋
江戸城内の詰間：—
爵位：男爵

明治に入って大名になった旗本家

宇多源氏《うだげんじ》の佐々木庶流《ささきしょりゅう》で、山崎家盛《いえもり》(片家《かたいえ》の子)は慶長《けいちょう》5年(1600)の関ヶ原の戦いで豊臣《とよとみ》方に属すが許され、因幡若桜《いなばわかさ》藩(鳥取県若桜町)主となった。子孫は讃岐《さぬき》丸亀藩(香川県丸亀市)となるが、明《めい》暦《れき》3年(1657)に無嗣《むし》(跡継ぎの欠如)を理由にお取り潰しとなる。一方、江戸時代前期の山崎豊治《とよはる》(家治の子)は旗本(交代寄合／5000石)となり、明治元年(慶応《けいおう》4年／1868)の高直《たかなお》しで藩祖・山崎治正《はるまさ》(平《ひら》野《の》長興《ながおき》の次男、義柄《よしつか》の養子)が1万2700石の備中成羽《びっちゅうなりわ》藩主となった。

山崎片家 ─ 家盛 ─ 家治 ─┬─ 俊家 ─ 治頼(讃岐丸亀藩主／廃絶)
└─ 豊治 ─ 義方 ─ 堯治 ─ 信盛 ＝ 義俊 ─ 義孝 ＝ 義苗 ＝ 義徳 ─┐
└─ 義高 ＝ 義柄 ＝ 治正 ─ 治祇 ＝ 治敏

山崎家の系図

山陰の守護の系譜を受け継ぐ名族

やまなけ

山名家

丸に二引両(五七の桐七葉根笹)

藩名：但馬村岡藩(兵庫県香美町)
藩祖：山名義済
石高：1万1000石
大名になった年：明治元年(慶応4年／1868)
本拠地：(因幡岩井城→因幡鳥取城→)但馬村岡陣屋
親疎の別：外様(譜代)
家格：陣屋
江戸城内の詰間：—
爵位：男爵

明治に入って大名になった室町時代の名門

清和《せいわ》源氏《げんじ》義家《よしいえ》流の新田《にった》支流で、山名姓は上野《こうずけ》山名郷《ごう》(群馬県高崎市)にちなむ。室町時代には室町将軍家に仕え、一族で山陰など11か国の守護《しゅご》(県知事)を務めた時期もある。しかし、応仁《おうにん》元年(1467)の応仁の乱で山名持豊《もちとよ》(宗全《そうぜん》)が西軍の大将を務めて以降は衰退し、山名豊国《とよくに》(豊定《とよさだ》の子)は豊臣秀吉《とよとみひでよし》を経て徳川家康《とくがわいえやす》に仕え、子孫は旗本(交代寄合／6700石)として存続する。明治元年(慶応《けいおう》4年／1868)、藩祖・山名義済《よしずみ》(義問《よしただ》の子)が高直《たかなお》しにより1万1000石の但馬《たじま》村岡藩主となった。

山名持豊(宗全)—教豊—政豊—致豊—豊定—豊国—豊政—矩豊＝隆豊＝豊就—豊暄＝義徳—義方＝義蕃—義問—義済—義路

山名家の系図

境界線争いや地震の被害に苦しむ小藩

ろくごうけ

六郷家

三つ亀甲の内七曜(一亀甲の内七曜、蔦)

藩名：出羽本荘藩(秋田県由利本荘市)
藩祖：六郷政乗
石高：2万石
大名になった年：慶長5年(1600)以降
本拠地：出羽六郷城主→常陸府中城→出羽本荘城
親疎の別：外様
家格：城主
江戸城内の詰間：柳間
爵位：子爵

関ヶ原後に大名となった外様大名

藤原《ふじわら》氏為憲《ためのり》流で、六郷姓は出羽《でわ》六郷(秋田県美郷《みさと》町)にちなむという。藩祖・六郷政乗《まさのり》(道行《みちゆき》の子)は慶長《けいちょう》5年(1600)の関ヶ原の戦いで徳川《とくがわ》方として奮戦し、戦勝後に1万石の常陸《ひたち》府中藩(茨城県石岡市)主となった。次いで、政乗は元和《げんな》9年(1623)に2万石で出羽本荘藩へ入封し、定着した。歴代のうち、江戸時代中期の六郷政晴《まさはる》(政信《まさのぶ》の嫡子)は旗本・仁賀保《にがほ》家との境界争いに苦しみ、後期の六郷政速《まさちか》(政林《まさしげ》の子)は文化《ぶんか》元年(1804)の鳥海《ちょうかい》(象《きさ》潟《かた》)地震の復興に心を砕いている。

六郷道行—政乗—政勝—政信—政晴—政長＝政林—政速—政純＝政恒—政殷—政鑑

六郷家の系図

幕閣に就任した者も出た「願譜代」の家柄

わきさかけ

脇坂家

輪違(桔梗)

藩名：播磨龍野藩(兵庫県たつの市)
藩祖：脇坂安治
石高：5万1000石
大名になった年：慶長5年(1600)以降
本拠地：淡路洲本城→伊予大洲城→信濃飯田城→播磨龍野城
親疎の別：外様(願譜代)
家格：城主
江戸城内の詰間：帝鑑間
爵位：子爵

播磨龍野を治めた願譜代

藤原《ふじわら》氏支流で、脇坂姓は近江《おうみ》脇坂(滋賀県長浜《ながはま》市)にちなむ。藩祖・脇坂安治《やすはる》(田村孫右衛門《たむらまごえもん》の子、安明《やすあきら》の養子)は慶長《けいちょう》5年(1600)の関ヶ原の戦いの際に豊臣《とよとみ》方から徳川《とくがわ》方へ転じ、淡路洲本《あわじすもと》藩(兵庫県洲本市)主となった。以後、各地を経て、子孫が寛文《かんぶん》12年(1672)に播磨《はりま》龍野藩へ入封、定着し、5万1000石で確定した。次いで、外様《とざま》から願譜代《ねがいふだい》となり、江戸時代後期の脇坂安董《やすただ》(安親《やすちか》の次男)が寺社奉行と老中、脇坂安宅《やすおり》(安董の次男)が老中として活躍している。なお、脇坂安信《やすのぶ》(安治の三男)の興した分家は刃傷事件への関与を理由にお取り潰しとなった。

脇坂安明══安治─┬─安元══安政──安照──安清──安興──安弘══安実══安親──安董─┐
　　　　　　　　└─安信(廃絶)　　　　　　　　　　　　　　　　　　└─安宅══安斐

脇坂家の系図

関ヶ原の前哨戦で奮戦した藩祖を持つ家

わけべけ

分部家

分部三引両(三引龍、丸に三引／庵に木瓜)

藩名：近江大溝藩(滋賀県高島市)
藩祖：分部光嘉
石高：2万石
大名になった年：慶長5年(1600)以降
本拠地：伊勢上野城→近江大溝陣屋
親疎の別：外様
家格：陣屋
江戸城内の詰間：柳間
爵位：子爵

関ヶ原で徳川方につき大名となった外様大名

清和源氏《せいわげんじ》支流で、分部姓は伊勢《いせ》分部(三重県津市)にちなむ。藩祖・分部光嘉《みつよし》(細《ほそ》野藤光《のふじみつ》の次男、光高《みつたか》の養子)は豊臣秀吉《とよとみひでよし》に仕え、1万石の伊勢上野城(津市)主に封じられる。慶長《けいちょう》5年(1600)の関ヶ原の戦いの際、光嘉は伊勢安濃津《あのつ》城(津城／津市)で徳川《とくがわ》方として奮戦し、1万石の伊勢上野藩主となった。子孫は元和《げんな》5年(1619)に2万石の近江《おうみ》大溝藩主となり、定着している。歴代のうち、江戸時代初期の分部嘉高《よしたか》(嘉治《よしはる》の嫡子)は名刀(郷義《ごうよし》弘《ひろ》作)を手離してまで凶作に苦しむ領民を救済した逸話で名高い。後期の分部光《みつ》実《ざね》(光庸《みつつね》の嫡子)は藩校・修身堂《しゅうしんどう》を創設した。

分部光高══光嘉══光信──嘉治──嘉高══信政──光忠──光命──光庸──光実──光邦─┐
　　　　　　　　　　　　└─光寧══光貞──光謙

分部家の系図

コラム　外様大名の一門と親藩大名の付家老

徳川《とくがわ》将軍家には御三家などの親藩《しんぱん》大名があったが、石高《こくだか》の多い外様《とざま》大名のなかには一族や重臣に1万石以上を与え、厚遇するところが多かった。

たとえば、薩摩《さつま》藩(鹿児島市)主・島津《しまづ》家では重富《しげとみ》家、加治木《かじき》家、垂水《たるみず》家、今《いま》和泉《いずみ》(和泉)家に1万石以上を与え、御一門《ごいちもん》(御一門四家)として厚遇している。一方、加賀《かが》藩(石川県金沢市)主・前田《まえだ》家でも本多《ほんだ》家、長《ちょう》家、横山《よこやま》家、前田家、村井《むらい》家、奥村《おくむら》家(本家)、奥村家(分家)、前田家に1万石から5万石を与え、以上を八家《はっか》として厚遇した。ちなみに、薩摩藩第9代藩主・島津重豪《しげひで》は加治木家の当主、国父《こくふ》・島津久光《ひさみつ》(斉彬《なりあきら》の弟、忠義《ただよし》の父)は重富家の当主であった時期もある。また、第13代将軍・徳川家定《いえさだ》のふたり目の継室《けいしつ》(後妻)となる天璋院《てんしょういん》(篤《あつ》姫《ひめ》／島津忠剛《ただたけ》の長女、斉彬の従妹《いとこ》で養女)は今和泉家の出身である。

つまり、薩摩藩の御一門は御三家と同様に、本家の血統保持の役割も担《にな》っていたのである。

ただし、御三家が長く幕政には関与しなかったように、薩摩藩の御一門も藩政にタッチしないことが多かった。そういえば、加賀藩は本多政重《まさしげ》(正信《まさのぶ》の次男、直江兼続《なおえかねつぐ》の養子)に始まる本多家に5万石を、備前《びぜん》岡山藩(岡山市)主・池田家では伊木忠次《いぎただつぐ》に始まる伊木家に3万3000石を与えている。本多家と伊木家の石高は藩内では最高のもので、前田家や池田家の一門でこれを上回る家はない。

おそらく、本多家と伊木家に最高の石高を与え、薩摩藩では御一門のほかに一所持《いっしょもち》と一所持格《かく》、加賀藩では人持組《ひともちぐみ》(八家を含む)などの家格をもうけることで、藩政運営を容易にするとともに、権力争いや御家騒動の発生を予防しようとしたのであろう。

次に、江戸幕府では譜代《ふだい》大名や旗本のうちで有能な者を、御三家をはじめとする大名の付家老《つけがろう》とすることがあった。付家老とは目付《めつけ》家老を略したものというが、端的にいえば付家老は大名の監視役で、稀《まれ》には若年の大名の傅役《もりやく》(養育係)を務めることもあったという。さらに、本家である本藩から分家である支藩へ付家老が派遣されたこともある。

黎明館に建つ天璋院の銅像(鹿児島市)

なお、付家老のうち尾張《おわり》藩(愛知県名古屋市)の竹腰《たけのこし》家、成瀬《なるせ》家、紀伊《きい》藩(和歌山市)の安藤《あんどう》家、水野《みずの》家、常陸《ひたち》水戸藩(茨城県水戸市)の中山《なかやま》家は幕末維新期の維新立藩《りっぱん》により大名となった後、明治時代に男爵の爵位《しゃくい》を授けられている。また、薩摩藩の御家門の4家、加賀藩の本多家や、岡山藩の伊木家なども、明治時代に男爵の爵位を授けられている。

コラム 天下の三陪臣と三家老

(ア)天下の三陪臣《ばいしん》

大名の家臣のことを陪臣というが、岡谷繁実《おかのやしげざね》は『名将言行録』で「天下の仕置《しおき》をするとも仕兼間敷《しかねまじき》もの」として織豊《しょくほう》(安土桃山)時代の直江兼続《なおえかねつぐ》、小早川隆景《こばやかわたかかげ》、堀直政《ほりなおまさ》の3将をあげている。なお、3将のうち直政を片倉景綱《かたくらかげつな》に代える場合もある。

・直江兼続(1560〜1619)

越後春日山《えちごかすがやま》城(新潟県上越《じょうえつ》市)主・上杉景勝《うえすぎかげかつ》の重臣、後に出羽米沢《でわよねざわ》藩(山形県米沢市)の重臣。慶長《けいちょう》3年(1598)の景勝の陸奥会津《むつあいづ》城(福島県会津若松市)転封後に慶長5年(1600)の徳川家康《とくがわいえやす》の会津征伐に備え、米沢入封後は正室・お船《せん》の方《かた》(直江景綱《かげつな》の娘)とともに藩政確立に功績を残す。なお、本多政重《ほんだまさしげ》(正信《まさのぶ》の次男、兼続の養子)が会津を去り、直江景明《かげあき》(兼続の嫡子)が病死したため、兼続の没後に直江家は廃絶となった。

・小早川隆景(1533〜1597)

筑前名島《ちくぜんなじま》城(福岡市)主、豊臣《とよとみ》家の大老格。安芸《あき》(広島県西部)の戦国大名・毛《もう》利《り》元就《もとなり》の三男で吉川元春《きっかわもとはる》の弟。竹原《たけはら》、沼田《ぬた》の両小早川家を相続し、兄・元春とともに、父・元就と、甥《おい》・毛利輝元《てるもと》(元就の孫)を支え「毛利の両川《りょうせん》」と呼ばれた。やがて、豊臣秀吉《ひでよし》に接近し、九州征伐や朝鮮出兵などで活躍して名島城主に抜擢される。なお、隆景の没後に小早川秀秋《ひであき》(秀吉の甥で養子、隆景の養子)が無《む》嗣《し》で病没したため、小早川家は廃絶となった。

・堀直政(1547〜1608)

越前北《えちぜんきた》ノ庄《しょう》城(福井市)主である堀秀政《ひでまさ》、堀秀治《ひではる》(秀政の嫡子)の重臣、後に越《えち》後《ご》三条藩(新潟県三条市)主。旧姓は奥田《おくだ》であったが秀政・秀治父子に仕え、堀姓を許された。豊臣秀吉《とよとみひでよし》の天下統一事業に参加し、慶長5年(1600)には上杉遺臣《いみん》一揆討伐などで活躍する。なお、直政の嫡流は堀直定《なおさだ》(直次《なおつぐ》の嫡子)が無嗣で病没したため廃絶となるが、分家は越後村松藩(新潟県五泉《ごせん》市)主、信濃須坂《しなのすざか》藩(長野県須坂市)主などとして存続した。

・片倉景綱(小十郎《こじゅうろう》/1557〜1615)

陸奥仙台藩(宮城県仙台市)主・伊達政宗《だてまさむね》の重臣、陸奥白石城(宮城県白石市)主。政宗の傅役《もりやく》(養育係)を務め、主家を隆盛に導く。また「赤漆《あかうるし》の小鷹丸《こたかまる》」なる船を賜るなど、天下人・豊臣秀吉にも目をかけられた。片倉重長《しげなが》(景綱の嫡子)は元和《げんな》元年(1615)の大坂夏の陣で奮戦し、お梅《うめ》(真田信繁《さなだのぶしげ》の娘)を継室《けいしつ》(後妻)に迎えている。子孫は3万石の仙台藩の重臣として存続し、維新後の北海道開拓の功で男爵の爵位《しゃくい》を授けられた。

片倉景綱—重長═景長—村長—村休═村信═村定═村廉—村典—景貞—宗景—邦憲

米沢城跡（上杉神社）に建つ上杉景勝（左）と直江兼続の銅像（山形県米沢市）

三原城跡の隆景広場に建つ小早川隆景の銅像（広島県三原市・JR三原駅西口前）

（イ）三家老《かろう》

江戸時代に大藩の家老を世襲した家のうち、陸奥《むつ》仙台藩家老・片倉家、備前《びぜん》岡山藩（岡山市）筆頭家老・伊木《いぎ》家、阿波《あわ》藩（徳島市）筆頭家老・稲田《いなだ》家の3家が「天下の三家老（三大家老）」と呼ばれたという（『兵庫県大百科事典』）。

・片倉家　→　（ア）の「片倉景綱」の項参照。

・伊木家

岡山藩の筆頭家老（3万3000石）。織豊時代、江戸時代初期の当主・伊木忠《ただ》次《つぐ》は織田信長《おだのぶなが》に仕え、命により池田恒興《いけだつねおき》の与力《よりき》となる。天正《てんしょう》12年（1584）の長久手《ながくて》の戦いで恒興が討ち死にすると、播磨姫路《はりまひめじ》藩（兵庫県姫路市）主となる池田輝政《てるまさ》（恒興の次男）を支えるが、輝政を再三諫《いさ》め、姫路築城の総奉行を務めた。子孫は池田家の転封に伴い岡山藩の筆頭家老となる。幕末維新期の当主・伊木忠澄《ただずみ》（三猿斎《さんえんさい》）は主君を補佐し、茶道復興、児島湾干拓などの偉業を残した人物として名高い。維新後、男爵の爵位《しゃくい》を授けられた。

伊木忠次—忠繁—忠貞—忠親═忠義—忠興═忠知═忠福═忠真═忠識═忠順═忠直═忠正═忠澄（三猿斎）—忠恭

・稲田家

阿波藩の筆頭家老(1万4300石)、淡路《あわじ》洲本《すもと》城(兵庫県洲本市)代。織豊時代の当主・稲田稙元《たねもと》は蜂須賀《はちすか》正勝《まさかつ》(小六《ころく》)と義兄弟の盟約を結び、蜂須賀家の阿波(徳島県)入国後に阿波脇《わき》城(徳島県美馬《みま》市)代となる。次いで、江戸時代初期の稲田示稙《しげたね》(稙元の子)が洲本城代に就任し、以後、稲田家の当主が洲本城主を世襲するにいたった。なお、幕末維新期には大名への昇格を目指す動きもあったという。維新後、北海道開拓の功で男爵の爵位《しゃくい》を授けられたが、開拓に際しての旧家臣の艱難辛苦《かんなんしんく》は映画『北の零年《ゼロねん》』(主演：吉永小百合、渡辺謙)の題材となった。

- **稲田稙元** ― **示稙** ― **稙次**
  - **稙栄**
  - **稙幹**
    - **稙治**
    - **稙政** ― **稙久**
      - **稙晟**
      - **稙樹** ― **敏稙**
        - **稙封**
        - **芸稙** ― **稙乗** ― **邦稙**
        - **稙美** ― **稙誠**

三光神社に建つ片倉重長の岳父・真田信繁(幸村)の銅像(大阪市天王寺区)

伊木家の旧屋敷門(東京都世田谷区・多摩川テラス)。備前岡山城(岡山市)下にあった当時には、志士の坂本龍馬や中岡慎太郎らもこの門を潜ったという

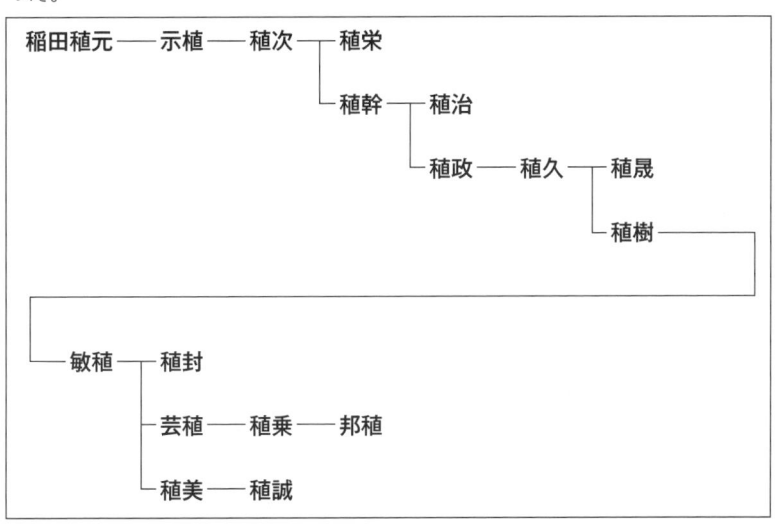

コラム 琉球国王・尚家と琉球処分

一般に三百諸侯《しょこう》と呼ばれた全国の藩（大名家）が明治4年（1871）の廃藩置県《はいはんちけん》で消滅した後、明治6年（1873）に新たに作られた藩があった。琉球《りゅうきゅう》（沖縄県）に設置された琉球藩である。

もともと琉球では14世紀の初頭に北山《ほくざん》、中山《ちゅうざん》、南山《なんざん》の3王朝が鼎立《ていりつ》した後、永享《えいきょう》元年（1429）に中山王朝の尚巴志《しょうはし》王が統一王朝（第一尚家）を樹立し、文明《ぶんめい》2年（1470）に尚円《しょうえん》王（内間金丸《うちまかなまる》）が新たな統一王朝（第二尚家）を樹立する。

ところが、薩摩《さつま》藩（鹿児島市）主・島津《しまづ》家が慶長14年（1609）に琉球出兵を断行したため、以後、琉球国王・尚家（第二尚家）は薩摩藩の強い影響下に置かれた。

明治維新後、清《しん》国は琉球が冊封《さっぽう》を受けていたことを理由に宗主権を主張する。その矢先、琉球の船舶が明治4年（1871）末に台湾へ漂着し、乗組員が殺害されるという事件が起こる。すぐさま明治政府は琉球へ琉球藩を設置し、国王の尚泰《しょうたい》王を藩王とした。次いで、事件の報復と称して明治7年（1874）に台湾出兵を行い、尚泰王やその重臣に清国との外交関係の停止、政治改革の実行を求めた。これに対し、琉球王国の士族層に動揺と反発が巻き起こったため、明治政府は軍隊と警察を派遣して圧力をかけたうえで、明治12年（1879）に琉球藩を廃止し、沖縄県を設置する。

以上の琉球王国の解体、琉球藩の設置、さらに沖縄県の設置の強行にいたるまでの政治過程を「琉球処分」と呼んでいる。この「琉球処分」に伴い、尚泰王は琉球の統治者としての地位を失って東京移住を余儀なくされ、後に侯爵の爵位《しゃくい》を授けられた。

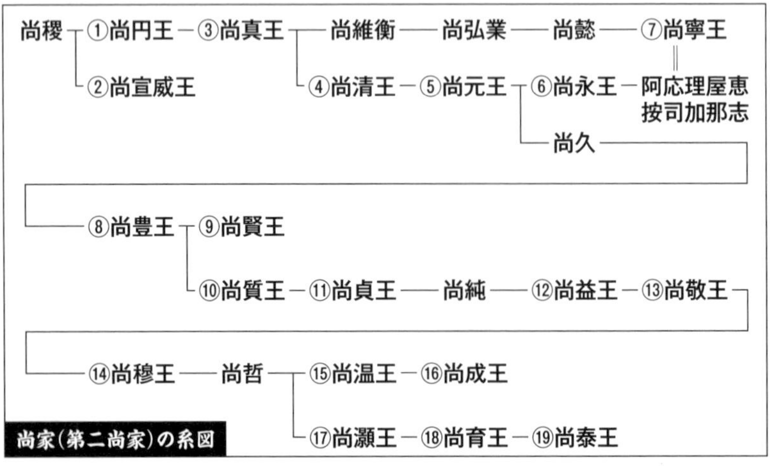

尚家（第二尚家）の系図

付録と索引

■廃絶大名一覧表

〔注〕

・慶長《けいちょう》5年(1600)の関ヶ原の戦いの前後から、明治元年(慶応《けいおう》4年／1868)の戊辰《ぼしん》戦争の前後までに廃絶(お取り潰し)となった大名を取り上げた。

・一代で廃絶になった大名の場合は、藩祖と廃絶になった大名の項目をひとつにまとめた。

・廃絶になった大名でも(廃絶になった)本人や子孫が大名に返り咲いた場合、一族が名跡《みょうせき》を再興して大名として存続した場合は、この一覧表には載せていない。

また、隠居料や部屋住《へやずみ》料(ともに扶養手当)を受けていた大名、元大名(隠居)、世子《せいし》(次期藩主)などが死亡し、それらの隠居料や部屋住料が一旦消滅した場合でも、子孫などがそれらを引き継いで大名の座に留まった場合は、この一覧表には載せていない。

・以上の場合や削封《さくほう》(石高《こくだか》削減)などの事例に関しては、『江戸大名家事典』本編の各大名家の箇所を参照いただきたい。

・慶長5年(1600)の関ヶ原の戦いで豊臣《とよとみ》方に参加し、廃絶になった大名の事例については、後半の〔豊臣方の廃絶大名〕の箇所にまとめ、親疎《しんそ》の別、廃絶になった年、廃絶理由の項目を省略した。なお、〔豊臣方の廃絶大名〕のなかには蘆名《あしな》盛重《もりしげ》らのように、徳川《とくがわ》方へ参加しなかったために廃絶となった者もいる。

一方、大名になった年、藩祖の項目に関しては、豊臣秀吉《ひでよし》によって大名に取り立てられた時点、もしくは大名の座を安堵された時点の年、大名の名を記した。ただし、取り立てられた年などが不明な大名も少なくない。

なお、豊臣方の廃絶大名に関しては、大名家の家号、本拠地、石高などに異説が多いが、この〔豊臣方の廃絶大名〕では一般に流布している説を参考に記述した。

また、豊臣方の大名が廃絶された年は慶長5年(1600)から慶長7年(1602)あたりにまで及ぶが、手続きなどの関係で徳川家康《いえやす》による廃絶の発令と、実際の廃絶(家名の断絶、城地の没収、軍事的な解除)の完了までに時間差があり、年をまたいだ事例も少なくない。

・廃絶大名のうち、次の大名については本拠地、石高、大名になった年などすべて不明で、1万石以上の大名であったか否かも判然としないため、立項しなかった。

木下利久《きのしたとしひさ》、杉谷越中守《すぎたにえっちゅうのかみ》、深津《ふこうづ》右京亮《うきょうのすけ》

江戸時代の廃絶大名

青山家 あおやまけ		本拠地	下総飯田藩(千葉県香取市)
石高	1万石	藩祖	青山成重
親疎の別	譜代	廃絶になった大名	
大名になった年	慶長13年(1608)	廃絶になった年	慶長18年(1613)
廃絶理由	大久保長安事件に連坐		
備考	服部正信の次男で、前身は伊賀忍者であるという。慶長18年(1613)当時は老中。子孫は旗本		

朝倉家 あさくらけ		本拠地	遠江掛川藩(静岡県掛川市)
石高	2万6000石	藩祖	朝倉宣正
親疎の別	譜代	廃絶になった大名	
大名になった年	元和7年(1621)	廃絶になった年	寛永9年(1632)
廃絶理由	徳川忠長の失脚に連坐		
備考	忠長の付家老		

浅野家 あさのけ		本拠地	備中足守藩(岡山県岡山市)
石高	2万4000石	藩祖	浅野長晟
親疎の別	外様	廃絶になった大名	
大名になった年	慶長15年(1610)	廃絶になった年	慶長18年(1613)
廃絶理由	本家・紀伊藩(和歌山市)相続		
備考	浅野長政の三男		

浅野家 あさのけ		本拠地	播磨赤穂藩(兵庫県赤穂市)
石高	5万石	藩祖	浅野長重
親疎の別	外様	廃絶になった大名	浅野長矩
大名になった年	慶長6年(1601)	廃絶になった年	元禄14年(1701)
廃絶理由	吉良義央(上野介)に刃傷		
備考	安芸広島藩(広島市)の分家。長矩(内匠頭)は自刃。翌年に大石良雄(内蔵助)らが義央を討って復仇		

浅野家 あさのけ		本拠地	備後三次藩(広島県三次市)
石高	5万石	藩祖	浅野長治
親疎の別	外様	廃絶になった大名	浅野長寔
大名になった年	寛永9年(1632)	廃絶になった年	享保5年(1720)
廃絶理由	無嗣絶家		
備考	長寔は長治の5代目の子孫		

阿部家 あべけ		本拠地	下野鹿沼藩(栃木県鹿沼市)
石高	1万3000石	藩祖	阿部重次
親疎の別	譜代	廃絶になった大名	
大名になった年	寛永12年(1635)	廃絶になった年	慶安元年(1648)。一説に寛永15年(1638)
廃絶理由	武蔵岩槻藩(さいたま市岩槻区)の世子(次期藩主)に専念		
備考	岩槻藩主就任は慶安元年(1648)。廃絶といえるか否か疑問		

阿部家 あべけ		本拠地	上総大多喜藩（千葉県大多喜町）
石高	1万石	藩祖	阿部正令（正能）
親疎の別	譜代	廃絶になった大名	
大名になった年	寛永15年（1638）	廃絶になった年	寛文11年（1671）
廃絶理由	養父・阿部忠秋の領地である武蔵忍藩（埼玉県行田市）相続		
備考	―		

阿部家 あべけ		本拠地	武蔵（埼玉県、東京都）、相模（神奈川県）国内
石高	1万石	藩祖	阿部正喬
親疎の別	譜代	廃絶になった大名	
大名になった年	元禄12年（1699）	廃絶になった年	宝永元年（1704）
廃絶理由	父・阿部正武の遺領である武蔵忍藩（埼玉県行田市）相続		
備考	―		

天野家 あまのけ		本拠地	駿河興国寺藩（静岡県沼津市）
石高	1万石	藩祖	天野康景
親疎の別	譜代	廃絶になった大名	
大名になった年	慶長5年（1600）以降	廃絶になった年	慶長12年（1607）
廃絶理由	家臣の失態		
備考	康景は逐電、子孫は旗本		

有馬家 ありまけ		本拠地	筑後松崎藩（福岡県小郡市）
石高	1万石	藩祖	有馬豊祐
親疎の別	外様	廃絶になった大名	
大名になった年	寛文8年（1668）	廃絶になった年	貞享元年（1684）
廃絶理由	陸奥窪田藩（福島県いわき市）の御家騒動に連坐		
備考	豊祐は配流、嫡子・有馬英致は旗本の養子		

井伊家 いいけ		本拠地	上野（群馬県）国内
石高	1万石	藩祖	井伊直孝
親疎の別	外様	廃絶になった大名	
大名になった年	慶長15年（1610）	廃絶になった年	元和元年（1615）
廃絶理由	本家・近江彦根藩（滋賀県彦根市）相続		
備考	1万石は上野白井（群馬県渋川市）付近か		

井伊家 いいけ		本拠地	近江彦根新田藩（滋賀県彦根市）
石高	1万石	藩祖	井伊直定
親疎の別	譜代	廃絶になった大名	
大名になった年	正徳4年（1714）	廃絶になった年	享保19年（1734）
廃絶理由	本家・彦根藩の世子（次期藩主）に就任		
備考	彦根藩主就任は享保20年（1735）		

池田家 いけだけ		本拠地	淡路洲本藩（兵庫県洲本市）
石高	6万3000石	藩祖	池田忠雄
親疎の別	外様（準家門）	廃絶になった大名	
大名になった年	慶長15年（1610）	廃絶になった年	元和元年（1615）
廃絶理由	本家・備前岡山藩（岡山市）相続		
備考	池田輝政・良正院（徳川家康の次女）夫妻の三男		

池田家 いけだけ		本拠地	播磨赤穂藩(兵庫県赤穂市)
石高	3万5000石	藩祖	池田政綱
親疎の別	外様(準家門)	廃絶になった大名	
大名になった年	元和元年(1615)	廃絶になった年	寛永8年(1631)
廃絶理由	無嗣絶家		
備考	池田輝政・良正院(徳川家康の次女)夫妻の五男		

池田家 いけだけ		本拠地	備中松山藩(岡山県高梁市)
石高	6万5000石	藩祖	池田長吉
親疎の別	外様	廃絶になった大名	池田長常
大名になった年	慶長5年(1600)以降	廃絶になった年	寛永18年(1641)
廃絶理由	無嗣絶家		
備考	長常は長吉(池田輝政の弟)の孫。子孫は旗本		

池田家 いけだけ		本拠地	播磨赤穂藩(兵庫県赤穂市)
石高	3万5000石	藩祖	池田輝興
親疎の別	外様(準家門)	廃絶になった大名	
大名になった年	元和元年(1615)	廃絶になった年	正保2年(1645)
廃絶理由	刃傷(正室や侍女らを斬殺)		
備考	池田輝政・良正院(徳川家康の次女)夫妻の六男。輝興は配流、病没		

池田家 いけだけ		本拠地	播磨新宮藩(兵庫県たつの市)
石高	1万石	藩祖	池田重利
親疎の別	外様	廃絶になった大名	池田邦照
大名になった年	元和3年(1617)	廃絶になった年	寛文10年(1670)
廃絶理由	無嗣絶家		
備考	重利の生母は池田輝政の養女。邦照は重利の曾孫。弟・池田重教は旗本		

池田家 いけだけ		本拠地	播磨山崎藩(兵庫県宍粟市)
石高	3万石	藩祖	池田恒元
親疎の別	外様	廃絶になった大名	池田恒行
大名になった年	正保4年(1647)。一説に慶安元年(1648)	廃絶になった年	延宝6年(1678)
廃絶理由	無嗣絶家		
備考	恒行は恒元の義理の孫		

石川家 いしかわけ		本拠地	信濃松本藩(長野県松本市)
石高	6万石(異説あり)	藩祖	石川数正
親疎の別	譜代	廃絶になった大名	石川康長(三長)
大名になった年	慶長5年(1600)以降	廃絶になった年	慶長18年(1613)
廃絶理由	大久保長安事件に連坐		
備考	康長(三長)は数正の嫡子で、配流先で病没		

石川家 いしかわけ		本拠地	信濃(長野県)国内
石高	1万5000石(異説あり)	藩祖	石川康勝
親疎の別	譜代	廃絶になった大名	
大名になった年	慶長5年(1600)以降?	廃絶になった年	慶長18年(1613)
廃絶理由	兄・石川康長(三長/数正の嫡子)に連坐		
備考	後に大坂夏の陣で討ち死に		

伊丹家 いたみけ		本拠地	甲斐徳美藩（山梨県甲州市）
石高	1万石	藩祖	伊丹康勝
親疎の別	譜代	廃絶になった大名	伊丹勝守
大名になった年	寛永10年（1633）	廃絶になった年	元禄11年（1698）
廃絶理由	乱心、自刃		
備考	勝守は康勝の曾孫		

伊奈家 いなけ		本拠地	武蔵小室藩（埼玉県伊奈町）
石高	1万石	藩祖	伊奈忠次
親疎の別	譜代	廃絶になった大名	伊奈忠勝
大名になった年	慶長5年（1600）以降	廃絶になった年	元和5年（1619）
廃絶理由	無嗣絶家		
備考	忠勝は忠次の嫡孫。弟・伊奈忠隆は旗本		

稲葉家 いなばけ		本拠地	美濃清水藩（岐阜県揖斐川町）
石高	1万2000石	藩祖	稲葉通重
親疎の別	譜代	廃絶になった大名	
大名になった年	慶長5年（1600）以降	廃絶になった年	慶長12年（1607）
廃絶理由	津田信政とともに豪商の妻らに狼藉		
備考	通重は配流。嫡子・稲葉通勝は常陸柿岡藩（茨城県石岡市）の藩士		

稲葉家 いなばけ		本拠地	豊後（大分県）国内
石高	1万4100石	藩祖	稲葉通孝
親疎の別	外様	廃絶になった大名	
大名になった年	慶長5年（1600）以降	廃絶になった年	慶長12年（1607）
廃絶理由	無嗣絶家（異説あり）		
備考	子孫は旗本		

稲葉家 いなばけ		本拠地	常陸柿岡藩（茨城県石岡市）
石高	2万石	藩祖	稲葉正勝
親疎の別	譜代	廃絶になった大名	
大名になった年	寛永元年（1624）	廃絶になった年	寛永5年（1628）
廃絶理由	父・稲葉正成の遺領である下野真岡藩（栃木県真岡市）相続		
備考	正成・春日局夫妻の嫡子		

稲葉家 いなばけ		本拠地	丹波福知山藩（京都府福知山市）
石高	4万5000石	藩祖	稲葉道通
親疎の別	譜代	廃絶になった大名	稲葉紀通
大名になった年	慶長5年（1600）以降	廃絶になった年	慶安元年（1648）
廃絶理由	乱心、自刃		
備考	道通は稲葉利貞（牧村政治／千利休の高弟）の弟で養子、紀通は道通の嫡子		

稲葉家 いなばけ		本拠地	摂津（大阪府北部、兵庫県南東部）、河内（大阪府南部）国内
石高	3万石	藩祖	稲葉正往（正通）
親疎の別	譜代	廃絶になった大名	
大名になった年	天和元年（1681）	廃絶になった年	天和3年（1683）
廃絶理由	父・稲葉正則の領地である相模小田原藩（神奈川県小田原市）相続		
備考	3万石は京都所司代就任に伴う役料的な性格		

稲葉家 いなばけ		本拠地	美濃青野藩（岐阜県大垣市）
石高	1万2000石	藩祖	稲葉正休
親疎の別	譜代	廃絶になった大名	
大名になった年	天和2年（1682）	廃絶になった年	貞享元年（1684）
廃絶理由	刃傷（大老・堀田正俊を斬殺）		
備考	正休は正俊の従弟。正休は直後に横死		

植村家 うえむらけ		本拠地	上総勝浦藩（千葉県勝浦市）
石高	1万石	藩祖	植村忠朝
親疎の別	譜代	廃絶になった大名	植村恒朝
大名になった年	天和2年（1682）	廃絶になった年	宝暦元年（1751）
廃絶理由	親類が横死した際に虚偽申告		
備考	恒朝は忠朝の孫。恒朝は配流、子孫は旗本		

大久保家 おおくぼけ		本拠地	駿河沼津藩（静岡県沼津市）
石高	2万石	藩祖	大久保忠佐
親疎の別	譜代	廃絶になった大名	
大名になった年	慶長5年（1600）以降	廃絶になった年	慶長18年（1613）
廃絶理由	無嗣絶家		
備考	弟・大久保忠教（彦左衛門）が養子縁組を拒否		

大久保家 おおくぼけ		本拠地	美濃大垣新田藩（岐阜県大垣市）
石高	1万石	藩祖	大久保忠為
親疎の別	譜代	廃絶になった大名	
大名になった年	元和2年（1616）以前？	廃絶になった年	元和2年（1616）
廃絶理由	病没		
備考	大名であったか否か疑問		

大久保家 おおくぼけ		本拠地	下総（千葉県北部）、常陸（茨城県）国内
石高	1万石	藩祖	大久保忠増
親疎の別	譜代	廃絶になった大名	
大名になった年	天和3年（1683）	廃絶になった年	元禄元年（1688）
廃絶理由	相模小田原藩（神奈川県小田原市）の世子（次期藩主）に専念（若年寄を辞任）		
備考	1万石は役料的な性格。後に小田原藩主		

大島家 おおしまけ		本拠地	美濃関藩（岐阜県関市）
石高	1万8000石	藩祖	大島光義
親疎の別	譜代	廃絶になった大名	
大名になった年	慶長5年（1600）以降	廃絶になった年	慶長9年（1604）
廃絶理由	病没後、4子が分割相続		
備考	次男と三男の子孫は旗本		

大須賀（松平）家 おおすか（まつだいら）け		本拠地	遠江横須賀藩（静岡県掛川市）
石高	6万5000石	藩祖	大須賀（松平）忠政
親疎の別	譜代	廃絶になった大名	大須賀（松平）忠次
大名になった年	慶長5年（1600）以降	廃絶になった年	元和元年（1615）
廃絶理由	播磨姫路藩（兵庫県姫路市）主・榊原家を相続		
備考	忠次は忠政の嫡子。姫路藩相続後、忠次は大老格として幕政に参画		

小笠原家 おがさわらけ		本拠地	常陸笠間藩（茨城県笠間市）
石高	3万石	藩祖	小笠原吉次
親疎の別	譜代	廃絶になった大名	
大名になった年	慶長12年(1607)。一説に慶長5年(1600)以降	廃絶になった年	慶長14年（1609）
廃絶理由	部下の扱いに失敗		
備考	もとは松平忠吉（徳川家康の四男）の筆頭家老		

奥平家 おくだいらけ		本拠地	美濃加納藩（岐阜県岐阜市）
石高	4万石	藩祖	奥平信昌
親疎の別	譜代	廃絶になった大名	
大名になった年	慶長5年（1600）以降	廃絶になった年	元和元年（1615）
廃絶理由	病没		
備考	正室は盛徳院(加納御前／徳川家康の長女)。石高は慶長7年(1602)まで10万石で、4万石は隠居料的な性格		

織田家 おだけ		本拠地	丹波柏原藩（兵庫県丹波市）
石高	3万6000石	藩祖	織田信包
親疎の別	外様	廃絶になった大名	織田信勝
大名になった年	慶長5年（1600）以降	廃絶になった年	慶安3年（1650）
廃絶理由	無嗣絶家		
備考	信勝は信則の嫡子、信包（織田信長の弟）の孫。叔父・織田信当は旗本		

織田家 おだけ		本拠地	大和（奈良県）国内（隠居料）
石高	1万石	藩祖	織田長益
親疎の別	外様	廃絶になった大名	
大名になった年	慶長5年（1600）以降	廃絶になった年	元和7年（1621）
廃絶理由	病没		
備考	長益は織田信長の弟で、もとは3万石の摂津味舌藩(大阪府摂津市)主。茶人・織田有楽斎として著名		

織田家 おだけ		本拠地	伊勢林藩（三重県津市）
石高	1万石（異説あり）	藩祖	織田信重
親疎の別	外様	廃絶になった大名	
大名になった年	慶長5年（1600）以降	廃絶になった年	元和元年（1615）
廃絶理由	弟・織田信則と争論（相続問題の悪化）		
備考	織田信包（信長の弟）の長男		

織田家 おだけ		本拠地	美濃野村藩（岐阜県大野町）
石高	1万石	藩祖	織田長孝
親疎の別	外様	廃絶になった大名	織田長則
大名になった年	慶長5年（1600）以降	廃絶になった年	寛永8年（1631）
廃絶理由	無嗣絶家		
備考	長孝は織田長益(有楽斎／信長の弟)の子、長則は長孝の嫡子。弟・織田長政と織田長光は加賀藩(石川県金沢市)の藩士		

加々爪家 かがづめけ		本拠地	遠江掛塚藩（静岡県磐田市）
石高	1万3000石	藩祖	加々爪直澄
親疎の別	譜代	廃絶になった大名	加々爪直清
大名になった年	寛文元年（1661）	廃絶になった年	天和元年（1681）
廃絶理由	旗本との境界争い		
備考	直清は直澄の養子。直清は配流		

片桐家 かたぎりけ		本拠地	大和龍田藩（奈良県斑鳩町）
石高	1万石	藩祖	片桐且元
親疎の別	外様	廃絶になった大名	片桐為次
大名になった年	慶長5年（1600）以降	廃絶になった年	明暦元年（1655）
廃絶理由	無嗣絶家		
備考	為次は且元の孫。弟・片桐且昭は旗本		

加藤家 かとうけ		本拠地	陸奥二本松藩（福島県二本松市）
石高	3万石	藩祖	加藤明利
親疎の別	外様	廃絶になった大名	
大名になった年	寛永4年（1627）	廃絶になった年	寛永20年（1643）
廃絶理由	病死時（寛永18年〈1641〉）の不手際（兄・加藤明成の削封に連坐か）		
備考	子孫は旗本		

加藤家 かとうけ		本拠地	出羽丸岡藩（山形県鶴岡市）
石高	1万石	藩祖	加藤清正
親疎の別	外様	廃絶になった大名	加藤忠広
大名になった年	慶長5年（1600）以降	廃絶になった年	承応2年（1653）
廃絶理由	転封先で病没		
備考	忠広は清正の嫡子。もとは51万5000石の肥後熊本藩（熊本市）だが、武家諸法度違反で削封、転封（事実上の配流）を受けていた		

金森家 かなもりけ		本拠地	美濃上有知藩（岐阜県美濃市）
石高	2万石	藩祖	金森長光
親疎の別	外様	廃絶になった大名	
大名になった年	慶長12年（1607）	廃絶になった年	慶長16年（1611）
廃絶理由	無嗣絶家		
備考	金森長近の三男（父が82歳のときの子）		

金森家 かなもりけ		本拠地	美濃八幡藩（岐阜県郡上市）
石高	3万8800石（異説あり）	藩祖	金森長近
親疎の別	外様	廃絶になった大名	金森頼錦
大名になった年	慶長5年（1600）以降	廃絶になった年	宝暦8年（1758）
廃絶理由	圧政（宝暦騒動の誘発。疑獄事件に発展）		
備考	頼錦は長近の子孫。六男・金森頼興は旗本		

蒲生家 がもうけ		本拠地	出羽上山藩（山形県上山市）
石高	4万石	藩祖	蒲生忠知
親疎の別	外様	廃絶になった大名	
大名になった年	寛永3年（1626）	廃絶になった年	寛永4年（1627）
廃絶理由	兄・蒲生忠郷の遺領である伊予松山藩（愛媛県松山市）相続		
備考	蒲生氏郷の孫、蒲生忠郷の弟		

蒲生家 がもうけ		本拠地	伊予松山藩（愛媛県松山市）
石高	24万石	藩祖	蒲生秀行
親疎の別	外様	廃絶になった大名	蒲生忠知
大名になった年	慶長5年（1600）以降	廃絶になった年	寛永11年（1634）
廃絶理由	無嗣絶家		
備考	忠知は蒲生氏郷の孫、蒲生忠郷の弟		

木曾家《きそけ》		本拠地	下総葦戸藩（阿知戸藩／千葉県旭市）
石高	1万石	藩祖	木曾義利
親疎の別	譜代（外様）	廃絶になった大名	
大名になった年	慶長5年（1600）	廃絶になった年	慶長5年（1600）
廃絶理由	家中騒動（叔父・木曾義豊を殺害）		
備考	木曾義仲の子孫で、義利の生母は真龍院（真理姫／武田信玄の三女）		

喜多見家《きたみけ》		本拠地	武蔵喜多見藩（東京都世田谷区）
石高	2万石	藩祖	喜多見重政
親疎の別	譜代	廃絶になった大名	
大名になった年	天和3年（1683）	廃絶になった年	元禄2年（1689）
廃絶理由	職務怠慢		
備考	重政は配流		

京極家《きょうごくけ》		本拠地	丹後宮津藩（京都府宮津市）
石高	7万8000石	藩祖	京極高知
親疎の別	外様	廃絶になった大名	京極高国
大名になった年	慶長5年（1600）以降	廃絶になった年	寛文6年（1666）
廃絶理由	父・京極高広との対立ほか		
備考	高国は高知の孫。子孫は旗本		

黒田家《くろだけ》		本拠地	筑前東蓮寺藩（福岡県直方市）
石高	5万石	藩祖	黒田高政（隆政）
親疎の別	外様	廃絶になった大名	黒田長寛（綱政）
大名になった年	元和9年（1623）	廃絶になった年	延宝5年（1677）
廃絶理由	本家・筑前福岡藩（福岡市）相続		
備考	長寛は高政の兄の孫（系図上は高政の義理の孫）		

黒田家《くろだけ》		本拠地	筑前直方藩（福岡県直方市）
石高	5万石	藩祖	黒田長清
親疎の別	外様	廃絶になった大名	
大名になった年	元禄元年（1688）	廃絶になった年	享保5年（1720）
廃絶理由	無嗣絶家		
備考	長男・黒田継高（長好）は本家である筑前福岡藩（福岡市）相続		

桑山家《くわやまけ》		本拠地	和泉谷川藩（大阪府岬町）
石高	1万石	藩祖	桑山重晴
親疎の別	外様	廃絶になった大名	桑山清晴
大名になった年	慶長5年（1600）以降	廃絶になった年	慶長14年（1609）
廃絶理由	徳川秀忠から勘気を受ける		
備考	1万石はもとは重晴の隠居料。清晴は重晴の孫		

桑山家《くわやまけ》		本拠地	大和御所藩（奈良県御所市）
石高	2万6000石	藩祖	桑山貞晴
親疎の別	外様	廃絶になった大名	
大名になった年	慶長5年（1600）以降	廃絶になった年	寛永6年（1629）
廃絶理由	無嗣絶家（養子相続の却下）		
備考	弟・桑山栄晴は旗本		

桑山家 くわやまけ		本拠地	大和新庄藩(奈良県葛城市)
石高	1万1000石	藩祖	桑山重晴(もしくは桑山一晴)
親疎の別	外様	廃絶になった大名	桑山一尹
大名になった年	慶長5年(1600)以降	廃絶になった年	天和2年(1682)
廃絶理由	職務怠慢		
備考	一晴は重晴の孫、一尹は一晴の弟の孫(系図上は義理の曾孫)		

小出家 こいでけ		本拠地	但馬出石藩(兵庫県豊岡市)
石高	4万5000石	藩祖	小出秀政
親疎の別	外様	廃絶になった大名	小出英及
大名になった年	慶長5年(1600)以降	廃絶になった年	元禄9年(1696)
廃絶理由	無嗣絶家		
備考	英及は秀政の7代目の子孫		

小出家 こいでけ		本拠地	和泉陶器藩(大阪府堺市)
石高	1万石	藩祖	小出三尹
親疎の別	外様	廃絶になった大名	小出重興
大名になった年	慶長9年(1604)	廃絶になった年	元禄9年(1696)
廃絶理由	無嗣絶家		
備考	重興は三尹の曾孫		

高力家 こうりきけ		本拠地	肥前島原藩(長崎県島原市)
石高	4万石	藩祖	高力清長
親疎の別	譜代	廃絶になった大名	高力高長
大名になった年	慶長5年(1600)以降	廃絶になった年	寛文8年(1668)
廃絶理由	圧政		
備考	高長は清長の曾孫。高長は配流、子孫は旗本		

小早川家 こばやかわけ		本拠地	備前岡山藩(岡山県岡山市)
石高	51万石(異説あり)	藩祖	小早川秀秋
親疎の別	外様	廃絶になった大名	
大名になった年	慶長5年(1600)以降	廃絶になった年	慶長7年(1602)
廃絶理由	無嗣絶家		
備考	高台院(お禰/豊臣秀吉の正室)の甥、木下勝俊や利房らの弟、秀吉と小早川隆景の養子		

小堀家 こぼりけ		本拠地	近江小室藩(滋賀県長浜市)
石高	1万石	藩祖	小堀正次
親疎の別	譜代	廃絶になった大名	小堀政方
大名になった年	慶長5年(1600)以降?	廃絶になった年	天明8年(1788)
廃絶理由	伏見奉行在職中の職務怠慢(政争か)		
備考	茶人大名・小堀政一(遠州)の子孫。政方は配流		

近藤家 こんどうけ		本拠地	信濃(長野県)、美濃(岐阜県南部)国内
石高	1万石	藩祖	近藤重勝
親疎の別	外様	廃絶になった大名	近藤政成
大名になった年	慶長5年(1600)以降	廃絶になった年	元和4年(1618)
廃絶理由	病没時に嫡子・近藤重直が幼少		
備考	政成は堀秀政の四男、重勝の養子。子孫は旗本		

近藤家 こんどうけ		本拠地	遠江井伊谷藩(静岡県浜松市)
石高	1万7000石(異説あり)	藩祖	近藤秀用
親疎の別	譜代	廃絶になった大名	
大名になった年	慶長19年(1614)	廃絶になった年	元和6年(1620)
廃絶理由	分知		
備考	子孫は旗本		

三枝家 さいぐさ(さえぐさ)け		本拠地	甲斐(山梨県)、安房(千葉県南部)国内
石高	1万5000石	藩祖	三枝守昌
親疎の別	譜代	廃絶になった大名	
大名になった年	寛永元年(1624)頃?	廃絶になった年	寛永16年(1639)
廃絶理由	徳川忠長に連坐。遺領を2子が分割相続		
備考	守昌は武田家の旧臣で、忠長の付家老。子孫は旗本		

西郷家 さいごうけ		本拠地	下野上田藩(栃木県壬生町)
石高	1万石	藩祖	西郷正員
親疎の別	譜代	廃絶になった大名	西郷寿員
大名になった年	元和6年(1620)	廃絶になった年	元禄6年(1693)
廃絶理由	職務怠慢		
備考	寿昌は正員の義理の孫。子孫は旗本		

酒井家 さかいけ		本拠地	上野伊勢崎藩(群馬県伊勢崎市)
石高	5万2000石	藩祖	酒井忠世
親疎の別	譜代	廃絶になった大名	
大名になった年	慶長5年(1600)以降	廃絶になった年	元和3年(1617)
廃絶理由	父の遺領である上野前橋藩(群馬県前橋市)相続		
備考	後に大老		

酒井家 さかいけ		本拠地	武蔵深谷藩(埼玉県深谷市)
石高	5万石	藩祖	酒井忠勝
親疎の別	譜代	廃絶になった大名	
大名になった年	元和6年(1620)	廃絶になった年	寛永4年(1627)
廃絶理由	父・酒井忠利の遺領である武蔵川越藩(埼玉県川越市)相続		
備考	当時の忠勝は老中で、5万石は役料。後に大老に就任		

酒井家 さかいけ		本拠地	出羽左沢藩(山形県大江町)
石高	1万2000石	藩祖	酒井直次
親疎の別	譜代	廃絶になった大名	
大名になった年	元和8年(1622)頃。一説に寛永7年(1630)以前	廃絶になった年	寛永8年(1631)
廃絶理由	無嗣絶家		
備考	ー		

酒井(金森)家 さかい(かなもり)け		本拠地	下総生実藩(千葉県千葉市)
石高	2万5000石	藩祖	酒井(金森)重澄
親疎の別	譜代	廃絶になった大名	
大名になった年	不明	廃絶になった年	寛永10年(1633)
廃絶理由	職務怠慢(療養中の子作り)		
備考	重澄は配流。子孫は旗本		

酒井家 さかいけ		本拠地	上野板鼻藩(群馬県安中市)
石高	3万石	藩祖	酒井忠行
親疎の別	譜代	廃絶になった大名	
大名になった年	寛永2年(1625)	廃絶になった年	寛永13年(1636)
廃絶理由	父・酒井忠世の遺領である上野前橋藩(群馬県前橋市)相続。もしくは病没		
備考	忠世の嫡子、忠清の父。当時の忠行は老中で、3万石は役料的な性格		

酒井家 さかいけ		本拠地	不明
石高	3万石	藩祖	酒井忠清
親疎の別	譜代	廃絶になった大名	
大名になった年	不明。寛永9年(1632)頃か?	廃絶になった年	寛永14年(1637)
廃絶理由	父・酒井忠行の遺領である上野前橋藩(群馬県前橋市)相続		
備考	忠行の病没は寛永13年(1636)。忠清は忠行の嫡子、忠世の孫。後に大老		

酒井家 さかいけ		本拠地	出羽大山藩(山形県鶴岡市)
石高	1万石	藩祖	酒井忠解
親疎の別	譜代	廃絶になった大名	
大名になった年	正保4年(1647)	廃絶になった年	寛文8年(1668)
廃絶理由	無嗣絶家		
備考	―		

酒井家 さかいけ		本拠地	下総(千葉県北部)、武蔵(埼玉県、東京都)国内
石高	2万石	藩祖	酒井忠挙(忠明)
親疎の別	譜代	廃絶になった大名	
大名になった年	寛文8年(1668)	廃絶になった年	天和元年(1681)
廃絶理由	父・酒井忠世の遺領である上野前橋藩(群馬県前橋市)相続		
備考	当時の忠挙(忠明)は老中で、2万石は役料		

酒井家 さかいけ		本拠地	駿河田中藩(静岡県藤枝市)
石高	4万石	藩祖	酒井忠能
親疎の別	譜代	廃絶になった大名	
大名になった年	寛永14年(1637)	廃絶になった年	天和元年(1681)
廃絶理由	兄・酒井忠清に連坐		
備考	忠能は配流。子孫は旗本		

酒井家 さかいけ		本拠地	播磨姫路新田藩(兵庫県姫路市)
石高	1万石	藩祖	酒井忠交
親疎の別	譜代	廃絶になった大名	酒井忠全
大名になった年	明和7年(1770)	廃絶になった年	文化14年(1817)
廃絶理由	無嗣絶家		
備考	忠全は忠交の孫		

坂崎家 さかざきけ		本拠地	石見津和野藩(島根県津和野町)
石高	4万石	藩祖	坂崎直盛(成正)
親疎の別	外様	廃絶になった大名	
大名になった年	慶長5年(1600)以降	廃絶になった年	元和2年(1616)
廃絶理由	天樹院(千姫/徳川秀忠の長女)の強奪を計画中に自刃(一説に横死/千姫事件)		
備考	宇喜多秀家の従兄弟、富田信高と高橋元種の義兄弟		

坂本家 さかもとけ		本拠地	上野(群馬県)、常陸(茨城県)国内ほか
石高	1万石	藩祖	坂本重治
親疎の別	譜代	廃絶になった大名	
大名になった年	天和元年(1681)	廃絶になった年	元禄2年(1689)
廃絶理由	職務怠慢		
備考	子孫は旗本		

佐久間家 さくまけ		本拠地	信濃飯山藩(長野県飯山市)
石高	3万石	藩祖	佐久間安政
親疎の別	譜代	廃絶になった大名	佐久間安次
大名になった年	慶長5年(1600)以降	廃絶になった年	寛永15年(1638)
廃絶理由	無嗣絶家		
備考	安次は安政の孫		

佐久間家 さくまけ		本拠地	信濃長沼藩(長野県長野市)
石高	1万石	藩祖	佐久間勝之
親疎の別	外様	廃絶になった大名	佐久間勝茲
大名になった年	慶長5年(1600)以降	廃絶になった年	元禄元年(1688)
廃絶理由	側小姓就任を辞退		
備考	勝茲は勝之の曾孫。勝茲は配流		

佐竹家 さたけけ		本拠地	出羽秋田新田藩(前期秋田新田藩/秋田県秋田市)
石高	1万石	藩祖	佐竹義都
親疎の別	外様	廃絶になった大名	佐竹義堅
大名になった年	元禄14年(1701)	廃絶になった年	享保17年(1732)
廃絶理由	本家・秋田藩の世子(次期藩主)に就任		
備考	義堅は義都の子。義堅は本家相続前に病没		

里見家 さとみけ		本拠地	上野板鼻藩(群馬県安中市)
石高	1万石	藩祖	里見義高(義英)
親疎の別	外様	廃絶になった大名	
大名になった年	不明。一説に慶長5年(1600)以降	廃絶になった年	慶長18年(1613)
廃絶理由	職務怠慢		
備考	義高は配流、子孫は播磨姫路藩(兵庫県姫路市)の藩士		

里見家 さとみけ		本拠地	伯耆倉吉藩(鳥取県倉吉市)
石高	3万石	藩祖	里見義康
親疎の別	外様	廃絶になった大名	里見忠義
大名になった年	慶長5年(1600)以降	廃絶になった年	元和8年(1622)。一説に元和3年(1617)
廃絶理由	無嗣絶家(配流先で病没)		
備考	忠義は義康の嫡子。もとは12万石の安房館山藩(千葉県館山市)主。岳父(正室の父)・大久保忠隣の失脚に連坐し、削封、転封となる。3万石は実質的な捨扶持で、元禄3年(1690)には100人扶持に切り替えられたという		

真田家 さなだけ		本拠地	信濃松代分封藩(長野県長野市)
石高	1万7000石	藩祖	真田信政
親疎の別	外様	廃絶になった大名	真田信重
大名になった年	元和8年(1622)	廃絶になった年	正保4年(1647)
廃絶理由	無嗣絶家	備考	信重は信政の弟

真田家 さなだけ		本拠地	上野沼田藩（群馬県沼田市）
石高	3万石	藩祖	真田信吉。一説に真田信之
親疎の別	外様	廃絶になった大名	真田信利
大名になった年	元和7年（1621）	廃絶になった年	天和元年（1681）
廃絶理由	職務怠慢（一説に圧政）		
備考	信吉は信之の長男、信利は信吉の次男。信利は配流先で病没		

佐野家 さのけ		本拠地	下野佐野藩（栃木県佐野市）
石高	3万9000石	藩祖	佐野信吉
親疎の別	外様	廃絶になった大名	
大名になった年	慶長5年（1600）以降	廃絶になった年	慶長19年（1614）
廃絶理由	実兄・富田信高の失脚に連坐		
備考	信吉は配流。子孫は旗本		

菅沼家 すがぬまけ		本拠地	丹波亀山藩（京都府亀岡市）
石高	3万8000石	藩祖	菅沼定盈
親疎の別	譜代	廃絶になった大名	菅沼定昭
大名になった年	慶長5年（1600）以降	廃絶になった年	正保4年（1647）
廃絶理由	無嗣絶家、弟ふたりが分割相続		
備考	定昭は定盈の孫（系図上は曾孫）。弟の菅沼定実、菅沼定賞は旗本		

杉原家 すぎはらけ		本拠地	但馬豊岡藩（兵庫県豊岡市）
石高	1万石	藩祖	杉原長房
親疎の別	外様	廃絶になった大名	杉原重玄
大名になった年	慶長5年（1600）以降	廃絶になった年	承応2年（1653）
廃絶理由	無嗣絶家		
備考	重玄は長房の孫		

関家 せきけ		本拠地	伯耆黒坂藩（鳥取県日野町）
石高	5万石	藩祖	関一政
親疎の別	外様	廃絶になった大名	
大名になった年	慶長5年（1600）以降	廃絶になった年	元和4年（1618）
廃絶理由	御家騒動		
備考	子孫は旗本		

高橋家 たかはしけ		本拠地	日向延岡藩（宮崎県延岡市）
石高	5万石	藩祖	高橋元種
親疎の別	外様	廃絶になった大名	
大名になった年	慶長5年（1600）以降	廃絶になった年	慶長18年（1613）
廃絶理由	伊予宇和島藩（愛媛県宇和島市）主・富田信高に連坐		
備考	元種は信高、坂崎成政の義兄弟。元種は配流。子孫は陸奥二本松藩（福島県二本松市）の藩士		

滝川家 たきかわけ		本拠地	常陸片野藩（茨城県石岡市）
石高	2万石	藩祖	滝川雄利
親疎の別	外様	廃絶になった大名	滝川正利
大名になった年	慶長8年（1603）	廃絶になった年	寛永2年（1625）
廃絶理由	病弱（自ら領地を返上）		
備考	雄利は滝川一益の甥で、関ヶ原の戦いの後に廃絶を経験。正利は雄利の嫡子。子孫は旗本		

武田家 たけだけ		本拠地	常陸水戸藩（茨城県水戸市）
石高	15万石（20万石とも）	藩祖	武田信吉
親疎の別	親藩	廃絶になった大名	
大名になった年	慶長5年（1600）以降	廃絶になった年	慶長8年（1603）
廃絶理由	無嗣絶家		
備考	徳川家康の五男。名族・武田家の名跡を継承		

竹中家 たけなかけ		本拠地	豊後府内藩（大分県大分市）
石高	2万石	藩祖	竹中重利（隆重）
親疎の別	外様	廃絶になった大名	竹中重義
大名になった年	慶長5年（1600）以降	廃絶になった年	寛永11年（1634）
廃絶理由	長崎奉行在職中の職務怠慢		
備考	重義は重利（半兵衛重治の従弟）の子で、嫡子・竹中源三郎とともに自刃		

伊達家 だてけ		本拠地	陸奥一関藩（岩手県一関市）
石高	3万石	藩祖	伊達宗勝
親疎の別	外様	廃絶になった大名	
大名になった年	万治3年（1660）	廃絶になった年	寛文11年（1671）
廃絶理由	本家・陸奥仙台藩（宮城県仙台市）の御家騒動（伊達騒動、寛文事件）を招く		
備考	官職は兵部少輔。配流後に病没		

伊達家 だてけ		本拠地	陸奥水沢藩（中津山藩／宮城県石巻市）
石高	3万石	藩祖	伊達村和
親疎の別	外様	廃絶になった大名	
大名になった年	元禄8年（1695）	廃絶になった年	元禄12年（1699）
廃絶理由	旗本と口論		
備考	子孫は陸奥仙台藩（宮城県仙台市）の藩士		

田中家 たなかけ		本拠地	筑後柳河藩（福岡県柳川市）
石高	32万5000石	藩祖	田中吉政
親疎の別	外様	廃絶になった大名	田中忠政
大名になった年	慶長5年（1600）以降	廃絶になった年	元和6年（1620）
廃絶理由	無嗣絶家		
備考	忠政は吉政の四男。兄・田中吉次の子孫は旗本		

田中家 たなかけ		本拠地	近江（滋賀県）、三河（愛知県東部）国内ほか
石高	2万石	藩祖	田中吉興
親疎の別	外様	廃絶になった大名	田中吉官
大名になった年	慶長5年（1600）以降	廃絶になった年	元和9年（1623）
廃絶理由	部下に連坐		
備考	吉官は吉興（吉政の三男）の養子。子孫は旗本		

津田家 つだけ		本拠地	山城御牧藩（京都府久御山町）
石高	1万3000石	藩祖	津田信成
親疎の別	外様	廃絶になった大名	
大名になった年	慶長5年（1600）以降	廃絶になった年	慶長12年（1607）
廃絶理由	美濃清水藩（岐阜県揖斐川町）主・稲葉通重とともに豪商らの妻に狼藉		
備考	織田左馬允（津田盛月）の次男		

土屋家 つちやけ		本拠地	上総久留里藩（千葉県君津市）
石高	2万石	藩祖	土屋忠直
親疎の別	譜代	廃絶になった大名	土屋頼直（直樹）
大名になった年	慶長7年（1602）	廃絶になった年	延宝7年（1679）
廃絶理由	乱心（不行跡ほか）		
備考	頼直（直樹）は忠直の孫。嫡子・土屋逵直は旗本で、吉良義央（上野介）の隣人		

筒井家 つついけ		本拠地	伊賀上野藩（三重県伊賀市）
石高	20万石	藩祖	筒井定次
親疎の別	外様	廃絶になった大名	
大名になった年	慶長5年（1600）以降	廃絶になった年	慶長13年（1608）
廃絶理由	藩内の騒擾（失政、謀叛の疑い）		
備考	筒井順慶の甥で養子。大坂夏の陣の直前に自刃		

寺沢家 てらさわけ		本拠地	肥前唐津藩（佐賀県唐津市）
石高	8万石	藩祖	寺沢広高
親疎の別	外様	廃絶になった大名	寺沢堅高
大名になった年	慶長5年（1600）以降	廃絶になった年	正保4年（1647）
廃絶理由	圧政（天草・島原の乱を誘発）、自刃、無嗣絶家		
備考	もとは12万石で、寛永15年（1638）に4万石を削封されていた		

土井家 どいけ		本拠地	常陸（茨城県）、下総（千葉県北部）国内
石高	1万石（異説あり）	藩祖	土井利益
親疎の別	譜代	廃絶になった大名	
大名になった年	万治元年（1658）	廃絶になった年	延宝3年（1675）
廃絶理由	本家・下総古河藩（茨城県古河市）相続		
備考	利益は土井利隆の次男		

土井家 どいけ		本拠地	下総大輪藩（茨城県常総市）
石高	1万石	藩祖	土井利直
親疎の別	譜代	廃絶になった大名	
大名になった年	万治元年（1658）	廃絶になった年	延宝5年（1677）
廃絶理由	病没（養子相続の却下）		
備考	子孫は旗本		

戸川家 とがわけ		本拠地	備中庭瀬藩（岡山県岡山市）
石高	2万石	藩祖	戸川逵安
親疎の別	外様	廃絶になった大名	戸川安風
大名になった年	慶長5年（1600）以降	廃絶になった年	延宝7年（1679）
廃絶理由	無嗣絶家		
備考	安風は逵安の曾孫。弟・戸川逵富は旗本		

徳川家 とくがわけ		本拠地	駿河府中藩（駿府藩／静岡県静岡市）
石高	55万石（異説あり）	藩祖	徳川忠長
親疎の別	親藩	廃絶になった大名	
大名になった年	元和4年（1618）	廃絶になった年	寛永9年（1632）
廃絶理由	乱行（実際は将軍家との対立）。配流後に自刃		
備考	徳川秀忠の次男、徳川家光の弟		

徳川家 とくがわけ		本拠地	上野館林藩(群馬県館林市)
石高	25万石	藩祖	徳川綱吉
親疎の別	親藩	廃絶になった大名	徳川徳松
大名になった年	寛文元年(1661)	廃絶になった年	延宝8年(1680)。一説に天和3年(1683)
廃絶理由	第5代将軍・徳川綱吉の世子(次期将軍)に就任。もしくは病没		
備考	徳松は綱吉の嫡子。綱吉の将軍就任後、徳松が館林藩主になったというが疑問		

徳川家 とくがわけ		本拠地	甲斐府中藩(甲府藩／山梨県甲府市)
石高	35万石	藩祖	徳川綱重
親疎の別	親藩	廃絶になった大名	徳川綱豊(家宣)
大名になった年	寛文元年(1661)	廃絶になった年	宝永元年(1704)
廃絶理由	第5代将軍・徳川綱吉の世子(次期将軍)に就任		
備考	綱豊(家宣)は綱重の嫡子、綱吉の甥で養子。綱豊は宝永6年(1709)に第6代将軍に就任		

徳永家 とくながけ		本拠地	美濃高須藩(岐阜県海津市)
石高	5万3000石	藩祖	徳永寿昌
親疎の別	譜代	廃絶になった大名	徳永昌重
大名になった年	慶長5年(1600)以降	廃絶になった年	寛永5年(1628)
廃絶理由	職務怠慢		
備考	昌重は寿昌の嫡子。昌重は配流後に病没。子孫は旗本		

戸田家 とだけ		本拠地	下総(千葉県北部)、常陸(茨城県)国内
石高	1万石	藩祖	戸田忠真
親疎の別	譜代	廃絶になった大名	
大名になった年	貞享4年(1687)	廃絶になった年	元禄12年(1699)
廃絶理由	父・戸田忠昌の遺領である下総佐倉藩(千葉県佐倉市)相続		
備考	ー		

富田家 とみたけ		本拠地	伊予宇和島藩(愛媛県宇和島市)
石高	12万石	藩祖	富田信高
親疎の別	外様	廃絶になった大名	
大名になった年	慶長5年(1600)以降	廃絶になった年	慶長18年(1613)
廃絶理由	石見津和野藩(島根県津和野町)主・坂崎成政と争論		
備考	信高は坂崎成政と高橋元種の義兄弟。信高は配流。子孫は常陸水戸藩(茨城県水戸市)の藩主、旗本		

豊臣家 とよとみけ		本拠地	摂津大坂藩(大阪府大阪市)
石高	65万7000石(異説あり)	藩祖	豊臣秀頼
親疎の別	外様	廃絶になった大名	
大名になった年	慶長5年(1600)以降	廃絶になった年	元和元年(1615)
廃絶理由	大坂夏の陣で生母・淀殿とともに自刃		
備考	豊臣秀吉の次男。関ヶ原の戦いの後、大坂藩主に陥落		

鳥居家 とりいけ		本拠地	甲斐谷村藩(山梨県都留市)
石高	3万5000石	藩祖	鳥居成次
親疎の別	譜代	廃絶になった大名	鳥居成信(忠房)
大名になった年	慶長5年(1600)以降	廃絶になった年	寛永9年(1632)
廃絶理由	駿河府中藩(静岡市)主・徳川忠長に連坐		
備考	成信(忠房)は成次の嫡子で、忠長の付家老		

内藤家《ないとうけ》		本拠地	上総、安房（ともに千葉県）国内ほか
石高	1万5000石	藩祖	内藤信広
親疎の別	譜代	廃絶になった大名	
大名になった年	慶安元年（1648）	廃絶になった年	慶安元年（1648）
廃絶理由	部下の信仰問題に連坐		
備考	―		

内藤家《ないとうけ》		本拠地	志摩鳥羽藩（三重県鳥羽市）
石高	3万3200石	藩祖	内藤忠重
親疎の別	譜代	廃絶になった大名	内藤忠勝
大名になった年	不明	廃絶になった年	延宝8年（1680）
廃絶理由	丹後宮津藩（京都府宮津市）主・永井尚長を斬殺		
備考	忠勝は忠重の孫、浅野長矩（内匠頭）の従兄。翌日に自刃		

永井家《ながいけ》		本拠地	上総潤井戸藩（千葉県市原市）
石高	2万石	藩祖	永井尚政
親疎の別	譜代	廃絶になった大名	
大名になった年	元和5年（1619）	廃絶になった年	寛永3年（1626）
廃絶理由	父・永井直勝の遺領である下総古河藩（茨城県古河市）相続		
備考	後に丹後宮津藩（京都府宮津市）へ転封		

中村家《なかむらけ》		本拠地	伯耆米子藩（鳥取県米子市）
石高	17万5000石	藩祖	中村忠一（一忠）
親疎の別	外様	廃絶になった大名	
大名になった年	慶長5年（1600）以降	廃絶になった年	慶長14年（1609）
廃絶理由	無嗣絶家		
備考	中村一氏の嫡子		

那須家《なすけ》		本拠地	下野烏山藩（栃木県那須烏山市）
石高	2万石	藩祖	那須資景
親疎の別	譜代	廃絶になった大名	那須資徳
大名になった年	慶長11年（1606）	廃絶になった年	貞享4年（1687）
廃絶理由	相続問題の紛糾		
備考	資徳は資景の玄孫。子孫は旗本		

成田家《なりたけ》		本拠地	下野（栃木県）国内
石高	1万石	藩祖	成田長忠
親疎の別	譜代	廃絶になった大名	成田氏宗
大名になった年	慶長5年（1600）以降	廃絶になった年	元和8年（1622）
廃絶理由	無嗣絶家（御家騒動）		
備考	氏宗は長忠の次男。子孫は旗本		

成瀬家《なるせけ》		本拠地	下総栗原藩（千葉県船橋市）
石高	1万6000石	藩祖	成瀬之成
親疎の別	譜代	廃絶になった大名	成瀬之虎
大名になった年	元和2年（1616）	廃絶になった年	寛永15年（1638）
廃絶理由	無嗣絶家		
備考	之虎は之成の次男		

仁賀保家 にかほけ		本拠地	出羽仁賀保藩(秋田県にかほ市)
石高	1万石	藩祖	仁賀保挙誠
親疎の別	外様	廃絶になった大名	
大名になった年	元和9年(1623)	廃絶になった年	寛永2年(1625)
廃絶理由	病没後、3子が分割相続		
備考	子孫は旗本		

西尾家 にしおけ		本拠地	美濃揖斐藩(岐阜県揖斐川町)
石高	2万5000石	藩祖	西尾嘉教
親疎の別	外様	廃絶になった大名	
大名になった年	慶長5年(1600)以降	廃絶になった年	元和9年(1623)
廃絶理由	無嗣絶家		
備考	子孫は旗本		

禰津家 ねづけ		本拠地	上野豊岡藩(群馬県高崎市)
石高	1万石	藩祖	禰津信政
親疎の別	外様	廃絶になった大名	禰津吉直
大名になった年	慶長7年(1602)	廃絶になった年	寛永3年(1626)
廃絶理由	無嗣絶家		
備考	吉直は信政の嫡子		

長谷川家 はせがわけ		本拠地	美濃(岐阜県南部)、伊勢(三重県中央部)国内ほか
石高	1万石	藩祖	長谷川宗仁
親疎の別	外様	廃絶になった大名	長谷川守知
大名になった年	慶長5年(1600)以降?	廃絶になった年	寛永9年(1632)
廃絶理由	病没		
備考	宗仁は茶人、絵師。守知は宗仁の子		

蜂須賀家 はちすかけ		本拠地	阿波富田藩(徳島県徳島市)
石高	5万石	藩祖	蜂須賀隆重
親疎の別	外様	廃絶になった大名	蜂須賀正員(宗員)
大名になった年	延宝6年(1678)	廃絶になった年	享保10年(1725)
廃絶理由	本家・阿波藩(徳島市)相続		
備考	正員(宗員)は隆重の義理の孫		

土方家 ひじかたけ		本拠地	陸奥窪田藩(福島県いわき市)
石高	1万8000石	藩祖	土方雄久
親疎の別	外様	廃絶になった大名	土方雄隆
大名になった年	慶長5年(1600)以降	廃絶になった年	貞享元年(1684)
廃絶理由	御家騒動		
備考	後に配流、病没。弟・土方雄賀は旗本		

一柳家 ひとつやなぎけ		本拠地	伊予西条藩(愛媛県西条市)
石高	2万5000石	藩祖	一柳直盛
親疎の別	外様	廃絶になった大名	一柳直興
大名になった年	慶長5年(1600)以降	廃絶になった年	寛文5年(1665)
廃絶理由	参勤交代の遅延など		
備考	配流先で病没。弟・一柳直照は旗本		

日根野家 ひねのけ		本拠地	豊後府内藩(大分県大分市)
石高	2万石	藩祖	日根野高吉
親疎の別	外様	廃絶になった大名	日根野吉明
大名になった年	慶長5年(1600)	廃絶になった年	明暦2年(1656)
廃絶理由	無嗣絶家		
備考	吉明は高吉の嫡子		

平岩家 ひらいわけ		本拠地	尾張犬山藩(愛知県犬山市)
石高	12万3000石	藩祖	平岩親吉
親疎の別	譜代	廃絶になった大名	
大名になった年	慶長5年(1600)以降	廃絶になった年	慶長16年(1611)
廃絶理由	無嗣絶家		
備考	尾張藩(愛知県名古屋市)の付家老		

平岡家 ひらおかけ		本拠地	美濃徳野藩(岐阜県可児市)
石高	1万石	藩祖	平岡頼勝
親疎の別	外様	廃絶になった大名	平岡頼資
大名になった年	慶長9年(1604)	廃絶になった年	承応2年(1653)
廃絶理由	相続問題の紛糾、不行跡		
備考	頼資は頼勝の嫡子。子孫は旗本		

福島家 ふくしまけ		本拠地	信濃川中島藩(長野県長野市ほか)
石高	2万石	藩祖	福島正則
親疎の別	外様	廃絶になった大名	
大名になった年	慶長5年(1600)以降	廃絶になった年	寛永元年(1624)
廃絶理由	配流先で病没、家臣の失態		
備考	もとは49万8200石の安芸広島藩(広島市)主。居城の無断修築で削封、転封(配流)。子孫は旗本		

福島家 ふくしまけ		本拠地	大和松山藩(奈良県宇陀市)
石高	3万石	藩祖	福島高晴
親疎の別	外様	廃絶になった大名	
大名になった年	慶長5年(1600)以降	廃絶になった年	元和元年(1615)
廃絶理由	家臣が駿河駿府城(静岡市)下で不祥事		
備考	福島正則の弟		

藤田家 ふじたけ		本拠地	下野西方藩(栃木県栃木市)
石高	1万5000石	藩祖	藤田信吉
親疎の別	外様	廃絶になった大名	
大名になった年	慶長5年(1600)以降	廃絶になった年	元和2年(1616)。一説に元和元年(1615)
廃絶理由	大坂の陣での戦闘指揮に失敗		
備考	―		

古田家 ふるたけ		本拠地	山城西岡藩(京都府長岡京市、向日市付近)
石高	3万5000石	藩祖	古田重広(もしくは古田重然)
親疎の別	外様	廃絶になった大名	
大名になった年	慶長5年(1600)以降	廃絶になった年	元和元年(1615)
廃絶理由	豊臣方に内通		
備考	重広は重然(茶人・織部)の嫡子。大名であるかどうか疑問。本拠地や石高などにも不明な点が多い		

古田家 ふるたけ		本拠地	石見浜田藩(島根県浜田市)
石高	5万5000石	藩祖	古田重勝
親疎の別	外様	廃絶になった大名	古田重恒
大名になった年	慶長5年(1600)以降	廃絶になった年	慶安元年(1648)
廃絶理由	無嗣絶家(一説に重臣を抹殺後、自刃)		
備考	重恒は重勝の嫡子		

別所家 べっしょけ		本拠地	丹波綾部藩(京都府綾部市)
石高	2万石	藩祖	別所吉治
親疎の別	外様	廃絶になった大名	
大名になった年	慶長5年(1600)以降	廃絶になった年	寛永5年(1628)
廃絶理由	仮病(狩猟に耽溺)		
備考	子孫は旗本		

北条家 ほうじょうけ		本拠地	遠江掛川藩(静岡県掛川市)
石高	3万石	藩祖	北条氏勝
親疎の別	譜代	廃絶になった大名	北条氏重
大名になった年	慶長5年(1600)以降	廃絶になった年	万治元年(1658)
廃絶理由	無嗣絶家		
備考	北条綱成(北条氏綱の娘婿)の子孫。氏重は徳川家康の甥、氏勝の養子		

堀田家 ほったけ		本拠地	常陸北条藩(茨城県つくば市)
石高	1万3000石	藩祖	堀田正英
親疎の別	譜代	廃絶になった大名	
大名になった年	天和2年(1682)	廃絶になった年	元禄元年(1688)
廃絶理由	遺言状の不備		
備考	子孫は旗本		

堀田家 ほったけ		本拠地	下野大宮藩(栃木県栃木市)
石高	2万石	藩祖	堀田正虎
親疎の別	譜代	廃絶になった大名	
大名になった年	貞享元年(1684)	廃絶になった年	元禄7年(1694)
廃絶理由	本家・陸奥福島藩(福島市)相続		
備考	ー		

堀家 ほりけ		本拠地	越後蔵王堂藩(新潟県長岡市)
石高	3万石	藩祖	堀親良
親疎の別	外様	廃絶になった大名	堀鶴千代
大名になった年	慶長5年(1600)以降	廃絶になった年	慶長11年(1606)以降
廃絶理由	無嗣絶家		
備考	堀秀治の次男、親良の甥で養子		

堀家 ほりけ		本拠地	越後福島藩(新潟県上越市)
石高	30万石	藩祖	堀秀治
親疎の別	外様	廃絶になった大名	堀忠俊
大名になった年	慶長5年(1600)以降	廃絶になった年	慶長15年(1610)
廃絶理由	藩内の騒擾		
備考	忠俊は秀治の嫡子。子孫は加賀藩(石川県金沢市)の藩士		

堀家 ほりけ		本拠地	越後三条藩（新潟県三条市）
石高	5万石	藩祖	堀直政
親疎の別	外様	廃絶になった大名	堀直次
大名になった年	慶長5年（1600）以降	廃絶になった年	慶長15年（1610）
廃絶理由	越後福島藩（新潟県上越市）内の騒擾（弟・堀直寄と争論）に関与		
備考	直次は直政の嫡子		

堀家 ほりけ		本拠地	越後村上藩（新潟県村上市）
石高	10万石	藩祖	堀直寄
親疎の別	外様	廃絶になった大名	堀直定
大名になった年	慶長15年（1610）頃。一説に慶長5年（1600）以降	廃絶になった年	寛永19年（1642）
廃絶理由	無嗣絶家		
備考	直定は直寄の嫡孫		

堀家 ほりけ		本拠地	常陸玉取藩（茨城県つくば市）
石高	1万2000石	藩祖	堀利重
親疎の別	外様	廃絶になった大名	堀通周
大名になった年	元和8年（1622）	廃絶になった年	延宝7年（1679）
廃絶理由	乱心（家臣を斬殺）		
備考	通周は利重の孫。通周の弟、仮養子の堀俊雄は旗本		

堀尾家 ほりおけ		本拠地	出雲松江藩（島根県松江市）
石高	24万石	藩祖	堀尾忠氏
親疎の別	外様	廃絶になった大名	堀尾忠晴
大名になった年	慶長5年（1600）以降	廃絶になった年	寛永10年（1633）
廃絶理由	無嗣絶家		
備考	忠晴は忠氏の嫡子		

本郷家 ほんごうけ		本拠地	駿河川成島藩（静岡県富士市）
石高	1万石	藩祖	本郷泰固
親疎の別	譜代	廃絶になった大名	
大名になった年	安政4年（1857）	廃絶になった年	安政6年（1859）
廃絶理由	職務上の怠慢（実際は政争）		
備考	子孫は旗本		

本多家 ほんだけ		本拠地	下野宇都宮藩（栃木県宇都宮市）
石高	15万5000石	藩祖	本多正信。一説に本多正純
親疎の別	譜代	廃絶になった大名	本多正純
大名になった年	不明。一説に慶長5年（1600）以降	廃絶になった年	元和8年（1622）
廃絶理由	職務怠慢（実際は政争）		
備考	正純は正信の嫡子で老中。宇都宮釣天井事件は虚構		

本多家 ほんだけ		本拠地	上野白井藩（群馬県渋川市）
石高	1万石	藩祖	本多紀貞
親疎の別	譜代	廃絶になった大名	
大名になった年	元和4年（1618）	廃絶になった年	元和9年（1623）。一説に寛永元年（1624）
廃絶理由	無嗣絶家		
備考	―		

本多家 ほんだけ		本拠地	播磨（兵庫県中央部）国内（部屋住料）
石高	10万石	藩祖	本多忠刻
親疎の別	譜代	廃絶になった大名	
大名になった年	元和3年（1617）	廃絶になった年	寛永3年（1626）
廃絶理由	無嗣絶家		
備考	忠刻は播磨姫路藩（兵庫県姫路市）の世子、天樹院（千姫／徳川秀忠の長女）の後夫。播磨姫路分封藩ともいう		

本多家 ほんだけ		本拠地	播磨龍野藩（兵庫県たつの市）
石高	5万石	藩祖	本多忠朝
親疎の別	譜代	廃絶になった大名	本多政朝
大名になった年	慶長6年（1601）	廃絶になった年	寛永4年（1627）
廃絶理由	本家・播磨姫路藩（兵庫県姫路市）相続		
備考	政朝は忠朝の甥、娘婿で、名跡を継承		

本多家 ほんだけ		本拠地	大和高取藩（奈良県高取町）
石高	2万5000石	藩祖	本多俊政（利朝）
親疎の別	譜代	廃絶になった大名	本多政武（利長）
大名になった年	慶長5年（1600）以降	廃絶になった年	寛永14年（1637）
廃絶理由	無嗣絶家		
備考	政武は俊政の子		

本多家 ほんだけ		本拠地	下野皆川藩（栃木県栃木市）
石高	2万8000石	藩祖	本多忠純
親疎の別	譜代	廃絶になった大名	本多犬千代
大名になった年	慶長10年（1605）	廃絶になった年	寛永17年（1640）
廃絶理由	無嗣絶家		
備考	犬千代は忠純の孫		

本多家 ほんだけ		本拠地	大和（奈良県）国内
石高	4万石	藩祖	本多政勝
親疎の別	譜代	廃絶になった大名	本多勝行
大名になった年	寛永8年（1631）	廃絶になった年	慶安3年（1650）
廃絶理由	無嗣絶家		
備考	勝行は政勝の嫡子		

本多家 ほんだけ		本拠地	大和（奈良県）国内
石高	3万石	藩祖	本多政長
親疎の別	譜代	廃絶になった大名	
大名になった年	承応2年（1653）	廃絶になった年	寛文11年（1671）
廃絶理由	本家・大和郡山藩（奈良県大和郡山市）相続		
備考	大和郡山分封藩ともいう		

本多家 ほんだけ		本拠地	越前丸岡藩（福井県坂井市）
石高	4万3000石	藩祖	本多成重
親疎の別	譜代	廃絶になった大名	本多重益
大名になった年	寛永元年（1624）	廃絶になった年	元禄8年（1695）
廃絶理由	失政、家臣の虐待		
備考	配流後に旗本		

本多家 ほんだけ		本拠地	三河足助藩（愛知県豊田市）
石高	1万石	藩祖	本多忠周
親疎の別	譜代	廃絶になった大名	
大名になった年	天和3年（1683）	廃絶になった年	貞享4年（1687）
廃絶理由	職務怠慢		
備考	子孫は旗本		

本多家 ほんだけ		本拠地	陸奥大久保藩（岩瀬藩／福島県須賀川市）
石高	1万石	藩祖	本多政利
親疎の別	譜代	廃絶になった大名	
大名になった年	寛文11年（1671）	廃絶になった年	元禄6年（1693）
廃絶理由	失政、侍女を斬殺		
備考	―		

本多家 ほんだけ		本拠地	大和郡山藩（奈良県大和郡山市）
石高	5万石	藩祖	本多忠義
親疎の別	譜代	廃絶になった大名	本多忠烈
大名になった年	寛永3年（1626）	廃絶になった年	享保8年（1723）
廃絶理由	無嗣絶家		
備考	忠烈は忠義の子孫		

本多家 ほんだけ		本拠地	遠江相良藩（静岡県牧之原市）
石高	1万石	藩祖	本多忠利
親疎の別	譜代	廃絶になった大名	本多忠央
大名になった年	寛文2年（1662）	廃絶になった年	宝暦8年（1758）
廃絶理由	職務怠慢（郡上一揆訴訟の不手際）		
備考	子孫は旗本		

前田家 まえだけ		本拠地	丹波八上藩（兵庫県篠山市）
石高	5万石	藩祖	前田玄以
親疎の別	外様	廃絶になった大名	前田茂勝
大名になった年	慶長5年（1600）以降	廃絶になった年	慶長13年（1608）
廃絶理由	乱心（重臣を殺害）		
備考	茂勝は豊臣家五奉行・玄以の次男で、配流先で病没。三男・前田正勝は旗本		

前田家 まえだけ		本拠地	加賀大聖寺新田藩（石川県加賀市）
石高	1万石	藩祖	前田利昌
親疎の別	外様	廃絶になった大名	
大名になった年	元禄5年（1692）	廃絶になった年	宝永6年（1709）
廃絶理由	大和柳本藩（奈良県天理市）主・織田秀親を斬殺		
備考	利昌は自刃		

松倉家 まつくらけ		本拠地	肥前島原藩（長崎県島原市）
石高	4万石	藩祖	松倉重政
親疎の別	外様	廃絶になった大名	松倉勝家
大名になった年	慶長13年（1608）	廃絶になった年	寛永15年（1638）
廃絶理由	圧政（天草・島原の乱を誘発）		
備考	勝家は重政の子。勝家は死罪。弟・松倉重利は旗本		

松下家 まつしたけ		本拠地	陸奥三春藩(福島県三春町)
石高	3万石	藩祖	松下重綱
親疎の別	外様	廃絶になった大名	松下長綱
大名になった年	慶長5年(1600)以降	廃絶になった年	正保元年(1644)
廃絶理由	乱心		
備考	長綱は重綱の嫡子。子孫は旗本		

松平家 まつだいらけ		本拠地	尾張清洲藩(愛知県清須市)
石高	52万石	藩祖	松平忠吉
親疎の別	親藩	廃絶になった大名	
大名になった年	慶長5年(1600)以降	廃絶になった年	慶長12年(1607)
廃絶理由	無嗣絶家		
備考	徳川家康の四男		

松平(竹谷)家 まつだいら(たけのや)け		本拠地	三河吉田藩(愛知県豊橋市)
石高	3万石	藩祖	松平家清
親疎の別	譜代	廃絶になった大名	松平忠清
大名になった年	慶長5年(1600)以降	廃絶になった年	慶長17年(1612)
廃絶理由	無嗣絶家		
備考	忠清は家清の嫡子。子孫は旗本		

松平家 まつだいらけ		本拠地	越後高田藩(新潟県上越市)
石高	60万石	藩祖	松平忠輝
親疎の別	親藩	廃絶になった大名	
大名になった年	慶長7年(1602)	廃絶になった年	元和2年(1616)
廃絶理由	不行跡ほか		
備考	徳川家康の六男		

松平(久松)家 まつだいら(ひさまつ)け		本拠地	遠江掛川藩(静岡県掛川市)
石高	3万石	藩祖	松平定行
親疎の別	親藩	廃絶になった大名	
大名になった年	慶長12年(1607)	廃絶になった年	元和3年(1617)
廃絶理由	伊勢桑名藩(三重県桑名市)の世子(次期藩主)となる		
備考	定行は松平(久松)定勝の次男、徳川家康の甥		

松平家 まつだいらけ		本拠地	越後高田藩(新潟県上越市)
石高	25万石	藩祖	松平忠昌
親疎の別	親藩	廃絶になった大名	
大名になった年	慶長12年(1607)	廃絶になった年	寛永元年(1624)
廃絶理由	本家・越前藩(福井市)相続(実質的な転封)		
備考	松平秀康の次男		

松平(菅沼)家 まつだいら(すがぬま)け		本拠地	美濃加納藩(岐阜県岐阜市)
石高	10万石(5万石とも)	藩祖	松平(菅沼)定利
親疎の別	譜代(親藩)	廃絶になった大名	松平(菅沼)忠隆。一説に松平(菅沼)右京
大名になった年	慶長5年(1600)以降	廃絶になった年	寛永9年(1632)。一説に寛永12年(1635)
廃絶理由	無嗣絶家		
備考	忠隆は忠政の嫡子。右京(左京亮とも)は忠隆の嫡子		

松平（奥平）家 まつだいら（おくだいら）け		本拠地	播磨姫路新田藩（兵庫県姫路市）
石高	3万石	藩祖	松平（奥平）清道
親疎の別	譜代	廃絶になった大名	
大名になった年	正保元年（1644）	廃絶になった年	正保元年（1644）
廃絶理由	無嗣絶家		
備考	播磨姫路藩（当時）の分家		

松平（久松）家 まつだいら（ひさまつ）け		本拠地	三河刈谷藩（愛知県刈谷市）
石高	2万石	藩祖	松平定政
親疎の別	親藩	廃絶になった大名	
大名になった年	慶安2年（1649）	廃絶になった年	慶安4年（1651）
廃絶理由	幕閣への上書、出家（一説に乱心）		
備考	子孫は旗本		

松平（能見）家 まつだいら（のみ）け		本拠地	下野皆川藩（栃木県栃木市）
石高	1万500石	藩祖	松平重則
親疎の別	譜代	廃絶になった大名	松平重利
大名になった年	寛永10年（1633）	廃絶になった年	寛文5年（1665）
廃絶理由	無嗣絶家		
備考	重利は重則の孫		

松平家 まつだいらけ		本拠地	越前吉江藩（福井県鯖江市）
石高	2万5000石	藩祖	松平昌親（吉品）
親疎の別	親藩	廃絶になった大名	
大名になった年	正保2年（1645）	廃絶になった年	延宝2年（1674）
廃絶理由	本家・越前藩（福井市）相続		
備考	―		

松平（能見）家 まつだいら（のみ）け		本拠地	上総佐貫藩（千葉県富津市）
石高	1万5000石	藩祖	松平勝隆
親疎の別	譜代	廃絶になった大名	松平重治
大名になった年	寛永16年（1639）	廃絶になった年	貞享元年（1684）
廃絶理由	不法な文通		
備考	重治は勝隆の養子。重治は配流先で病死。子孫は旗本		

松平（久松）家 まつだいら（ひさまつ）け		本拠地	伊勢長島藩（三重県桑名市）
石高	1万石	藩祖	松平（久松）康元
親疎の別	親藩	廃絶になった大名	松平（久松）忠充
大名になった年	慶長5年（1600）以降	廃絶になった年	元禄15年（1702）
廃絶理由	乱心		
備考	子孫は旗本		

松平家 まつだいらけ		本拠地	出雲松江新田藩（島根県松江市）
石高	1万石	藩祖	松平近憲（吉透）
親疎の別	親藩	廃絶になった大名	
大名になった年	元禄14年（1701）	廃絶になった年	宝永元年（1704）
廃絶理由	本家・出雲松江藩（松江市）相続		
備考	―		

松平家 まつだいらけ		本拠地	越前高森藩(丹生藩/福井県越前市)
石高	3万石	藩祖	松平頼職(徳川頼職)
親疎の別	親藩	廃絶になった大名	
大名になった年	元禄10年(1697)	廃絶になった年	宝永2年(1705)
廃絶理由	本家・紀伊藩(和歌山市)相続		
備考	徳川光貞の三男、松平頼方(徳川吉宗)の兄		

松平家 まつだいらけ		本拠地	越前葛野藩(福井県越前町)
石高	3万石	藩祖	松平頼方(徳川吉宗)
親疎の別	親藩	廃絶になった大名	
大名になった年	元禄10年(1697)	廃絶になった年	宝永2年(1705)
廃絶理由	本家・紀伊藩(和歌山市)相続		
備考	徳川光貞の四男、松平頼職(徳川頼職)の弟。後に第8代将軍		

松平(本庄)家 まつだいら(ほんじょう)け		本拠地	越前高森藩(福井県越前市)
石高	2万石	藩祖	本庄宗長
親疎の別	譜代	廃絶になった大名	本庄宗胡
大名になった年	宝永2年(1705)	廃絶になった年	正徳元年(1711)
廃絶理由	無嗣絶家		
備考	宗胡は宗長の弟で養子		

松平家 まつだいらけ		本拠地	越前松岡藩(福井県永平寺町)
石高	5万石	藩祖	松平昌勝
親疎の別	親藩	廃絶になった大名	松平昌平(宗昌)
大名になった年	正保2年(1645)	廃絶になった年	享保6年(1721)
廃絶理由	本家・越前藩(福井市)相続		
備考	昌平(宗昌)は昌勝の三男		

松平家 まつだいらけ		本拠地	陸奥白河新田藩(福島県白河市)
石高	1万石	藩祖	松平知清
親疎の別	親藩	廃絶になった大名	松平義知
大名になった年	正徳2年(1712)	廃絶になった年	享保13年(1728)
廃絶理由	本家・陸奥白河藩(白河市)相続		
備考	―		

松平家 まつだいらけ		本拠地	陸奥梁川藩(福島県伊達市)
石高	3万石	藩祖	松平義昌
親疎の別	親藩	廃絶になった大名	松平通春(徳川宗春)
大名になった年	天和3年(1683)	廃絶になった年	享保15年(1730)
廃絶理由	本家・尾張藩(愛知県名古屋市)相続		
備考	通春(宗春)は徳川綱成の四男で、義昌の義理の曾孫		

松平(久松)家 まつだいら(ひさまつ)け		本拠地	伊予松山新田藩(愛媛県松山市)
石高	1万石	藩祖	松平定章
親疎の別	親藩(譜代)	廃絶になった大名	松平定静
大名になった年	享保5年(1720)	廃絶になった年	明和2年(1765)
廃絶理由	本家相続		
備考	定静は定章の嫡子		

三浦家 みうらけ		本拠地	下総（千葉県北部）国内
石高	1万石	藩祖	三浦重成
親疎の別	譜代	廃絶になった大名	三浦重勝
大名になった年	慶長5年（1600）以降	廃絶になった年	寛永8年（1631）
廃絶理由	無嗣絶家		
備考	重勝は重成の嫡子。一族は旗本		

水野家 みずのけ		本拠地	三河（愛知県東部）国内
石高	1万石	藩祖	水野忠胤
親疎の別	譜代	廃絶になった大名	水野忠胤
大名になった年	慶長5年（1600）以降	廃絶になった年	慶長14年（1609）
廃絶理由	部下の刃傷に連坐		
備考	忠胤は自刃		

水野家 みずのけ		本拠地	安房（千葉県南部）、上野（群馬県）国内
石高	1万5000石	藩祖	水野分長
親疎の別	譜代	廃絶になった大名	水野分長
大名になった年	元和6年（1620）	廃絶になった年	元和9年（1623）
廃絶理由	無嗣絶家		
備考	廃絶した上野安中藩（群馬県安中市）の別家。常陸水戸藩（茨城県水戸市）の付家老		

水野家 みずのけ		本拠地	上野安中藩（群馬県安中市）
石高	2万石	藩祖	水野分長
親疎の別	譜代	廃絶になった大名	水野元知
大名になった年	慶長6年（1601）	廃絶になった年	寛文7年（1667）
廃絶理由	乱心（刃傷後に自殺未遂）		
備考	元知は忠分の曾孫。子孫は旗本		

水谷家 みずのやけ		本拠地	備中松山藩（岡山県高梁市）
石高	5万石	藩祖	水谷勝俊
親疎の別	外様	廃絶になった大名	水谷勝美
大名になった年	慶長5年（1600）以降	廃絶になった年	元禄6年（1693）
廃絶理由	無嗣絶家（末期養子・水谷勝晴の病没）		
備考	勝美は勝俊の曾孫、勝晴は勝美の従兄弟。勝美の弟・水谷勝時は旗本		

溝口家 みぞぐちけ		本拠地	越後沢海藩（新潟県新潟市）
石高	1万石	藩祖	溝口善勝
親疎の別	外様	廃絶になった大名	溝口政親
大名になった年	慶長5年（1600）以降	廃絶になった年	貞享4年（1687）
廃絶理由	酒乱、一族の嘆願		
備考	政親は善勝の曾孫。政親は配流		

皆川家 みながわけ		本拠地	常陸府中藩（茨城県石岡市）
石高	1万3000石	藩祖	皆川広照
親疎の別	譜代	廃絶になった大名	皆川成郷
大名になった年	慶長5年（1600）以降	廃絶になった年	正保2年（1645）
廃絶理由	無嗣絶家		
備考	成郷は広照の孫		

村上家 むらかみけ		本拠地	越後本庄藩（村上藩／新潟県村上市）
石高	9万石	藩祖	村上義明（頼勝）
親疎の別	外様	廃絶になった大名	村上義明（忠勝）
大名になった年	慶長5年（1600）以降	廃絶になった年	元和4年（1618）
廃絶理由	御家騒動（一説に一族に連坐）		
備考	忠勝は頼勝の養子。ふたりを混同した書物が多い		

最上家 もがみけ		本拠地	近江大森藩（滋賀県八日市市）
石高	1万石	藩祖	最上義光
親疎の別	外様	廃絶になった大名	最上義俊
大名になった年	慶長5年（1600）以降	廃絶になった年	寛永8年（1631）
廃絶理由	世子（次期藩主）の幼少		
備考	義俊は義光の孫。もとは57万石の出羽山形藩（山形市）主。御家騒動で1万石に削封。子孫は旗本		

森家 もりけ		本拠地	なし（隠居料）
石高	2万俵（蔵米）	藩祖	森長武
親疎の別	外様	廃絶になった大名	
大名になった年	貞享3年（1686）	廃絶になった年	元禄9年（1696）
廃絶理由	長武の病死、養子・森長基の多病、失態		
備考	長武はもとは美作津山藩（岡山県津山市）主。長基は長武の弟で養子		

屋代家 やしろけ		本拠地	安房北条藩（千葉県館山市）
石高	1万石	藩祖	屋代忠正
親疎の別	譜代	廃絶になった大名	屋代忠位
大名になった年	寛永15年（1638）	廃絶になった年	正徳2年（1712）
廃絶理由	一揆の発生（万石騒動）		
備考	忠位は忠正の娘婿。子孫は旗本		

山内家 やまうちけ		本拠地	土佐中村藩（高知県四万十市）
石高	3万石	藩祖	山内忠直
親疎の別	外様	廃絶になった大名	山内豊明
大名になった年	明暦2年（1656）	廃絶になった年	元禄2年（1689）
廃絶理由	若年寄就任を拒む		
備考	豊明は忠直の子		

山崎家 やまざきけ		本拠地	讃岐丸亀藩（香川県丸亀市）
石高	4万4000石	藩祖	山崎家盛
親疎の別	外様	廃絶になった大名	山崎治頼
大名になった年	慶長5年（1600）以降	廃絶になった年	明暦3年（1657）
廃絶理由	無嗣絶家		
備考	備中成羽藩（岡山県高梁市）の本家		

依田家 よだけ		本拠地	上野藤岡藩（群馬県藤岡市）
石高	3万石	藩祖	依田康真（康勝）
親疎の別	譜代	廃絶になった大名	
大名になった年	慶長5年（1600）	廃絶になった年	慶長5年（1600）
廃絶理由	旗本に刃傷、出奔		
備考	子孫は蘆田姓を名乗り越前藩（福井市）の藩士		

脇坂家 わきさかけ		本拠地	美濃（岐阜県南部）国内
石高	1万石	藩祖	脇坂安信
親疎の別	外様	廃絶になった大名	
大名になった年	不明	廃絶になった年	寛永9年（1632）
廃絶理由	刃傷事件に遭遇		
備考	播磨龍野藩（兵庫県たつの市）の分家		

渡辺家 わたなべけ		本拠地	三河（愛知県東部）、武蔵（埼玉県、東京都）国内
石高	1万4000石	藩祖	渡辺守綱
親疎の別	譜代	廃絶になった大名	渡辺治綱
大名になった年	慶長18年（1613）	廃絶になった年	慶安元年（1648）頃
廃絶理由	尾張藩（愛知県名古屋市）の付家老に専念		
備考	和泉伯太藩（大阪府和泉市）の一門。治綱は守綱の孫。後に男爵		

豊臣方の廃絶大名

青木家 あおきけ		本拠地	越前北ノ庄城（福井県福井市）
石高	20万石（21万石、8万石とも）	藩祖	青木秀以（一矩）
大名になった年	天正13年（1585）	廃絶になった大名	
備考	豊臣秀吉の従弟。直後に病死。子孫は越前武生（福井県越前市）で酒造業を営む		

青山家 あおやまけ		本拠地	越前丸岡城（福井県坂井市）
石高	4万6000石	藩祖	青山宗勝
大名になった年	不明	廃絶になった大名	
備考	青山忠元（宗勝の嫡子）のときに廃絶とも。子孫は陸奥二本松藩（福島県二本松市）の藩士		

赤座家 あかざけ		本拠地	越前今庄城（福井県南越前町）
石高	2万石	藩祖	赤座直保（吉家）
大名になった年	天正18年（1590）頃	廃絶になった大名	
備考	決戦の途中で徳川方へ転じるが廃絶。戦後は加賀藩（石川県金沢市）の藩士		

赤松家 あかまつけ		本拠地	阿波住吉城（徳島県藍住町）
石高	1万石	藩祖	赤松則房
大名になった年	天正11年（1583）	廃絶になった大名	赤松則英
備考	則英は則房の子で、戦後に自刃		

蘆名（佐竹）家 あしな（さたけ）け		本拠地	常陸江戸崎城（茨城県稲敷市）
石高	4万5000石	藩祖	蘆名盛重（義広）
大名になった年	天正18年（1590）	廃絶になった大名	
備考	佐竹義宣の弟。戦後に兄の家臣となる		

安見家 あみけ		本拠地	伊予麻布城（愛媛県四国中央市）
石高	1万石	藩祖	安見勝之
大名になった年	不明	廃絶になった大名	
備考	鉄炮の名手。戦後は加賀藩（石川県金沢市）の藩士		

荒木（木下）家 あらき（きのした）け		本拠地	因幡若桜城（鳥取県若桜町）
石高	2万石	藩祖	荒木（木下）重賢
大名になった年	不明	廃絶になった大名	
備考	もとは荒木村重の家臣。戦後に自刃		

安国寺家 あんこくじけ		本拠地	伊予（愛媛県）国内
石高	6万石	藩祖	安国寺恵瓊
大名になった年	天正13年（1585）	廃絶になった大名	
備考	恵瓊は武田（安芸武田）家の末裔。毛利家、豊臣家の外交僧。戦後に斬首		

生熊家 いくまけ		本拠地	丹波（京都府中部）、美濃（岐阜県南部）国内
石高	2万石	藩祖	生熊長勝
大名になった年	慶長2年（1597）頃	廃絶になった大名	
備考	子孫は常陸水戸藩（茨城県水戸市）の藩士		

池田家 いけだけ		本拠地	不明
石高	1万石	藩祖	池田長政
大名になった年	不明	廃絶になった大名	
備考	池田恒興（勝入斎）の四男、輝政の弟。戦後は兄の家臣		

池田家 いけだけ		本拠地	伊予大洲城（愛媛県大洲市）
石高	2万石	藩祖	池田秀雄
大名になった年	不明	廃絶になった大名	池田秀氏
備考	秀氏は秀雄の子。子孫は旗本		

石川家 いしかわけ		本拠地	播磨（兵庫県中央部）、丹波（京都府中部ほか）国内など
石高	1万2000石	藩祖	石川頼明
大名になった年	不明	廃絶になった大名	
備考	忍術の達人。戦後に自刃		

石川家 いしかわ（いしこ）け		本拠地	尾張犬山城（愛知県犬山市）
石高	1万2000石（異説あり）	藩祖	石川貞清（光吉）
大名になった年	天正18年（1590）	廃絶になった大名	
備考	光元の弟、真田信繁（幸村）の娘婿。戦後は京都で金融業を営む		

石川家 いしかわけ		本拠地	山城（京都府南部）国内など
石高	1万2000石	藩祖	石川貞通（家清）
大名になった年	不明	廃絶になった大名	
備考	戦後に配流。子孫は陸奥盛岡藩（岩手県盛岡市）の藩士		

石川家 いしかわ（いしこ）け		本拠地	不明
石高	1万石	藩祖	石川光元
大名になった年	不明	廃絶になった大名	
備考	貞清（光吉）の兄。子孫は尾張藩（愛知県名古屋市）の藩士。後に男爵		

石田家 いしだけ		本拠地	近江（滋賀県）国内
石高	3万石	藩祖	石田正継
大名になった年	不明	廃絶になった大名	
備考	正澄と三成の父。近江佐和山城（滋賀県彦根市）で自刃		

石田家 いしだけ		本拠地	近江（滋賀県）国内
石高	2万5000石	藩祖	石田正澄
大名になった年	文禄2年（1593）頃	廃絶になった大名	
備考	正継の子、三成の兄。近江佐和山城（滋賀県彦根市）で自刃		

石田家 いしだけ		本拠地	近江佐和山城(滋賀県彦根市)
石高	19万4000石(異説あり)	藩祖	石田三成
大名になった年	天正11年(1583)	廃絶になった大名	
備考	正継の子、正澄の弟。豊臣家五奉行のひとりで豊臣方の主将。戦後に斬首		

伊藤家 いとうけ		本拠地	美濃大垣城(岐阜県大垣市)
石高	3万石(異説あり)	藩祖	伊藤盛景
大名になった年	天正18年(1590)	廃絶になった大名	伊藤盛正(盛宗)
備考	盛正(盛宗)は盛景の子で、戦後は加賀藩(石川県金沢市)の藩士(一説に決戦で討ち死に)		

上田家 うえだけ		本拠地	越前(福井県)国内
石高	1万石	藩祖	上田重安
大名になった年	天正13年(1585)	廃絶になった大名	
備考	千利休と古田重然(織部)の高弟で、戦後は茶人・上田宗固として活躍		

宇喜多家 うきたけ		本拠地	備前岡山城(岡山県岡山市)
石高	57万4000石	藩祖	宇喜多秀家
大名になった年	天正10年(1582)	廃絶になった大名	
備考	豊臣秀吉の猶子(準養子)。豊臣方の副総帥。後年に八丈島(東京都八丈町)へ配流、病没		

氏家家 うじいえけ		本拠地	伊勢桑名城(三重県桑名市)
石高	2万2000石	藩祖	氏家行広
大名になった年	天正11年(1583)	廃絶になった大名	
備考	氏家直元(卜全)の次男、行継の兄。後に大坂夏の陣で討ち死に		

氏家家 うじいえけ		本拠地	近江(滋賀県)、伊勢(三重県中央部)国内
石高	1万5000石	藩祖	氏家行継
大名になった年	不明	廃絶になった大名	
備考	氏家直元(卜全)の三男、行広の弟。戦後に配流。子孫は豊前小倉藩(福岡県北九州市)の藩士		

宇多家 うだけ		本拠地	大和(奈良県)、河内(大阪府南部)国内
石高	1万3000石	藩祖	宇多頼忠
大名になった年	文禄3年(1594)	廃絶になった大名	
備考	石田三成の岳父(正室の父)。近江佐和山城(滋賀県彦根市)で自刃		

太田家 おおたけ		本拠地	豊後臼杵城(大分県臼杵市)
石高	6万石	藩祖	太田一吉
大名になった年	天正13年(1585)頃	廃絶になった大名	
備考	戦後は京都へ隠棲		

大谷家 おおたにけ		本拠地	越前敦賀城(福井県敦賀市)
石高	5万石(異説あり)	藩祖	大谷吉継(吉隆)
大名になった年	天正13年(1585)頃	廃絶になった大名	
備考	木下頼継の父。決戦で奮戦後に自刃		

岡本家《おかもとけ》		本拠地	伊勢亀山城（三重県亀山市）
石高	2万2000石	藩祖	岡本宗憲（良勝）
大名になった年	不明	廃絶になった大名	
備考	戦後に自刃		

小川家《おがわけ》		本拠地	伊予今治城（愛媛県今治市）
石高	7万石	藩祖	小川祐忠
大名になった年	不明	廃絶になった大名	
備考	決戦の途中で徳川方へ転じるが廃絶		

奥山家《おくやまけ》		本拠地	越前（福井県）国内
石高	1万1000石	藩祖	奥山重定
大名になった年	不明	廃絶になった大名	奥山正之
備考	正之は重定の子。戦後は京都で文人として活動		

織田家《おだけ》		本拠地	美濃岐阜城（岐阜県岐阜市）
石高	13万3000石	藩祖	織田秀信
大名になった年	天正18年（1590）頃	廃絶になった大名	
備考	幼名は三法師。織田信長の嫡孫、織田信忠の嫡子。戦後に出家し、紀伊高野山（和歌山県高野町）で病没		

織田家《おだけ》		本拠地	越前大野城（福井県大野市）
石高	5万石	藩祖	織田秀雄
大名になった年	文禄元年（1592）頃	廃絶になった大名	
備考	織田信雄の嫡子。途中で徳川方から豊臣方へ転じ廃絶。戦後は江戸の浅草へ隠棲		

小野家《おのけ》		本拠地	不明
石高	3万石	藩祖	小野弥七郎
大名になった年	不明	廃絶になった大名	
備考	―		

小野木家《おのぎけ》		本拠地	丹波福知山城（京都府福知山市）
石高	3万1000石	藩祖	小野木公郷（重次）
大名になった年	不明	廃絶になった大名	
備考	戦後に居城で自刃。正室・シメオン（洗礼名／一説に島清興の娘）も追従		

小野寺家《おのでらけ》		本拠地	出羽横手城（秋田県横手市）
石高	3万1600石	藩祖	小野寺義道
大名になった年	天正18年（1590）	廃絶になった大名	
備考	途中で徳川方から豊臣方へ転じて廃絶。戦後に石見津和野藩（島根県津和野町）へ配流、病没		

加賀野井家《かがのいけ》		本拠地	美濃加賀野井城（岐阜県羽島市）
石高	1万石	藩祖	加賀野井秀望
大名になった年	天正12年（1584）頃	廃絶になった大名	
備考	開戦前に徳川方の水野忠重（徳川家康の叔父）を刺殺。自身も横死		

垣見家 かきみ（かけい）け		本拠地	豊後富来城（大分県国東市）
石高	2万石	藩祖	垣見一直（家純）
大名になった年	文禄3年（1594）頃	廃絶になった大名	
備考	姓の表記は筧とも。美濃大垣城（岐阜県大垣市）で討ち死に		

垣屋家 かきやけ		本拠地	因幡浦住城（鳥取県岩美町）
石高	1万石	藩祖	垣屋恒総
大名になった年	不明	廃絶になった大名	
備考	戦後に紀伊高野山（和歌山県高野町）で自刃		

糟屋家 かすやけ		本拠地	播磨加古川城（兵庫県加古川市）
石高	1万2000石	藩祖	糟屋数武（武則）
大名になった年	不明	廃絶になった大名	
備考	弟・糟屋相喜は旗本		

川口家 かわぐちけ		本拠地	尾張（愛知県西部）、伊勢（三重県中央部）国内
石高	1万8000石	藩祖	川口宗勝
大名になった年	不明	廃絶になった大名	
備考	戦後に陸奥仙台藩（宮城県仙台市）へ配流。赦免後は旗本		

川尻家 かわじりけ		本拠地	美濃苗木城（岐阜県中津川市）
石高	1万石	藩祖	川尻秀長
大名になった年	文禄4年(1595)頃、もしくは慶長4年(1599)	廃絶になった大名	
備考	決戦で討ち死に（異説あり）。弟の川尻鎮行は旗本		

菅家 かんけ		本拠地	淡路岩屋城（兵庫県淡路市）
石高	1万石	藩祖	菅達長
大名になった年	不明	廃絶になった大名	
備考	配流後に自刃		

岸田家 きしだけ		本拠地	大和岸田城（奈良県天理市）
石高	1万石	藩祖	岸田忠氏（晴澄）
大名になった年	文禄3年（1594）	廃絶になった大名	
備考	戦後に配流		

木下家 きのしたけ		本拠地	若狭小浜城（福井県小浜市）
石高	6万2000石	藩祖	木下勝俊
大名になった年	不明	廃絶になった大名	
備考	木下家定の子、利房らの兄。後に備中足守藩(岡山市)を相続するが廃絶(名跡は再興)。以後は歌人・木下長嘯子として活躍		

木下家 きのしたけ		本拠地	播磨（兵庫県中央部）国内
石高	2万石	藩祖	木下俊定
大名になった年	不明	廃絶になった大名	
備考	木下家定の子、勝俊や小早川秀秋らの弟。戦後は兄の秀秋のもとに隠棲		

木下家 きのしたけ		本拠地	播磨(兵庫県中央部)国内
石高	2万石	藩祖	木下延重
大名になった年	慶長4年(1599)頃	廃絶になった大名	
備考	豊臣秀吉の鉄炮頭		

木下家 きのしたけ		本拠地	越前(福井県)国内
石高	2万5000石	藩祖	木下頼継
大名になった年	不明	廃絶になった大名	
備考	大谷吉継の次男。戦後に越前で病没		

木下家 きのしたけ		本拠地	不明
石高	2万石	藩祖	木下一元
大名になった年	天正11年(1583)頃	廃絶になった大名	
備考	もとは柴田勝豊(勝家の甥で養子)の重臣		

木村家 きむらけ		本拠地	不明。一説に豊後(大分県)国内
石高	1万4000石	藩祖	木村吉清
大名になった年	天正18年(1590)頃	廃絶になった大名	木村秀望
備考	秀望は吉清の子で、大坂夏の陣で討ち死に		

木村家 きむらけ		本拠地	美濃北方城(岐阜県北方町)
石高	1万石	藩祖	木村由信
大名になった年	不明	廃絶になった大名	
備考	剣術の達人。美濃大垣城(岐阜県大垣市)で討ち死に		

熊谷家 くまがい(くまがや)け		本拠地	豊後安岐城(大分県国東市)
石高	1万5000石	藩祖	熊谷直盛(直陳)
大名になった年	文禄3年(1594)頃	廃絶になった大名	
備考	美濃大垣城(岐阜県大垣市)で討ち死に		

小西家 こにしけ		本拠地	肥後宇土城(熊本県宇土市)
石高	20万石(異説あり)	藩祖	小西行長
大名になった年	不明	廃絶になった大名	
備考	豪商、豊臣家代官の小西隆佐の子。戦後に斬首		

駒井家 こまいけ		本拠地	豊後(大分県)国内
石高	2万5000石	藩祖	駒井重勝
大名になった年	文禄2年(1593)	廃絶になった大名	
備考	もとは豊臣秀次(秀吉の甥で養子)の側近。『駒井日記』の著者として有名		

斎村家 さいむらけ		本拠地	但馬竹田城(兵庫県朝来市)
石高	2万2000石	藩祖	斎村政広(広秀)
大名になった年	不明	廃絶になった大名	
備考	赤松政秀の子。途中で徳川方から豊臣方へ転じて廃絶。戦後に自刃		

佐藤家 さとうけ		本拠地	美濃上有知城（岐阜県美濃市）
石高	2万石	藩祖	佐藤秀方
大名になった年	天正11年（1583）頃	廃絶になった大名	佐藤方政
備考	方政は秀方の子。後に大坂夏の陣で討ち死に		

島津家 しまづけ		本拠地	日向佐土原城（宮崎県宮崎市）
石高	2万8000石	藩祖	島津豊久
大名になった年	天正16年（1588）	廃絶になった大名	
備考	島津家久（中務大輔）の子、島津義弘の甥。決戦で討ち死に		

杉若家 すぎわかけ		本拠地	丹後田辺城（和歌山県田辺市）
石高	1万9000石	藩祖	杉若無心
大名になった年	文禄3年（1594）	廃絶になった大名	杉若氏宗
備考	氏宗は無心（越後守）の子		

鈴木家 すずきけ		本拠地	紀伊（和歌山県）国内。一説に紀伊平井城（和歌山市）
石高	1万石	藩祖	鈴木重朝
大名になった年	不明	廃絶になった大名	
備考	通称は雑賀孫市。後に旗本を経て常陸水戸藩（茨城県水戸市）の藩士		

多賀家 たがけ		本拠地	大和松山城（宇陀城／奈良県宇陀市）
石高	2万石	藩祖	多賀秀種
大名になった年	文禄4年（1595）	廃絶になった大名	
備考	堀秀政の弟。戦後は加賀藩（石川県金沢市）の藩士		

高木家 たかぎけ		本拠地	美濃高須城（岐阜県海津市）
石高	1万石	藩祖	高木盛兼（守之）
大名になった年	文禄元年（1592）	廃絶になった大名	
備考	戦後に出雲松江藩（島根県松江市）内へ隠棲		

高田家 たかだけ		本拠地	丹波（京都府中部）国内
石高	1万石	藩祖	高田治忠
大名になった年	不明	廃絶になった大名	
備考	ー		

多賀谷家 たがやけ		本拠地	常陸下妻城（茨城県下妻市）
石高	6万石	藩祖	多賀谷重経
大名になった年	天正18年（1590）	廃絶になった大名	
備考	戦後に近江彦根藩（滋賀県彦根市）内へ隠棲。子孫は上野前橋藩（群馬県前橋市）などの藩士		

田丸家 たまるけ		本拠地	美濃岩村城（岐阜県恵那市）
石高	4万石	藩祖	田丸具安（直昌）
大名になった年	慶長3年（1598）	廃絶になった大名	
備考	慶長5年（1600）年初までは4万石の信濃川中島藩（長野市一帯）主。戦後に陸奥会津藩（福島県会津若松市）内へ隠棲		

長宗我部家 ちょうそかべけ		本拠地	土佐浦戸城（高知県高知市）
石高	22万2000石	藩祖	長宗我部元親
大名になった年	天正13年（1585）	廃絶になった大名	長宗我部盛親
備考	盛親は元親の四男。決戦では豊臣方に属すも傍観。大坂夏の陣で討ち死に		

筑紫家 つくしけ		本拠地	筑後山下城（福岡県八女市）
石高	1万8000石	藩祖	筑紫広門
大名になった年	天正15年（1587）	廃絶になった大名	
備考	戦後は旗本		

寺田家 てらだけ		本拠地	大和（奈良県）国内
石高	1万5000石	藩祖	寺田光吉
大名になった年	文禄3年（1594）	廃絶になった大名	
備考	―		

寺西家 てらにしけ		本拠地	越前（福井県）、伊勢（三重県中央部）国内
石高	1万石	藩祖	寺西直次
大名になった年	不明	廃絶になった大名	
備考	戦後は加賀藩（石川県金沢市）の藩士		

寺西家 てらにしけ		本拠地	伊勢（三重県中央部）国内など
石高	1万700石	藩祖	寺西正勝
大名になった年	不明	廃絶になった大名	寺西是成（清行）
備考	是成は正勝の嫡子。子孫は陸奥二本松藩（福島県二本松市）の藩士		

戸田家 とだけ		本拠地	越前安居城（福井県福井市）
石高	2万石（異説あり）	藩祖	戸田勝成（重政）
大名になった年	天正13年（1585）	廃絶になった大名	
備考	決戦で子の戸田重典とともに討ち死に		

中江家 なかえけ		本拠地	不明
石高	1万石	藩祖	中江直澄
大名になった年	不明	廃絶になった大名	
備考	戦後に配流		

長束家 なつかけ		本拠地	近江水口城（滋賀県甲賀市）
石高	5万石	藩祖	長束正家
大名になった年	天正13年（1585）	廃絶になった大名	
備考	豊臣家五奉行のひとり。決戦では豊臣方に属すが傍観。戦後に居城で自刃（一説に横死）		

南条家 なんじょうけ		本拠地	伯耆羽衣石城（鳥取県湯梨浜町）
石高	6万石（異説あり）	藩祖	南条元続
大名になった年	不明	廃絶になった大名	南条元忠
備考	元忠は元続の嫡子。後に大坂冬の陣で横死。一族は旗本		

丹羽家 にわけ		本拠地	越前東郷城（福井県福井市）
石高	5万石	藩祖	丹羽長正
大名になった年	天正15年（1587）頃	廃絶になった大名	
備考	丹羽長秀の子、丹羽長重の弟。戦後は京都へ隠棲。子孫は陸奥二本松藩（福島県二本松市）の藩士		

野村家 のむらけ		本拠地	近江国友城（滋賀県長浜市）
石高	2万石（異説あり）	藩祖	野村直隆
大名になった年	不明	廃絶になった大名	
備考	豊臣家の鉄炮頭		

服部家 はっとりけ		本拠地	近江（滋賀県）国内
石高	1万石	藩祖	服部正栄
大名になった年	慶長3年（1598）	廃絶になった大名	
備考	後に大坂夏の陣に参加後、配流		

早川家 はやかわけ		本拠地	豊後府内城（大分県大分市）
石高	2万石	藩祖	早川長政
大名になった年	不明。一説に文禄3年（1594）	廃絶になった大名	
備考	後に大坂の陣に参加		

原家 はらけ		本拠地	美濃太田山城（岐阜県海津市）
石高	3万石	藩祖	原勝胤
大名になった年	不明。一説に天正13年（1585）頃	廃絶になった大名	
備考	戦後に自刃		

樋口家 ひぐちけ		本拠地	近江（滋賀県）国内
石高	1万7000石	藩祖	樋口雅兼
大名になった年	天正11年（1583）	廃絶になった大名	
備考	後に大坂の陣に参加		

平塚家 ひらつかけ		本拠地	美濃（岐阜県）国内
石高	1万2000石	藩祖	平塚為広
大名になった年	不明	廃絶になった大名	
備考	為広は薙刀、娘は八角棒の名手。為広は決戦で討ち死に。子孫は旗本、紀伊藩（和歌山市）の藩士		

福原家 ふくはらけ		本拠地	豊後（大分県）国内
石高	6万石（異説あり）	藩祖	福原長堯（直高）
大名になった年	不明	廃絶になった大名	
備考	戦後に自刃		

藤懸家 ふじかけけ		本拠地	丹波上林城（京都府綾部市）
石高	1万5000石	藩祖	藤懸永勝
大名になった年	天正13年（1585）以降	廃絶になった大名	
備考	織田信長の一族で、もとはお市の方（信長の妹）の側近。細川幽斎に師事した文人武将。戦後は旗本		

堀田家 ほったけ		本拠地	不明
石高	1万石	藩祖	堀田盛重
大名になった年	不明	廃絶になった大名	
備考	豊臣家の七手組頭のひとり。大坂夏の陣で自刃		

堀内家 ほりうちけ		本拠地	紀伊新宮城（和歌山県新宮市）
石高	2万7000石	藩祖	堀内氏善
大名になった年	天正10年（1582）頃	廃絶になった大名	
備考	戦後は紀伊（和歌山県）へ隠棲。子孫は旗本		

前田家 まえだけ		本拠地	能登七尾城（石川県七尾市）
石高	21万5000石	藩祖	前田利政
大名になった年	慶長3年（1598）	廃絶になった大名	
備考	前田利家・芳春院（お松）夫妻の次男、前田利長の弟。戦後は京都へ隠棲。子孫は加賀藩（石川県金沢市）の藩士		

増田家 ましたけ		本拠地	大和郡山城（奈良県大和郡山市）
石高	20万石	藩祖	増田長盛
大名になった年	天正10年（1582）	廃絶になった大名	
備考	豊臣家五奉行のひとり。配流先で自刃		

松浦家 まつらけ		本拠地	伊勢井生城（三重県津市）
石高	1万石（一説に1万1000石）	藩祖	松浦秀任久信
大名になった年	不明	廃絶になった大名	
備考	豊臣家七手組頭のひとり。近江大津城（滋賀県大津市）で討ち死に。松浦久信（法印鎮信の嫡子）とは別人とされる		

丸毛家 まるもけ		本拠地	美濃福束城（岐阜県輪之内町）
石高	2万石	藩祖	丸毛兼利
大名になった年	不明	廃絶になった大名	
備考	戦後は加賀藩（石川県金沢市）の藩士。弟・丸毛利勝は旗本		

溝江家 みぞえけ		本拠地	越前（福井県）国内
石高	1万700石	藩祖	溝江長氏
大名になった年	不明	廃絶になった大名	溝江長晴（彦三郎）
備考	姓を溝口とする説もある。長晴は長氏の子。戦後は近江彦根藩（滋賀県彦根市）の藩士		

宮部家 みやべけ		本拠地	因幡鳥取城（鳥取県鳥取市）
石高	5万石（異説あり）	藩祖	宮部継潤
大名になった年	天正10年（1582）頃	廃絶になった大名	宮部長熙
備考	長熙は継潤の子。戦後に長熙は配流		

毛利（小早川）家 もうり（こばやかわ）け		本拠地	筑後久留米城（福岡県久留米市）
石高	13万石	藩祖	毛利（小早川）秀包
大名になった年	天正13年（1585）	廃絶になった大名	
備考	毛利元就の九男、小早川隆景の弟で養子。子孫は長州藩（山口県萩市）の藩士		

毛利家《もうりけ》		本拠地	豊前小倉城（福岡県北九州市）
石高	6万石	藩祖	毛利勝信（吉成）
大名になった年	不明	廃絶になった大名	
備考	決戦で豊臣方に属すが傍観。戦後に配流、病死。嫡子の毛利勝永は大坂夏の陣で討ち死に		

矢部家《やべけ》		本拠地	不明
石高	1万石（異説あり）	藩祖	矢部家定
大名になった年	不明	廃絶になった大名	矢部定政
備考	定政は本郷泰茂の子、家定の養子		

山川家《やまかわけ》		本拠地	下総山川城（茨城県結城市）
石高	2万石	藩祖	山川朝信
大名になった年	天正18年（1590）	廃絶になった大名	
備考	途中で徳川方から豊臣方に転じて廃絶。戦後は越前藩（福井市）の藩士		

山口家《やまぐちけ》		本拠地	加賀大聖寺城（石川県加賀市）
石高	6万石	藩祖	山口正弘（宗永）
大名になった年	不明	廃絶になった大名	
備考	山口修弘の父。大聖寺城で自刃		

山口家《やまぐちけ》		本拠地	加賀（石川県）国内
石高	1万3000石（異説あり）	藩祖	山口修弘
大名になった年	慶長4年（1599）頃	廃絶になった大名	
備考	山口正弘（宗永）の子。大聖寺城で自刃		

山崎家《やまざきけ》		本拠地	伊勢竹原城（三重県津市）
石高	1万石	藩祖	山崎定勝
大名になった年	不明	廃絶になった大名	
備考	山崎家盛の長男という。後に大坂の陣に参加		

山中家《やまなかけ》		本拠地	不明
石高	1万石（異説あり）	藩祖	山中長俊
大名になった年	不明	廃絶になった大名	
備考	前身は甲賀忍者といわれ、もとは柴田勝家の家老。戦後に隠棲		

横浜家《よこはまけ》		本拠地	大和（奈良県）国内
石高	1万7000石	藩祖	横浜茂勝
大名になった年	文禄3年（1594）	廃絶になった大名	
備考	一説に横浜一庵（豊臣秀長の重臣）の子		

江戸大名家の石高順一覧

家名	藩名	藩祖
102万2700石		
前田家	加賀藩	前田利長
72万8700石		
島津家	薩摩藩	島津家久(薩摩守、忠恒)
70万石		
徳川家	駿河静岡藩	徳川家達
62万石		
伊達家	陸奥仙台藩	伊達政宗
61万9500石		
徳川(尾張)家	尾張藩	徳川義直
55万5000石		
徳川(紀伊)家	紀伊藩	徳川頼宣
54万石		
細川家	肥後熊本藩	細川忠興
52万3100石		
黒田家	筑前福岡藩	黒田長政
42万6500石		
浅野家	安芸広島藩	浅野幸長
36万9400石		
毛利家	長州藩	毛利秀就
35万7000石		
鍋島家	肥前佐賀藩	鍋島勝茂
35万石		
徳川(水戸)家	常陸水戸藩	徳川頼房
32万3900石		
藤堂家	伊勢津藩	藤堂高虎
32万石		
池田家	因幡鳥取藩	池田忠継
松平(越前)家	越前藩	松平(結城)秀康
31万5000石		
池田家	備前岡山藩	池田輝政
25万7900石		
蜂須賀家	阿波藩	蜂須賀至鎮
25万石		
井伊家	近江彦根藩	井伊直政
23万石		
松平(会津)家	陸奥会津藩	保科正之
21万石		
有馬家	筑後久留米藩	有馬豊氏
20万5800石		
佐竹家	出羽秋田藩	佐竹義宣
20万2600石		
山内家	土佐藩	山内一豊
20万石		
南部家	陸奥盛岡藩	南部利直
18万6000石		
松平家	出雲松江藩	松平直政
18万石		
上杉家	出羽米沢藩	上杉景勝
17万石		
酒井家	出羽鶴岡藩	酒井家次
松平家	上野前橋藩	松平直基
15万1200石		
柳沢家	大和郡山藩	柳沢吉保
15万石		
小笠原家	豊前小倉藩	小笠原秀政
酒井家	播磨姫路藩	酒井重忠
榊原家	越後高田藩	榊原康政
松平(久松)家	伊予松山藩	松平定勝
12万石		
松平家	讃岐高松藩	松平頼重
11万3000石		
大久保家	相模小田原藩	大久保忠隣
11万石		
阿部家	備後福山藩	阿部正次
堀田家	下総佐倉藩	堀田正俊
松平家	伊勢桑名藩	松平定綱
10万9600石		
立花家	筑後柳河藩	立花宗茂
10万3500石		
酒井家	若狭小浜藩	酒井忠利
10万2000石		
稲葉家	山城淀藩	稲葉正成
10万700石		
丹羽家	陸奥二本松藩	丹羽長重
10万石格(3万3300石/異説あり)		
宗家	対馬府中藩	宗義智
10万石格(5000石)		
喜連川家	下野喜連川藩	喜連川(足利)頼氏
10万石		
阿部家	陸奥棚倉藩	阿部忠秋
奥平家	豊前中津藩	奥平家昌
真田家	信濃松代藩	真田信之
伊達家	伊予宇和島藩	伊達秀宗
津軽家	陸奥弘前藩	津軽為信
徳川(清水)家	徳川(清水)家	徳川重好
徳川(田安)家	徳川(田安)家	徳川宗武
徳川(一橋)家	徳川(一橋)家	徳川宗尹
戸田家	美濃大垣藩	戸田一西
前田家	越中富山藩	前田利次
前田家	加賀大聖寺藩	前田利治
松平家	美作津山藩	松平光長(松平忠直)
松平(奥平)家	武蔵忍藩	松平忠明
溝口家	越後新発田藩	溝口秀勝
9万5000石		
土屋家	常陸土浦藩	土屋数直
8万2000石		
松平(長沢大河内)家	上野高崎藩	松平(長沢大河内)信興
8万400石		
松平(松井)家	武蔵川越藩	松平(松井)康重
8万石(10万石格)		
松平家	播磨明石藩	松平直良
8万石		
土井家	下総古河藩	土井利勝
牧野家	常陸笠間藩	牧野成貞
7万7800石		
戸田家	下野宇都宮藩	戸田尊次
7万4000石		
牧野家	越後長岡藩	牧野康成(右馬允)
7万3000石		
鍋島家	肥前小城藩	鍋島元茂

家名	藩名	藩祖
7万400石		
中川家	豊後岡藩	中川秀成
7万石		
内藤家	日向延岡藩	内藤政長
松平(長沢大河内)家	三河吉田藩	松平(長沢大河内)信綱
松平(深溝)家	肥前島原藩	松平(深溝)忠利
松平(本庄)家	丹後宮津藩	松平(本庄)宗資
6万3000石		
秋元家	上野館林藩	秋元長朝
6万1700石		
松浦家	肥前平戸藩	松浦鎮信(法印)
6万1000石		
松平(越智)家	石見浜田藩	松平清武
6万石		
青山家	丹波篠山藩	青山忠成
石川家	伊勢亀山藩	石川康通
井上家	遠江浜松藩	井上正就
小笠原家	肥前唐津藩	小笠原忠知
加藤家	伊予大洲藩	加藤貞泰
吉川家	周防岩国藩	吉川経幹
相馬家	陸奥相馬藩	相馬利胤
戸沢家	出羽新庄藩	戸沢政盛
本多家	近江膳所藩	本多康俊
松平(大給)家	三河西尾藩	松平(大給)家乗
松平(戸田)家	信濃松本藩	松平(戸田)康長
5万3000石		
岡部家	和泉岸和田藩	岡部長盛
藤堂家	伊勢久居藩	藤堂高通
松平(藤井)家	信濃上田藩	松平(藤井)忠晴
5万2600石		
鍋島家	肥前蓮池藩	鍋島直澄
5万1500石		
京極家	讃岐丸亀藩	京極高次
5万1000石		
伊東家	日向飫肥藩	伊東祐慶
脇坂家	播磨龍野藩	脇坂安治
5万石		
秋田家	陸奥三春藩	秋田(安東)実季
有馬家	越前丸岡藩	有馬晴信
板倉家	備中松山藩	板倉勝重
稲葉家	豊後臼杵藩	稲葉貞通
太田家	遠江掛川藩	太田資宗
黒田家	筑前秋月藩	黒田長興
内藤家	越後村上藩	内藤信成
本多家	三河岡崎藩	本多忠勝
松平(形原)家	丹波亀山藩	松平(形原)家信
水野家	駿河沼津藩	水野忠清
水野家	出羽山形藩	水野忠元
毛利家	長門長府藩	毛利秀元
4万8000石		
青山家	美濃八幡藩	青山幸成
久世家	下総関宿藩	久世広之
4万3000石		
亀井家	石見津和野藩	亀井茲矩
4万石		
土井家	越前大野藩	土井利房
本多家	駿河田中藩	本多正重
松平(桜井)家	摂津尼崎藩	松平(桜井)忠頼
間部家	越前鯖江藩	間部詮房
毛利家	周防徳山藩	毛利就隆

家名	藩名	藩祖
3万8000石		
安藤家	紀伊田辺藩	安藤直次
3万6000石		
九鬼家	摂津三田藩	九鬼守隆
永井家	摂津高槻藩	永井直清
3万5000石		
土岐家	上野沼田藩	土岐定義
成瀬家	尾張犬山藩	成瀬正肥
西尾家	遠江横須賀藩	西尾吉次
細川家	肥後熊本新田藩	細川利重
牧野家	丹後田辺藩	牧野信成
松平(久松)家	伊予今治藩	松平(久松)定房
水野家	紀伊新宮藩	水野忠幹
3万3000石		
内藤家	信濃高遠藩	内藤清成
3万2000石		
朽木家	丹波福知山藩	朽木稙綱
永井家	美濃加納藩	永井尚庸
松平(能見)家	豊後杵築藩	松平(能見)重勝
3万石		
浅野家	安芸広島新田藩	浅野長賢
安藤家	陸奥磐城平藩	安藤重信
池田家	因幡鳥取東館新田藩	池田仲澄
板倉家	上野安中藩	板倉重形
板倉家	陸奥福島藩	板倉重昌
稲垣家	志摩鳥羽藩	稲垣長茂
大久保家	下野烏山藩	大久保忠為
黒田家	上総久留里藩	黒田直邦
諏訪家	信濃高島藩	諏訪頼水
仙石家	但馬出石藩	仙石久秀
竹腰家	美濃今尾藩	竹腰正旧
伊達家	伊予吉田藩	伊達宗純
田村家	陸奥一関藩	田村宗良
鳥居家	下野壬生藩	鳥居忠政
細川家	肥後宇土藩	細川行孝
堀家	越後村松藩	堀直時
松平家	出雲広瀬藩	松平近栄
松平家	美濃高須藩	松平義行
松平家	伊予西条藩	松平頼純
松平(大給石川)家	美濃岩村藩	松平(大給石川)乗政
松平(藤井)家	出羽上山藩	松平(藤井)信一
松前家	蝦夷松前藩	松前矩広
2万7900石		
大村家	肥前大村藩	大村喜前
2万7000石		
秋月家	日向高鍋藩	秋月種長
島津家	日向佐土原藩	島津以久
2万6700石		
小出家	丹波園部藩	小出吉親
2万5000石		
池田家	備前岡山新田藩	池田政言
植村家	大和高取藩	植村家政
加藤家	近江水口藩	加藤嘉明
木下家	備中足守藩	木下家定
木下家	豊後日出藩	木下延俊
酒井家	出羽松山藩	酒井忠恒
中山家	常陸松岡藩	中山信徴
2万3000石		
大岡家	武蔵岩槻藩	大岡忠光
土井家	三河刈谷藩	土井利長

家名	藩名	藩祖
三浦家	美作勝山藩	三浦正次
	2万2100石	
相良家	肥後人吉藩	相良頼房(長毎)
	2万1700石	
小笠原家	越前勝山藩	小笠原信之
	2万1000石	
松平(大給)家	豊後府内藩	松平(大給)一生
	2万200石	
安部家	武蔵岡部藩	安部信盛
	2万石	
井伊家	越後与板藩	井伊直勝(直継)
池田家	因幡鳥取西館新田藩	池田清定
石川家	常陸下館藩	石川総長
板倉家	備中庭瀬藩	板倉重宣
岩城家	出羽亀田藩	岩城貞隆
織田家	出羽天童藩	織田信雄
織田家	丹波柏原藩	織田高長
酒井家	上野伊勢崎藩	酒井忠寛
佐竹家	出羽秋田新田藩	佐竹義長
内藤家	三河挙母藩	内藤政晴
鍋島家	肥前鹿島藩	鍋島忠茂
南部家	陸奥八戸藩	南部直房
保科家	上総飯野藩	保科正光
本多家	陸奥泉藩	本多忠以
本多家	信濃飯山藩	本多康重
増山家	伊勢長島藩	増山正利
松平家	陸奥守山藩	松平頼元
松平家	常陸府中藩	松平頼隆
松平(奥平)家	上野小幡藩	松平(奥平)忠尚
松平(長沢大河内)家	上総大多喜藩	松平(長沢大河内)正綱
毛利家	豊後佐伯藩	毛利高政
森家	播磨赤穂藩	森忠政
六郷家	出羽本荘藩	六郷政乗
分部家	近江大溝藩	分部光嘉
	1万9500石	
九鬼家	丹波綾部藩	九鬼隆季
	1万8000石	
大関家	下野黒羽藩	大関資増
関家	備中新見藩	関長政
水野家	下総結城藩	水野勝成
	1万7000石	
市橋家	近江西大路藩	市橋長勝
	1万6300石	
細川家	常陸谷田部藩	細川興元
	1万6000石	
阿部家	上総佐貫藩	阿部正春
内藤家	信濃岩村田藩	内藤正勝
堀田家	下野佐野藩	堀田正高
松平(大給)家	信濃田野口藩	松平(大給)乗次
	1万5000石	
池田家	備前岡山新田藩	池田輝録
生駒家	出羽矢島藩	生駒親正
京極家	但馬豊岡藩	京極高三
内藤家	陸奥湯長谷藩	遠山頼直(内藤政亮)
堀家	信濃飯田藩	堀親良
本多家	伊勢神戸藩	本多忠統
牧野家	信濃小諸藩	牧野康成(内膳正)
水野家	上総鶴牧藩	水野忠位
森家	播磨三日月藩	森長俊

家名	藩名	藩祖
	1万3500石	
渡辺家	和泉伯太藩	渡辺吉綱
	1万3000石	
稲垣家	近江山上藩	稲垣重定
大久保家	相模荻野山中藩	大久保教寛
加納家	上総一宮藩	加納久通
堀田家	近江宮川藩	堀田正盛
山内家	土佐高知新田藩	山内豊産
	1万2700石	
山崎家	備中成羽藩	山崎治正
	1万2500石	
久留島家	豊後森藩	来島(久留島)長親
五島家	肥前福江藩	五島玄雅
	1万2000石	
遠藤家	近江三上藩	遠藤慶隆
酒井家	安房勝山藩	酒井忠国
松平(久松)家	下総多古藩	松平(久松)勝以
三宅家	三河田原藩	三宅康貞
米倉家	武蔵金沢藩	米倉昌尹
	1万1400石	
大田原家	下野大田原藩	大田原晴清
	1万1300石	
南部家	陸奥盛岡新田藩	南部信鄰
	1万1100石	
片桐家	大和小泉藩	片桐貞隆
	1万1000石	
京極家	丹後峯山藩	京極高通
戸田家	下野足利藩	戸田忠利
土方家	伊勢菰野藩	土方雄氏
北条家	河内狭山藩	北条氏盛
牧野家	越後三根山藩	牧野忠泰
山名家	但馬村岡藩	山名義済
米津家	出羽長瀞藩	米津田盛
	1万500石	
池田家	播磨福本藩	池田輝澄
本多家	三河西端藩	本多忠寛
	1万100石	
本堂家	常陸志筑藩	本堂親久
	1万石	
青木家	摂津麻田藩	青木一重
有馬家	下野吹上藩	有馬氏倫
伊東家	備中岡田藩	伊東長実
稲葉家	安房館山藩	稲葉正明
井上家	常陸下妻藩	井上正長
井上家	下総高岡藩	井上政重
上杉家	出羽米沢新田藩	上杉勝周
内田家	下総小見川藩	内田正信
大岡家	三河西大平藩	大岡忠相
大沢家	遠江堀江藩	大沢基寿(基輔)
小笠原家	豊前小倉新田藩	小笠原真方
小笠原家	播磨安志藩	小笠原長次
織田家	大和芝村藩	織田長政
織田家	大和柳本藩	織田尚長
加藤家	伊予新谷藩	加藤直泰
京極家	讃岐多度津藩	京極高通
酒井家	越前敦賀藩	酒井忠稠
新庄家	常陸麻生藩	新庄直頼
高木家	河内丹南藩	高木正次
建部家	播磨林田藩	建部政長
立花家	陸奥下手渡藩	立花種次

家名	藩名	藩祖
谷家	丹波山家藩	谷衛友
田沼家	遠江相良藩	田沼意次
津軽家	陸奥黒石藩	津軽親足
遠山家	美濃苗木藩	遠山友政
戸田家	美濃大垣新田藩	戸田氏成
戸田家	下野高徳藩	戸田忠至
永井家	大和櫛羅藩	永井直勝
丹羽家	播磨三草藩	丹羽氏次
林家	上総請西藩	林忠英
一柳家	播磨小野藩	一柳直家
一柳家	伊予小松藩	一柳直頼
平野家	大和田原本藩	平野長裕
堀家	越後椎谷藩	堀直景
堀家	信濃須坂藩	堀直重
本庄家	美濃高富藩	本庄道章
本多家	播磨山崎藩	本多政信
前田家	上野七日市藩	前田利孝
蒔田家	備中浅尾藩	蒔田広定
松平家	越後糸魚川藩	松平直堅
松平家	出雲母里藩	松平隆政
松平家	常陸宍戸藩	松平頼雄
松平(鷹司)家	上野吉井藩	松平(鷹司)信清
松平(滝脇)家	駿河小島藩	松平(滝脇)信孝
松浦家	肥前平戸新田藩	松浦昌
毛利家	長門清末藩	毛利元知
森川家	下総生実藩	森川重俊
柳生家	大和柳生藩	柳生宗矩
柳沢家	越後黒川藩	柳沢経隆
柳沢家	越後三日市藩	柳沢時睦
山口家	常陸牛久藩	山口重政

大名になった年順、廃絶になった年順、江戸大名家の50音順の索引です。
ここで扱っている索引は江戸時代の大名のみで、廃絶になった年順索引では、本編で扱っている大名家(明治維新で廃絶)はすべてなので除いています。
また、大名になった年が不明な家は省いています。

大名になった年順索引

家名	藩名	藩祖	頁
慶長5年(1600)			
木曾家	下総蘆戸藩	木曾義利	260
日根野家	豊後府内藩	日根野高吉	271
依田家	上野藤岡藩	依田康真(康勝)	280
慶長5年(1600)以降			
青木家	摂津麻田藩	青木一重	158
秋田家	陸奥三春藩	秋田(安東)実季	158
秋月家	日向高鍋藩	秋月種長	159
秋元家	上野館林藩	秋元長朝	39
浅野家	安芸広島藩	浅野幸長	160
阿部家	備後福山藩	阿部正次	40
天野家	駿河興国寺藩	天野康景	254
有馬家	筑後久留米藩	有馬豊氏	162
有馬家	越前丸岡藩	有馬晴信	163
安藤家	紀伊田辺藩	安藤直次	45
井伊家	近江彦根藩	井伊直政	46
池田家	備前岡山藩	池田輝政	164
池田家	備中松山藩	池田長吉	255
生駒家	出羽矢島藩	生駒親正	169
石川家	伊勢亀山藩	石川康通	49
石川家	信濃松本藩	石川数正	255
板倉家	備中松山藩	板倉勝重	50
市橋家	近江西大路藩	市橋長勝	169
伊東家	日向飫肥藩	伊東祐慶	170
伊奈家	武蔵小室藩	伊奈忠次	256
稲葉家	豊後臼杵藩	稲葉貞通	171
稲葉家	美濃清水藩	稲葉通重	256
稲葉家	豊後国内	稲葉通孝	256
稲葉家	丹波福知山藩	稲葉道通	256
上杉家	出羽米沢藩	上杉景勝	172
遠藤家	近江三上藩	遠藤慶隆	60
大久保家	相模小田原藩	大久保忠隣	64
大久保家	駿河沼津藩	大久保忠佐	257
大島家	美濃関藩	大島光義	257
大須賀(松平)家	遠江横須賀藩	大須賀(松平)忠政	257
大関家	下野黒羽藩	大関資増	175
大田原家	下野大田原藩	大田原晴清	175
大村家	肥前大村藩	大村喜前	178
小笠原家	豊前小倉藩	小笠原秀政	68
小笠原家	越前勝山藩	小笠原信之	71
岡部家	和泉岸和田藩	岡部長盛	72
奥平家	豊前中津藩	奥平家昌	73
奥平家	美濃加納藩	奥平信昌	258
織田家	丹波柏原藩	織田信包	258
織田家	大和国内	織田長益	258
織田家	伊勢林藩	織田信重	258
織田家	美濃野村藩	織田長孝	258
片桐家	大和龍田藩	片桐且元	259
加藤家	近江水口藩	加藤嘉明	74
加藤家	伊予大洲藩	加藤貞泰	180
加藤家	出羽丸岡藩	加藤清正	259
金森家	美濃八幡藩	金森長近	259
亀井家	石見津和野藩	亀井茲矩	181

家名	藩名	藩祖	頁
蒲生家	伊予松山藩	蒲生秀行	259
喜連川家	下野喜連川藩	喜連川(足利)頼氏	183
木下家	備中足守藩	木下家定	184
木下家	豊後日出藩	木下延俊	185
京極家	讃岐丸亀藩	京極高次	186
京極家	丹後宮津藩	京極高知	260
九鬼家	摂津三田藩	九鬼守隆	189
久留島家	豊後森藩	来島(久留島)長親	190
黒田家	筑前福岡藩	黒田長政	192
桑山家	和泉谷川藩	桑山重晴	260
桑山家	大和御所藩	桑山貞晴	260
桑山家	大和新庄藩	桑山重晴(もしくは桑山一晴)	261
小出家	但馬出石藩	小出秀政	261
高力家	肥前島原藩	高力清長	261
五島家	肥前福江藩	五島玄雅	194
小早川家	備前岡山藩	小早川秀秋	261
近藤家	信濃、美濃国内	近藤重勝	261
酒井家	出羽鶴岡藩	酒井家次	78
酒井家	播磨姫路藩	酒井重忠	80
酒井家	若狭小浜藩	酒井忠利	82
酒井家	上野伊勢崎藩	酒井忠世	262
榊原家	越後高田藩	榊原康政	84
坂崎家	石見津和野藩	坂崎直盛(成正)	263
相良家	肥後人吉藩	相良頼房(長毎)	194
佐久間家	信濃飯山藩	佐久間安政	264
佐久間家	信濃長沼藩	佐久間勝之	264
佐竹家	出羽秋田藩	佐竹義宣	195
里見家	伯耆倉吉藩	里見義康	264
真田家	信濃松代藩	真田信之	198
佐野家	下野佐野藩	佐野信吉	265
島津家	薩摩藩	島津家久(薩摩守、忠恒)	196
菅沼家	丹波亀山藩	菅沼定盈	265
杉原家	但馬豊岡藩	杉原長房	265
諏訪家	信濃高島藩	諏訪頼水	85
関家	伯耆黒坂藩	関一政	265
仙石家	但馬出石藩	仙石久秀	202
宗家	対馬府中藩	宗義智	201
高橋家	日向延岡藩	高橋元種	265
武田家	常陸水戸藩	武田信吉	266
竹中家	豊後府内藩	竹中重利(隆重)	266
伊達家	陸奥仙台藩	伊達政宗	204
田中家	筑後柳河藩	田中吉政	266
田中家	近江、三河国内ほか	田中吉興	266
谷家	丹波山家藩	谷衛友	208
津軽家	陸奥弘前藩	津軽為信	209
津田家	山城御牧藩	津田信成	266
筒井家	伊賀上野藩	筒井定次	267
寺沢家	肥前唐津藩	寺沢広高	267
藤堂家	伊勢津藩	藤堂高虎	211
遠山家	美濃苗木藩	遠山友政	212
戸川家	備中庭瀬藩	戸川逵安	267
土岐家	上野沼田藩	土岐定義	94
徳永家	美濃高須藩	徳永寿昌	268

家名	藩名	藩祖	頁
戸沢家	出羽新庄藩	戸沢政盛	93
戸田家	美濃大垣藩	戸田一西	95
戸田家	下野宇都宮藩	戸田尊次	96
富田家	伊予宇和島藩	富田信高	268
豊臣家	摂津大坂藩	豊臣秀頼	268
鳥居家	下野壬生藩	鳥居忠政	98
鳥居家	甲斐谷村藩	鳥居成次	268
内藤家	日向延岡藩	内藤政長	99
内藤家	越後村上藩	内藤信成	101
中川家	豊後岡藩	中川秀成	212
中村家	伯耆米子藩	中村忠一（一忠）	269
鍋島家	肥前佐賀藩	鍋島勝茂	214
成田家	下野国内	成田長忠	269
南部家	陸奥盛岡藩	南部利直	217
西尾家	遠江横須賀藩	西尾吉次	107
西尾家	美濃揖斐藩	西尾嘉教	270
丹羽家	播磨三草藩	丹羽氏次	107
蜂須賀家	阿波藩	蜂須賀至鎮	220
土方家	伊勢菰野藩	土方雄氏	218
土方家	陸奥窪田藩	土方雄久	270
一柳家	伊予西条藩	一柳直盛	270
平岩家	尾張犬山藩	平岩親吉	271
福島家	信濃川中島藩	福島正則	271
福島家	大和松山藩	福島高晴	271
藤田家	下野西方藩	藤田信吉	271
古田家	山城西岡藩	古田重広（もしくは古田重然）	271
古田家	石見浜田藩	古田重勝	272
別所家	丹波綾部藩	別所吉治	272
北条家	河内狭山藩	北条氏盛	222
北条家	遠江掛川藩	北条氏勝	272
保科家	上総飯野藩	保科正光	108
細川家	肥後熊本藩	細川忠興	224
堀家	信濃飯田藩	堀親良	226
堀家	越後蔵王堂藩	堀親良	272
堀家	越後福島藩	堀秀治	272
堀家	越後三条藩	堀直政	273
堀尾家	出雲松江藩	堀尾忠氏	273
本多家	三河岡崎藩	本多忠勝	114
本多家	近江膳所藩	本多康俊	116
本多家	信濃飯山藩	本多康重	122
本多家	大和高取藩	本多俊政（利朝）	274
前田家	加賀藩	前田利長	228
前田家	丹波八上藩	前田玄以	275
蒔田家	備中浅尾藩	蒔田広定	119
牧野家	越後長岡藩	牧野康成（右馬允）	120
松下家	陸奥三春藩	松下重綱	276
松平家	尾張清洲藩	松平忠吉	276
松平（越前）家	越前藩	松平（結城）秀康	20
松平（大給）家	三河西尾藩	松平（大給）家乗	132
松平（大給）家	豊後府内藩	松平（大給）一生	133
松平（桜井）家	摂津尼崎藩	松平（桜井）忠頼	135
松平（菅沼）家	美濃加納藩	松平（菅沼）定利	276
松平（竹谷）家	三河吉田藩	松平家清	276
松平（戸田）家	信濃松本藩	松平（戸田）康長	130
松平（久松）家	伊勢長島藩	松平（久松）康元	277
松平（深溝）家	肥前島原藩	松平（深溝）忠利	131
松平（藤井）家	出羽上山藩	松平（藤井）信一	138
松平（松井）家	武蔵川越藩	松平（松井）康重	125
松浦家	肥前平戸藩	松浦鎮信（法印）	232
三浦家	下総国内	三浦重成	279
水野家	下総結城藩	水野勝成	144
水野家	三河国内	水野忠胤	279
水谷家	備中松山藩	水谷勝俊	279
溝口家	越後新発田藩	溝口秀勝	233
溝口家	越後沢海藩	溝口善勝	279
皆川家	常陸府中藩	皆川広照	279
村上家	越後本庄藩	村上義明（頼勝）	280
毛利家	長州藩	毛利秀就	234
毛利家	長門長府藩	毛利秀元	237
毛利家	豊後佐伯藩	毛利高政	239
最上家	近江大森藩	最上義光	280
森家	播磨赤穂藩	森忠政	240
山内家	土佐藩	山内一豊	242
山口家	常陸牛久藩	山口重政	152
山崎家	讃岐丸亀藩	山崎家盛	280
六郷家	出羽本荘藩	六郷政乗	244
脇坂家	播磨龍野藩	脇坂安治	245
分部家	近江大溝藩	分部光嘉	245
慶長5年（1600）以降？			
石川家	信濃国内	石川康勝	255
小堀家	近江小室藩	小堀正次	261
長谷川家	美濃、伊勢国内ほか	長谷川宗仁	270
慶長6年（1601）			
青山家	丹波篠山藩	青山忠成	38
浅野家	播磨赤穂藩	浅野長重	253
稲垣家	志摩鳥羽藩	稲垣長茂	56
内藤家	信濃高遠藩	内藤清成	102
本多家	播磨龍野藩	本多忠朝	274
松平（久松）家	伊予松山藩	松平定勝	33
水野家	駿河沼津藩	水野忠清	146
水野家	上野安中藩	水野忠分	279
慶長7年（1602）			
井伊家	越後与板藩	井伊直勝（直継）	48
相馬家	陸奥相馬藩	相馬利胤	86
土屋家	上総久留里藩	土屋忠直	267
土井家	下総古河藩	土井利勝	90
禰津家	上野豊岡藩	禰津信政	270
松平家	越後高田藩	松平忠輝	276
松平（奥平）家	武蔵忍藩	松平忠明	35
慶長8年（1603）			
池田家	因幡鳥取藩	池田忠継	167
島津家	日向佐土原藩	島津以久	199
滝川家	常陸片野藩	滝川雄利	265
立花家	筑後柳河藩	立花宗茂	203
徳川（尾張）家	尾張藩	徳川義直	14
徳川（紀伊）家	紀伊藩	徳川頼宣	16
丹羽家	陸奥二本松藩	丹羽長重	219
慶長9年（1604）			
小出家	和泉陶器藩	小出三尹	261
新庄家	常陸麻生藩	新庄直頼	200
平岡家	美濃徳野藩	平岡頼勝	271
三宅家	三河田原藩	三宅康貞	148
慶長10年（1605）			
徳川（水戸）家	常陸水戸藩	徳川頼房	18
本多家	下野皆川藩	本多忠純	274
慶長11年（1606）			
那須家	下野烏山藩	那須資景	269
慶長12年（1607）			
稲葉家	山城淀藩	稲葉正成	54
小笠原家	常陸笠間藩	小笠原吉次	258
金森家	美濃上有知藩	金森長光	259
松平家	越後高田藩	松平忠昌	276
松平（久松）家	遠江掛川藩	松平定行	276

家名	藩名	藩祖	頁
慶長13年（1608）			
青山家	下総飯田藩	青山成重	253
松倉家	肥前島原藩	松倉重政	275
慶長14年（1609）			
松平家	伊勢桑名藩	松平定綱	34
慶長15年（1610）			
浅野家	備中足守藩	浅野長晟	253
井伊家	上野国内	井伊直孝	254
池田家	淡路洲本藩	池田忠雄	254
鍋島家	肥前鹿島藩	鍋島忠茂	216
細川家	常陸谷田部藩	細川興元	225
慶長15年（1610）頃			
堀家	越後村上藩	堀直寄	273
慶長17年（1612）			
安藤家	陸奥磐城平藩	安藤重信	44
慶長18年（1613）			
小出家	丹波園部藩	小出吉親	191
渡辺家	三河、武蔵国内	渡辺守綱	281
慶長19年（1614）			
近藤家	遠江井伊谷藩	近藤秀用	262
伊達家	伊予宇和島藩	伊達秀宗	207
元和元年（1615）			
池田家	播磨福本藩	池田輝澄	166
池田家	播磨赤穂藩	池田政綱	255
池田家	播磨赤穂藩	池田輝興	255
伊東家	備中岡田藩	伊東長実	170
井上家	遠江浜松藩	井上正就	58
織田家	出羽天童藩	織田信雄	176
織田家	大和芝村藩	織田長政	179
織田家	大和柳本藩	織田尚長	179
片桐家	大和小泉藩	片桐貞隆	180
建部家	播磨林田藩	建部政長	202
堀家	信濃須坂藩	堀直重	227
水野家	出羽山形藩	水野忠元	143
元和2年（1616）以前？			
大久保家	美濃大垣新田藩	大久保忠為	257
元和2年（1616）			
岩城家	出羽亀田藩	岩城貞隆	174
大久保家	下野烏山藩	大久保忠為	63
永井家	大和櫛羅藩	永井直勝	104
成瀬家	下総栗原藩	成瀬之成	269
本多家	駿河田中藩	本多正重	118
前田家	上野七日市藩	前田利孝	231
松平家	出雲松江藩	松平直政	23
元和3年（1617）			
池田家	播磨新宮藩	池田重利	255
鍋島家	肥前小城藩	鍋島元茂	213
本多家	播磨国内	本多忠刻	274
松平（能見）家	豊後杵築藩	松平（能見）重勝	137
元和4年（1618）			
徳川家	駿河府中藩	徳川忠長	267
本多家	上野白井藩	本多紀貞	273
松平（形原）家	丹波亀山藩	松平（形原）家信	136
元和5年（1619）			
青山家	美濃八幡藩	青山幸成	39
永井家	上総潤井戸藩	永井尚政	269
元和6年（1620）			
西郷家	下野上田藩	西郷正員	262
酒井家	武蔵深谷藩	酒井忠勝	262
水野家	安房、上野国内	水野分長	279
元和7年（1621）			
朝倉家	遠江掛川藩	朝倉宣正	253
真田家	上野沼田藩	真田信吉	265
立花家	陸奥下手渡藩	立花種次	206
元和8年（1622）			
京極家	但馬豊岡藩	京極高三	188
京極家	丹後峯山藩	京極高通	188
真田家	信濃松代分封藩	真田信政	264
堀家	常陸玉取藩	堀利重	273
元和8年（1622）頃			
酒井家	出羽左沢藩	酒井直次	262
元和9年（1623）			
加藤家	伊予新谷藩	加藤直泰	181
黒田家	筑前秋月藩	黒田長興	190
黒田家	筑前東蓮寺藩	黒田高政（隆政）	260
高木家	河内丹南藩	高木正次	87
仁賀保家	出羽仁賀保藩	仁賀保挙誠	270
寛永元年（1624）			
板倉家	陸奥福島藩	板倉重昌	52
稲葉家	常陸柿岡藩	稲葉正勝	256
本多家	越前丸岡藩	本多成重	274
松平家	美作津山藩	松平光長（松平忠直）	22
松平家	上野前橋藩	松平直基	25
松平家	播磨明石藩	松平直良	26
寛永元年（1624）頃？			
三枝家	甲斐、安房国内	三枝守昌	262
寛永2年（1625）			
酒井家	上野板鼻藩	酒井忠行	263
松平（長沢大河内）家	上総大多喜藩	松平（長沢大河内）正綱	127
寛永3年（1626）			
阿部家	陸奥棚倉藩	阿部忠秋	42
小笠原家	播磨安志藩	小笠原長次	67
蒲生家	出羽上山藩	蒲生忠知	259
堀田家	近江宮川藩	堀田正盛	109
本多家	大和郡山藩	本多忠義	275
寛永4年（1627）			
加藤家	陸奥二本松藩	加藤明利	259
松平（長沢大河内）家	三河吉田藩	松平（長沢大河内）信綱	128
森川家	下総生実藩	森川重俊	148
寛永7年（1630）			
織田家	丹波柏原藩	織田高長	178
三浦家	美作勝山藩	三浦正次	142
寛永8年（1631）			
本多家	大和国内	本多政勝	274
松平（会津）家	陸奥会津藩	保科正之	28
寛永9年（1632）			
浅野家	備後三次藩	浅野長治	253
小笠原家	肥前唐津藩	小笠原忠知	70
寛永10年（1633）			
伊丹家	甲斐徳美藩	伊丹康勝	256
九鬼家	丹波綾部藩	九鬼隆季	189
内藤家	陸奥湯長谷藩	遠山頼直（内藤政亮）	100
永井家	摂津高槻藩	永井直清	105
牧野家	丹後田辺藩	牧野信成	124
松平（能見）家	下野皆川藩	松平重則	277
寛永11年（1634）			
内藤家	三河挙母藩	内藤政晴	103
牧野家	信濃小諸藩	牧野康成（内膳正）	122
毛利家	周防徳山藩	毛利就隆	238
寛永12年（1635）			
阿部家	下野鹿沼藩	阿部重次	253
太田家	遠江掛川藩	太田資宗	66
松平（久松）家	伊予今治藩	松平（久松）定房	136

家名	藩名	藩祖	頁
寛永13年(1636)			
朽木家	丹波福知山藩	朽木稙綱	75
一柳家	播磨小野藩	一柳直家	221
一柳家	伊予小松藩	一柳直頼	221
柳生家	大和柳生藩	柳生宗矩	149
寛永14年(1637)			
酒井家	駿河田中藩	酒井忠能	263
寛永15年(1638)			
阿部家	上総大多喜藩	阿部正令(正能)	254
屋代家	安房北条藩	屋代忠正	280
寛永16年(1639)			
内田家	下総小見川藩	内田正信	60
鍋島家	肥前蓮池藩	鍋島直澄	213
堀家	越後村松藩	堀直時	227
前田家	越中富山藩	前田利次	230
前田家	加賀大聖寺藩	前田利治	231
松平家	讃岐高松藩	松平頼重	31
松平(能見)家	上総佐貫藩	松平勝隆	277
寛永17年(1640)			
井上家	下総高岡藩	井上政重	59
植村家	大和高取藩	植村家政	59
寛永19年(1642)			
堀家	越後椎谷藩	堀直景	112
松平(藤井)家	信濃上田藩	松平(藤井)忠晴	139
正保元年(1644)			
土井家	三河刈谷藩	土井利長	92
土井家	越前大野藩	土井利房	92
松平(奥平)家	播磨姫路新田藩	松平(奥平)清道	277
正保2年(1645)			
松平家	越前吉江藩	松平昌親(吉品)	277
松平家	越前松岡藩	松平昌勝	278
正保3年(1646)			
細川家	肥後宇土藩	細川行孝	223
正保4年(1647)			
池田家	播磨山崎藩	池田恒元	255
酒井家	出羽松山藩	酒井忠恒	77
酒井家	出羽大山藩	酒井忠解	263
増山家	伊勢長島藩	増山正利	127
慶安元年(1648)			
久世家	下総関宿藩	久世広之	76
内藤家	上総、安房国内ほか	内藤信広	269
慶安2年(1649)			
安部家	武蔵岡部藩	安部信盛	45
松平(久松)家	三河刈谷藩	松平定政	277
慶安4年(1651)			
阿部家	上総佐貫藩	阿部正春	43
石川家	常陸下館藩	石川総長	48
堀田家	下総佐倉藩	堀田正俊	110
承応2年(1653)			
本多家	播磨山崎藩	本多政信	113
本多家	大和国内	本多政長	274
毛利家	長門清末藩	毛利元知	238
明暦2年(1656)			
山内家	土佐中村藩	山内忠直	280
明暦3年(1657)			
伊達家	伊予吉田藩	伊達宗純	206
万治元年(1658)			
土井家	常陸、下総国内	土井利益	267
土井家	下総大輪藩	土井利直	267
永井家	美濃加納藩	永井尚庸	105
万治2年(1659)			
関家	備中新見藩	関長政	200

家名	藩名	藩祖	頁
万治3年(1660)			
伊達家	陸奥一関藩	伊達宗勝	266
田村家	陸奥一関藩	田村宗良	208
寛文元年(1661)			
板倉家	上野安中藩	板倉重形	51
加々爪家	遠江掛塚藩	加々爪直澄	258
徳川家	上野館林藩	徳川綱吉	268
徳川家	甲斐府中藩	徳川綱重	268
松平家	陸奥守山藩	松平頼元	31
松平家	常陸府中藩	松平頼隆	32
渡辺家	和泉伯太藩	渡辺吉綱	153
寛文2年(1662)			
土屋家	常陸土浦藩	土屋数直	89
本多家	陸奥泉藩	本多忠以	116
本多家	遠江相良藩	本多忠利	275
寛文4年(1664)			
南部家	陸奥八戸藩	南部直房	218
寛文6年(1666)			
細川家	肥後熊本新田藩	細川利重	225
松平家	出雲広瀬藩	松平近栄	24
松平家	出雲母里藩	松平隆政	26
米津家	出羽長瀞藩	米津田盛	152
寛文8年(1668)			
有馬家	筑後松崎藩	有馬豊祐	254
酒井家	安房勝山藩	酒井忠国	83
酒井家	下総、武蔵国内	酒井忠挙(忠明)	263
松平家	伊予西条藩	松平頼純	30
寛文9年(1669)			
藤堂家	伊勢久居藩	藤堂高通	210
寛文11年(1671)			
小笠原家	豊前小倉新田藩	小笠原真方	67
本多家	陸奥大久保藩	本多政利	275
寛文12年(1672)			
池田家	備前岡山新田藩	池田政言	163
池田家	備前岡山新田藩	池田輝録	166
延宝4年(1676)			
森家	播磨三日月藩	森長俊	239
延宝5年(1677)			
松平家	越後糸魚川藩	松平直堅	24
延宝6年(1678)			
蜂須賀家	阿波富田藩	蜂須賀隆重	270
延宝7年(1679)			
本多家	伊勢神戸藩	本多忠統	117
松平(大給石川)家	美濃岩村藩	松平(大給石川)乗政	134
松平(長沢大河内)家	上野高崎藩	松平(長沢大河内)信興	129
延宝8年(1680)			
牧野家	常陸笠間藩	牧野成貞	123
天和元年(1681)			
稲葉家	摂津、河内国内	稲葉正往(正通)	256
酒井家	上野伊勢崎藩	酒井忠寛	83
坂本家	上野、常陸国内ほか	坂本重治	264
松平家	美濃高須藩	松平義行	30
天和2年(1682)			
稲葉家	美濃青野藩	稲葉正休	257
植村家	上総勝浦藩	植村忠朝	257
酒井家	越前敦賀藩	酒井忠稠	87
堀田家	常陸北条藩	堀田正英	272
松平家	常陸宍戸藩	松平頼雄	32
天和3年(1683)			
板倉家	備中庭瀬藩	板倉重宣	53
大久保家	下総、常陸国内	大久保忠増	257
喜多見家	武蔵喜多見藩	喜多見重政	260

家名	藩名	藩祖	頁
本多家	三河足助藩	本多忠周	275
松平家	陸奥梁川藩	松平義昌	278
貞享元年(1684)			
堀田家	下野佐野藩	堀田正高	112
堀田家	下野大宮藩	堀田正虎	272
松平(大給)家	信濃田野口藩	松平(大給)乗次	134
貞享2年(1685)			
池田家	因幡鳥取東館新田藩	池田仲澄	168
貞享3年(1686)			
森家	なし	森長武	280
貞享4年(1687)			
戸田家	下総、常陸国内	戸田忠真	268
元禄元年(1688)			
黒田家	筑前直方藩	黒田長清	260
戸田家	美濃大垣新田藩	戸田氏成	97
松平(奥平)家	上野小幡藩	松平(奥平)忠尚	140
松平(本庄)家	丹後宮津藩	松平(本庄)宗資	126
柳沢家	大和郡山藩	柳沢吉保	150
元禄2年(1689)			
松平(滝脇)家	駿河小島藩	松平(滝脇)信孝	140
松浦家	肥前平戸新田藩	松浦昌	233
元禄5年(1692)			
前田家	加賀大聖寺新田藩	前田利昌	275
元禄6年(1693)			
内藤家	信濃岩村田藩	内藤正勝	103
元禄7年(1694)			
京極家	讃岐多度津藩	京極高通	185
元禄8年(1695)			
伊達家	陸奥水沢藩	伊達村和	266
元禄9年(1696)			
米倉家	武蔵金沢藩	米倉昌尹	153
元禄10年(1697)			
松平家	越前高森藩	松平頼職(徳川頼職)	278
松平家	越前葛野藩	松平頼方(徳川吉宗)	278
元禄11年(1698)			
稲垣家	近江山上藩	稲垣重定	53
元禄12年(1699)			
阿部家	武蔵、相模国内	阿部正喬	254
元禄13年(1700)			
池田家	因幡鳥取西館新田藩	池田清定	168
黒田家	上総久留里藩	黒田直邦	77
元禄14年(1701)			
佐竹家	出羽秋田新田藩	佐竹義長	199
佐竹家	出羽秋田新田藩	佐竹義都	264
松平家	出雲松江新田藩	松平近憲(吉透)	277
宝永2年(1705)			
戸田家	下野足利藩	戸田忠利	100
本庄家	美濃高富藩	本庄道章	113
松平(本庄)家	越前高森藩	本庄宗長	278
宝永3年(1706)			
大久保家	相模荻野山中藩	大久保教寛	62
松平(越智)家	石見浜田藩	松平清武	27
間部家	越前鯖江藩	間部詮房	141
宝永6年(1709)			
松平(鷹司)家	上野吉井藩	松平(鷹司)信清	142
柳沢家	越後黒川藩	柳沢経隆	151
柳沢家	越後三日市藩	柳沢時睦	151
正徳元年(1711)			
水野家	上総鶴牧藩	水野忠位	147
正徳2年(1712)			
井上家	常陸下妻藩	井上正長	57
松平家	陸奥白河新田藩	松平知清	278
正徳3年(1713)			
松平(久松)家	下総多古藩	松平(久松)勝以	139
正徳4年(1714)			
井伊家	近江彦根新田藩	井伊直定	254
享保4年(1719)			
上杉家	出羽米沢新田藩	上杉勝周	174
松前家	蝦夷松前藩	松前矩広	236
享保5年(1720)			
松平(久松)家	伊予松山新田藩	松平定章	278
享保11年(1726)			
有馬家	下野吹上藩	有馬氏倫	43
加納家	上総一宮藩	加納久通	75
享保15年(1730)			
浅野家	安芸広島新田藩	浅野長賢	159
享保16年(1731)			
徳川(田安)家	徳川(田安)家	徳川宗武	13
寛保元年(1741)			
徳川(一橋)家	徳川(一橋)家	徳川宗尹	12
寛延元年(1748)			
大岡家	三河西大平藩	大岡忠相	62
宝暦元年(1751)			
大岡家	武蔵岩槻藩	大岡忠光	61
宝暦8年(1758)			
田沼家	遠江相良藩	田沼意次	88
徳川(清水)家	徳川(清水)家	徳川重好	13
明和7年(1770)			
酒井家	播磨姫路新田藩	酒井忠交	263
安永9年(1780)			
山内家	土佐高知新田藩	山内豊産	243
天明元年(1781)			
稲葉家	安房館山藩	稲葉正明	57
文化6年(1809)			
津軽家	陸奥黒石藩	津軽親足	210
文政2年(1819)			
南部家	陸奥盛岡新田藩	南部信鄰	216
文政8年(1825)			
林家	上総請西藩	林忠英	108
安政4年(1857)			
本郷家	駿河川成島藩	本郷泰固	273
文久3年(1863)			
牧野家	越後三根山藩	牧野忠泰	124
元治元年(1864)			
本多家	三河西端藩	本多忠寛	117
慶応2年(1866)			
戸田家	下野高徳藩	戸田忠至	97
明治元年(慶応4年/1868)			
大沢家	遠江堀江藩	大沢基寿(基輔)	63
吉川家	周防岩国藩	吉川経幹	182
竹腰家	美濃今尾藩	竹腰正旧	93
徳川家	駿河静岡藩	徳川家達	10
中山家	常陸松岡藩	中山信徴	106
成瀬家	尾張犬山藩	成瀬正肥	106
平野家	大和田原本藩	平野長裕	223
本堂家	常陸志筑藩	本堂親久	230
水野家	紀伊新宮藩	水野忠幹	147
山崎家	備中成羽藩	山崎治正	243
山名家	但馬村岡藩	山名義済	244

廃絶になった年順索引

家名	藩名	廃絶になった大名	頁
慶長5年(1600)			
木曾家	下総葦戸藩	木曾義利	260
依田家	上野藤岡藩	依田康真(康勝)	280
慶長7年(1602)			
小早川家	備前岡山藩	小早川秀秋	261
慶長8年(1603)			
武田家	常陸水戸藩	武田信吉	266
慶長9年(1604)			
大島家	美濃関藩	大島光義	257
慶長11年(1606)以降			
堀家	越後蔵王堂藩	堀鶴千代	272
慶長12年(1607)			
天野家	駿河興国寺藩	天野康景	254
稲葉家	美濃清水藩	稲葉通重	256
稲葉家	豊後国内	稲葉通孝	256
津田家	山城御牧藩	津田信成	266
松平家	尾張清洲藩	松平忠吉	276
慶長13年(1608)			
筒井家	伊賀上野藩	筒井定次	267
前田家	丹波八上藩	前田茂勝	275
慶長14年(1609)			
小笠原家	常陸笠間藩	小笠原吉次	258
桑山家	和泉谷川藩	桑山清晴	260
中村家	伯耆米子藩	中村忠一(一忠)	269
水野家	三河国内	水野忠胤	279
慶長15年(1610)			
堀家	越後福島藩	堀忠俊	272
堀家	越後三条藩	堀直次	273
慶長16年(1611)			
金森家	美濃上有知藩	金森長光	259
平岩家	尾張犬山藩	平岩親吉	271
慶長17年(1612)			
松平(竹谷)家	三河吉田藩	松平忠清	276
慶長18年(1613)			
青山家	下総飯田藩	青山成重	253
浅野家	備中足守藩	浅野長晟	253
石川家	信濃松本藩	石川康長(三長)	255
石川家	信濃国内	石川康勝	255
大久保家	駿河沼津藩	大久保忠佐	257
里見家	上野板鼻藩	里見義高(義英)	264
高橋家	日向延岡藩	高橋元種	265
富田家	伊予宇和島藩	富田信高	268
慶長19年(1614)			
佐野家	下野佐野藩	佐野信吉	265
元和元年(1615)			
井伊家	上野国内	井伊直孝	254
池田家	淡路洲本藩	池田忠雄	254
大須賀(松平)家	遠江横須賀藩	大須賀(松平)忠次	257
奥平家	美濃加納藩	奥平信昌	258
織田家	伊勢林藩	織田信重	258
豊臣家	摂津大坂藩	豊臣秀頼	268
福島家	大和松山藩	福島高晴	271
古田家	山城西岡藩	古田重広(もしくは古田重然)	271
元和2年(1616)			
大久保家	美濃大垣新田藩	大久保忠為	257
坂崎家	石見津和野藩	坂崎直盛(成正)	263

家名	藩名	廃絶になった大名	頁
藤田家	下野西方藩	藤田信吉	271
松平家	越後高田藩	松平忠輝	276
元和3年(1617)			
酒井家	上野伊勢崎藩	酒井忠世	262
松平(久松)家	遠江掛川藩	松平定行	276
元和4年(1618)			
近藤家	信濃、美濃国内	近藤政成	261
関家	伯耆黒坂藩	関一政	265
村上家	越後本庄藩	村上義明(忠勝)	280
元和5年(1619)			
伊奈家	武蔵小室藩	伊奈忠勝	256
元和6年(1620)			
近藤家	遠江井伊谷藩	近藤秀用	262
田中家	筑後柳河藩	田中忠政	266
元和7年(1621)			
織田家	大和国内	織田長益	258
元和8年(1622)			
里見家	伯耆倉吉藩	里見忠義	264
成田家	下野国内	成田氏宗	269
本多家	下野宇都宮藩	本多正純	273
元和9年(1623)			
田中家	近江、三河国内ほか	田中吉官	266
西尾家	美濃揖斐藩	西尾嘉教	270
本多家	上野白井藩	本多紀貞	273
水野家	安房、上野国内	水野分長	279
寛永元年(1624)			
福島家	信濃川中島藩	福島正則	271
松平家	越後高田藩	松平忠昌	276
寛永2年(1625)			
滝川家	常陸片野藩	滝川正利	265
仁賀保家	出羽仁賀保藩	仁賀保挙誠	270
寛永3年(1626)			
永井家	上総潤井戸藩	永井尚政	269
禰津家	上野豊岡藩	禰津吉直	270
本多家	播磨国内	本多忠刻	274
寛永4年(1627)			
蒲生家	出羽上山藩	蒲生忠知	259
酒井家	武蔵深谷藩	酒井忠勝	262
本多家	播磨龍野藩	本多政朝	274
寛永5年(1628)			
稲葉家	常陸柿岡藩	稲葉正勝	256
徳永家	美濃高須藩	徳永昌重	268
別所家	丹波綾部藩	別所吉治	272
寛永6年(1629)			
桑山家	大和御所藩	桑山貞晴	260
寛永8年(1631)			
池田家	播磨赤穂藩	池田政綱	255
織田家	美濃野村藩	織田長則	258
酒井家	出羽左沢藩	酒井直次	262
三浦家	下総国内	三浦重勝	279
最上家	近江大森藩	最上義俊	280
寛永9年(1632)			
朝倉家	遠江掛川藩	朝倉宣正	253
徳川家	駿河府中藩	徳川忠長	267
鳥居家	甲斐谷村藩	鳥居成信(忠房)	268
長谷川家	美濃、伊勢国内ほか	長谷川守知	270

家名	藩名	廃絶になった大名	頁
松平(菅沼)家	美濃加納藩	松平(菅沼)忠隆	276
脇坂家	美濃国内	脇坂安信	281
寛永10年(1633)			
酒井(金森)家	下総生実藩	酒井(金森)重澄	262
堀尾家	出雲松江藩	堀尾忠晴	273
寛永11年(1634)			
蒲生家	伊予松山藩	蒲生忠知	259
竹中家	豊後府内藩	竹中重義	266
寛永13年(1636)			
酒井家	上野板鼻藩	酒井忠行	263
寛永14年(1637)			
酒井家	不明	酒井忠清	263
本多家	大和高取藩	本多政武(利長)	274
寛永15年(1638)			
佐久間家	信濃飯山藩	佐久間安次	264
成瀬家	下総栗原藩	成瀬之虎	269
松倉家	肥前島原藩	松倉勝家	275
寛永16年(1639)			
三枝家	甲斐、安房国内	三枝守昌	262
寛永17年(1640)			
本多家	下野皆川藩	本多犬千代	274
寛永18年(1641)			
池田家	備中松山藩	池田長常	255
寛永19年(1642)			
堀家	越後村上藩	堀直定	273
寛永20年(1643)			
加藤家	陸奥二本松藩	加藤明利	259
正保元年(1644)			
松下家	陸奥三春藩	松下長綱	276
松平(奥平)家	播磨姫路新田藩	松平(奥平)清道	277
正保2年(1645)			
池田家	播磨赤穂藩	池田輝興	255
皆川家	常陸府中藩	皆川成郷	279
正保4年(1647)			
真田家	信濃松代分封藩	真田信重	264
菅沼家	丹波亀山藩	菅沼定昭	265
寺沢家	肥前唐津藩	寺沢堅高	267
慶安元年(1648)			
阿部家	下野鹿沼藩	阿部重次	253
稲葉家	丹波福知山藩	稲葉紀通	256
内藤家	上総、安房国内ほか	内藤信広	269
古田家	石見浜田藩	古田重恒	272
慶安元年(1648)頃			
渡辺家	三河、武蔵国内	渡辺治綱	281
慶安3年(1650)			
織田家	丹波柏原藩	織田信勝	258
本多家	大和国内	本多勝行	274
慶安4年(1651)			
松平(久松)家	三河刈谷藩	松平定政	277
承応2年(1653)			
加藤家	出羽丸岡藩	加藤忠広	259
杉原家	但馬豊岡藩	杉原重玄	265
平岡家	美濃徳野藩	平岡頼資	271
明暦元年(1655)			
片桐家	大和龍田藩	片桐為次	259
明暦2年(1656)			
日根野家	豊後府内藩	日根野吉明	271
明暦3年(1657)			
山崎家	讃岐丸亀藩	山崎治頼	280
万治元年(1658)			
北条家	遠江掛川藩	北条氏重	272
寛文5年(1665)			
一柳家	伊予西条藩	一柳直興	270
松平(能見)家	下野皆川藩	松平重利	277
寛文6年(1666)			
京極家	丹後宮津藩	京極高国	260
寛文7年(1667)			
水野家	上野安中藩	水野元知	279
寛文8年(1668)			
高力家	肥前島原藩	高力高長	261
酒井家	出羽大山藩	酒井忠解	263
寛文10年(1670)			
池田家	播磨新宮藩	池田邦照	255
寛文11年(1671)			
阿部家	上総大多喜藩	阿部正令(正能)	254
伊達家	陸奥一関藩	伊達宗勝	266
本多家	大和国内	本多政長	274
延宝2年(1674)			
松平家	越前吉江藩	松平昌親(吉品)	277
延宝3年(1675)			
土井家	常陸、下総国内	土井利益	267
延宝5年(1677)			
黒田家	筑前東蓮寺藩	黒田長寛(綱政)	260
土井家	下総大輪藩	土井利直	267
延宝6年(1678)			
池田家	播磨山崎藩	池田恒行	255
延宝7年(1679)			
土屋家	上総久留里藩	土屋頼直(直樹)	267
戸川家	備中庭瀬藩	戸川安風	267
堀家	常陸玉取藩	堀通周	273
延宝8年(1680)			
徳川家	上野館林藩	徳川徳松	268
内藤家	志摩鳥羽藩	内藤忠勝	269
天和元年(1681)			
加々爪家	遠江掛塚藩	加々爪直清	258
酒井家	下総、武蔵国内	酒井忠挙(忠明)	263
酒井家	駿河田中藩	酒井忠能	263
真田家	上野沼田藩	真田熊之助	265
天和2年(1682)			
桑山家	大和新庄藩	桑山一尹	261
天和3年(1683)			
稲葉家	摂津、河内国内	稲葉正往(正通)	256
貞享元年(1684)			
有馬家	筑後松崎藩	有馬豊祐	254
稲葉家	美濃青野藩	稲葉正休	257
土方家	陸奥窪田藩	土方雄隆	270
松平(能見)家	上総佐貫藩	松平重治	277
貞享4年(1687)			
那須家	下野烏山藩	那須資徳	269
本多家	三河足助藩	本多忠周	275
溝口家	越後沢海藩	溝口政親	279
元禄元年(1688)			
大久保家	下総、常陸国内	大久保忠増	257
佐久間家	信濃長沼藩	佐久間勝茲	264
堀田家	常陸北条藩	堀田正英	272
元禄2年(1689)			
喜多見家	武蔵喜多見藩	喜多見重政	260
坂本家	上野、常陸国内ほか	坂本重治	264
山内家	土佐中村藩	山内豊明	280

家名	藩名	廃絶になった大名	頁
元禄6年(1693)			
西郷家	下野上田藩	西郷寿員	262
本多家	陸奥大久保藩	本多政利	275
水谷家	備中松山藩	水谷勝美	279
元禄7年(1694)			
堀田家	下野大宮藩	堀田正虎	272
元禄8年(1695)			
本多家	越前丸岡藩	本多重益	274
元禄9年(1696)			
小出家	但馬出石藩	小出英及	261
小出家	和泉陶器藩	小出重興	261
森家	なし	森長武	280
元禄11年(1698)			
伊丹家	甲斐徳美藩	伊丹勝守	256
元禄12年(1699)			
伊達家	陸奥水沢藩	伊達村和	266
戸田家	下総、常陸国内	戸田忠真	268
元禄14年(1701)			
浅野家	播磨赤穂藩	浅野長矩	253
元禄15年(1702)			
松平(久松)家	伊勢長島藩	松平(久松)忠充	277
宝永元年(1704)			
阿部家	武蔵、相模国内	阿部正喬	254
徳川家	甲斐府中藩	徳川綱豊(家宣)	268
松平家	出雲松江新田藩	松平近憲(吉透)	277
宝永2年(1705)			
松平家	越前高森藩	松平頼職(徳川頼職)	278
松平家	越前葛野藩	松平頼方(徳川吉宗)	278
宝永6年(1709)			
前田家	加賀大聖寺新田藩	前田利昌	275
正徳元年(1711)			
松平(本庄)家	越前高森藩	本庄宗胡	278
正徳2年(1712)			
屋代家	安房北条藩	屋代忠位	280
享保5年(1720)			
浅野家	備後三次藩	浅野長寔	253
黒田家	筑前直方藩	黒田長清	260
享保6年(1721)			
松平家	越前松岡藩	松平昌平(宗昌)	278
享保8年(1723)			
本多家	大和郡山藩	本多忠烈	275
享保10年(1725)			
蜂須賀家	阿波富田藩	蜂須賀正員(宗員)	270
享保13年(1728)			
松平家	陸奥白河新田藩	松平義知	278
享保15年(1730)			
松平家	陸奥梁川藩	松平通春(徳川宗春)	278
享保17年(1732)			
佐竹家	出羽秋田新田藩	佐竹義堅	264
享保19年(1734)			
井伊家	近江彦根新田藩	井伊直定	254
宝暦元年(1751)			
植村家	上総勝浦藩	植村恒朝	257
宝暦8年(1758)			
金森家	美濃八幡藩	金森頼錦	259
本多家	遠江相良藩	本多忠央	275
明和2年(1765)			
松平(久松)家	伊予松山新田藩	松平定静	278
天明8年(1788)			
小堀家	近江小室藩	小堀政方	261
文化14年(1817)			
酒井家	播磨姫路新田藩	酒井忠全	263
安政6年(1859)			
本郷家	駿河川成島藩	本郷泰固	273

江戸大名家の50音順索引

家名	藩名	藩祖	頁
あ			
青木家	摂津麻田藩	青木一重	158
青山家	丹波篠山藩	青山忠成	38
青山家	美濃八幡藩	青山幸成	39
青山家	下総飯田藩	青山成重	253
秋田家	陸奥三春藩	秋田（安東）実季	158
秋月家	日向高鍋藩	秋月種長	159
秋元家	上野館林藩	秋元長朝	39
朝倉家	遠江掛川藩	朝倉宣正	253
浅野家	安芸広島新田藩	浅野長賢	159
浅野家	安芸広島藩	浅野幸長	160
浅野家	備中足守藩	浅野長晟	253
浅野家	播磨赤穂藩	浅野長重	253
浅野家	備後三次藩	浅野長治	253
阿部家	備後福山藩	阿部正次	40
阿部家	陸奥棚倉藩	阿部忠秋	42
阿部家	上総佐貫藩	阿部正春	43
阿部家	下野鹿沼藩	阿部重次	253
阿部家	上総大多喜藩	阿部正令（正能）	254
阿部家	武蔵、相模国内	阿部正喬	254
天野家	駿河興国寺藩	天野康景	254
有馬家	下野吹上藩	有馬氏倫	43
有馬家	筑後久留米藩	有馬豊氏	162
有馬家	越前丸岡藩	有馬晴信	163
有馬家	筑後松崎藩	有馬豊祐	254
安藤家	陸奥磐城平藩	安藤重信	44
安藤家	紀伊田辺藩	安藤直次	45
安部家	武蔵岡部藩	安部信盛	45
い			
井伊家	近江彦根藩	井伊直政	46
井伊家	越後与板藩	井伊直勝（直継）	48
井伊家	上野国内	井伊直孝	254
井伊家	近江彦根新田藩	井伊直定	254
池田家	備前岡山新田藩	池田政言	163
池田家	備前岡山藩	池田輝政	164
池田家	備前岡山新田藩	池田輝録	166
池田家	播磨福本藩	池田輝澄	166
池田家	因幡鳥取藩	池田忠継	167
池田家	因幡鳥取東館新田藩	池田仲澄	168
池田家	因幡鳥取西館新田藩	池田清定	168
池田家	淡路洲本藩	池田忠雄	254
池田家	播磨赤穂藩	池田政綱	255
池田家	備中松山藩	池田長吉	255
池田家	播磨赤穂藩	池田輝興	255
池田家	播磨新宮藩	池田重利	255
池田家	播磨山崎藩	池田恒元	255
生駒家	出羽矢島藩	生駒親正	169
石川家	常陸下館藩	石川総長	48
石川家	伊勢亀山藩	石川康通	49
石川家	信濃松本藩	石川数正	255
石川家	信濃国内	石川康勝	255
板倉家	備中松山藩	板倉勝重	50
板倉家	上野安中藩	板倉重形	51
板倉家	陸奥福島藩	板倉重昌	52
板倉家	備中庭瀬藩	板倉重宣	53
伊丹家	甲斐徳美藩	伊丹康勝	256
市橋家	近江西大路藩	市橋長勝	169
伊東家	日向飫肥藩	伊東祐慶	170
伊東家	備中岡田藩	伊東長実	170
伊奈家	武蔵小室藩	伊奈忠次	256
稲垣家	近江山上藩	稲垣重定	53
稲垣家	志摩鳥羽藩	稲垣長茂	56
稲葉家	山城淀藩	稲葉正成	54
稲葉家	安房館山藩	稲葉正明	57
稲葉家	豊後臼杵藩	稲葉貞通	171
稲葉家	美濃清水藩	稲葉通重	256
稲葉家	豊後国内	稲葉通孝	256
稲葉家	常陸柿岡藩	稲葉正勝	256
稲葉家	丹波福知山藩	稲葉道通	256
稲葉家	摂津、河内国内	稲葉正往（正通）	256
稲葉家	美濃青野藩	稲葉正休	257
井上家	常陸下妻藩	井上正長	57
井上家	遠江浜松藩	井上正就	58
井上家	下総高岡藩	井上政重	59
岩城家	出羽亀田藩	岩城貞隆	174
う			
上杉家	出羽米沢藩	上杉景勝	172
上杉家	出羽米沢新田藩	上杉勝周	174
植村家	大和高取藩	植村家政	59
植村家	上総勝浦藩	植村忠朝	257
内田家	下総小見川藩	内田正信	60
え			
遠藤家	近江三上藩	遠藤慶隆	60
お			
大岡家	武蔵岩槻藩	大岡忠光	61
大岡家	三河西大平藩	大岡忠相	62
大久保家	相模荻野山中藩	大久保教寛	62
大久保家	下野烏山藩	大久保忠為	63
大久保家	相模小田原藩	大久保忠隣	64
大久保家	駿河沼津藩	大久保忠佐	257
大久保家	美濃大垣新田藩	大久保忠為	257
大久保家	下総、常陸国内	大久保忠増	257
大沢家	遠江堀江藩	大沢基寿（基輔）	63
大島家	美濃関藩	大島光義	257
大須賀（松平）家	遠江横須賀藩	大須賀（松平）忠政	257
大関家	下野黒羽藩	大関資増	175
太田家	遠江掛川藩	太田資宗	66
大田原家	下野大田原藩	大田原晴清	175
大村家	肥前大村藩	大村喜前	178
小笠原家	豊前小倉新田藩	小笠原真方	67
小笠原家	播磨安志藩	小笠原長次	67
小笠原家	豊前小倉藩	小笠原秀政	68
小笠原家	肥前唐津藩	小笠原忠知	70
小笠原家	越前勝山藩	小笠原信之	71
小笠原家	常陸笠間藩	小笠原吉次	258
岡部家	和泉岸和田藩	岡部長盛	72
奥平家	豊前中津藩	奥平家昌	73
奥平家	美濃加納藩	奥平信昌	258
織田家	出羽天童藩	織田信雄	176
織田家	丹波柏原藩	織田高長	178
織田家	大和芝村藩	織田長政	179
織田家	大和柳本藩	織田尚長	179

家名	藩名	藩祖	頁
織田家	丹波柏原藩	織田信包	258
織田家	大和国内	織田長益	258
織田家	伊勢林藩	織田信重	258
織田家	美濃野村藩	織田長孝	258
か			
加々爪家	遠江掛塚藩	加々爪直澄	258
片桐家	大和小泉藩	片桐貞隆	180
片桐家	大和龍田藩	片桐且元	259
加藤家	近江水口藩	加藤嘉明	74
加藤家	伊予大洲藩	加藤貞泰	180
加藤家	伊予新谷藩	加藤直泰	181
加藤家	陸奥二本松藩	加藤明利	259
加藤家	出羽丸岡藩	加藤清正	259
金森家	美濃上有知藩	金森長光	259
金森家	美濃八幡藩	金森長近	259
加納家	上総一宮藩	加納久通	75
亀井家	石見津和野藩	亀井茲矩	181
蒲生家	出羽上山藩	蒲生忠知	259
蒲生家	伊予松山藩	蒲生秀行	259
き			
木曾家	下総蘆戸藩	木曾義利	260
喜多見家	武蔵喜多見藩	喜多見重政	260
吉川家	周防岩国藩	吉川経幹	182
喜連川家	下野喜連川藩	喜連川(足利)頼氏	183
木下家	備中足守藩	木下家定	184
木下家	豊後日出藩	木下延俊	185
京極家	讃岐多度津藩	京極高通	185
京極家	讃岐丸亀藩	京極高次	186
京極家	但馬豊岡藩	京極高三	188
京極家	丹後峯山藩	京極高通	188
京極家	丹後宮津藩	京極高知	260
く			
九鬼家	摂津三田藩	九鬼守隆	189
九鬼家	丹波綾部藩	九鬼隆季	189
久世家	下総関宿藩	久世広之	76
朽木家	丹波福知山藩	朽木稙綱	75
久留島家	豊後森藩	来島(久留島)長親	190
黒田家	上総久留里藩	黒田直邦	77
黒田家	筑前秋月藩	黒田長興	190
黒田家	筑前福岡藩	黒田長政	192
黒田家	筑前東蓮寺藩	黒田高政(隆政)	260
黒田家	筑前直方藩	黒田長清	260
桑山家	和泉谷川藩	桑山重晴	260
桑山家	大和御所藩	桑山貞晴	260
桑山家	大和新庄藩	桑山重晴(もしくは桑山一晴)	261
こ			
小出家	丹波園部藩	小出吉親	191
小出家	但馬出石藩	小出秀政	261
小出家	和泉陶器藩	小出三尹	261
高力家	肥前島原藩	高力清長	261
五島家	肥前福江藩	五島玄雅	194
小早川家	備前岡山藩	小早川秀秋	261
小堀家	近江小室藩	小堀正次	261
近藤家	信濃、美濃国内	近藤重勝	261
近藤家	遠江井伊谷藩	近藤秀用	262
さ			
三枝家	甲斐、安房国内	三枝守昌	262
西郷家	下野上田藩	西郷正員	262
酒井家	出羽松山藩	酒井忠恒	77
酒井家	出羽鶴岡藩	酒井家次	78

家名	藩名	藩祖	頁
酒井家	播磨姫路藩	酒井重忠	80
酒井家	若狭小浜藩	酒井忠利	82
酒井家	上野伊勢崎藩	酒井忠寛	83
酒井家	安房勝山藩	酒井忠国	83
酒井家	越前敦賀藩	酒井忠稠	87
酒井家	上野伊勢崎藩	酒井忠世	262
酒井家	武蔵深谷藩	酒井忠勝	262
酒井家	出羽左沢藩	酒井直次	262
酒井家	上野板鼻藩	酒井忠行	263
酒井家	不明	酒井忠清	263
酒井家	出羽大山藩	酒井忠解	263
酒井家	下総、武蔵国内	酒井忠挙(忠明)	263
酒井家	駿河田中藩	酒井忠能	263
酒井家	播磨姫路新田藩	酒井忠交	263
酒井(金森)家	下総生実藩	酒井(金森)重澄	262
榊原家	越後高田藩	榊原康政	84
坂崎家	石見津和野藩	坂崎直盛(成正)	263
坂本家	上野、常陸国内ほか	坂本重治	264
相良家	肥後人吉藩	相良頼房(長毎)	194
佐久間家	信濃飯山藩	佐久間安政	264
佐久間家	信濃長沼藩	佐久間勝之	264
佐竹家	出羽秋田藩	佐竹義宣	195
佐竹家	出羽秋田新田藩	佐竹義長	199
佐竹家	出羽秋田新田藩	佐竹義都	264
里見家	上野板鼻藩	里見義高(義英)	264
里見家	伯耆倉吉藩	里見義康	264
真田家	信濃松代藩	真田信之	198
真田家	信濃松代分封藩	真田信政	264
真田家	上野沼田藩	真田信吉	265
佐野家	下野佐野藩	佐野信吉	265
し			
島津家	薩摩藩	島津家久(薩摩守、忠恒)	196
島津家	日向佐土原藩	島津以久	199
新庄家	常陸麻生藩	新庄直頼	200
す			
菅沼家	丹波亀山藩	菅沼定盈	265
杉原家	但馬豊岡藩	杉原長房	265
諏訪家	信濃高島藩	諏訪頼水	85
せ			
関家	備中新見藩	関長政	200
関家	伯耆黒坂藩	関一政	265
仙石家	但馬出石藩	仙石久秀	202
そ			
宗家	対馬府中藩	宗義智	201
相馬家	陸奥相馬藩	相馬利胤	86
た			
高木家	河内丹南藩	高木正次	87
高橋家	日向延岡藩	高橋元種	265
滝川家	常陸片野藩	滝川雄利	265
武田家	常陸水戸藩	武田信吉	266
竹中家	豊後府内藩	竹中重利(隆重)	266
竹腰家	美濃今尾藩	竹腰正旧	93
建部家	播磨林田藩	建部政長	202
立花家	筑後柳河藩	立花宗茂	203
立花家	陸奥下手渡藩	立花種次	206
伊達家	陸奥仙台藩	伊達政宗	204
伊達家	伊予吉田藩	伊達宗純	206
伊達家	伊予宇和島藩	伊達秀宗	207
伊達家	陸奥一関藩	伊達宗勝	266
伊達家	陸奥水沢藩	伊達村和	266

家名	藩名	藩祖	頁
田中家	筑後柳河藩	田中吉政	266
田中家	近江、三河国内ほか	田中吉興	266
谷家	丹波山家藩	谷衛友	208
田沼家	遠江相良藩	田沼意次	88
田村家	陸奥一関藩	田村宗良	208
		つ	
津軽家	陸奥弘前藩	津軽為信	209
津軽家	陸奥黒石藩	津軽親足	210
津田家	山城御牧藩	津田信成	266
土屋家	常陸土浦藩	土屋数直	89
土屋家	上総久留里藩	土屋忠直	267
筒井家	伊賀上野藩	筒井定次	267
		て	
寺沢家	肥前唐津藩	寺沢広高	267
		と	
土井家	下総古河藩	土井利勝	90
土井家	三河刈谷藩	土井利長	92
土井家	越前大野藩	土井利房	92
土井家	常陸、下総国内	土井利益	267
土井家	下総大輪藩	土井利直	267
藤堂家	伊勢久居藩	藤堂高通	210
藤堂家	伊勢津藩	藤堂高虎	211
遠山家	美濃苗木藩	遠山友政	212
戸川家	備中庭瀬藩	戸川逵安	267
土岐家	上野沼田藩	土岐定義	94
徳川家	駿河静岡藩	徳川家達	10
徳川家	駿河府中藩	徳川忠長	267
徳川家	上野館林藩	徳川綱吉	268
徳川家	甲斐府中藩	徳川綱重	268
徳川(尾張)家	尾張藩	徳川義直	14
徳川(紀伊)家	紀伊藩	徳川頼宣	16
徳川(清水)家	徳川(清水)家	徳川重好	13
徳川(田安)家	徳川(田安)家	徳川宗武	13
徳川(一橋)家	徳川(一橋)家	徳川宗尹	12
徳川(水戸)家	常陸水戸藩	徳川頼房	18
徳永家	美濃高須藩	徳永寿昌	268
戸沢家	出羽新庄藩	戸沢政盛	93
戸田家	美濃大垣藩	戸田一西	95
戸田家	下野宇都宮藩	戸田尊次	96
戸田家	美濃大垣新田藩	戸田氏成	97
戸田家	下野高徳藩	戸田忠至	97
戸田家	下野足利藩	戸田忠利	100
戸田家	下総、常陸国内	戸田忠真	268
富田家	伊予宇和島藩	富田信高	268
豊臣家	摂津大坂藩	豊臣秀頼	268
鳥居家	下野壬生藩	鳥居忠政	98
鳥居家	甲斐谷村藩	鳥居成次	268
		な	
内藤家	日向延岡藩	内藤政長	99
内藤家	陸奥湯長谷藩	遠山頼直(内藤政亮)	100
内藤家	越後村上藩	内藤信成	101
内藤家	信濃高遠藩	内藤清成	102
内藤家	三河挙母藩	内藤政晴	103
内藤家	信濃岩村田藩	内藤正勝	103
内藤家	上総、安房国内ほか	内藤信広	269
内藤家	志摩鳥羽藩	内藤忠重	269
永井家	大和櫛羅藩	永井直勝	104
永井家	摂津高槻藩	永井直清	105
永井家	美濃加納藩	永井尚庸	105
永井家	上総潤井戸藩	永井尚政	269

家名	藩名	藩祖	頁
中川家	豊後岡藩	中川秀成	212
中村家	伯耆米子藩	中村忠一(一忠)	269
中山家	常陸松岡藩	中山信徴	106
那須家	下野烏山藩	那須資景	269
鍋島家	肥前小城藩	鍋島元茂	213
鍋島家	肥前蓮池藩	鍋島直澄	213
鍋島家	肥前佐賀藩	鍋島勝茂	214
鍋島家	肥前鹿島藩	鍋島忠茂	216
成田家	下野国内	成田長忠	269
成瀬家	尾張犬山藩	成瀬正肥	106
成瀬家	下総栗原藩	成瀬之成	269
南部家	陸奥盛岡新田藩	南部信鄰	216
南部家	陸奥盛岡藩	南部利直	217
南部家	陸奥八戸藩	南部直房	218
		に	
仁賀保家	出羽仁賀保藩	仁賀保挙誠	270
西尾家	遠江横須賀藩	西尾吉次	107
西尾家	美濃揖斐藩	西尾嘉教	270
丹羽家	播磨三草藩	丹羽氏次	107
丹羽家	陸奥二本松藩	丹羽長重	219
		ね	
禰津家	上野豊岡藩	禰津信政	270
		は	
長谷川家	美濃、伊勢国内ほか	長谷川宗仁	270
蜂須賀家	阿波藩	蜂須賀至鎮	220
蜂須賀家	阿波富田藩	蜂須賀隆重	270
林家	上総請西藩	林忠英	108
		ひ	
土方家	伊勢菰野藩	土方雄氏	218
土方家	陸奥窪田藩	土方雄久	270
一柳家	播磨小野藩	一柳直家	221
一柳家	伊予小松藩	一柳直頼	221
一柳家	伊予西条藩	一柳直盛	270
日根野家	豊後府内藩	日根野高吉	271
平岩家	尾張犬山藩	平岩親吉	271
平岡家	美濃徳野藩	平岡頼勝	271
平野家	大和田原本藩	平野長裕	223
		ふ	
福島家	信濃川中島藩	福島正則	271
福島家	大和松山藩	福島高晴	271
藤田家	下野西方藩	藤田信吉	271
古田家	山城西岡藩	古田重広(もしくは古田重然)	271
古田家	石見浜田藩	古田重勝	272
		へ	
別所家	丹波綾部藩	別所吉治	272
		ほ	
北条家	河内狭山藩	北条氏盛	222
北条家	遠江掛川藩	北条氏勝	272
保科家	上総飯野藩	保科正光	108
細川家	肥後宇土藩	細川行孝	223
細川家	肥後熊本藩	細川忠興	224
細川家	肥後熊本新田藩	細川利重	225
細川家	常陸谷田部藩	細川興元	225
堀田家	近江宮川藩	堀田正盛	109
堀田家	下総佐倉藩	堀田正俊	110
堀田家	下野佐野藩	堀田正高	112
堀田家	常陸北条藩	堀田正英	272
堀田家	下野大宮藩	堀田正虎	272
堀家	越後椎谷藩	堀直景	112
堀家	信濃飯田藩	堀親良	226

家名	藩名	藩祖	頁
堀家	越後村松藩	堀直時	227
堀家	信濃須坂藩	堀直重	227
堀家	越後蔵王堂藩	堀親良	272
堀家	越後福島藩	堀秀治	272
堀家	越後三条藩	堀直政	273
堀家	越後村上藩	堀直寄	273
堀家	常陸玉取藩	堀利重	273
堀尾家	出雲松江藩	堀尾忠氏	273
本郷家	駿河川成島藩	本郷泰固	273
本庄家	美濃高富藩	本庄道章	113
本多家	播磨山崎藩	本多政信	113
本多家	三河岡崎藩	本多忠勝	114
本多家	陸奥泉藩	本多忠以	116
本多家	近江膳所藩	本多康俊	116
本多家	伊勢神戸藩	本多忠統	117
本多家	三河西端藩	本多忠寛	117
本多家	駿河田中藩	本多正重	118
本多家	信濃飯山藩	本多康重	122
本多家	下野宇都宮藩	本多正信	273
本多家	上野白井藩	本多紀貞	273
本多家	播磨国内	本多忠刻	274
本多家	播磨龍野藩	本多忠朝	274
本多家	大和高取藩	本多俊政(利朝)	274
本多家	下野皆川藩	本多忠純	274
本多家	大和国内	本多政勝	274
本多家	大和国内	本多政長	274
本多家	越前丸岡藩	本多成重	274
本多家	三河足助藩	本多忠周	275
本多家	陸奥大久保藩	本多政利	275
本多家	大和郡山藩	本多忠義	275
本多家	遠江相良藩	本多忠利	275
本堂家	常陸志筑藩	本堂親久	230

ま

家名	藩名	藩祖	頁
前田家	加賀藩	前田利長	228
前田家	越中富山藩	前田利次	230
前田家	加賀大聖寺藩	前田利治	231
前田家	上野七日市藩	前田利孝	231
前田家	丹波八上藩	前田玄以	275
前田家	加賀大聖寺新田藩	前田利昌	275
蒔田家	備中浅尾藩	蒔田広定	119
牧野家	越後長岡藩	牧野康成(右馬允)	120
牧野家	信濃小諸藩	牧野康成(内膳正)	122
牧野家	常陸笠間藩	牧野成貞	123
牧野家	越後三根山藩	牧野忠泰	124
牧野家	丹後田辺藩	牧野信成	124
増山家	伊勢長島藩	増山正利	127
松倉家	肥前島原藩	松倉重政	275
松下家	陸奥三春藩	松下重綱	276
松平家	美作津山藩	松平光長(松平忠直)	22
松平家	出雲松江藩	松平直政	23
松平家	越後糸魚川藩	松平直堅	24
松平家	出雲広瀬藩	松平近栄	24
松平家	上野前橋藩	松平直基	25
松平家	出雲母里藩	松平隆政	26
松平家	播磨明石藩	松平直良	26
松平家	美濃高須藩	松平義行	30
松平家	伊予西条藩	松平頼純	30
松平家	讃岐高松藩	松平頼重	31
松平家	陸奥守山藩	松平頼元	31
松平家	常陸府中藩	松平頼隆	32
松平家	常陸宍戸藩	松平頼雄	32
松平家	伊勢桑名藩	松平定綱	34
松平家	尾張清洲藩	松平忠吉	276
松平家	越後高田藩	松平忠輝	276
松平家	越後高田藩	松平忠昌	276
松平家	越前吉江藩	松平昌親(吉品)	277
松平家	出雲松江新田藩	松平近憲(吉透)	277
松平家	越前高森藩	松平頼職(徳川頼職)	278
松平家	越前葛野藩	松平頼方(徳川吉宗)	278
松平家	越前松岡藩	松平昌勝	278
松平家	陸奥白河新田藩	松平知清	278
松平家	陸奥梁川藩	松平義昌	278
松平(会津)家	陸奥会津藩	保科正之	28
松平(越前)家	越前藩	松平(結城)秀康	20
松平(大給)家	三河西尾藩	松平(大給)家乗	132
松平(大給)家	豊後府内藩	松平(大給)一生	133
松平(大給)家	信濃田野口藩	松平(大給)乗次	134
松平(大給石川)家	美濃岩村藩	松平(大給石川)乗政	134
松平(奥平)家	武蔵忍藩	松平忠明	35
松平(奥平)家	上野小幡藩	松平(奥平)忠尚	140
松平(奥平)家	播磨姫路新田藩	松平(奥平)清道	277
松平(越智)家	石見浜田藩	松平清武	27
松平(形原)家	丹波亀山藩	松平(形原)家信	136
松平(桜井)家	摂津尼崎藩	松平(桜井)忠頼	135
松平(菅沼)家	美濃加納藩	松平(菅沼)定利	276
松平(鷹司)家	上野吉井藩	松平(鷹司)信清	142
松平(滝脇)家	駿河小島藩	松平(滝脇)信孝	140
松平(竹谷)家	三河吉田藩	松平家清	276
松平(戸田)家	信濃松本藩	松平(戸田)康長	130
松平(長沢大河内)家	上総大多喜藩	松平(長沢大河内)正綱	127
松平(長沢大河内)家	三河吉田藩	松平(長沢大河内)信綱	128
松平(長沢大河内)家	上野高崎藩	松平(長沢大河内)信興	129
松平(能見)家	豊後杵築藩	松平(能見)重勝	137
松平(能見)家	下野皆川藩	松平重則	277
松平(能見)家	上総佐貫藩	松平勝隆	277
松平(久松)家	伊予松山藩	松平定勝	33
松平(久松)家	伊予今治藩	松平(久松)定房	136
松平(久松)家	下総多古藩	松平(久松)勝以	139
松平(久松)家	遠江掛川藩	松平定行	276
松平(久松)家	三河刈谷藩	松平定政	277
松平(久松)家	伊勢長島藩	松平(久松)康元	277
松平(久松)家	伊予松山新田藩	松平定章	278
松平(深溝)家	肥前島原藩	松平(深溝)忠利	131
松平(藤井)家	出羽上山藩	松平(藤井)信一	138
松平(藤井)家	信濃上田藩	松平(藤井)忠晴	139
松平(本庄)家	丹後宮津藩	松平(本庄)宗資	126
松平(本庄)家	越前高森藩	本庄宗長	278
松平(松井)家	武蔵川越藩	松平(松井)康重	125
松前家	蝦夷松前藩	松前矩広	236
松浦家	肥前平戸藩	松浦鎮信(法印)	232
松浦家	肥前平戸新田藩	松浦昌	233
間部家	越前鯖江藩	間部詮房	141

み

家名	藩名	藩祖	頁
三浦家	美作勝山藩	三浦正次	142
三浦家	下総国内	三浦重成	279
水野家	出羽山形藩	水野忠元	143
水野家	下総結城藩	水野勝成	144
水野家	駿河沼津藩	水野忠清	146
水野家	上総鶴牧藩	水野忠位	147
水野家	紀伊新宮藩	水野忠幹	147

家名	藩名	藩祖	頁
水野家	三河国内	水野忠胤	279
水野家	安房、上野国内	水野分長	279
水野家	上野安中藩	水野忠分	279
水谷家	備中松山藩	水谷勝俊	279
溝口家	越後新発田藩	溝口秀勝	233
溝口家	越後沢海藩	溝口善勝	279
皆川家	常陸府中藩	皆川広照	279
三宅家	三河田原藩	三宅康貞	148
	む		
村上家	越後本庄藩	村上義明（頼勝）	280
	も		
毛利家	長州藩	毛利秀就	234
毛利家	長門長府藩	毛利秀元	237
毛利家	周防徳山藩	毛利就隆	238
毛利家	長門清末藩	毛利元知	238
毛利家	豊後佐伯藩	毛利高政	239
最上家	近江大森藩	最上義光	280
森家	播磨三日月藩	森長俊	239
森家	播磨赤穂藩	森忠政	240
森家	なし	森長武	280
森川家	下総生実藩	森川重俊	148
	や		
柳生家	大和柳生藩	柳生宗矩	149
屋代家	安房北条藩	屋代忠正	280
柳沢家	大和郡山藩	柳沢吉保	150
柳沢家	越後黒川藩	柳沢経隆	151
柳沢家	越後三日市藩	柳沢時睦	151
山内家	土佐藩	山内一豊	242
山内家	土佐高知新田藩	山内豊産	243
山内家	土佐中村藩	山内忠直	280
山口家	常陸牛久藩	山口重政	152
山崎家	備中成羽藩	山崎治正	243
山崎家	讃岐丸亀藩	山崎家盛	280
山名家	但馬村岡藩	山名義済	244
	よ		
依田家	上野藤岡藩	依田康真（康勝）	280
米津家	出羽長瀞藩	米津田盛	152
米倉家	武蔵金沢藩	米倉昌尹	153
	ろ		
六郷家	出羽本荘藩	六郷政乗	244
	わ		
脇坂家	播磨龍野藩	脇坂安治	245
脇坂家	美濃国内	脇坂安信	281
分部家	近江大溝藩	分部光嘉	245
渡辺家	和泉伯太藩	渡辺吉綱	153
渡辺家	三河、武蔵国内	渡辺守綱	281

主要参考文献一覧

注：紙幅の関係で、一般的な事典、通史、年表、自治体史、雑誌論文などは割愛した。

●事典類

『日本紋章学』 沼田頼輔 著 明治書院 大正15年（復刻 人物往来社 昭和43年）
『新編物語藩史』〔全12巻〕 児玉幸多・北島正元 監修 新人物往来社、昭和50～52年
『藩史事典』 藩史研究会 編 藤井貞文・林陸朗 監修 秋田書店 昭和51年
『藩史総覧』 児玉幸多・北島正元 監修 新人物往来社 昭和52年
『幕末維新三百藩総覧』 神谷次郎・祖田浩一 著 新人物往来社 昭和52年
『国史大辞典』〔全14巻〕 国史大辞典編集委員会 編 吉川弘文館 昭和54～平成5年
『岡山県大百科事典』〔全2巻〕 山陽新聞社 昭和55年
『日本史総覧』〔全6巻・補巻3巻〕 安岡昭男 他編 新人物往来社 昭和58～平成元年
『江戸諸藩要覧』 井上隆明 編 東洋書院 昭和58年
『兵庫県大百科事典』〔全2冊〕 神戸新聞出版センター 昭和58年
『日本史資料総覧』 村上直・高橋正彦 監修 東京書籍 昭和61年
『三百藩藩主人名事典』〔全4巻〕新人物往来社、昭和61～62年
『三百藩家臣人名事典』〔全7巻〕 家臣人名事典編纂委員会 編 新人物往来社 昭和62～平成元年
『藩史大事典』〔全8巻〕 村上直・木村礎・藤野保 編 雄山閣出版 昭和63～平成2年
『江戸幕藩大名家事典』〔全3巻〕 小川恭一 編著 原書房 平成4年
『寛政重修諸家譜 家紋』 千鹿野茂 編 続群書類従完成会 平成4年
『図解・江戸城を読む 大奥・中奥・表向』 深井雅海 著 原書房 平成9年
『徳川幕府事典』 竹内誠 編 東京堂出版 平成15年
『日本史諸家系図人名辞典』 小和田哲男・菅原正子・仁藤敦史 編 小和田哲男 監修 講談社 平成15年
『近世藩制・藩校大事典』 大石学 編 吉川弘文館 平成18年
『江戸時代全大名家事典』 工藤寛正 編 東京堂出版 平成20年
『徳川幕臣人名辞典』 竹内誠 他編 東京堂出版 平成22年
『幕末維新大人名事典』〔全2巻〕 安岡昭男 編 新人物往来社 平成22年

●史料集・図録・書籍

『江戸時代制度の研究』 松平太郎 著 武家制度研究会 大正8年（復刻 新人物往来社 平成5年）
『増補 稲田家昔物語』 平野義賢 編纂 稲田会 昭和29年
『寛政重修諸家譜』〔全22冊〕 堀田正敦 等編 続群書類従完成会 昭和39～41年
『江戸城 将軍家の生活』 村井益男 著 中央公論社／新書 昭和39年
『江戸幕府 その実力者たち』〔全2冊〕 北島正元 編 人物往来社 昭和39年
『徳川幕閣 武功派と官僚派の抗争』 藤野保 著 中央公論社／新書 昭和40年
『大名列伝』〔全8巻〕 児玉幸多・木村礎 編 人物往来社 昭和41～42年
『新編藩翰譜』〔全5冊〕 新井白石 著 人物往来社 昭和42～43年
『断家譜』〔全3冊〕 田畑喜右ヱ門 撰 斎木一馬・岩沢愿彦 校訂 続群書類従完成会 昭和43～44年
『徳川諸家系譜』〔全4冊〕 斎木一馬 他校訂 続群書類従完成会 昭和45～59年
『恩栄録・廃絶録』 小田彰信 編 藤野保 校訂 近藤出版社 昭和45年
『日本大名100選』 桑田忠親 監修 秋田書店 昭和46年
『大名家の家紋』 高橋賢一 著 秋田書店 昭和49年
『日本の歴史18 大名』 児玉幸多 著 小学館 昭和50年
『茶人伊木三猿斎』桂又三郎 著 奥山書店 昭和51年

『寛永諸家系図伝』〔全15冊〕 続群書類従完成会 昭和55～平成6年
『関ケ原合戦 戦国のいちばん長い日』 二木謙一 著 中央公論社／新書 昭和57年
『明治維新・廃城一覧』 森川英一 著 新人物往来社 平成元年
『江戸大名100話』 小和田哲男 監修 立風書房 平成2年
『江戸お留守居役の日記 寛永期の萩藩邸』 山本博文 著 読売新聞社 平成3年
『新・日本大名100選』 林亮勝 監修 秋田書店 平成3年
『黒羽藩「主君押込」事件顛末』 次田万貴子 著 新人物往来社 平成4年
『日本家紋総鑑』 千鹿野茂 著 角川書店 平成5年
『日本の名門200』 中嶋繁雄 著 立風書房 平成6年
『平成新修旧華族家系大成』〔全2巻〕 霞会館華族家系大成編輯委員会 編 霞会館 平成8年
『備前藩筆頭家老伊木氏と虫明』 邑久町郷土史クラブ 編 邑久町郷土史クラブ 平成8年
『江戸幕府の政治と人物』 村上直 著 同成社 平成9年
『江戸大名 知れば知るほど』 大石慎三郎 監修 実業之日本社 平成10年
『御家騒動 大名家を揺るがした権力闘争』 福田千鶴 著 中央公論新社／新書 平成17年
『藩主なるほど人物事典 江戸260年をしたたかに生き抜いた全国各地の名君たち』 武田鏡村 著 PHP研究所 平成17年
『名君・暗君江戸のお殿様』 中嶋繁雄 著 平凡社／新書 平成18年
『お殿様たちの出世 江戸幕府老中への道』 山本博文 著 新潮社／選書 平成19年
『江戸三百藩大名100選』 清水昇 著 リイド社／文庫 平成20年

●雑誌特集号

『別冊歴史読本』昭和52年7月〔特集／江戸三百諸侯列伝〕 新人物往来社
『別冊歴史読本』平成3年7月〔特集／御家騒動読本〕 新人物往来社
『別冊歴史読本』平成3年10月〔特集／大名廃絶読本〕 新人物往来社
『別冊歴史読本』平成6年2月〔特集／徳川旗本総覧〕 新人物往来社
『別冊歴史読本』平成8年3月〔特集／江戸300藩最後の藩主人物事典〕 新人物往来社
『別冊歴史読本』平成9年8月〔特集／江戸三百藩藩主総覧〕 新人物往来社
『別冊歴史読本』平成12年5月〔特集／徳川将軍家歴史大事典〕 新人物往来社
『別冊歴史読本』平成15年10月〔特集／江戸大名データファイル127人〕 新人物往来社
『別冊歴史読本』平成19年6月〔特集／華族歴史大事典〕 新人物往来社
『歴史と旅』昭和63年7月臨時増刊〔特集／新編藩史総覧〕 秋田書店

著者プロフィール

川口素生（かわぐち・すなお）

歴史研究家（専攻は戦国・江戸時代）。昭和36年（1961）岡山県生まれ。岡山商科大学、法政大学文学部史学科卒業。法政大学名誉教授・村上直博士に師事。著書には『豊臣一族』『島津一族』（以上、新紀元社）、『天璋院と徳川将軍家101の謎』（PHP文庫）、『小和田家の歴史』（新人物往来社）、『江戸諸藩中興の祖』（河出書房新社）などがある。

また、共著・分担執筆に『徳川一族』『大奥』『戦国武将事典』（以上、新紀元社）、村上直他編『神奈川県姓氏家系大辞典』（角川書店）、安岡昭男編『幕末維新大人名事典』（新人物往来社）などがある。

Truth In History 29

江戸大名家事典

2013年3月4日　初版発行

著　　者　川口素生

企画・協力　有限会社ブルボンクリエイション

編　　集　新紀元社編集部／堀良江

発 行 者　藤原健二

発 行 所　株式会社新紀元社
〒160-0022
東京都新宿区新宿1-9-2-3F
TEL:03-5312-4481　FAX:03-5312-4482
http://www.shinkigensha.co.jp/
郵便振替　00110-4-27618

カバーイラスト・家紋　大野信長

デザイン・DTP　株式会社明昌堂

印刷・製本　株式会社リーブルテック

ISBN978-4-7753-1083-0